하나님은 역사 속에서 일하시면서 자신의 백성을 부르신다. 이 맥락을 놓치면 하나님의 약속이 예수에게서 성취되었으며 그 성취 위에 교회, 곧 새로운 백성이 세워졌다는 성경 말씀을 충분히 이해할 수 없다. 그렇게 될 때 복음이 내세로의 도피나 현실 안주에 불과한 단순한 윤리가 되고, 복음 안에 담긴 정신과 진정한 목표는 외면을 당하고 만다.

세상 권력 앞에서 우리의 진정한 소명은 무엇일까? 세상은 권력을 폭력으로 사용해 공포를 조장한다. 우리가 체념하고 비겁하게 되도록 만들려는 것이다. 그러나 권위는 진리에서 나오며, 진리는 예수 안에서 드러난 목표와 방법에서 찾을 수 있다. 기독교 복음과 신앙 현실은, 예수의 성육신과 부활에서 드러났듯이, 명예와 영광으로의 부르심이며 모든 신자에게 열린 기회이자 책임이다.

빛이 어둠을 뚫듯, 사랑이 공포를 이긴다. 하나님의 목적은 우리를 죄와 사망이라는 수치에서 끌어내어 진정한 하나님의 자녀라는 지위와 신분을 누리게 하는 것이다. 세상이 하나님을 감추려고 으르렁거릴 때, 우리에게는 마땅히 용기와 자랑이 있어야 한다. 이런 각성은 분별을 필요로 한다. 확신과 무지, 열정과 책임을 혼동해서는 안 된다. 한국 교회에 필요한 것은 이 책이 증언하는 안목이다.

박영선 | 남포교회 원로목사

이 책은 뉴비긴이 예수 그리스도를 따라 인도로 들어간 선교사로서, 그리고 교회와 문화의 만남을 성찰하며 서구 기독교의 붕괴를 목도하고 '예수 그리스도에 관한 사실'을 공적 광장에서 선포하고 살아 낼 것을 예언자의 심정으로 외쳤던 사람으로서 보여 준 삶과 선교 신학을 깊이 있고 폭넓게 담아낸다. 확신하건대, 독자들은 한국 교회가 처한 위기 상황을 극복하고 급진적 회심과 근원적 변혁의 자리로 이끌 수 있는 중요한 실마리를 이 책에서 발견할 것이다. 오래전 레슬리 뉴비긴의 선교적 교회론을 접하며 느꼈던 벅찬 감동을 다시 한번 느낄 수 있게 되어 감사하면서, 한국 교회 그리스도인 모두에게 일독을 권한다.

최형근 | 서울신학대학교 교수

미국 유학 시절, 내 지도교수는 레슬리 뉴비긴을 일컬어 '20세기 최고의 기독교 변증가'라고 했다. 그 평가를 곱씹으면서 나는 뉴비긴의 책들을 늘 설레는 마음으로 대했다. 나중에 선교적 교회론이 엄청나게 중요하고 의미 있는 교회적·선교적 운동으로 떠올랐을 때, 뉴비긴이 그 운동의 사상적 원천으로서 시대와 문화를 관통하는 영향력이 있음을 새삼 깨달았다. 한국에서 존경받는, 정통 보수 교단의 어느 목회자가 오늘날 신학생들과 후배 목회자들을 위한 책들의 저자로 '레슬리 뉴비긴'을 제일 먼저 언급한 바 있다. 도대체 뉴비긴의 비중과 유산은 어디까지 이를까? 이 책은 바로 그 질문에 대한 만족스럽고 충실한 답을 준다. 뉴비긴에 대한 논문을 썼고 강의 중에 그를 줄곧 인용했지만, 내가 그를 여전히 너무도 모르고 있다는 부족감은 이 책에서 어김없이 확인되었다. 하지만 저자가 최고의 뉴비긴 해석자로서 더 깊고 넓은 선교적 교회의 신학 세계로 독자들을 성실하게 안내하고 있으니, 그 고마움은 내 부끄러움을 상쇄하고도 남는다.

김선일 ｜ 웨스트민스터신학대학원대학교 교수

뉴비긴의 선교적 교회론에 대한 고힌의 소개는 오늘날 목회자와 교회가 필요로 하는 자원이다. 모든 것이 여기에 있는데, 즉 하나님의 백성을 위한 성경, 다원주의 사회에서의 복음, 건강한 교회 구조, 성경적 교회 리더십, 선교와 선교들의 구분, 실제 목회의 형태, 교회의 미래 소망이다. 20세기의 탁월한 신학적 빛으로서 뉴비긴이 제시하는 교회에 대한 풍성한 신학적 시각은 성경적으로 근거해 있고, 예수 그리스도의 복음에 집중하며, 또한 심오하고, 사려 깊고, 굉장히 실제적이다. 일생을 뉴비긴에게서 배워 온 고힌의 노력이 맺은 이 열매는 교회에 유익이 된다.

히스 토머스 ｜ 오클라호마 침례 대학교 교수

지금 레슬리 뉴비긴의 목소리보다 더 긴요한 신학적 목소리는 없다. 그리고 나는 21세기에 뉴비긴을 대변할 사람으로 마이클 고힌보다 더 나은 사람을 떠올릴 수 없다.

타일러 존슨 ｜ 미국 리뎀션 교회 목사

다시 한번, 뉴비긴은 교회 역사의 전환기에 울려 퍼지는 예언자적 목소리다. 점점 더 세속적으로 변해 가는 우리의 세상에서, 교회를 위한 뉴비긴의 시각은 교회에 새로운 방향·통찰·목적을 제시한다. 뉴비긴의 작업은 대단히 적실성 있으며, 세상 속에서의 교회의 선교에 대한 열정을 회복하기 원하는 모든 사람의 필독서다. 능수능란하고 사려 깊은 고힌의 책은 '이와 같은 때'를 위해 뉴비긴의 교회론에 활기를 불어넣는다. 많은 책이 뉴비긴의 교회론, 예컨대 하나님의 선교, 공공 신학, 이머징 교회 등을 다루지만, 이 책은 이런 논의들 각각을 뉴비긴의 교회를 위한 통찰 전체의 맥락 안에 위치시킨다. 고힌은 성경 내러티브에서 시작하고 기독론에 근거하면서, 여러 자료로부터 뉴비긴의 교회론에 있는 흐름을 하나로 모아 회복과 샬롬을 위한 교회의 선교적 목적을 강조한다. 고힌이 핵심 주제들을 꼼꼼하게 다룬 것은 세상 속 교회의 방향과 목적에 대한 현재의 논의를 풍요롭게 한다. 이 책은 오늘날 교회를 위한 새롭고 적실성 있으며 도전적인 시각을 원하는 모든 사람에게 필독서다. 내가 올해 읽은 모든 책 중에서 가장 흥미롭고 생각하도록 도발하는 책이다!

수 러셀 | 애즈베리 신학교 교수

이 중요한 책에서 고힌은 자신이 가진 뉴비긴에 대한 애정과 깊은 지식을, 선교사로서의 교회에 대한 분명하고 설득력 있는 체계적 성찰에 쏟는다. 이 책은 선교학 및 교회론 연구자들 모두를 위한, 그리고 뉴비긴의 관대한 정신과 강력한 지성에 매혹된 사람들 모두를 위한 필독서다. 오늘의 교회와 미래의 교회는 반드시 선교적이어야 한다. 복음이 그것을 강하게 요청하며, 세상이 그것을 필요로 하기 때문이다. 고힌은 뉴비긴의 많은 저작을 통해 우리를 안내하면서, 어떻게 그것이 가능한지 입증한다.

스티브 베번스 | 가톨릭 연합 신학대학원 교수

고힌은 뉴비긴을 열정적 사상가, 전달자, 지도자로 효과적으로 포착한다. 뉴비긴이 그의 사후 20년이 지난 후에도 계속해서 읽히고 논의된다는 사실은 그의 시각·발상·신념의 지속되는 힘을 증언한다. 고힌은 뉴비긴의 방대한 저작들을 발굴해서 그의 역동적 교회론을 이루는 주요 주제들을 제시하는데, 이는 세상을 향한 하나님의 선교에 대한 그의 시각에 근거한 것이다. 성경 내러티브—이스라엘의 선택, 성육신, 그리스도의 죽음과 부활, 세상을 향한 예수 그리스도의 선교에 동참하도록 제자들에게 위임하는 것, 종말을 향해 살아가는 것—는 모든 제자의 참여를 요청한다. 각 세대에서 교회는 자신의 소명을 발견해야 하는데, 그것은 그리스도의 주되심 아래서 세상으로 파송된 증인으로서의 소명이다. 고힌이 뉴비긴의 모든 작품에 대한 철저한 연구에 바친 많은 세월이 이 책에 있는 풍성한 통찰을 낳았다.

윌버트 솅크 | 풀러 신학교 교수

고힌은 최고의 뉴비긴 해석자다. 이 고무적이고 아주 읽기 쉬운 책에서 고힌은 우리를 초청해, 뉴비긴의 선교적 교회론을 이 세대를 위해 재발견하도록 한다. 이 책은 매우 중요한 질문들, 즉 '복음은 무엇인가?' '하나님의 백성으로서 우리는 어떤 존재이어야 하는가?' '교회는 서구 문화와 어떻게 만나야 하는가?'에 대한 뉴비긴의 대답들이 그 어느 때보다도 오늘날 교회를 향해 말하고 있다는 사실을 설득력 있게 입증한다. 나는 이 책을 읽으라고 목사들, 학생들, 교사들, 지역 교회 지도자들에게 호소한다. 이 책을 읽는 것이 세상에서 교회의 선교적 소명에 대한 이해를 형성해 줄 것이다.

딘 플레밍 | 미드아메리카 나사렛 대학교 교수

교회의 소명

IVP(InterVarsity Press)는
캠퍼스와 세상 속의 하나님 나라 운동을 지향하는
IVF(InterVarsity Christian Fellowship)의 출판부로
생각하는 그리스도인을 위한 문서 운동을 실천합니다.

ⓒ 2018 by Michael W. Goheen
Originally published in English under the title *The Church and Its Vocation*
by Baker Academic, A division of Baker Publishing Group
P. O. Box 6287, Grand Rapids, MI 49516, U. S. A.
All rights reserved.
Used and translated by the permission of Baker Publishing Group
through rMaeng2, Seoul, Republic of Korea.

This Korean edition ⓒ 2021 by Korea InterVarsity Press
156-10 Donggyo-ro, Mapo-gu, Seoul 04031, Republic of Korea.

이 한국어판의 저작권은 알맹2 에이전시를 통하여
Baker Publishing Group과 독점 계약한 IVP에 있습니다.
신 저작권법에 의하여 한국 내에서 보호받는 저작물이므로
무단 전재와 무단 복제를 금합니다.

교회의 소명

레슬리 뉴비긴의 † 선교적 교회론

마이클 고힌 ─ 이종인 옮김

IVP

마니, 에린, 벤, 브리트니, 브리엘에게
사랑과 고마움을 담아

차례

서문 N. T. 라이트 —— 11

머리말 —— 18

서론 —— 24

1
보편 역사로서의
성경 이야기 —— 48

2
하나님 나라의 좋은 소식과
선교적 교회 —— 92

3
선교적 교회, 그리고
세상에서의 소명 —— 138

4
선교적 교회, 그리고
그 함께하는 삶 —— 208

5
문화와의
선교적 만남 —— 268

6
서구 문화와의
선교적 만남 —— 316

7
오늘을 위한
레슬리 뉴비긴의 유산 —— 376

찾아보기 —— 413

서문

N. T. 라이트

많은 사람이 그렇듯, 나는 레슬리 뉴비긴과 관련해 하나님께 감사해야 할 개인적인 이유가 있다. 내가 그를 어떤 기회로 처음 만났는지 기억은 못하지만, 당시 그는 이미 살아 있는 전설이었다. 나는 마치 록스타를 갑자기 만나게 된 십대 소년과도 같았다. 어쨌거나 그는 인도 선교사였고, 그러면서 선교 신학 및 실천의 모든 쟁점을 헤쳐 나가고 있었고, 또한 우리가 남인도 교회(Church of South India)로 알고 있는 그 유명한 초교파적 실험의 설립 헌장을 작성한 기구의 총무였다. 내 생각에, 그는 평생에 걸친 장로교인으로서 자신이 주교로 부름을 받았다는 사실을 은근히 즐겼다. 아마도 그는 그것이 하나님의 유머 감각, 혹은 (더 나은 표현으로는) 하나님의 주권적 은혜가 조직에 대한 우리의 작은 인간적 노력을 기각하는 방식이라고 말했을 것이다. 그는 (제2차 세계대전 이후 사람들이 새로운 희망의 징표를 바라는 분위기로 고조되어 있을 때) 세계교회협의회(World Council of Churches)의 설립에 관여했으며, 칼 바르트(Karl Barth)를 비롯한 이들과 같은 테이블에 앉

왔다. 그러나 레슬리답게, 그는 그 모든 것으로부터 전혀 영향을 받지 않았다. 키는 상당히 작았지만 빼어나게 잘생긴 얼굴에 고요한 평정심과 침착성을 지닌 그는, 쉽게 흥분하며 자기를 뽐내려 드는 록스타와는 완전히 정반대 인물이었다. 그는 자신이 삶을 파악한 것이 아니라 하나님이 삶을 파악하셨다는 것을 알고 있었으며, 그분을 신뢰하는 것만으로 전적으로 만족한다는 인상을 완벽하게 보여 주었다.

마이클 고힌은 레슬리의 사상이 가진 핵심과 폭을 말하는 이 훌륭한 연구서에서, 내가 어떻게 레슬리를 옥스퍼드의 우스터 칼리지 예배당에 설교자로 초청했으며, 어떻게 그가 그저 도착한 것만으로도 그날 밤 새 학기를 불안한 마음으로 기다리고 있던 내 기분을 다가올 도전들과 가능성들에 대한 준비 태세로 바꾸었는지에 대한 이야기를 들려준다. 나는 그 이야기를 레슬리가 주교로 섬겼던 지역인 인도에서 일했던 한 친구에게 말했던 것을 기억한다. 즉시 내 친구가 이야기한 바에 따르면, 인도의 그 지역에서 이 마을 저 마을을 다니면서 어떤 학교나 병원이나 교회 건물을 보고 경탄하는 사람은 "뉴비긴 주교님이 이것을 짓도록 우리를 격려하셨고, 그 일을 완수하기 위해 어떤 사람을 고용해야 하는지도 말씀해 주셨어요"라는 말을 듣게 된다. 다른 말로 하면, 레슬리는 그가 이룬 모든 것의 배후에 있는 신학적 진리의 걸어 다니는 본이었다. 그 신학적 진리는 바로 하나님의 주권과 사랑하시는 목적들에 대한 차분한 확신인데, 그것은 뒤로 물러나 움츠리게 하는 것이 아니라, 그런 목적 안에서 자신의 소명을 분별하는 것이 좋겠다고 생각하게 만들고 그런 소명이 어떤 과업을 수반한다 할지라도 착수하게 만드는 것이었다.

하나님의 주권에 대한 바로 이 교리가 [마이클 폴라니(Michael Polanyi)를 읽음으로써 강력하게 강화된] 레슬리의 의식을 뒷받침했다. 즉 만약 모든 진리가 하나님의 진리라면, 인간의 연구가 절대적 권리를 주장할 수 있는 삶의 영역은 존재하지 않는다는 것이었다. 다른 말로 하면, 중립성 혹은 "객관성" 같은 것은 존재하지 않으며, 우리가 이용할 수 있는 실재에 대한 하나님의 관점 같은 것도 존재하지 않는다는 것이다. 우리가 보는 모든 진리는 어떤 영역에서든 조건이 붙은 상태로 온다. 우리 자신의 동기와 사고방식, 그리고 특히 우리를 둘러싸고 있는 더 광범위한 문화와 관련된 세계관의 조건들이다. 이 사실을 잘못 다루게 되면, 모든 진리 명제가 주관성의 수렁으로 붕괴되는 사태를 의미하게 될 것이다. 그러나 레슬리의 확고한 견해는 세상이 하나님의 창조 세계이며 모든 인간의 소명이 하나님의 목적들 안에 놓여 있다고 보기 때문에, 이는 모든 인간의 연구가 궁극적으로 하나님의 선한 창조를 찬미하고 그분의 구속하시는 목적들에 겸손히 순종하는 것에 속하게 됨을 의미했다. 우스터 칼리지 예배당에서 레슬리의 설교를 들은 어떤 화학 교수가 "객관적" 과학자로서 자신의 고유한 직업적 성실성이 훼손되었다고 느낀다며 분노를 표했던 일을 나는 잘 기억한다. 흥미롭게도, 그를 바로잡아 준 것은 모두 무신론자였던 그의 동료 과학자들이었다. 물론 그 실험들은 지구 반대편에서도 반복될 수 있다. 그러나 미안하지만, 왜 우리는 애초에 **이런** 실험들을 행하고 있었는가? 언뜻 "중립적으로" 보이는 우리의 모든 관찰 배후에서 문화에 의해 결정된 인간적 동기를 추적하는 일은 오래 걸리지 않는다. 레슬리가 아주 잘 파악하고 있듯이, 이 사실은 우리가 복음서를 역사로, 하나님의 참된 역사의 한 부분으로 읽는 데 중요하다. 회의적 역사 기록이 쓰고 있는 중립적 객관성이라는 가면을 반드시 벗겨야 한다. 레슬리는 우리 중 많은 이가 하나님과 하나님의 창조 세계에 대한 더 큰 시각을 엿보도록 도움을 주었을 뿐 아니라, 그렇게 언뜻 본 것을 이해하기 위해 요구되는 인식론을 성찰하도록 했다.

이 모든 것 가운데 레슬리가 우리 세대에 가르친 것은, 모든 문화의 그리스도인에게 최우선적 과제가 **참여**(engagement)라는 사실이다. 어쨌거나 그는 그의 지역 아시람(ashram) 바닥에 힌두교 교사들과 함께 앉아서 그들의 세계관 속으로 들어갔는데, 유행하는 상대주의적 종합을 추구하기 위해서가 아니라, (바울이 아테네에서 그랬던 것처럼) 접촉점과 근원적으로 불일치하는 지점을 분별하기 위해서였다. 만약 모든 진리가 하나님의 진리라면, 우리는 많은 정중한 도전의 순간들뿐 아니라 많은 놀라움의 순간들도 예상할 수 있을 것이다. 이것은 1980년대에, 우리가 "문화"의 이런저런 양상에 대한 자유주의적 "긍정" 혹은 보수주의적 "거부" 사이에서 아슬아슬하게 균형을 이루고 있을 때 많은 그리스도인(적어도 영국의 그리스도인들)이 상정했던 것과는 아주 달랐다. 실제로 레슬리는 수많은 해를 인도에서 보낸 후 영국에서 살기 위해 돌아왔을 때 그가 발견했던 것을 우리에게 가르쳐 주었는데, 즉 주어진 것들을 당연시하기를 멈추고 영국 문화 자체를 비판적 분별력으로 관찰하는 것과, 이런 혹은 저런 문화적 발전이 창조주 하나님에게 영광을 돌리는 것인지 여부에 대해 질문하는 것이었다. 결국 레슬리가 영국으로 돌아온 것은 은퇴를 위해서가 아니었다. 그는 자신의 선교적 소명을 차례대로 다른 방식으로 옮겼을 뿐이다.

더욱이 레슬리는 근본적인 탐구의 시기를 거쳤으며 그 반대편으로 나왔다. 그는, 스스로 시인하는 바에 따르면, 복음과 문화에 대한 더 자유주의적 혹은 상대주의적 견해를 향한 길을 걸으면서 그것이 어디로 이어지는지 보았고 다시금 확고하게 방향을 틀었다. 레슬리답게, 어떤 폐쇄된 보수주의를 향해서가 아니라 더 큰 세상, 신선한 바깥 공기, 세상의 창조와 구속에 대한 온전히 성경적인 시각을 향해서였다. 나는 1990년대 초반에 그와 함께 학회 한두 곳에 참석했던 일을 기억하는데, 급진주의자가 되려는 일부 젊은이들이 상대주의적 입장을 옹호하는 주장을 펼치고 있었다. 거기서 레슬리는 거대하고 모든 것을 아우르는 복음 진리, 즉 그의 고유한 문구에 따르면 "공적 진리"(public truth)로서의 복음에 대한 성경적 논거를 친절하고 정중하게 주장했다. (칼 바르트의 몇몇 추종자들이 기독교적 "진리"의 별개 영역을 주장하는 것처럼 보이는 방식을 고려하면 이것은 더더욱 중요하다.) 그가 품은 확신은 다른 이들이 거의 품을 수 없었을 것이었다. 이 확신은 그의 표현 방식에 의해, 주눅 들게 하는 그의 능력을 통해 강화되었다. 그 능력이란 시력을 거의 상실한 그가 하나의 거대한 주제를 그것에 연결된 많은 부분과 함께 펼치면서, 원고나 시계를 흘깃하지 않고도 단 한 시간 내에 그 모든 것을 결론으로 이끌어 내는 완벽한 강의를 하는 것이었다. 그는 그 모든 것을 너무나 쉬운 것으로 보이게 만드는 완벽한 전문가 부류였다.

내가 특히나 운이 좋았던 것은, 나 자신의 방대한 책 『예수와 하나님의 승리』(*Jesus and the Victory of God*, CH북스) 저술에 착수하기 직전에 레슬리를 만나 예수와 하나님 나라에 대한 그의 시각에 사로잡했다는 점이다. 그런 기획에서는 많은 가닥이 하나로 합쳐지지만, 상세히 설명되고 예시된 레슬리의 시각은 내게 논증을 형성할 용기를 북돋아 주었다. 하지만 그것이 끝이 아니었다. 그 책이 출판된 지 1년이 지난 어느 날, 전화를 받은 나는 건너편 레슬리의 목소리를 듣고 깜짝 놀랐다. 그는 직접 책을 읽기에는 눈이 너무나 침침해졌기에 부득이하게―아마도 "부득이한 세미나"(a seminar of necessity)라고 해야 할 것 같은데―런던 킹스 칼리지(King's College) 학생들 한 팀에 요청해 자신을 위해 와서 그 책을 읽도록 했다. 그들은 『예수와 하나님의 승리』를 각주까지 포함해서 큰 목소리로 읽고 있었고, 그가 내게 전화한 것은 그들이 방금 읽기를 마친 장이 어떤 장인지, 그리고 그들이 그것을 읽으며 얼마나 흥분했는지 말해 주기 위해서였다. 나는 고마움에 어쩔 줄을 몰랐는데, 오히려 빚은 내 편에서 훨씬 크게 졌기 때문이다. 결국 레슬리는―마이크의 이 책이 거듭 증명하듯이―교회의 선교에 대한 **성경적** 신학자였다. 평생 동안 성경에 깊이 관여한 것이 그가 한 모든 일을 뒷받침했다. 그 전화는 곧 편지들로 이어졌다. 앞을 볼 수 없었던 레슬리는 오래된 타자기 자판을 기억으로 더듬어 열심히 치면서 인상적인 대작들을 썼는데, 그 전반적인 영향은 육체적으로 점점 더 노쇠해 가는 이 노인에게 성경을 만끽하고, 하나님 나라를 기뻐하며, 나 같은 상대적으로 젊은 이들이 연구하도록 격려할 동기를 부여하는 흥분이었다.

    레슬리 사후에 비로소 나는 그의 초기 저작들을 더 많이 발견하기 시작했다. 우리는 모두 『헬라인에게는 미련한 것이요』(*Foolishness to the Greeks*, IVP)를 읽었는데, 그 책은 우리 중 몇몇에게는 실로 두 번째 성경과도 같았다. 그러나 더욱더 많은 것이 있었다. 레슬리는 자신의 방식으로 철저히, 전부는 아닐지라도 당대의 가장 큰 신학적 쟁점들을, 기도하는 겸손함과 선교적 전략을 나름대로 혼합한 것을 가지고 생각하고 숙고했다. 나는 그의 심오하고 독창적인 저서들 중 다수가, 그의 삶이 일반적 학계의 양식에 들어맞지 않기 때문에, 다른 교수들의 저서를 논평하고 각주를 통해 그들과 소통하는 교수들에 의해 대체로 무시되지 않았나 생각한다. 나는 이 책이 그런 상황을 되돌리는 데 큰 도움이 되길 바란다. 나는 레슬리가 실제로 몇몇 작곡가들처럼 그의 사후에 여러 세대에 걸쳐 가장 큰 영향을 끼칠 수 있으리라고 종종 생각했는데, 마이크의 연구가 그 과정에서 한 역할을 하게 되기를 기도한다. 분명히 말하건대 나는 교회의 소명에 대해 여러 해에 걸쳐 붙들게 된 믿음들을 반추하면서, 그리고 여기 『교회의 소명』이 검토하는 레슬리의 저술을 폭넓게 훑어보면서, 내가 기껏해야 그저 레슬리의 사상을 그를 따라 사유하고 있었을 뿐이라는 점을 깨닫기 시작한다. 레슬리 뉴비긴으로 인해, 그리고 그를 새로운 세대에게 힘 있게 소개하는 이 책과 같은 연구들로 인해 하나님께 감사한다.

머리말

레슬리 뉴비긴의 선교적 교회론이라는 주제를 다시 다루는 것은 즐거운 일이다. 그것은 거의 20년 전에 내가 박사학위 논문에서 다루었던 주제다. 나는 레슬리의 역사적 맥락을 이해하고자 노력하는 가운데 그의 저작 전체를 연대순에 따라 한 번 이상 읽으며 여러 해를 보냈다. 또한 나는 그가 읽었던 책들을 읽고자 노력했다. 그것은 다채로운 훈련이었다. 그리고 그 점에 대해 나는 아내 마니(Marnie)에게 감사한다. 그녀는 내가 좀더 주제를 중심으로 한 논문을 추구하기보다는, 뉴비긴에게 침잠해서 그의 삶과 저작을 통해 그에게서 제자 훈련을 받도록 권했다. 그 결과로 출판된 논문은 25만 단어를 훌쩍 넘겼다. 당연히 그 길이를 줄이고, 초점을 분명히 하고, 논증을 더 촘촘히 해야 했을 것이다. 누군가가 한번은 농담 삼아 그 제목을 "당신이 뉴비긴에 대해 알고 싶었지만 물어보기 꺼렸던 모든 것"(Everything You Wanted to Know about Newbegin but Were Afraid to Ask)으로 해야 한다고 제안했다. 내 출판 기획자들 중 한 사람인 조지 밴더벨드(George

Vandervelde)는 그것을 더욱 길게 만들었을, 세계 종교들과의 선교적 만남에 대한 긴 장 하나를 제외하자고 주장했다. 하지만 그 이후로 나는 뉴비긴에 대한 풍성한 자료를 역사적 맥락 속에서 제시한 것이 여러 면에서 도움이 되었다는 말을 많은 이로부터 들어 왔다. 따라서 그것은, 비록 그 제멋대로 뻗어 나가는 성격에도 불구하고, 내가 애초에 의도하지 않았던 목적들을 이루었던 것으로 보인다.

내 논문이 출판된 후 20년 동안 나는 뉴비긴의 통찰들에 더 깊이 몰두할 수 있는 기회를 가져 왔고, 그의 생각에 대한 더 명료한 이해를 얻었다. 여기에는 몇 가지 이유가 있다. 첫째, 나는 북미와 세계 도처의 다양한 기관과 장소에서 이 내용을 가르치고 강연했다. 그러는 가운데 나온 질문들과 토론들, 어쩌면 특히 비서구권에서 나온 것들은 그 주제에 대한 내 생각을 더 분명하게 만들었으며 그것의 적실성을 더 잘 의식하게 했다. 나는 이 서문을 브라질을 출발한 야간 비행기 안에서 작성하고 있는데, 지난 3주 동안에 다른 네 도시의 다양한 신앙고백 배경을 가진 학생들, 목사들, 학자들을 대상으로 해서 이 책에 실린 내용 중 상당 부분에 대한 발표를 막 마치고 돌아가는 길이다. 그런 다채로운 상호 작용이 내게 주는 확신은, 하나의 선교적 종교인 서구적 세계화가 세계 모든 도시 지역으로 확산함에 따라 뉴비긴의 통찰이 계속해서 적실성 있고 중요하다는 것, 그리고 예측할 수 있는 미래에도 그러리라는 것이다.

게다가 나는 뉴비긴의 통찰들을 실행하기 위해 파트타임으로 동료 목사들과 함께 하나 이상의 지역 교회에서 목회 사역을 하면서, 선교적 교회에 대한 뉴비긴의 가르침과 씨름할 기회를 가졌다. 또한 뉴비긴에 대한 여러 논문들 및 다른 2차 문헌들뿐 아니라, 20년 전에는 이용할 수 없었던 뉴비긴의 미출판 보존 자료들을 읽을 기회도 가져 왔다. 그리고 마지막으로, 피닉스에서의 신학 교육 재조정 과정은 내가 뉴비긴의 작업에 몰두했던 것에 깊이 의존해 있다. 그곳에서 이 책의 내용을 실현하기 위해 애쓴 목사들과 발전시킨 친밀한 관계는, 선교적 교육 과정을 고안하고 시행하려는 시도와 더불어, 뉴비긴의 작업의 다양한 영역들에 대한 나의 이해를 심화시켰다. 이 모든 것을 통해, 그의 선교적 교회론에 대한 나의 생각은 더욱 명료해지고 더욱 초점을 갖게 되었다.

이 책은 계획된 두 권 가운데 첫 번째 책이다. 이 첫 번째 책에서 나는 뉴비긴의 선교적 교회론을 그의 사상의 핵심 원동력의 맥락 안에서 상대적으로 간결하고 체계적인 방식으로 개괄한다. 두 번째 책에서는 팀 셰리든(Tim Sheridan)과 내가 뉴비긴의 교회론 계승자들―선교적 교회(missional church), 이머징/이머전트 교회(emerging and emergent church), 딥 처치(deep church), 센터 처치(center church)―을 뉴비긴의 선교적 교회론에 비추어 기술할 것이다. 이 두 책은 한 권으로 시작했지만, 뉴비긴의 작업에 비추어 다른 교회 운동들을 평가하려는 우리의 목표를 달성하기 위해서는 뉴비긴에 대해 더 많은 공간을 할애해야 한다는 것이 명백해졌다.

따라서 이 책은 뉴비긴의 선교적 교회론을 그의 신학적 시각의 핵심 원동력 안에서 체계적 방식으로 개괄한다. 의도는 넓은 독자층을 위한 더 대중적인 요약을 제공하는 것이다. 논증의 윤곽을 선명하게 유지하기 위해 나는 다른 저자들과 광범위하게 소통하지 않을 것이며, 역사적 배경이나 그의 사상이 일으킨 쟁점들도 길게 다루지 않을 것이다. 관심이 있는 이들을 위해서는 더 찾아볼 수 있도록 각주를 달았다. 또한 나의 웹사이트 www.missionworldview.com을 철저히 재작업해서 더 많은 자료를 추가했는데, 여기에는 뉴비긴에 대한 나의 논문들을 포함해서 출판된 것들뿐 아니라 출판되지 않은 것들도 있다.

다른 몇 가지 설명이 도움이 될 것이다. 먼저, 지난 20년 동안 "선교적"(missional, "미셔널")이라는 용어는 선교를 교차 문화적인(cross-cultural) 또는 하나의 교회 활동으로 이해하는 것 이상의, 교회의 정체성과 본질을 밝히는 일반적인 단어가 되었다. 나는 나의 글에서 "선교적"이라는 단어를 수용해 왔고 그것을 계속해서 사용하는데, 비록 그것이 때로는 유행으로나 피상적으로 사용되는 함정에 빠진다 해도 그렇다. 이 책에서 나는 뉴비긴의 독창적 단어인 선교적 교회(missionary church)를 고수한다(이후 본문에서는 missional과 missionary 모두 "선교적"으로 번역한다—옮긴이). 둘째로, 뉴비긴의 저작 대부분은 우리의 문화가 남성 대명사의 배타적 사용이 함축하는 성차별주의에 민감해지기 전에 쓰였다. 나는 그의 작품을 "교정하는" 창의적이지만 때로는 곤란한 작업에 참여하기보다는, 그의 본래 표현을 손대지 않고 그대로 두었다.

나는 토머스 웨스트(Thomas West)에게 감사하는데, 그는 셀리 오크(Selly Oak)에 있는 뉴비긴 기록보관소에서 수많은 문서들을 전자 형태로 복사해 제공했다. 내가 이 책의 마지막 장을 마무리하는 동안에 많은 뉴비긴의 저술이 실린 새로운 웹사이트가 온라인에 생겨났다(http://newbiginresources.org). 이것은 행복한 발전이며, 이 웹사이트가 몇 달만 일찍 생겼더라면 내 작업이 훨씬 더 쉬웠을 것이라는 생각이 들 뿐이다. 그런데 이는 쪽 표기와 관련해 문제가 되는데, 내가 인용하는 미출판 문서들 중 상당수가 이 사이트에 있고 그 온라인 문서들의 쪽 번호가 내가 작업할 때 쓴 기록보관소의 원문에 있는 쪽 번호와 때때로 다르기 때문이다.

나는 짐 킨니(Jim Kinney)의 인내에 감사한다. 원래 팀 셰리든과의 공동 작업으로 뉴비긴과 그의 신학적 계승자들을 다룰 예정이었던 이 책은 여러 해 늦춰졌다. 계약서에 서명할 때 나는 다음 5년 동안 나의 시간 중 그렇게나 많은 부분이 신학 교육에서 어떤 창조적 계획을 발전시키는 데 주어질 것이라고는 전혀 생각하지 않았다. 그래서 이 책은 미뤄져야만 했다. 나는 또한 피닉스에서 함께 리더십을 맡은 동료들―타일러 존슨(Tyler Johnson), 크리스 곤잘레스(Chris Gonzalez), 짐 멀린스(Jim Mullins)―에게 감사를 전한다. 그들은 미셔널 훈련 센터(Missional Training Center)가 점차 자리를 잡자 나를 독려해 저술을 우선시하는 쪽으로 돌아가도록 했다. 또한 나는 이 책의 일부를 읽고 유익한 피드백을 준 나의 두 사위, 마크 글랜빌(Mark Glanville)과 데이브 그로언(Dave Groen)에게 감사한다.

나는 이 책을 나의 아내 마니와 우리의 장성한 네 자녀 에린(Erin), 벤(Ben), 브리트니(Brittany), 브리엘(Brielle)에게 헌정한다. 그들은 나와 함께 20년 넘게 이 "뉴비긴 여정"을 함께했다. 그들 모두 뉴비긴의 저술을 어느 정도 읽고 참여했다. 뉴비긴에 대한 나의 마지막 기억은 그가 한 식당 테이블에 앉아 나의 아내와 당시 열한 살에서 열일곱 살 사이였던 나의 아이들에게 농담을 하던 것이다. 아이들 중 가장 나이가 많은 에린과 벤은 10대 후반이었던 거의 20년 전, 위트레흐트 대학교(University of Utrecht)에서 있었던 나의 박사학위 논문 방어의 들러리였다. 나는 그들 모두가 그들의 배우자들과 더불어, 내가 이 책에서 쓴 것의 많은 부분을 학자로서, 목사로서, 음악가로서, 부모로서 계속 살아 내고 있음에 감사한다. 마니는 내가 뉴비긴의 삶을 주의 깊게 연구하도록 독려했는데, 그것은 우리 중 누군가가 상상할 수 있던 것보다 더 많은 열매를 맺었다.

브리티시컬럼비아주 밴쿠버에서
마이클 고힌

서론

교회론은 무엇보다도 교회의 정체성에 대한 것으로, 우리가 누구이며 누구를 섬기는지 묻는다. 그리고 만약 성경 이야기가 우리의 정체성이 구축되는 장소가 아니라면 자동적으로 다른 어떤 곳이 그런 장소가 될 것이며, 거의 분명히 우리의 문화 이야기와 사회적 장소가 그런 곳이 될 것이다. 이는 우리가 더 이상 우리가 그렇게 되게끔 부름을 받은 그 백성이 아님을, 그리고 잘못된 주인을 섬기게 될 것임을 의미한다. 따라서 모든 세대의 교회에 주어진 선택은 항상 양자택일의 문제다. 즉 우리의 정체성은 성경에 의해 형성되는가, 아니면 우리의 문화에 의해 형성되는가? 성경 이야기인가, 아니면 문화 이야기인가? 이것이 교회론이 그토록 중요한 이유다. 교회론은 우리가 누구며 누구를 섬기도록 되어 있는지 발견하기 위해 성경으로 돌아갈 것을 요구한다.

나치즘 치하의 독일 교회의 경우를 살펴보자. 개신교 "독일 그리스도인들"은 나치의 민족주의와 인종 차별을 받아들였다. 로마가톨릭은 애초에 독일 국가 사회주의에 대해 더욱 못 미더워했지만, 히틀러가 기독교를 독일적 가치들의 토대로 묘사했을 때 저항을 중단하고 동일한 독일 신들에 연루되었다. 고백 교회(Confessing Church)와 같이 나치의 기획에 저항하는 일부가 있었는데, 이 저항은 나치 이념의 본색이 드러나자 커져 갔다. 그러나 일반적으로 대부분의 교회는 자신들이 누구이며 누구를 섬기도록 되어 있는지 잊었다. 그들은 국가 사회주의라는 독일 이야기를 통해 형성되었고, 인종 차별과 민족주의의 신들을 섬겼다. 또한 아파르트헤이트 치하의 남아프리카공화국 교회나 공산주의 치하의 러시아 및 동유럽 교회를 생각해 보자. 그들은 모두 자신의 길을 잃은 교회들을 보여 주는 아주 두드러진 사례들이다. 그들의 정체성과 결과적으로 그들이 섬긴 신들은 그들이 위치한 문화를 지배하는 우상숭배적 이야기와 이념을 통해 결정되었다. 그러나 잘못된 정체성과 거짓 신들이 아무리 위험할지라도, 때로는 분명하게 보이지 않는다. 적어도 우리가 어느 정도 역사적 거리를 확보하기 전까지는 말이다.

    교회론은 정통 신학을 위해 우리의 교회론을 바로잡는 학문 활동에 불과한 것이 아니다. 그것은 성경으로 돌아가는 지난한 작업이며, 가장 깊은 근본적인 질문들을 던진다. 우리는 누구인가? 성경 이야기에서 우리의 역할은 무엇인가? 우리의 소명은 무엇인가? 하나님의 신실한 백성이 된다는 것은 무엇을 의미하는가? 하나님의 목적들을 섬기기 위해 우리는 어떻게 부르심을 받았는가? 우리는 우리의 특정한 시간과 특정한 맥락에서 그 부르심을 어떻게 성취할 것인가? 그 맥락은 어떻게 우리의 정체성과 반대되는 방식으로 우리를 형성하는가? 교회론적 숙고가 교회에 삶과 죽음의 문제라는 주장은 지나친 말이 아니다.

어떤 그리스도인이 독일이나 남아공이나 러시아에 가서, 그곳에 있는 교회가 당시의 지배적인 공적 교리에 철저히 타협하고 있음을 발견하게 되는 상황을 상상해 보자. 만약 그 사람이 그런 교회에 도전해 그들이 누구이며 누구를 섬기고 있는지 깊이 숙고하도록 한다면, 그 도전은 한가로운 학문적인 신학 활동으로의 초청이 아닐 것이다. 그것은 긴급한 문제로서, 그 교회를 하나님이 성경 이야기 가운데 그들에게 주신 소명으로 회복하려는 목표를 가질 것이다. 교회론은 조직 신학에서 머리가 되는 교리에 그치는 것이 아니라, 교회를 정상 궤도로 돌려놓는 긴급 명령이 될 것이다. 우리는 레슬리 뉴비긴을 이런 방식으로 이해해야 한다.

뉴비긴은 거의 40년을 인도 선교사로 섬긴 후에 새로운 관점을 가지고 영국으로 돌아왔다. 그때 그가 발견한 교회는 현대의 과학적 세계관에 순응해 온 모습이었다. 많은 사람이 복음에 대한 확신을 잃었고, 시대를 지배하는 우상숭배적인 이념에 맞추어 그들에게 고유한 교회적 정체성을 재단했다. 교회는 사적 삶의 영역으로 밀려나 인간 삶의 대부분에 어떤 영향도 끼치지 못하는 것에 만족하고 있었다. 그들은 복음과 성경 이야기가 주관적인 가치들과 개인적인 선호의 지위에 국한되는 것을 허용했다. 유럽은 우상숭배적인 공적 교리를 통해 형성된 이교 사회가 되었다. 그것은 복음과 교회를 재구성했는데, 교회는—비극적이게도—저항하는 대신에 그저 굴복해 버렸다. 따라서 뉴비긴에게 교회론은 교회가 서구 문화의 권세들에 포로된 상태에서 자신을 빼낼 수 있게 할 긴급 명령, 긴박한 과업이었다.

뉴비긴에게 교회론은 단지 제도 교회의 내적 삶보다는 훨씬 더 많은 것과 관련이 있었다. 예배, 설교, 성례, 리더십, 교회 질서, 교회 구조 등보다 훨씬 더 깊이 들어갔다. 그것은 우리의 선교적 정체성을 회복하는 문제였다. 그리고 우리의 선교적 정체성을 되찾는 것은 단지 복음 전도를 더 많이 행하는 것이나, 공적 삶에 있는 사회적·정치적 쟁점들에 더 광범위하게 참여하는 것이나, 혹은 심지어 자비와 정의의 프로그램들을 늘리는 것과 관련이 있지 않았다. 이 모든 것보다 훨씬 더 깊은 문제였다.

이런 깊은 차원에 대한 관심이 영국에서 "복음과 우리 문화"(Gospel and Our Culture) 운동의 발족으로 이어졌다. 처음에 이 운동은 당시의 사회·정치·경제·문화와 관련된 많은 쟁점을 다루기 위한 회의의 준비로 시작되었지만, 뉴비긴은 그 토론이 더 깊이 들어가 "기저에 있는 쟁점들"을 다루어야 한다고 보았다.[1] 교회가 이런 쟁점들에 어떻게 답해야 하는지는 사회 윤리를 넘어서는 것이었다. 그것은 복음의 포괄적·공적 진리, 보편 역사의 참된 해석으로서의 성경, 그 이야기를 구현하고 전하는 하나님의 백성의 역할, 하나님의 백성과 그들의 문화에 대한 적절한 이해와 그 둘 사이의 선교적 관계를 회복하는 것의 문제였다. 이 모든 것은 신실한 사회 참여를 뒷받침해야 한다. 그리고 뉴비긴이 정말 깊이 탐사했기 때문에, 그 회의를 위해 작성한

---

1 Lesslie Newbigin, *Unfinished Agenda: An Updated Autobiography* (Edinburgh: Saint Andrew Press, 1993), p. 252. 『아직 끝나지 않은 길』(복있는사람).

작은 책 『기독교의 새로운 출발을 위하여』(The Other Side of 1984, 대장간)는 영국 교회 한가운데 폭탄처럼 떨어졌고 전 세계에 파급 효과를 가져왔다.

분명히 말하건대 뉴비긴은 교회론의 전통적인 관심사―예배와 예전, 설교와 가르침, 리더십과 교회 질서―를 결코 폐기하지 않았다. 오히려 반대로, 그는 교회의 내적 삶의 이런 영역들 각각이 하나님이 하나님의 백성에게 주신 소명과 역할에 기여하는 것을 보기를 원했다. 그렇다고 그가 선교의 전통적인 관심사―복음 전도와 교회 개척, 자비와 정의, 사회 윤리와 정치 참여―를 무시한 것도 아니다. 다만 그는 그것들을 교회의 선교적 소명이라는 더 넓은 시각 안에 두기를 원했다. 교회론은 우리의 정체성을 이 모든 것에 관련시키고, 그것들을 하나님이 성경의 드라마에서 그분의 백성이 담당하도록 부르신 역할에 비추어 재형성하는 것이다.

이와 같은 특징들의 조합이 뉴비긴의 선교적 교회론을 우리 시대에 여전히 너무나 중요한 것으로 만든다. 첫째, 그의 동기는 어떤 학문적인 의제가 아니라, 우리가 참으로 하나님의 목적을 섬길 수 있도록 우리의 참된 정체성을 회복해야 한다는 긴급성이었다. 둘째, 그는 대부분의 교회론적 숙고보다 더 깊이 나아가서, 성경 이야기에서 하나님의 백성의 역할을 결정하는 것과 관련된 근본 문제들을 드러낸다. 셋째, 그는 교회와 선교에 대한 여러 세기에 걸친 숙고를 무시하지 않지만, 그것을 선교적 교회론 안에서 재구성한다.

이 책은 뉴비긴의 선교적 교회론에 대한 기초적이고 대중적인 소개다. 그러나 곧 명백히 드러나겠지만, 그의 교회론은 보통 그 단어에 결부되는 것보다 훨씬 더 많은 것을 수반한다. 교회론을 탐사한다는 것은 근본적인 질문들을 제기한다는 것을 의미한다. 복음이란 무엇인가? 성경이란 무엇인가? 기독교 신앙이란 무엇인가? 우리가 뉴비긴의 선교적 교회론을 더 깊이 조사하면서, 우리는 그의 사상을 형성하는 중심 원동력을 보기 시작한다. 그것은 복음에 대한 그의 이해로 추진되는 원동력이며, 아마도 우리는 심지어 그것이 기독교 신앙의 가장 핵심으로 우리를 인도하는 원동력이라고도 말할 수 있을 것이다. 따라서 이 책은 뉴비긴의 선교적 교회론을 명료하게 표현할 것인데, 그 과정에서 또한 기독교 신앙에 대한 그의 이해와 그의 신학적 시각을 형성하는 핵심 원동력을 드러낼 것이다.

뉴비긴의 선교적 교회론

20세기에는 교회론에 대한 관심이 증가했다. 예일의 역사학자 야로슬라프 펠리칸(Jaroslav Pelikan)에 따르면, "교회에 대한 교리는 앞선 세기들의 모든 교리적 전통을 재현했을 뿐 아니라, 그 이전과는 전혀 다른 방식으로 20세기에 전체 기독교 메시지의 전달자가 되었다."[2] 21세기가 된 지 한참인데, 교회론에 대한 관심은 전혀 줄어들 기미를 보이지 않는다. 모든 상상할 수 있는 형용사가 교회에 대한 완전히 새로운 시각들을 묘사하기 위해 사용되어 왔다.

---

2 Jaroslav Pelikan, *The Christian Tradition: A History of the Development of Doctrine*, vol. 5, *Christian Doctrine and Modern Culture (Since 1700)* (Chicago: University of Chicago Press, 1989), p. 282.

위르겐 몰트만(Jürgen Moltman)은 교회론이 그렇게나 긴급한 쟁점이 된 주된 이유들 중 하나를 정확히 지적해 낸다. 오랜 세월 동안 교회는 자신의 위치를 '코르푸스 크리스티아눔'(corpus Christianum, 기독교 세계)에서 찾았다. 교회의 정체성과 소명은 기독교적 서구의 문화와 사회 내에서 교회가 차지하는 위치와 역할에 따라 규정되었다. 그러나 오늘날 우리는 더 이상 서구를 기독교적이라고 생각할 수 없다. 점점 더 세속화되고 있고, 서구에 대한 어떤 기독교적 영향도 해체되고 있다. 이 새로운 상황에서 교회가 자신의 정체성을 새롭게 숙고하는 것은 필수적이다. 신선한 교회론적 성찰은 어디서 단서를 얻을 것인가?

몰트만이 믿기에, 바로 선교로부터다. 기독교 세계(Christendom)의 해체는, 교회가 자신의 새로운 선교적 상황을 받아들이고 "선교적 주도권과 특정한 선교적 책임"을 회복해야 한다는 것을 의미한다.[3] 그렇다면 이 새로운 선교적 상황은 교회론적 갱신의 자원이 될 수 있다. 그러므로 몰트만은 "교회에 대한 신학적 개념의 갱신을 향한 가장 강력한 자극들 중 하나는 선교의 신학으로부터 온다"고 말한다.[4] 하지만 "지금까지 유럽 교회들은 유럽을 선교지로 발견하거나 자신들을 선교적 교회로 보기 어려웠다"는 문제가 여전히 있다.[5] 교회로서는 자신의 정체성을 다시 상상하는 것이 어려운데, 너무나 오랫동

3　Jürgen Moltmann, *The Church in the Power of the Spirit*, trans. Margaret Kohl (1977; repr., Minneapolis: Fortress, 1993), p. 8.『성령의 능력 안에 있는 교회』(대한기독교서회).
4　Moltmann, *Church in the Power of the Spirit*, p. 7.
5　Moltmann, *Church in the Power of the Spirit*, p. 8.

안 그 정체성이 기독교 문화에서 교회가 갖는 역할과 위치에 따라 형성되었기 때문이다.

그러나 만약 우리가 성경에 참되고자 한다면, "오늘날 교회에 대한 신학적 해석은 '기독교 세계'의 쇠락에 있는 이런 선교적 교회의 싹들을 흡수해야만 한다. 그것들로부터 우리가 배워야 하는 점은 교회가 선교를 '갖는' 것이 아니라, 오히려 반대로, 그리스도의 선교(mission, 사명)가 교회를 창조한다는 것이다. 선교가 교회로부터 나오는 것이 아니라, 교회가 선교로부터 나오며 또한 선교에 비추어 교회가 이해되어야 한다."[6] 교회론은 교회의 정체성과 부르심을 교회가 유럽에서 가지는 사회적·문화적 역할에 비추어서가 아니라, 성경에서 서술되는 하나님의 선교라는 측면에서 숙고해야 할 것이다. "선교적 교회를 신학적으로 전 세계적 맥락에서 파악한다는 것은 '미시오 데이'(missio Dei, 하나님의 선교)라는 맥락에서 이해한다는 의미다.…만약 교회가 자신의 파송을 성부가 성자와 성령을 파송하시는 것과 동일한 틀 안에서 본다면, 그것은 또한 세계와 관련한 하나님의 역사라는 틀 안에서 자신을 보고 또 이 역사 안에서 자신의 위치와 기능을 발견하는 것이다."[7] 교회의 정체성은 이 세상을 위한 하나님의 선교와 목적에서 자신의 자리를 이해함으로써 형성되어야 한다.

이것은 교회론적 성찰을 제도적 교회의 내적 삶과 관련한 쟁점들로부터 세계 역사 한가운데서 교회가 하는 역할로 이동시킨다. 그렇

---

6 Moltmann, *Church in the Power of the Spirit*, p. 10.
7 Moltmann, *Church in the Power of the Spirit*, pp. 10-11.

다면 생기는 질문이 있다. 교회론에 대한 이 새로운 접근은 교회를 주로 제도로 간주했던, 교회에 대한 수 세기 동안의 성찰과 어떤 관련이 있는가? 헨드리쿠스 베르코프(Hendrikus Berkhof)가—뉴비긴 및 몰트만과 마찬가지로 선교가 교회론에 새로운 활력을 불어넣는 원천이 되어야 한다고 여긴 또 다른 신학자로서—그 질문을 다룬다. 그는 "교회론을 다시 연구할 필요"가 있다고 말하면서, "사실은 신학의 모든 것을 세상에 대한 [교회의] 관계라는 관점에서" 그렇게 해야 한다고 말한다.[8] 그는 교회론을 선교의 관점에서 재고하는 작업에 착수한다.

전통적으로, 교회론적 숙고는 제도적 교회에 대한 연구—설교와 가르침, 성례와 예배, 리더십과 교회 질서—와 연결되어 있었다. 베르코프는 교회에 대한 자신의 교리를 세 가지 주요 부분으로, 즉 제도, 공동체, 선교로 나눈다. 제도로서의 교회는 은혜의 방편이 되기 위해 조직된 활동들의 총체와 관련이 있다. 그는 무엇보다도 가르침, 세례, 설교, 주의 만찬, 리더십, 모임 같은 전통적인 주제들을 논한다. 공동체로서의 교회는 회중의 교제 안에 있는 개인적인 관계들의 총체를 다룬다. 마지막으로, 그는 선교로서의 교회를 고려한다. 여기서 베르코프는 세상 한가운데서 교회가 하는 역할을 교회가 소금과 빛으로 기능하는 모든 방식에서 다룬다. 비록 제도적 교회가 교회 초창기부터 교회론의 주된 초점이었지만, 공동체로서의 교회가 종교개혁 이후로 전개되었다. 선교로서의 교회에 대해 말하자면, 제2차 세계

---

[8] Hendrikus Berkhof, *Christian Faith: An Introduction to the Study of the Faith*, trans. Sierd Woudstra (Grand Rapids: Eerdmans, 1979), p. 411. 『교의학 개론』(CH북스).

대전 이후로 비로소 이 개념이 헨드릭 크래머(Hendrik Kraemer) 같은 사람들의 영향 아래서 서서히 자리를 잡기 시작했다.[9]

베르코프의 교회론의 순서—교회를 먼저 제도로, 그러고 나서 공동체로, 마지막으로 선교로 다루는 것—가 중요하다. 세상에서의 교회의 선교에 대한 부분은 마지막에 나오며 다음과 같이 시작한다. "제도가 그리스도를 회중에게 중재하는 것처럼, 결국 회중은 그리스도를 세상에 중재한다. 이 사슬에서 세상이 마지막에 나오기는 하지만, 세상은 앞서 나온 연결들에 의미와 목적을 부여하는 목표다. 앞에 나온 모든 것이 이 목표에 기여한다."[10] 회중의 모임에서 행해지는 모든 것—은혜의 방편, 리더십, 영적 은사, 관계성—은 세상 한가운데서 그들의 선교적 부르심을 위해 하나님의 백성을 형성한다. "제도를 중심에 두고 회중이 모아지는데, 이어서 그 회중은 하나님의 백성으로서 세상의 민족들 사이로 뿔뿔이 흩어진다. 그 전에 무엇이 오더라도, 이 마지막 발전이 목표다. 그러나 선행하는 모든 것이 없이 후자는 뿌리, 추진력, 힘을 결여한다."[11] 제도와 공동체로서의 교회는 세상 속에서의 교회의 선교에 기여한다.

교회의 관계성을 세상 속에서의 교회의 부르심 측면에서 정의하

---

9 아마도 그 누구보다 크래머가 뉴비긴에게 영향을 끼쳤을 것이다. 내가 뉴비긴을 런던에 있는 그의 집에서 처음 만났을 때, 그는 자신이 책장에 보관하고 있었던 크래머의 사진을 나에게 보여 주었다. 그는 사진 속 인물이 누구인지 아냐고 나에게 물었고, 나는 안다고 대답했다. 그런 다음에 그는 자신의 사고에 크래머가 끼친 영향에 대해 말하는 데 상당히 오랜 시간을 썼다.
10 Berkhof, *Christian Faith*, p. 410.
11 Berkhof, *Christian Faith*, p. 411.

는 것은 긴급한 쟁점을 제기한다. 교회가 자신이 위치해 있는 문화와 맺는 관계는 무엇인가? 베르코프가 말하듯이, 일단 우리가 "교회가 세상을 지향한다는 사실"을 확립하고 나면, "우리는 이제 그 방법에 대한 질문에 직면한다."[12] 우리의 선교적 정체성은 교회가 세상을 위해 부르심을 받았다는 사실을 확립할 뿐만 아니라, 또한 그것이 어떤 모습이어야 하는지 질문해야 한다. 더 구체적으로 말하면, 긴급한 **교회론적** 질문은 '교회가 문화에 대해 어떤 관계를 맺는가?'다.

베르코프는 유일한 신실한 입장이 "반립"(antithesis toward)과 "연대"(solidarity with)를 모두 포함한다고 주장한다.[13] 문화에 있는 우상숭배로부터의 분리뿐 아니라, 문화와의 연대도 있어야 한다. 교회는 자신의 정체성을 두 가지 방식으로 배신할 수 있을 것이다. 첫 번째는 "교회주의"(churchism) 혹은 "신성화"(sacralization)다. 이것은 교회가 문화와의 연대를 망각하고 "악한 세상에 대한 방어벽으로서, 혹은 덜 공격적으로 말하자면, 내향적이고 자기만족적 집단으로서 자신에게 파묻혀서 자신의 제의, 언어, 연고에 만족할 때다." 두 번째는 "세상성"(worldliness) 혹은 "세속주의"(secularism)다. 여기서 교회는 문화에 대한 반립을 포기하고 "가능한 한 최대로 세상에 동화하고 순응한다." 두 경우 모두에서, 교회는 "본질적으로 동일한 일을 한다. 즉 충돌과 공격을 회피하는 것이다."[14] 문화와의 진정한 만남은 동일시와 거부, 예와 아니요, 참여와 물러남을 요구한다. 둘 중 어느 하나라도

---

12 Berkhof, *Christian Faith*, p. 413.
13 Berkhof, *Christian Faith*, p. 415.
14 Berkhof, *Christian Faith*, p. 421.

잃는 것은 신실하지 못함을 초래한다.

몰트만과 베르코프에 대한 언급은 뉴비긴의 선교적 교회론과 이 책에서 이어질 내용을 이해하는 길을 연다. 몰트만과 마찬가지로, 뉴비긴은 교회가 **성경 이야기에서 펼쳐지는 하나님의 선교**와 그 역사 안에서 교회가 하는 역할의 측면에서만 이해될 수 있다고 믿는다. 교회가 앞으로 나아가도록 명령을 내리는 것은 문화가 아니라, 하나님과 그분이 온 세상을 위해 하시는 일이다. 뉴비긴에게 이것은 성경을 하나님이 전체 창조 세계를 회복하기 위해 행하시는 하나님의 능하신 일들에 대한 이야기로, 예수를 그 이야기의 중심점으로 읽는 것을 의미한다. 교회는 자신의 정체성을 하나님의 명령과 초청에 따라 하나님이 구속사에서 하시는 일에 참여함으로써 찾는다. 따라서 우리는 1장과 2장을 뉴비긴이 성경을 보편 역사로, 그리고 하나님 나라의 복음을 전체 이야기의 중심점이자 해석을 위한 실마리로 이해하는 것으로 시작한다. 바로 이런 맥락에서 우리는 제대로 된 교회의 정체성을 이해할 수 있을 것이다.

베르코프와 마찬가지로, 뉴비긴은 교회론이 세상 속 교회의 소명뿐 아니라, 교회의 제도 내적·공동체적 삶을 살피는 것을 의미한다고 믿는다. 따라서, 3장과 4장은 세상 속 교회의 부르심과 교회의 공동체적 삶의 중요성을 함께 다룬다. 둘 다 선교적 교회에 중요하다. 그러나 또한, 베르코프와 같이, 세상 한가운데서의 교회를 규정하는 것은 교회가 문화에 대해 갖는 관계라는 화급한 질문으로 이어진다. 만약 교회의 정체성이 교회가 세상에 대해 갖는 관계를 통해 정립된다면 교회가 그 문화적 맥락과 어떻게 관계를 맺는지 이해하는 것이 필수적인데, 그곳에는 삶에 대한 또 다른 시각이 만연해 있기 때문이다. 그러므로 5장과 6장에서 우리는 뉴비긴의 선교적 교회론의 중요한 측면, 즉 문화와의 선교적 만남으로 관심을 돌릴 것이다. 최종적으로, 마지막 장에서 나는 오늘날을 위해 뉴비긴의 선교적 교회론이 갖는 의의에 대해 약간의 숙고를 제공할 것이다.

뉴비긴의 사상이 가진 핵심 원동력

뉴비긴의 선교적 교회론에 접근할 때, 우리는 우리가 보통 교회론과 결부시키는 "교회적" 쟁점들을 넘어 생각하기 위해 우리의 마음을 재설정해야 한다. 교회에 대한 그의 이해를 간파하기 위해, 우리는 그가 복음과 성경, 심지어 기독교 신앙의 본질에 대해 더 깊고 더 근본적인 질문을 던지는 데 동행해야 할 것이다. 우리가 이 길을 따라 뉴비긴을 따라갈 때 그의 사상의 핵심 원동력이 명백해진다. 비록 그가 사용한 용어는 아니지만, 나는 그것을 그의 "복음 원동력"(gospel dynamic)이라고 부른다. "원동력"이란 단어로 나는 그의 사상을 추진하는 기초적이며 강력한 힘을 의미한다. 그러나 또한 나는 심리학에서 "역동"(dynamic)이라는 단어로 사용되는 것과 같이, 이 기초적인 힘이 복음, 성경 이야기, 교회의 선교, 문화와의 선교적 만남이라는 요인들의 상호적 조합이라는 견해를 전달하기를 원한다. 이 원동력은 다음과 같이 간략하게 설명할 수 있다.

 뉴비긴은 모든 생각이 복음으로 시작해야 한다고 믿는다. 즉 예수 그리스도와 관련된 성경 이야기의 중심 사건들인 그분의 삶, 죽음, 부활, 승천, 그리고 성령의 부으심이다. 좋은 소식(the good news)은, 예수 안에서 하나님이 이런 사건들을 통해 역사 한가운데로 하나님 나라를 가져 오기 위해 행동하고 계시다는 것이다. 예수께서 멈추어서 하나님 나라를 정의하실 필요가 없었는데, 왜냐하면 유대인들이 그 나라의 도래에 대해 이미 준비되어 있었기 때문이다. 그들은 하나님 나라가 전체 성경이 움직여 오고 있던 목표인 절정의 순간임을 알고 있었다. 그것은 보편 역사의 목표이며, 죄의 능력과 영향으로부터 온 만물이 우주적으로 회복되는 것이다. 좋은 소식은 보편 역사의 종말이 이제 예수 안에서 그리고 성령에 의해 역사 가운데 현존한다는 것이다.

하나님 나라의 좋은 소식은 필연적으로 우리를 어떤 이야기의 한가운데 두는데, 그것은 스스로를 세상의 참된 이야기라고 주장하는 이야기다. 복음은 보편 역사의 끝에 대한 메시지, 즉 창조 세계를 죄로부터 회복하는 것을 말한다. 성경 이야기는 온 세상의 창조로 시작한다. 따라서 복음은 우리를 창조와 완성 사이에, 우주 역사의 시작과 끝 사이에 위치시킨다. 더 나아가 이 좋은 소식은 창조주 하나님이 역사를 그 목표로 안내하기 위해 이스라엘 민족 안에서, 이스라엘 민족과 함께 행하시는 일에 대한 긴 이야기에서 절정의 순간이다. 그러므로 복음은 우리에게 성경을 우주적인 이야기로, 창조로 시작해서 창조 세계의 회복으로 끝나는 이야기로 읽도록 요청한다. 그러나 그것은 또한 하나님이 이스라엘, 예수, 교회를 통해 행하시는 일에 대한 이야기다. 복음은 우리가 성경을 하나님의 구속 사역에 대한 참된 이야기로, 우리에게 역사의 의미를 전하는 것으로 보도록 강력하게 요구한다.

이 이야기의 중심 줄거리는 하나님의 선택된 백성이다. 성경 이야기는 하나님이 선택된 백성을 다루시는 것에 대한 이야기로, 하나님이 세상을 위한 자신의 목적을 그들 안에서 그리고 그들을 통해 이루실 것이다. 그들은 자신들의 삶 속에 보편 역사의 목표를, 즉 하나님이 모두를 위해 의도하신 화해와 회복을 떠맡는 백성이어야 한다. 그들은 복된 백성이다. 참으로 인간이라는 것이 의미하는 본래의 복으로 회복되고 있기 때문이다. 그들은 또한 복이 되어야 하는 백성이다. 그들은 모두를 위한 복의 통로가 되도록, 세상을 위해 선택되었다. 그들은 무엇보다도 하나님이 자신의 목적을 이루시는 장소다. 그렇다면 그들은 세상을 향한 하나님의 다시 새롭게 하시는 사역의 통로다. 바로 이런 외부로의 방향성, 즉 "세상을 위해"(for the sake of the world)가 하나님의 백성을 본질상 선교적으로 만든다. 그들의 정체성은 그들이 보편 역사에서 하는 역할에서 발견된다.

이 백성은 세상 한가운데 놓여서, 하나님이 역사의 모든 것을 이끌어 가시는 곳에 대한 징표와 예고편이 된다. 그들은 종교적 진공 상태에 존재하지 않고, 다른 신들을 섬기는 세상 한가운데서 자신들의 부르심을 살아 낸다. 예수 이후에, 하나님의 백성은 세상의 모든 문화 한가운데서 자신들의 소명을 살아 내도록 보내졌다. 따라서, 교회는 항상 어떤 문화적 맥락 안에서 복음을 구현하고 알릴 것이다. 처음부터 이스라엘의 소명에 대한 주된 위협은 그들 주변 민족들의 우상숭배였다. 그 문제는 교회가 지역을 뛰어넘는 다민족 백성으로서 세상의 모든 문화의 일부로 살도록 보내짐에 따라 더욱 강렬해진다. 그러므로, 창조 세계를 위한 하나님의 목적을 구현하는 것은 세상의 문화들과의 선교적 만남을 항상 수반할 것이다.

이것이 뉴비긴의 사상을 추진하는 4중의 원동력인 복음, 이야기, 선교적 백성, 문화와의 선교적 만남이다. 이것들은 그의 신학적 시각에서 네 개의 분리된 조각들이 아니다. 오히려 그것들은 밀접하게 서로 엮여 있고, 적절히 이해되기 위해서 각각이 다른 것들을 서로 요구한다. 다른 말로 하면, 만약 우리가 복음에서 시작한다면 우리는 스스로 성경 한가운데 있는 것을 발견하는데, 성경은 그 핵심 줄기가 하나님의 백성의 선교적 소명인 하나의 이야기이며, 그 백성은 필연적으로 문화와의 선교적 만남 속에서 자신들의 부르심을 살아 낸다. 이 원동력은 기독교 신앙에 본질적인 어떤 것을 표현한다. 그것은 또한 선교적 교회론이 성경에 얼마나 중심이 되는지 보여 준다. 이어지는 장들에서 우리는 이 "복음 원동력", 즉 복음, 성경 이야기, 선교적 교회, 문화와의 선교적 만남과 마주하게 될 것이다.

왜 뉴비긴인가

내가 깨닫게 된 것은, 뉴비긴이 20세기의 가장 영향력 있는 기독교 지도자들과 사상가들 가운데 하나였음에도—아마도 그의 세계적인 영향력은 1980년대에 절정에 이르렀을 것인데—여전히 많은 사람이 그를 잘 알지 못한다는 사실이다. 따라서 '왜 뉴비긴인가?'는 정당한 질문이 될 수 있다.[15] 나의 첫 번째 대답은, 나 자신이 평생에 걸쳐 뉴

---

15 참고. Michael W. Goheen, "The Legacy of Lesslie Newbigin for Mission in the 21st

비긴을 연구해 왔으며 그의 사상에 깊이 영향을 받아 형성되었다는 것이다. 그러나 그것이 유일한 이유는 아니다. 그렇다면 나는 이 사유에 의해 깊은 영향을 받은 많은 다른 사람을 가리킬 것이다.[16] 그러나 더 큰 질문은, 왜 뉴비긴이 이런 종류의 영향력을 지녔는가 하는 것이다.

미국 교회사 학자 제프리 웨인라이트(Geoffrey Wainwright)는 1994년에 듀크 신학대학원(Duke Divinity School)의 히크먼 강연(Hickman Lecture)에서 강연자로 뉴비긴을 소개하면서, 20세기 교회사가 쓰이게 될 때면―만약 교회사 학자들이 자신들이 해야 할 일을 안다면―뉴비긴이 20세기의 가장 탁월한 신학적 인물 열 명 혹은 열두 명 가운데 하나로 고려되어야 할 것이라고 말했다. 웨인라이트는 뉴비긴에 대한 자신의 책에서 뉴비긴을 교부학적 용어로 "교부"(Father of the Church)라고 묘사함으로써 뉴비긴의 중요한 공헌에 영예를 표했다.[17] 웨인라이트는 그가 그렇게 불릴 자격이 되는 다섯 가지 이유를 든다. 첫째, 뉴비긴의 폭넓은 사역은 지속적으로 성경에 의해 자양분을 얻었다. 둘째, 그는 초기의 에큐메니컬 신조들에 대한 헌신으로 자신의 일을 수행했다. 셋째, 항상 그는 교회를 눈에 보이는 사회적 공동체로 세우기 위해 일했다. 넷째, 그는 포괄적인 사역을 펼쳤다. 다섯째,

---

Century", *Trinity Journal for Theology and Ministry* 4, no. 2 (2010): pp. 8-21 (special issue, "The Gospel in the Public Square: Essays by and in Honor of Lesslie Newbigin").

16 그의 탄생 100주년을 기념해 추려 낸 그의 영향에 대한 증언들을 다음에서 보라. Fellowship of Saint Thomas, "Lesslie Newbigin Centenary", www.fost.org.uk/bigincont.htm.

17 Geoffrey Wainwright, *Lesslie Newbigin: A Theological Life* (New York: Oxford University Press, 2000), p. v; 참고. pp. 390-393.

"하나님의 사람이라는 뉴비긴의 순전한 위상이 있었다."[18] 이런 말들은 대단한 찬사다! 그리고 이런 이유들만으로도 뉴비긴에게 초점을 맞추는 것을 정당화하기에 충분하다. 그러나 나는 '왜 뉴비긴인가?'라는 질문에 대한 또 다른 대답을 덧붙이고 싶다.

앨런 닐리(Alan Neely)는 뉴비긴의 사역 경험이 "견줄 만한 것이 거의 없다"고 논평한다.[19] 뉴비긴은 인도에서 선교사로서 거의 40년을 보냈다. 인도에서 그가 한 일에 대해 읽어 보면, 그의 사역의 범위만으로도 놀랄 만하다.[20] 이 경험의 폭은 신학적 숙고를 위한 풍성한 자원을 제공한다. 그의 사역은 모든 범위에 걸쳐 있어서 노방 전도로부터 시작해 한센병 공동체의 수호 성인과 옹호자가 되었으며, 학식 있는 힌두교 승려들과 함께 힌두교의 우파니샤드(Upanishads)와 요한복음에 대한 깊은 신학적 토론을 하고, 인도 사회의 가장 변두리에 있는 원시 동굴 거주자들에게 복음을 전하기 위해 여러 날을 보내고, 인도에서 가장 중요한 도시들 가운데 한 곳에서 영향력 있는 주교직을 맡았다. 그는 또한 중요한 초교파주의적 인물로서 국제선교협의회(International Missionary Council)를 이끌었고, 당시 가장 중요한 선교 저널을 편집했으며, 세계교회협의회 지도부에서 높은 직책을 맡

---

18 Wainwright, *Lesslie Newbigin*, p. 392.
19 Alan Neely, review of *Unfinished Agenda: An Autobiography*, by Lesslie Newbigin, *Faith and Mission* 4, no. 1 (Fall 1986): p. 106.
20 참고. Lesslie Newbigin, *A South India Diary* (London: SCM, 1951); 미국판: *That All May Be One: A South India Diary—the Story of an Experiment in Christian Unity* (New York: Association Press, 1952). 이 책은 선교사 초창기 때 뉴비긴의 목회 생활을 엿볼 수 있는 기회를 제공한다. 참고. Newbigin, *Unfinished Agenda*.

왔다. 그는 20세기에 전개된 초교파주의 전통의 많은 신학적 투쟁에 깊이 개입해 있었으며, 항상 그 모든 것에 걸쳐 정통 기독교의 입장을 깊이 견지했다. 이 기간 동안 그는 여행하면서 아시아, 아프리카, 태평양, 카리브해 지역, 라틴 아메리카에서 상당한 시간을 보냈다. 이 시간은, 인도에서의 오랜 사역과 더불어, 그가 대부분의 사람들이 거의 겪어 보지 못했을 수준에서 전 지구적 교회를 경험하게 했다. 인도에서 돌아온 후로 그는 셀리 오크 대학의 대학원 과정에서 선교신학을 가르쳤고, 또한 윈슨 그린(Winson Green)의 가난하고 다민족적인 맥락에 있는 조그만 시내 교회에서 목회했다. 그는 연합개혁교단(United Reformed Church)의 총회장으로 선출되었으며, 또한 전 세계의 많은 사람에게 복음과 서구 문화에 대한 질문을 제기하고 궁극적으로 광범위한 영향을 미친 "복음과 우리 문화" 운동을 시작했다. 이 간략한 개요는 뉴비긴의 교회론적 숙고에 자원을 제공한 그의 폭넓고 풍부한 사역 경험을 조금이나마 시사한다.

웨인라이트는 다른 방식으로, 즉 뉴비긴이 자신의 삶에서 맡았던 여러 가지 역할의 측면에서 그의 사역의 광범위한 본질을 지적한다. 확신하는 신앙인으로서, 직접적인 복음 전도자로서, 초교파주의 옹호자로서, 목회적 주교로서, 선교 전략가로서, 종교적 대화의 상대자로서, 사회적 환상가로서, 예전적 설교자로서, 성경 교사로서, 그리고 기독교 변증가로서 말이다. 이것들 각각은 웨인라이트가 하는 것처럼 뉴비긴의 저술을 통해 탐구할 수 있지만, 또한 그의 사역 경험 측면에서도 탐구할 수 있다. 그리고 그것은 모두 닐리의 평가가 진실이라는 것을 분명히 보여 줄 텐데, 즉 뉴비긴과 비슷한 것을 경험한 사람이 거의 없다는 점이다.

자신의 광범위하고 다양한 사역과 함께, 뉴비긴은 하고 있는 일에 대한 깊은 신학적 숙고를 결합했다. 명백히 그는 행동하는 사람이었지만, 또한 생각하는 사람이었다. 그는 자주 그리고 깊이 성경에 비추어 자신의 사역 방식을 숙고했다. 웨인라이트는 자신이 기꺼이 뉴비긴을 "교부"로 지칭하는 이유들 가운데 하나로, 뉴비긴이 풍성한 사역 경험을 심오한 신학적 숙고와 결합했기 때문이라고 언급한다. 그는 그것을 이렇게 묘사한다. "물론 바른 실천은 비판적이고 건설적인 숙고를 강력히 요구하며, 최고의 기독교 신학은 숙고와 실천 사이의 상호 작용에서 일어난다."[21] 그리고 이것을, 즉 초대 교회 교부들의 광범위한 경험과 그에 수반하는 깊은 신학적 숙고를 뉴비긴이 구현한다. 또한 그가 자주 자신의 숙고를 글로 옮겨서 수많은 책, 저널의 논문, 서평, 강연, 설교, 성경 연구를 남겼다는 점은 우리에게 유익이 된다.[22]

뉴비긴의 신학적 숙고에 있는 몇 가지 특징들이 그의 글을 그의 사후 20년이 지난 지금도 적실성 있고 유익하게 만든다. 그는 위기에 처한 기초적이고 근본적인 쟁점들을 향해 나아갈 수 있었다. 그가 자신이 관여한 다양한 쟁점들에 대해 근원부터 다시 생각하면서, 그의 사유는 항상 복음에 비추어 시작되었고 지속되었다. 그는 절대로 신학이나 전통, 또는 신조들을 무시하지 않았지만, 또한 이것들이 복

---

21 Wainwright, *Lesslie Newbigin*, p. v.
22 내 학위 논문의 마지막 부분에 모아 놓은 참고문헌 목록은 8천 단어가 넘고, 다 포함해서 350개 항목이 살짝 넘는다. 여러 곳의 뉴비긴 기록 보관소에는 그보다 훨씬 더 많은 글이 있다.

음이나 최종적 권위인 성경의 가르침을 대체하는 것을 용납하지 않았다. 그는 훌륭한 성경 주해자로서 거듭해서 성경이라는 원천으로 돌아갔다. 예를 들어, 현대 세계에서의 교회의 선교에 대해 강연하기 위해 뭄바이에서 로마로 야간 비행기로 이동하는 내내 그는 신약성경 전체를 꼼꼼히 읽고 "세상"이라는 단어를 언급하는 모든 구절을 기록했다.[23] 성경에 의해 양육되고 교회의 신조와 신앙고백의 인도를 받아 그는 정통성을 견지했으며, 이것이 사회·정치·교육·경제의 주제들은 물론이고 많은 신학의 주제들에 대한 그의 관여를 형성했다.

게다가 이 신학적 숙고는 항상 교회를 섬기는 것이었다. 그는 골치 아픈 교회 생활로부터 보호받는 상아탑의 학자가 전혀 아니었다. 교회가 그 선교 가운데 마주하는 문제들이 뉴비긴의 신학을 위한 의제를 결정했다. 그의 저술 대다수는 상황적이고 맥락적이었으며, 당시의 화급한 쟁점들과 필요들에 의해 형성되었다. 그의 신학은 성경과 교회의 긴급한 관심사들 사이의 대화였다. 그러나 놀랍게도, 그의 저작을 수십 년 지난 후에 읽더라도 시대에 뒤떨어졌다고 느껴지지 않는다. 그의 신학의 임시변통으로 보이는 성격은 급속히 적실성을 잃게 될 것이라고 생각하기 마련이지만, 전혀 그렇지 않다. 윌버트 쉥크(Wilbert Shenk)가 내게 밝힌 바에 따르면, 그의 학생들은 뉴비긴의 저술의 신선함과 수십 년이 지난 후에도 그들의 경험과 공명하는 그 "동시대적 특징"에 의해 항상 놀란다.[24] 나는 같은 것을 나의 학생들에

---

23 Newbigin, *Unfinished Agenda*, p. 144.
24 2017년 7월 27일, 전화를 통한 사적 대화.

게서도 발견했다. 이것은 대체로 이미 앞에서 언급했던 이유 때문이다. 즉 뉴비긴이 어떤 쟁점을 그 핵심까지 밀고 들어가서 그것을 성경의 빛으로 밝혀서 다루었기 때문이다. 쟁점들은 바뀔지 모르나, 기초적인 쟁점들과의 신학적 씨름은 여전히 적실성 있고 살아 있다.

더 나아가 뉴비긴의 신학적 저술은 사고와 소통의 명료함이 특징인데, 이는 드문 것이다. "그의 평생에 걸쳐 그의 분석적 돌파력, 개념적 능력, 지적 명민함은 그의 실천적 지혜에 지적 우수함을 보장했다."[25] 하지만 그의 신학의 지적 우수함은 비범한 명료함으로 말하고 쓰는 능력과 결부된다. 자주 그는 아주 복잡하고 난해한 쟁점들을 이해할 만하게 만들 수 있었다. 팀 스태포드(Tim Stafford)는 뉴비긴을 C. S. 루이스(Lewis)와 비교하는데, 그는 "모든 것을 아는 것처럼 보이고, 모든 것에 대해 힘들이지 않고 박식함으로 글을 쓴다."[26]

이 책의 맥락에서, '왜 뉴비긴인가?'라는 질문에 대한 한 가지 대답은 그가 20세기의 선교적 교회론의 발전에서 한 중요한 역할이어야 한다.[27] 이 사실은 뉴비긴이 1950년대에 저술한 두 권의 책에서 명백히 드러난다. 두 권 모두 당시의 선교적 교회론에 대한 합의를 명료하게 표현하는 데서, 하지만 또한 그것의 계속되는 발전에 기여하는 데서 중요한 역할을 했다. 1952년에 독일 빌링겐(Willingen)에

25　Wainwright, *Lesslie Newbigin*, p. vi.
26　Tim Stafford, "God's Missionary to Us", *Christianity Today*, December 9, 1996, p. 28.
27　참고. Michael W. Goheen, "Historical Perspectives on the Missional Church Movement: Probing Lesslie Newbigin's Formative Influence", *Trinity Journal for Theology and Ministry* 4, no. 2 (2010): pp. 62-84 (special issue, "The Gospel in the Public Square: Essays by and in Honor of Lesslie Newbigin").

서 열린 국제선교협의회의 중요한 회의에서 선교적 교회를 위한 새로운 틀이 공식화되었다. 거기서 교회의 선교적 본질은 삼위일체 하나님의 선교라는 맥락에서 선명하게 표현되었다. 뉴비긴은 그 회의의 최종 성명서를 작성하는 데 중요한 역할을 했다. 다음 해에 뉴비긴은 『교회란 무엇인가?』(The Household of God: Lectures on the Nature of the Church, IVP)를 썼는데, 자신이 글래스고(Glasgow)의 트리니티 칼리지(Trinity College)에서 했던 커 강연(Kerr Lecture)에 기초한 것이었다. 그는 초교파주의 운동이 적절한 교회론을 결여했다고 여겼고, 이 책은 바로 그런 교회론을 제공하기 위한 시도였다. 많은 사람이 계속해서 이 책이 그의 가장 중요한 책들 중 하나라고 생각한다. 그런 다음에 1958년에 그는 『하나의 복음, 하나의 몸, 하나의 세계』(One Gospel, One Body, One World)를 썼는데, 이 책에 대해 데이비드 보쉬(David Bosch)는 "그것은 지금 이루어진 합의를 요약했다"고 논평한다.[28] 그 합의는 다음과 같다. (1) 교회는 선교다. (2) 본거지는 모든 곳에 있다. (3) 선교는 동반자 관계에 있다. 뉴비긴의 이후 책들은 이 교회론적 합의를 대중화하고 그 영향력의 범위를 확대하면서, 특히 그는 이런 교회론이 서구 문화에서 어떤 모습을 보이는지를 질문했다. 오늘날 널리 인정되는 사실은, 뉴비긴의 선교적 교회론이 북미의 많은 교회론적 운동의 원천과 영감이라는 점이다.

'왜 뉴비긴인가?'라는 질문에 대한 마지막 대답은, 하나님의 사람

---

28 David Bosch, *Transforming Mission: Paradigm Shifts in the Theology of Mission* (Maryknoll, NY: Orbis, 1991), p. 370. 『변화하는 선교』(기독교문서선교회).

이라는 뉴비긴의 순전한 위상에 대한 웨인라이트의 평가를 강조하는 것이다. 우리 문화에서 신학적 숙고는 단지 학문적 기준에 따라 평가되는 것이 보통이고, 한 사람의 경건함이나 인격은 관련 없는 것으로 여겨진다. 그러나 나는 후자가 좋은 신학 작업에 필수적이고 본질적인 차원이라고 믿는다. 뉴비긴의 경건 생활은 그리스도 안에 깊이 뿌리박혀 있었으며, 그의 삶은 깊이 매력적이었던 기쁨과 겸손을 드러냈다. 학자적 삶, 책 출판, 순회 강연이 유명 인사의 위상과 다양한 자기 잇속을 챙길 기회를 제공하게 된 시대에, 뉴비긴의 삶은 교회 밖에 있는 이들에게는 물론이고 교회를 위해서도 자기희생과 겸손한 섬김의 본보기로 서 있다. 그의 삶은 모방해야 할 모범이었다. 나는 스태포드가 뉴비긴에 대해 한 말이 핵심을 찌른다고 본다. "그는 위대한 사람처럼 행동하지 않는다. 실제로, 그가 자신이 위대한 사람이라는 것을 인식하는지는 전혀 분명하지 않다. 만약 그렇다 해도, 그것을 중요하다고 여기지 않는 것으로 보인다."29 교회와 세상에 대한 이 겸손한 섬김은, 그러나 무엇보다 먼저 주님을 위한 겸손한 섬김은, 뉴비긴의 말에 무게를 더한다. 우리는 지혜롭게 그의 말에 주목해야 한다.

---

29 Stafford, "God's Missionary to Us", p. 33.

1

보편 역사로서의 성경 이야기

레슬리 뉴비긴의 선교적 교회론에 바르게 접근하기 위해 우리는 그가 항상 시작했던 곳, 즉 복음에서 계시된 예수 그리스도로부터 시작해야 한다.[1] "만약 복음이 우리에게 하나님이 하신 일이라고 말하는 것이 정말 사실이라면…그것은 반드시, 필연적으로 모든 사유의 출발점이자 지배하는 실재이어야 한다."[2] 누구라도 교회론을 포함한 모든 사안에 대해 뉴비긴이 이해하는 것을 고찰하고자 한다면, 복음에서 계시된 그대로의 예수 그리스도로부터 시작해야 한다.

그의 삶이 마지막에 가까웠을 때, 뉴비긴은 초교파주의 전통에서 "'복음'이라는 단어를, 우리가 그 단어로 정확히 무엇을 의미하는지

---

1 참고. Michael W. Goheen, "*As the Father Has Sent Me, I Am Sending You*": *J. E. Lesslie Newbigin's Missionary Ecclesiology* (Zoetermeer: Boekencentrum, 2000), https://dspace.library.uu.nl/handle/1874/597; Michael W. Goheen, "'As the Father Has Sent Me, I Am Sending You': Lesslie Newbigin's Missionary Ecclesiology", *International Review of Mission* 91, no. 362 (July 2002): pp. 354-369. 내 논문의 온라인판과 관련해 주의가 필요한데, 논문을 컴퓨터로 옮기면서 형식이 북미에서 보편적인 쪽 크기에서 유럽 크기로 변환될 때 쪽 번호가 바뀐 것이다. 이 책은 원래의 쪽 번호를 표기하기 때문에 유감스럽게도 독자가 컴퓨터로 보는 온라인판의 쪽 번호와는 일치하지 않을 것이다. 그래서 나는 더 쉽게 찾을 수 있도록 장과 절을 언급할 것이다.

2 Lesslie Newbigin, "The Gospel and Modern Western Culture", unpublished speech, Newbigin Archives, University of Birmingham (n.d.), p. 13. 참고. Lesslie Newbigin, *The Gospel in a Pluralist Society* (Grand Rapids: Eerdmans, 1989), p. 86. 『다원주의 사회에서의 복음』(IVP).

에 대한 질문에 필요한 만큼의 충분한 주의를 기울이지 않은 채 사용해 왔다"³고 개탄했다. 분명하게도, 초교파주의 전통만 유일하게 이런 비난을 받을 기독교 조직은 아니다. 복음주의 전통도 마찬가지의 과실이 있기 때문이다. 그리고 이것은 사소한 부주의가 전혀 아니다. 우리가 암묵적으로 복음을 이해하는 방식은 기독교 신앙 전체를 이해하는 방식에 엄청난 영향을 끼친다. 교회와 그 교회의 선교에 대해 우리가 가지는 개념을 포함해서 말이다. 게다가 우리가 "복음"이란 말로 의미하고자 하는 것에 주의를 기울이지 않을 때 복음의 내용은 자연히 우리의 신학 전통에서 나온 의미로 채워지지, 예수께서 하나님 나라의 좋은 소식을 선언하셨을 때 그분이 의미하신 것이나 바울이 십자가의 죽음과 부활에 비추어 예수의 복음을 재진술한 것으로 채워지지 않는다.

예수와 성경 이야기

복음은 핵심적인 사건들인 예수 그리스도의 삶·죽음·부활과 성경 이야기 전체의 상호 관계 측면에서만 이해될 수 있다.⁴ 뉴비긴은 그것을 다음과 같이 표현한다. "성경 읽기는 계속되는 이중의 움직임

3　Lesslie Newbigin, *Signs amid the Rubble: The Purposes of God in Human History*, ed. Geoffrey Wainwright (Grand Rapids: Eerdmans, 2003), p. 113.
4　뉴비긴이 복음을 계시로 이해한 것에 대한 설명을 다음에서 보라. Krish Kandiah, "Toward a Theology of Evangelism for Late-Modern Cultures: A Critical Dialogue with Lesslie Newbigin's Doctrine of Revelation" (PhD diss., University of London, 2005), 2장.

을 수반한다. 우리는 예수를 전체 이야기의 맥락 속에서 이해해야 하며, 또한 전체 이야기를 예수에 비추어 이해해야 한다."[5] 이는 복음의 내용을 드러내기 위해 우리가 두 가지 상호 의존적인 접근법 사이를 계속해서 오고 가야 한다는 것을 의미한다. 한편으로 우리는 성경 이야기를 충실하게 이해하고 읽는 **실마리**로서 예수 그리스도와 그분의 삶·죽음·부활·승천, 그리고 성령을 선물로 주신 것으로부터 시작한다. 다른 한편으로 우리는 성경 이야기를 예수 그리스도와 그분의 역사 속 강림을 둘러싼 핵심적인 구속사 사건들을 바르게 이해하기 위한 **맥락**으로 명료하게 표현한다.

뉴비긴의 고유한 접근법은 이런 방식으로 진행된다. 뉴비긴은 1948년에 세계교회협의회 암스테르담 총회에서 행한 연설에서 "복음이란 무엇인가?"라는 질문을 제기하고, 마가복음 1:15에 나오는 예수의 선언을 인용함으로써 답한다. "신약성경에서 복음에 대한 가장 초기의, 가장 간명한 진술은 '때가 찼고 하나님의 나라가 가까이 왔으니'다."[6] 이 좋은 소식의 선언을 적절하게 이해하기 위해서는 그에 앞서 구약성경에 나오는 것과 이어서 신약성경의 기록에 나오는 것을 모두 살펴야 한다. 그러고 나서 그는 다섯 가지 주제, 즉 창조, 타

---

5   Lesslie Newbigin, *Proper Confidence: Faith, Doubt, and Certainty in Christian Discipleship* (Grand Rapids: Eerdmans, 1995), p. 88. 『타당한 확신』(SFC출판부). 참고. Lesslie Newbigin, "Biblical Authority", unpublished article, Newbigin Archives, University of Birmingham (1997), p. 2.

6   Lesslie Newbigin, "The Duty and Authority of the Church to Preach the Gospel", in *The Church's Witness to God's Design*, ed. Lesslie Newbigin and Hendrik Kraemer, Amsterdam Assembly Series 2 (New York: Harper Brothers, 1948), p. 23.

락, 선택, 구속, 완성의 측면에서 이 내러티브 맥락을 개관하면서 자신의 연설을 진행한다. 이와 비슷하게, 14년 후 하버드의 윌리엄 벨든 노블 강연(William Belden Noble Lectures)에서 그는 이렇게 말한다.

이 연구의 출발점은, 우리의 가장 오래된 기록에 따르면 예수께서 자신의 공적 사역을 시작하며 하신 말씀이다. "요한이 잡힌 후", 마가복음이 우리에게 말하는 바에 따르면, "예수께서 갈릴리에 오셔서 하나님의 복음을 전파하여 이르시되 '때가 찼고 하나님의 나라가 가까이 왔으니 회개하고 복음을 믿으라' 하시더라." 말하자면, 지금 선언하는 이 좋은 소식을 믿으라는 것이다. 무엇이 좋은 소식인가? 때가 찼고 하나님의 나라가 가까이 왔다는 것이다.[7]

무엇이 찼고 그것이 **어떻게** 찼는지 묻기 위해 우리는 앞과 뒤를 살펴보아야 한다. 먼저 우리는 그리스도의 오심의 배경을 질문해야 하는데, 바로 구약성경이다. 구약성경은 "그리스도의 계시의 전제들" 세 가지, 즉 창조·죄·선택으로 이루어져 있다.[8] 그런 다음에, 둘째로, 우리는 신약성경의 기록으로 가서 하나님 나라의 현재적 도래와 보편 역사의 끝인 그 하나님 나라의 미래적 완성을 선언하는 것을 본다.[9]

두 경우 모두에서 뉴비긴은 예수께서 도래하는 하나님 나라의 좋은 소식을 선언하시는 것으로부터 시작한다. "그분의 가르침의 핵심

---

7   Lesslie Newbigin, *A Faith for This One World?* (London: SCM, 1961), p. 60.
8   Newbigin, *Faith for This One World?*, pp. 56-83.
9   Newbigin, *Faith for This One World?*, pp. 84-105.

은 그분 자신으로, 말하자면, 자신 안에서 하나님 나라가 왔다는 주장이다."[10] 일어나고 있는 어떤 일에 대한 이 선언은 응답을 강하게 요청한다. 신앙과 완전한 충성이든, 또는 불신앙과 거부든 말이다. 그러면 이 놀랄 만한 선언의 의미는 무엇인가? 예수 안에서 세상으로 침입하는 하나님 나라는 우주 역사의 목표라는 것이다. 그 목표는 보편 역사의 시작에 위치해 있는 창조의 회복이라는 것이다. 신앙 안에서 좋은 소식을 받아들이는 것은 우주 역사의 이야기인 성경으로 초청을 받는 것이다. 그러므로 더 나아가 하나님 나라는 그 이야기의 내용 측면에서만, 즉 그리스도와 성령의 사역에 현존하는 창조·죄·선택·구속, 그리고 완성 측면에서만 이해될 수 있다. 이 내러티브 내용이 좋은 소식을 이해하는 맥락을 설정한다.

성경 내러티브는 우주 역사의 이야기다. 뉴비긴이 거듭해서 표현하고 강조하는 그 통찰은 복음에 대한, 그리고 하나님의 백성의 선교에 대한 중요한 함의가 있다. 주목할 만한 진술에서 뉴비긴은 기독교 신앙에 대한 그의 이해의 핵심에 있는 몇 가지 주제들을 요약한다.

만약 우리가 마땅히 그래야만 하듯이 성경을 그 정경적 전체로 받아들인다면, 성경은 역사로 이해하는 것이 최선이다. 성경은 보편적·우주적 역사다. 창조부터 완성까지의 모든 것에 대한 이야기 전체이고, 창조 세계 안에서의 인류에 대한 이야기이고, 그 인류 안에서 인류 전체가 의미하는 바의 전달자가 되기 위해 하나님의 부르심을 받은 백

---

10 Newbigin, *Faith for This One World?*, p. 58.

성의 이야기이고, 또한—가장 핵심에는—그 안에서 하나님의 목적이 결정적으로 결과를 가져옴으로써 결정적으로 계시된 한 분의 이야기다. 그것은 분명히 세상이 자신에 대해 말하는 이야기들과는 다른 이야기다.[11]

이런 진술에는 네 가지의 서로 연관된 중요한 주제들이 있고, 이것들이 이 책의 나머지 장들을 위한 의제를 정한다. 첫째, 성경은 보편 역사로서 창조부터 완성까지 이르는 전체 세상의 참된 이야기를 들려준다. 둘째, 성경 내러티브의 핵심 줄기는 하나님이 한 백성을 선택하셔서 이 이야기의 끝과 의미의 전달자가 되게 하셨다는 것이다. 셋째, 이 이야기의 중심에서 예수께서 보편 역사의 끝을, 따라서 그 목적을 계시하시고 성취하신다. 넷째, 이 우주적인 이야기는 포괄적이며 따라서 모든 다른 문화의 이야기들과 양립할 수 없다. 성경 이야기, 선교를 위한 한 백성의 선택, 예수의 복음, 문화와의 선교적 만남은 뉴비긴의 사상의 핵심을 형성하는 네 가지 주제들이다. 그리고 이 틀 안에서 우리는 그가 선교적 교회라는 말로 무엇을 의미하는지, 그리고 기독교 신앙에 관한 그의 이해에서 하나님의 백성이 얼마나 중심에 있는지 본다.

---

11 Lesslie Newbigin, "The Bible: Good News for Secularised People" (keynote address, Europe and Middle East Regional Conference, Eisenach, Germany, April 1991), Newbigin Archives, University of Birmingham, p. 6.

성경은 이야기다

뉴비긴에게 성경의 본질적인 형식은 내러티브다. "그것은 본질적으로 하나의 이야기로서, **유일한** 이야기라고 주장한다. 우주와 그 우주 안에 있는 인간의 삶 모두에 대한 참된 이야기라고 말이다."[12] 뉴비긴이 성경의 본질적인 형식을 내러티브로 지칭할 때, 그는 하나의 문학 장르를 지칭하는 것이 아니다. 성경은 이야기의 형식으로 있지만, "사실 더 많은 것, 즉 기도, 시, 입법, 윤리적 가르침 등을 포함하고 있다. 그러나 본질적으로 성경은 이야기다."[13] 성경의 지배적인 구조는 역사적 내러티브로, 모든 다른 문학 장르는 거기에 맞추어질 수 있다. 모든 것을 포괄하는 이 이야기는 실제로 성경의 역사서에서 서술되며, 또한 역사적 문학 장르는 정경에서 그것만의 독특한 역할로 다른 문학 장르들과 함께 하나님의 백성을 신실한 공동체로 형성하는 데 기여한다. 하지만 이야기는 모든 것을 포괄하는 틀과 맥락을 형성해서, 그 안에서 성경의 모든 책이 자기 자리를 찾는다. 하나님의 구속 사역에 대한 내러티브는 마치 기본 형태를 부여하는 몸의 뼈대와 같고, 다양한 책들은 장기들과 몸의 각 부분들 같아서 그 근본 구조 안에서 자기 자리를 찾고 독특한 역할을 한다.

"내러티브"로 우리가 말하는 것은, 전체의 의미를 드러내는 목표

---

12 Lesslie Newbigin, *Truth and Authority in Modernity* (Valley Forge, PA: Trinity Press International, 1996), p. 38. 『누가 그 진리를 죽였는가?』(IVP).
13 Lesslie Newbigin, *The Open Secret: An Introduction to the Theology of Mission*, rev. ed. (Grand Rapids: Eerdmans, 1995), p. 81. 『오픈 시크릿』(복있는사람).

를 향해 나아가는 역사의 움직임이다. 구체적으로 그것은 역사 속 하나님의 행동에 대한 계시적 기록으로, 그 역사를 통해 하나님은 세상을 궁극적인 목적으로 인도하신다. "계시는 하나님의 모든 생각을 알기 위해 받아들이기만 하면 되는 일군의 무(無)시간적 진리들의 전달이 아니다. 계시는 오히려 하나님이 세상과 그 안에 있는 모든 것을 이끌어 가시는 방향을 드러낸다."[14]

내러티브의 범주는 뉴비긴에게 대단히 중요한 의의를 지닌다. 그는 종교들 간의 "거대한 분열"에 대해 말한다.[15] 종교의 본질은 그 관심이 바로 궁극적인 것에, 혹은 최종적으로 모든 것을 통일하고 지배하고 의미를 부여하는 것에 있다. 그것은 궁극성에 대한 주장으로, 전체로서의 실재를 이해한다고 주장한다. 궁극적인 진리는 두 가지 방식들 중 하나에서 발견될 수 있고, 이것이 거대한 분열을 야기한다. 한편으로, 모든 실재의 배후에 있으며 그 모든 실재를 포괄하는 어떤 것에서 불변하는 진리가 발견될 수 있다. 이 진리는 모든 것을 포괄하며, 따라서 모든 다양성에 통일성과 의미를 부여한다. 이것은 동방 종교들의 방식으로, 예컨대 힌두교의 브라만과 같은 것이다. 다른 한편으로, 아직 오지 않은 끝이 있는 보편적인 이야기에서 진리가 발견될 수 있다. 이것은 유대교, 이슬람교, 인간주의, 기독교 신앙의 방식이다. 전자는 통일성과 의미를 어떤 영원하고 불변하는 존재

---

14 Lesslie Newbigin, *The Good Shepherd: Meditations on Christian Ministry in Today's World* (Grand Rapids: Eerdmans, 1977), p. 117.
15 Lesslie Newbigin, *The Finality of Christ* (London: SCM, 1969), pp. 65-69. 『종결자 그리스도』(도서출판100).

에서 발견하고, 후자는 포괄적인 역사 내러티브에서 발견한다. 뉴비긴에게, 기독교 신앙은 예수 그리스도가 중심인 이야기에서 궁극적인 진리를 발견한다. "그리스도의 궁극성에 대해 말하는 것은 역사의 실마리인 복음에 대해 말하는 것이다."[16] 따라서 성경과 기독교 신앙의 기본 구조는 보편 역사이며, "역사의 가장 깊은 의미는 현존하시는 하나님이 역사 안에서 소외되고 반역하는 인간의 의지와 씨름하신다는 사실에, 그분의 완전한 사랑이 구속되고 회복된 창조 세계에서 구현되고 반영될 때까지 그렇게 하신다는 사실에 있다."[17]

그러므로 내러티브에 대해 말하는 것은 기독교라는 종교의 본질로 나아간다. 그것은 내러티브로서, 모든 것을 통일하고 의미를 부여한다. 기독교 신앙에는 예수 그리스도가 중심인 내러티브보다 더 근본적이거나 궁극적인 범주는 없다.

성경의 내러티브 형식은 하나님의 능하신 행위들에 대한 역사적 기록의 형식이다. 그것은 먼저 역사적 기록으로, 성경의 이야기는 **역사 속에서 일어난 사건들**에 대한 것이다. "아시아의 위대한 종교들, 고전적(classical) 세계관, 그리고 18세기 이후로 유럽 사상을 지배해 온 견해와 대조적으로, 성경은 역사야말로 우리가 실재와 접촉하는 영역이라는 점을 확언한다."[18] 성경의 관심은 역사 속 사건들에, 즉 이미 일어났으며 세상의 다른 역사적 사건들을 기록하는 동일한 내러티브 구조의 일부인 것들에 있다. 이런 근본적으로 역사적인 요

---

16 Newbigin, *Finality of Christ*, p. 65.
17 Newbigin, *Finality of Christ*, p. 69.
18 Newbigin, "Biblical Authority", p. 2.

소는 타협의 여지가 없다. 만약 예수의 삶·죽음·부활이 실제 역사적 사건들이 아니라면, 기독교 신앙 전체가 무너져 내릴 것이다.[19]

뉴비긴은 "내러티브"가 때때로 신학적 담론에서 기독교 공동체의 삶에 질서와 형태를 부여하는 이야기를 말하면서도 역사에는 거의 관심이 없는 방식으로 사용되는 것에 대해 경고한다. 뉴비긴은 구체적으로 이 지점에서 한스 프라이(Hans Frei)와 조지 린드벡(George Lindbeck) 같은 탈자유주의자들을 떠나는데, 그들에게서 그는 성경이 한 공동체를 형성하는 하나의 주된 이야기로 기능하는 방식에 대한 많은 것을 배운 바 있다. "신학적 담론에서 **내러티브**라는 단어가 사용될 때, 때때로 내러티브의 역사적 진실성은 중요하지 않다는 암시를 가지고 사용된다.…이 이야기가 참된 이야기라는 것은 기독교 신앙의 본질에 속한다." 그는 "이런 맥락에서 우리는 '참된'(true)의 의미를 어떻게 이해하는가?"라고 묻는다. 만약 우리가 성경 자체의 인도를 따른다면, "참된"이라는 것은 "실제로 일어난 일들"에 대한 내러티브적 기술(記述)을 의미한다.[20]

성경 이야기의 역사적 본질은 기독교 공동체 안에 있는 계몽주의의 잠식하는 힘으로부터 두 가지 측면에서 보호되어야 한다. 한편으로, 자유주의 전통은 그 이야기를 고대 근동 사람들의 종교적 경험에 대한 기록으로 축소시켰다. 내러티브의 대부분에서 "일어났다는 것"은 기껏해야 의심의 대상이다. 계몽주의의 내러티브가 참된 것으

---

19 참고. Newbigin, *Gospel in a Pluralist Society*, p. 66.
20 Newbigin, *Truth and Authority*, pp. 40-41.

로 상정되어 성경 기술의 역사적 진실성을 심판하는 데 사용된다. 계몽주의 이야기의 핵심 기준인 과학적 지식에 의해 심판받을 때, 성경 내러티브의 대부분은 일종의 종교적 경험으로 일축된다. 다른 한편으로, 복음주의 전통은 성경을 명제적 진리로 축소했다. 20세기 중반에 칼 헨리(Carl F. H. Henry) 같은 신학자들과 함께 나타나 강력히 확립된 오랜 전통이 있는데, 바람직하게도 그들은 성경을 진리로서 자유주의적 고등 비평으로부터 지켜 내고자 했다. 성경의 보편적인 진리를 고수하려는 시도에서, 성경은 하나님과 세상에 대한 무시간적이고 영원한 명제적 진리들의 책으로 만들어졌다. 성경의 진리성을 수호하기 위해, 계몽주의 진리 개념을 붙든 것이다. 이것은 뉴비긴에게 극히 중요한 핵심이고, 따라서 우리는 이 문제의 근원에 대해 좀더 깊이 파고 들어갈 필요가 있다.

성경과 관련해서 궁극적으로 신뢰할 수 있는 진리의 출처는, 세상을 위한 하나님의 목적을 드러내는 역사적 사건들에 대한 일련의 내러티브다. 이와 달리 서구 문화 속 그리스-로마의 경향은, 그런 궁극적인 진리의 출처를 역사를 초월하는 불변하는 관념들로 이동시킨다. 이것은 플라톤과 아리스토텔레스 안에서 이교적 출처를 갖는다. 이 그리스 전통이 서구 역사에서 중요한 역할을 해 왔지만, 아우구스티누스의 『하나님의 도성』(City of God)의 영향력은 이 전통이 지배적이게 되는 것을 천 년 동안 막았다. 하나님의 도성의 도래에 대한 아우구스티누스의 내러티브는 그리스의 이교적 접근을 제거하지는 않았으나, 더 이상 다가오지 못하도록 막았다. 그러나 우리는 중세 말에 시작해서 계몽주의에서 절정에 이르는 변화를 보는데, 여기서 이 그리스적 접근은 과학 혁명에 뒤이어 우월한 위치로 이동한다. "계몽주의는…—한 가지 관점에서—신뢰할 수 있는 진리의 장소를 성경에서 말해지는 이야기로부터 이성의 영원한 진리들로 이동시킨 것인데, 이성의 영원한 진리에 대해서는 뉴턴의 수리 물리학이 최고의 본보기를 제시했다."[21]

이 이동이 일어날 때, 하나님과 세상에 대한 진리는 무시간적인 신학 진술들로 가장 잘 표현되는 것처럼 보인다. 아마도 이 영원한 진리들은 이야기들을 통해 묘사되겠지만, 가장 깊은 진리는 무시간적인 명제들에서 발견된다는 것이다. 뉴비긴은 「웨스트민스터 신앙고백」(Westminster Confession of Faith)의 첫 번째 진술을 인용해서 하나님이 "존재와 완전함에서 무한하시고, 가장 순수한 영이시고, 비가시적이시고, 몸이나 지체나 감정이 없으시고, 불변하시고, 광대하시고, 영원하시고, 파악될 수 없으시고, 전능하시고, 가장 지혜로우시고, 가장 거룩하시고, 가장 자유로우시고, 가장 절대적이시다"고 한 다음에, "우리는 성경과 다른 세상에 있다"고 논평한다.[22] 그는 이 고백의 진리 **내용**(content)에 대해 논박하고 있는 것이 아니다. 다만 이 표현의 **형식**(form)이 성경의 교수법을 따르지 않는다는 것이다. 그것은 구약성경보다는 아리스토텔레스에 더 의존하는 모습을 보여 준다. 성경에서 진리가 표현되는 방식이 바로 역사적 이야기다. 진리는 내러티브로 제시되는데, 그 내러티브는 하나님의 능하신 행위를 통해 그

---

21 Newbigin, *Proper Confidence*, p. 73.
22 Westminster Confession of Faith 2.1; Newbigin, *Open Secret*, p. 82에 인용됨.

분을 계시하고 그분을 알도록 우리를 초청한다. 역사 속 하나님의 구속 사역이 그분의 목적을 계시하고 우리의 위치를 발견하도록 우리를 초청하는 이야기인 것이다. "성경은 그 이야기와 별개로 어떤 참된 것을 보여 주는 이야기들을 말하지 않는다. 성경이 말하는 이야기는, 우리 인간의 삶이 한 부분을 이루는 바로 **그 이야기다**."[23] 영원한 진리의 표현들이라고 주장하는 복음주의적 진술을 포함하는 모든 신학적 표현들은, 참으로 "우리가 이야기의 특정한 순간들에서, 그 때 우리의 경험 측면에서 사태가 어떠한지 파악하고 진술하기 위해 우리가 하는 시도들이다. 우리가 20세기의 사람들로서 「웨스트민스터 신앙고백」에 있는 17세기의 언어를 읽을 때 인식하듯이, 그것들은 모두 시간과 장소에 따라 일시적이며 상대적이다." 이런 표현들은 그 이야기에 더 혹은 덜 충실할 수 있는데, 그러나 어떤 경우든 그것들은 이차적 활동이다. 분명히 뉴비긴은 몇몇 종류의 복음주의에 대한 이 비판에서 정곡을 찌르고 있다. 그의 결론에 따르면, "우리가 다루어야 하는 실재는 그 이야기, 즉 세상의 창조 이전에 시작해서 세상의 종말을 넘어서 끝나며, 또한 아브라함과 이삭과 야곱, 모세, 아모스, 바울이라는 이름들과 모든 이름 위의 이름인 예수로 표시된 좁은 길을 통해 지나도록 인도하는 그 이야기다."[24]

성경이 이런 역사적 이름들과 사건들로 말하는 이야기는 고대 근동 사람들의 신화들에 표현된 어떤 종교적인 체험에 불과한 것이 아

23　Newbigin, *Open Secret*, p. 82.
24　Newbigin, *Open Secret*, p. 83.

니다. 오히려, 성경 기록을 독특하게 만드는 것은 그것이 다름 아닌 **하나님의 능하신 행위**를 다룬다는 점이다. 이것은 단순히 어떤 고대 부족의 종교적 체험에 대한 기록이 아니라, 살아 계신 한 분 하나님이 특정한 백성 안에서 그리고 그들을 통해 세상의 구원을 위해 행하시는 것에 대한 기록이다. "그것은 실제로 일어났던 것들을 말한다는 의미에서 역사다. 동일한 대상들에 대해 이교도 역사가들도 저술했다. 그러나 그것은 **하나님의 능하신 행위에 대한 내러티브로 말해졌다.**"[25] 그 사건들은 선택되고 기록되고 정리되고 해석되는데, 왜냐하면 그것들이 증언하는 사건들 안에서 하나님이 역사의 기원, 의미, 그리고 궁극적인 목표, 즉 구속되고 회복된 창조 세계를 드러내시기 때문이다. 이것들이 하나님의 능하신 행위이기 때문에, 성경이 말하는 그 이야기는 모든 시대의 모든 사람에게, 그들의 전체 삶에 대해 참이다. 이것이 하나님의 이야기다.

성경 이야기는 보편 역사다

뉴비긴의 이해에서 이 성경 내러티브의 위상은 정확히 무엇인가? 이것은 아주 중요한 질문인데, 다양한 신학 진영들에게서 많은 대답이 주어지거나, 더 많은 경우에는, 가정되기 때문이다. 그리고 그 질문에 대한 우리의 대답은 교회와 선교에 대한 우리의 견해에 영향을 줄 것이다.

---

25 Newbigin, *Truth and Authority*, p. 67(강조 추가).

우리는 뉴비긴이 거부할 몇 가지 선택지들을 이미 지적했다. 내러티브는 단순히 하나의 문학 장르로 환원될 수 없다. 또한 내러티브는, 자유주의 전통에서 그러하듯이 전근대적인 고대 근동 사람들의 신화적 이야기로 환원될 수 없고, 또는 심지어 탈자유주의 전통의 참된 신화로 환원될 수도 없다. 또한 뉴비긴이 거부할, "내러티브" 개념에 대한 다른 이해들도 있다. 두 가지 흔한 오해는, 이야기가 성경을 해석하는 방식과 관련이 있다거나(구속사적 해석학 혹은 내러티브 해석학), 혹은 신학에 대한 접근 방식과 관련이 있다는 것이다(성경 신학이나 내러티브 신학, 혹은 구속사적 신학). 물론 이것들은 성경 이야기가 함축하는 것들이지만, 내러티브는 해석학이나 신학으로 환원될 수 없다.

성경의 본질은 바로 그것이 세상에 대한 참된 이야기이라는 것, 그리고 모든 것을 포괄하는 틀 혹은 전체를 아우르는 우산을 제공해서 그 아래서 모든 종류의 이차적인 신학의 숙고가 행해져야 한다는 것이다. 뉴비긴에게 이야기는 신학으로 환원될 수 없다. 이야기는 신학보다 훨씬 더 크고 더 중요하다. 그것은 온 세상에 대한 참된 이야기다. 하나님이 의도하시는 대로 온전히 인간이 되는 것은, 예수 그리스도 안에서 그 중심을 찾는 성경 이야기의 일부가 되는 것이다.[26]

우리는 그것을 다른 방식으로 표현함으로써, 여기서 뉴비긴이 주장하는 것이 정말 얼마나 놀라운 것인지 보여 줄 수 있을 것이다. 성경이 온 세상에 대한 참된 이야기를 말한다는 주장은 기독교 신앙의

---

26 참고. Lesslie Newbigin, *A Word in Season: Perspectives on Christian World Missions* (Grand Rapids: Eerdmans, 1994), p. 118.

본질 자체나 다름없다. 그것은 문학 장르도, 해석학도, 신학을 하는 방법도 아니다. 그것은 기독교 신앙 자체, 곧 기독교의 핵심이다. "기독교 신앙은 전체로서의 역사를 이해하는 특정한 방식으로, 예수에 대한 이야기 속에서 그 결정적인 실마리를 찾는다."[27] "기독교 신앙은 그 **자체로** 역사 해석이다."[28]

뉴비긴이 이 점을 강조하는 주된 방식들 중 하나는 성경을 보편 혹은 우주 역사의 측면에서 말하는 것이다. 성경은 "우리 앞에 세상의 창조에서 완성에 이르는 우주 역사에 대한 시각을, 하나의 인간 가족을 형성하는 민족들에 대한 시각을, 그리고—물론—모두를 위한 역사의 의미의 전달자로 선택된 한 민족에 대한 시각을, 또한 그 민족을 위한 그런 의미의 전달자로 부르심을 받은 한 사람에 대한 시각을 제시한다. 성경은 **바로** 보편 역사다."[29] 성경은 "우주 역사", "만물에 대한 총체적인 이야기", "창조로부터 완성을 향해" 움직이는 이야기, "창조 세계 안에 있는 인류의 이야기"다.[30] 이보다 더 포괄적일 수는 없다. 그리고 그것은 대담한 주장이다!

종종 뉴비긴은 자신의 주장을 입증하기 위해, 세계 종교들을 연구하는 학자인 힌두교도 친구 샤투르베디 바드리나스(Chaturvedi

---

27 Lesslie Newbigin, "The Centrality of Jesus for History", in *Incarnation and Myth: The Debate Continued*, ed. Michael Goulder (Grand Rapids: Eerdmans, 1979), p. 200(강조 추가). 뉴비긴이 다른 곳에서 말하는 바에 따르면, "기독교 신앙은 전체로서의 인간 이야기의 의미 및 종말과 관련된 신앙이다"(*Open Secret*, p. 89).
28 Newbigin, *Finality of Christ*, p. 55(강조 추가).
29 Newbigin, *Gospel in a Pluralist Society*, p. 89.
30 Newbigin, "The Bible: Good News for Secularised People", p. 6.

Badrinath)와 나눈 이야기를 간추려 말한다. 뉴비긴은 바드리나스가 기독교의 주장을 터무니없다고 생각하면서도, 애석하게도 성경의 본질을 많은 그리스도인보다 더 잘 이해하고 있다고 믿는다.

나는 왜 당신 같은 선교사들이 인도에 있는 우리에게 성경을 종교 서적으로 제시하는지 이해할 수 없습니다. 그것은 종교 서적이 아닙니다. 그리고 어찌됐든 인도에서 우리는 종교 서적을 엄청나게 많이 갖고 있습니다. 우리에게는 그런 것들이 더 이상 필요하지 않습니다! 나는 당신의 성경에서 보편 역사, 온 창조 세계의 역사, 인류의 역사에 대한 독특한 해석을 봅니다. 인간이 역사 속에서 책임 있는 행위자라는 독특한 해석입니다. 그것이 독특합니다. 세상의 모든 종교 문헌 가운데 그것과 나란히 둘 수 있는 것은 전혀 없습니다.[31]

이것은 온 창조 세계와 세상의 모든 민족을 그들이 속한 문화의 삶의 모든 부분과 함께 포괄하는 이야기다. 온 우주의 창조자, 통치자, 유지자, 구속자, 심판자이신 하나님의 목적 있는 활동에 대한 이야기다. 그러나 그 목적은 고대 근동에 있었던 하나의 작은 민족 안에서, 그리고 1세기 유대인 한 사람 안에서 발견되는데, 그곳이 하나님이 자신의 목적을 계시하시고 성취하시면서 일하신 자리이기 때문이다. 이것은 "특수성의 스캔들",[32] 명백히 "엄청나게 대담한 주

---

31 Lesslie Newbigin, *A Walk through the Bible* (Louisville: Westminster John Knox, 1999), p. 4. 『레슬리 뉴비긴의 성경 한 걸음』 (복있는사람).
32 Newbigin, *Open Secret*, pp. 66-67.

장",³³ "경악스러운" 것과 다름없는 "거대한 주장"이다.³⁴ 바드리나스가 그 주장을 터무니없다고 여긴 것은 전혀 놀랍지 않다!

성경 이야기는 다른 문화의 이야기들과 충돌할 것이다

성경이 세상의 참된 이야기라는 주장은 같은 주장을 하는 다른 이야기들의 문제를 바로 제기한다. 언제나 교회는 세상에 대해 말할 다른 이야기를 가진 문화적 맥락 가운데 살아간다. 우리가 인간의 삶을 이해하는 방식은 어떤 이야기를 우리가 참되다고 믿는지에 달려 있다. 우리의 동시대 문화에서, 인간주의적 이야기는 성경에 이의를 제기한다. 두 이야기 모두 포괄적이며 참되다고 주장한다. 두 이야기 모두 듣는 사람들이 그 이야기 안에서 자신의 자리를 찾도록 초청하면서, 그것을 듣는 사람들에게 최고의 충성을 요구한다. 성경은 절대로 문화적 진공 상태에 있지 않고, 항상 경쟁하는 대안적인 이야기들에 의해 도전을 받는 맥락 속에 존재한다.³⁵

서구 문화의 문제는, 성경 이야기가 더 포괄적인 문화의 이야기에 꼭 들어맞도록 재단되어 왔다는 것이다. 서구를 괴롭히는 사실-가치 이분법은 성경을 종교적인 가치들의 열등한 영역으로 몰아넣었다. 과학, 기술, 그리고 합리적 사회 건설에 의한 진보라는 서구의

---

33 Lesslie Newbigin, "Why Study the Old Testament?", *National Christian Council Review* 74 (1954): p. 75.
34 Newbigin, *Proper Confidence*, p. 77.
35 Newbigin, *Gospel in a Pluralist Society*, pp. 15-16.

이야기는 세상에 대한 참된 이야기로 상정된다. 뉴비긴이 보기에 문제는 이것이 현재의 서구 비그리스도인들이 믿는 것이라는 점이 아니다. 그것은 보통이고 적절히 기초적이다. 이야기들이 기능하는 방식은, 사람이 하나의 이야기를 받아들일 때 다른 모든 것이 그것에 꼭 들어맞아야 한다는 것이다. 그러므로 서구 사람들은 인간주의의 이야기 안에 살면서 성경이 그들의 이야기에 꼭 들어맞도록 만든다. 그들은 성경의 주장을 거부하면서 성경을 종교라는 사적 영역에 속한 그저 또 다른 종교적인 책으로 볼 것이다. 문제는 그리스도를 받아들인 **그리스도인들이** 자신들의 궁극적인 충성을 서구의 이야기에 바치고, 믿지 않는 이웃들처럼, 기독교 신앙을 가치들의 영역으로 강등시키는 상황과 화해해 왔다는 것이다. 이는 순전한 혼합주의와 다름없는 문제다. 성경의 본질에 대한 오해이며, 교회가 역사 속에서 세상의 참된 이야기에 대한 증인으로 살아야 할 자신의 소명을 저버린 것이다. "인간이라는 어떤 것은 이야기의 일부라는 것이고, 하나님이 의도하신 대로 온전히 인간이라는 것은 참된 이야기의 일부라는 것이며 그 시작과 마지막을 이해한다는 것이다. 그 참된 이야기에 대한 핵심 실마리 중 하나가 성경에 주어졌으며, 모든 의미가 달려 있는 그 이야기의 중심은 예수 그리스도의 성육신·죽음·부활이다. 그것이 우리에게 맡겨진 메시지이고, 우리는 그것을 모든 사람에게 나누어야 한다."[36]

이것은 서구 문화에 대한 뉴비긴의 후기 작업과 관련된 두 가지

36　Newbigin, *Word in Season*, p. 118.

중요한 문구를 설명하는데, 즉 공적 진리로서의 복음과 선교적 만남으로서의 복음이다. 그는 복음과 서구 문화 사이의 선교적 만남을 촉진하는 데 많은 힘을 쏟았다. 선교적 만남은 궁극성과 포괄성을 동등하게 주장하는 두 이야기들 사이의 충돌이다. 이런 두 이야기들은 "다르고 양립할 수 없는" 것들이기 때문에, 만약 교회가 성경 이야기 가운데 온전히 살아간다면 불가피하게 문화의 이야기, 즉 사회의 공적 삶을 지배하는 기존의 신조와 충돌할 것이다. 교회가 복음과 성경 이야기를 공적 진리—모든 민족, 모든 백성, 모든 문화의 삶을 위한 진리—로 이해할 때만, 선교적 만남을 위해 준비될 것이다.

우리는 6장에서 서구의 이야기와 선교적 만남을 다시 다루게 된다. 그러나 여기서는 뉴비긴이 성경을 이야기로 이해할 것을, 단순히 학문적 배경 안에서 행해지는 신학이 아니라 기독교 교회의 삶과 죽음의 문제로 이해할 것을 항상 호소했던 방식에 주목하는 것이 중요하다. 만약 교회가 성경을 유일한 이야기이자 자신의 이야기로 받아들이지 않는다면 불가피하게 다른 이야기에 굴복할 것이며, 이는 신실하지 못한 타협이고 혼합주의다. 그가 표현하듯이, "만약 이 성경 이야기가 우리의 생각을 정말로 지배하는 유일한 이야기가 아니라면, 불가피하게 우리는 세상이 자신에 대해 말하는 이야기 속으로 휩쓸려 들어갈 것이다. 우리는 점점 더 우리가 부분으로 속해 있는 이교적 세상으로부터 구분이 불가능하게 될 것이다."[37]

그러므로 교회와 교회의 선교에 대해 성경이 가진 권위에 대한 이

37　Newbigin, "Biblical Authority", p. 2.

런 신앙고백의 함의들이 중요하다. 이것은 단지 정통성을 위해 우리의 성경 교리를 바르게 하는 문제가 아니다. 우리의 선교적 부르심, 즉 우리의 존재 자체에 대한 신실함의 문제다! "나는 우리가 복음을 우리의 문화에 말을 거는 말씀으로 효과적으로 말할 수 있기 위해서는, 먼저 정경 전체로서의 성경이 우리의 개인적이고 공적인 삶의 의미에 대한 우리의 이해에 참된 맥락을 제공하는 이야기라는 감각을 회복해야 한다고 믿는다."[38] 만약 교회가 자신의 선교적 소명에 충실하려면, 다음과 같은 성경적 권위의 세 가지 차원이 회복되어야 한다. 즉 성경은 **이야기**라는 것, 성경은 **참된** 이야기라는 것, 성경은 모든 민족과 인간의 삶 전체에 대해 권위가 있는 **포괄적인** 이야기라는 것이다. 성경은 온 세상에 대한 참된 이야기다. 우리는 하나님의 포괄적인 목적을 증언하기 위해 세상 한가운데 놓여 있다. 완성의 때까지, 하나님은 "하나님의 승리가 모든 민족에게 그리고 삶의 모든 영역에서 알려지고 효력을 갖도록 하는 임무를 우리에게 맡기셨다."[39]

성경 이야기는 하나님의 목적을 계시한다

성경이 세상에 대한 참된 이야기를 우리에게 말하는 것은, 그것이 온 창조 세계를 위한 하나님의 목적을 계시하기 때문이다. 뉴비긴에게

---

[38] Lesslie Newbigin, "Response to 'Word of God?'", John Coventry, SJ", *Gospel and Our Culture Newsletter* 10 (1991): p. 2.
[39] Lesslie Newbigin, "The Present Christ and the Coming Christ", *Ecumenical Review* 6, no. 1 (1954): p. 123.

빈번히 사용되는 "목적"(purpose)이라는 단어는 상당한 무게를 가진다. 종종 그는 이것을 역사의 기원과 목표를 알기 때문에 세상의 의미를 안다는 측면에서 설명한다. 성경은 우주 역사인데, 창조에 있는 온 세상의 **기원**으로 시작하기 때문이다. 거기서 하나님은 창조 세계와 인류를 위한 그분의 목적을 계시하신다. 성경은 그 **목표**를 온 창조 세계의 갱신에서 찾는다. 거기서 세상을 위한 목적이 드러난다. 하나님이 이스라엘과 교회를 다루시는 이야기, 그리고 궁극적으로 예수 그리스도 안에서 다루시는 이야기는 창조 세계와 인간의 삶의 **의미**를 드러낸다. 이스라엘은 전체의 의미를 감당하고 구현하기 위해 선택되었으며, 예수께서 그것을 완전히 드러내시고 성취하시며, 교회는 그것을 민족들 가운데 알리기 위해 보내진다. 그것은 특정한 민족, 특정한 사람, 특정한 공동체에서 계시되는 보편적 이야기다. 하나님이 이스라엘 안에서, 예수 안에서, 교회 안에서 하시는 일은 역사의 목표인 모든 창조 세계의 갱신을 향해 움직인다.

하나님의 목적은 창조 세계의 우주적인 갱신이다

성경 내러티브는 세상을 위한 하나님의 목적을 계시한다. 뉴비긴은 이 목적을 "우주적인 갱신 혹은 회복,…모든 피조물을 다시 새롭게 하시는 하나님의 행위"로 묘사한다.[40] 이 우주적인 갱신을 특징짓는 것은 그 **우주적인 폭**과 **회복적인 본질** 모두다. 구원은 창조만큼이나 폭넓고, 또한 죄로 오염된 창조 세계를 원래 목적으로 회복시키는 것

---

40 Newbigin, *Signs amid the Rubble*, p. 28.

이다. 그것이 보편 역사의 목표다.

구원의 우주적인 범위는 인간 외 피조물 한가운데서 인간의 삶의 전체성을 회복시키는 것이다. 인간의 삶을 다시 새롭게 하는 것은 회복의 네 가지 측면을 포함하는데, 즉 하나님과 인류 사이에서, 다양한 관계들 가운데 있는 인간들 사이에서, 인류와 인간 외 피조물 사이에서, 개별 인간들 사이에서 파괴된 조화의 회복이다. 이런 관계들에서 원래의 샬롬을 회복하는 것이 구원의 "본질 자체"다.[41] 하나님이 태초의 창조 때 가지셨던 목적이 구속사의 목표가 된다. "구원은 복음이 말하는 것이며 교회의 본질과 기능을 결정하는 것으로서, 이는 그 말 자체―온전하게 함, 치유―가 우리에게 가르치는 바와 같다. 구원은 그리스도 안에서 모든 것이 종합되는 것이다. 구원은 만물이 처음 창조된 목적처럼 인간과 하나님 사이에, 인간과 인간 사이에, 인간과 자연 사이에 이루어지는 조화의 회복을 그 범위에 포괄한다. 구원은 온 창조 세계의 회복이다."[42]

비록 뉴비긴이 탄탄한 창조 교리―오늘날 북미에서 절실히 필요로 하는 것[43]―를 전개하지는 않았지만, 이미 그는 자신의 저술 전체에서 창조와 구원을 지속적으로 연결한다. 구원은 창조 세계를 죄와 그 저주로부터 회복시키는 것이다. 간단히 말해, 구원은 "죄를 씻어

---

41 Lesslie Newbigin, *Household of God: Lectures on the Nature of the Church* (New York: Friendship Press, 1954), p. 161. 『교회란 무엇인가?』(IVP).
42 Newbigin, *Household of God*, p. 159.
43 그런 탄탄한 창조 교리를 볼 수 있는 가장 좋은 곳은 다음과 같다. Albert M. Wolters, *Creation Regained: Biblical Basics for a Reformational Worldview* (Grand Rapids: Eerdmans, 2005), 2장. 『창조 타락 구속』(IVP).

냄으로써 창조 세계를 그 원래 목적으로 회복시키는 것"이다.⁴⁴

　창세기의 첫 장들은 인류의 창조와 그들이 죄로 타락하는 것을 지금 언급한 네 가지 관계 측면에서, 즉 하나님과의 관계, 인간들 사이의 관계, 인간 외 피조물에 대한 관계, 그리고 인간들 안의 관계로 묘사한다.⁴⁵ 죄는 이런 관계들 각각에 근본적인 모순과 부조화를 가져왔다. "구원은 인간이 속박에서 풀려나는 것, 우리가 언급한 모순들이 극복되는 것을 의미한다.…구원은 '온전함'을 의미한다. 상처받은 것의 치유, 깨어진 것의 고침, 매인 것의 놓임을 의미한다."⁴⁶ 우주적인 회복이라는 궁극적인 목적을 가진 성경 이야기의 줄거리는 창조·죄·구원의 움직임에서 명백히 드러난다. 창세기는 인류와 창조 세계를 위한 하나님의 원래 목적과 그것이 죄로 인해 부패하는 것을 우리에게 보여 준다. 성경 이야기는 죄와 그 저주로 인해 상실된 창조의 목적을 하나님이 회복시키시는 것을 서술한다. "창세기의 이 장들에서 우리에게 주어진 것은…그림처럼 표현된 인간에 대한 진실이다. 즉 인간의 창조, 본성, 그리고 죄에 대한 진실이다.…하나님이 성경 안에서 우리에게 주신 것은 하나님이 인간에게 주신 본성과, 죄가 그 본성을 타락시킨 방식과, 또한 우리를 위해 하나님이 준비해 두신 구원에 대한 계시다."⁴⁷

44　Lesslie Newbigin, *Sin and Salvation* (Philadelphia: Westminster, 1956), p. 124. 『죄와 구원』(복있는사람).
45　Lesslie Newbigin, *Sin and Salvation*, pp. 11-15, 21-22.
46　Lesslie Newbigin, *Sin and Salvation*, p. 14.
47　Lesslie Newbigin, *Sin and Salvation*, p. 22.

뉴비긴은 이 목표를 교회의 자유주의 전통과 복음주의 전통에 있는 두 가지 잘못된 관점과 대조하는데, 하나는 자유주의 전통과 개인을 괴롭혀 온 서구적 진보의 역사이며, 다른 하나는 복음주의 전통을 부패시킨 내세적 구원이다. 자유주의에서 발견되는 "기독교화된 형태의 진보 개념"은 역사 전체의 목적에 대한 시각을 갖고 있는데, 즉 사회의 회복이다. 그러나 이런 회복은 계몽주의가 꿈꾸었던 낙원을 더 닮은 듯 보인다. 그것은 역사의 마지막에 있을 하나님의 행위로서의 회복을 제거하고, 역사를 우주적이며 공동의 조화를 향해 나아가는 점진적이고 증가하는 움직임으로 여긴다. 그리고 이 입장에는 종말이 도래할 때 개인을 위한 자리는 없다. 자유주의 전통은 성경 이야기를 서구적 진보의 이야기에 맞춤으로써 성경 이야기를 떠났다.

두 번째 입장은 이런 왜곡에 대한 복음주의 전통의 판에 박힌 반응이다. 구원이 하나님의 일로서, 개인들을 낚아채어 이 타락한 세상에서 다른 세상으로 옮기는 것이라고 말이다. 이 시각에는 개인을 위한 자리가 있지만, 역사는 주변부로 밀려난다. 이런 종말에 대한 견해는 이교적 그리스 세계관에 기인한다. 불행하게도 이 개인주의적·내세적 구원은 계속해서 복음주의 공동체를 피폐하게 만들고 있으며, 계속해서 교회의 선교에 대단히 파괴적인 영향을 끼치고 있다. 우리는 뉴비긴이 바르게 믿는 것처럼, 이를 성경적 구원의 본질에 대한 전적인 오해로 보고 거부해야 한다.

마지막 일들에 대한 신약성경의 가르침은 강조점을 우리가 이 세상을 탈출해서 다른 세상으로 가는 것이 아니라,…다시 새롭게 되고 변

화된 창조 세계를…다스리시기 위해…그리스도가 영광 가운데 이 세상으로 돌아오시는 것에 둔다.⁴⁸

그 이야기의 끝은 다른 세계로의 탈출이 아니다. 오히려 이 세상에서 일어나는 하나님의 승리, 즉 죽음의 반대편에 있는 승리다.…그것은 죽음 너머의 생명이다. 이 세상으로부터 해방된 영혼의 불멸이 아니라, 몸의 부활이며 만물의 재창조인 것이다.⁴⁹

하나님의 목적과 선택의 논리

성경은 보편 역사의 이야기로, 우주적인 갱신의 목표를 향해 움직이고 있다. 하나님은 이 보편적인 목적을 어떻게 계시하시고 성취하시는가? 그 대답은, 어쩌면 다소 놀랍게도, 선택(election)의 논리를 통해서라는 것이다.⁵⁰ 즉 특정한 백성을 부르시는 것인데, 그들을 통해 하나님이 세상을 위한 그분의 보편적인 목적을 드러내시고 이루신다.

의심의 여지 없이, 성경 이야기에서 선택에 그처럼 중요한 자리를 부여하는 것은 놀람과 반대를 야기할 것이다.⁵¹ 뉴비긴은 그런 두

48　Lesslie Newbigin, *Behold, I Make All Things New* (Madras: Christian Literature Society, 1968), p. 22.
49　Lesslie Newbigin, "The Bible Study Lectures", in *Digest of the Proceedings of the Ninth Meeting of the Consultation on Church Union* (COCU), ed. Paul A. Crow (Princeton: COCU, 1970), p. 220. 참고. Newbigin, *Sin and Salvation*, pp. 122-123.
50　참고. Newbigin, *Gospel in a Pluralist Society*, p. 80.
51　레슬리 뉴비긴의 사상에서 선택의 중요성에 대해 명료하게 표현한 것을 다음에서 보라. George Hunsberger, *Bearing the Witness of the Spirit: Lesslie Newbigin's Theology of Cultural Plurality* (Grand Rapids: Eerdmans, 1998).

가지 반대를 형이상학적인 것과 윤리학적인 것으로 진술한다. 형이상학적 어려움은 하나님이 항상 어디에나 계시다는 것이 자명하다는 점인데, 따라서 그분이 역사의 한 시점에 한 민족 안에서 일어난 특정한 일련의 사건들 가운데 행하신다고 말하는 것은 어처구니없고 심지어는 스캔들 같다. 이것이 "특수성의 스캔들"이다.[52] 윤리적 어려움은 특별한 호의를 위해 특정한 민족을 택한다는 것이 차별적이고 자의적이라는 점이다. 그것은 폭군의 무작위한 행동이지, 모든 백성을 창조하시고 사랑하시는 자비로운 하나님의 행동이 아니다.[53] 이것이 "하나님의 선택의 스캔들"이다.[54]

이런 두 가지 반대가 일어나는 이유는 사람들이 그 둘을, 즉 구원과 선택을 잘못 이해하고 있기 때문이다. 따라서 뉴비긴은 성경을 따라 선택의 교리를 복원하면서 성경 이야기의 목표인 구원에 필수적인 선택의 논리를 입증하려고 시도한다. 그가 믿기에 "선택의 원리는 하나님의 구속적 목적의 본질과 일치하는 유일한 원리이며",[55] "하나님의 보편적인 구원의 방식은…**반드시** 선택의 방식으로 성취되어야 한다."[56] 뉴비긴이 구원과 선택을 얼마나 명료하게 표현하는지를 보면, 앞에서 제기된 반대들은 힘을 잃는다.

문제는 우리가 구원을 개인주의적이고 영적인 것으로 볼 때 일어

---

52 Newbigin, *Open Secret*, pp. 66-67.
53 Newbigin, *Faith for This One World?*, p. 78.
54 Newbigin, *Faith for This One World?*, p. 82.
55 Newbigin, *Household of God*, p. 111.
56 Newbigin, *Open Secret*, p. 71(강조 추가).

난다. 구원을 인간의 영혼이 하나님과 맺는, 영적인 일대일 관계로 잘못 이해하는 것이다. 그러나, 성경에서, 구원은 사회적이고 우주적이다. 그것은 인류를 하나님과의 화해로, 인간들 서로의 화해로, 인간외 피조물과의 화해로 다시 함께 엮는 것이다. 창조 세계의 조화와 샬롬을 회복하는 것, 하나님이 태초에 인류와 세상을 지으신 방식을 회복하는 것이다. 뉴비긴은 구원을 이런 방식으로 묘사한다.

하나님은, 성경에 따르면, 온 인류와 온 창조 세계의 구속에 관심을 두신다. 그분의 목적의 목표는 개별 영들을 그들이 관여한 이 세상 문제와 인간 공동체로부터 하나하나 분리해서 모아서 그분 자신과 맺는 새롭고 순수하게 영적인 관계에 두는 것이 아니다. 그런 생각은 하나님, 인간, 세상에 대한 성경의 견해와 양립할 수 없다. 하나님이 관심을 두시는 구속은 사회적이고 또 우주적이며, 따라서 그것이 작동하는 방식은 모든 면에서 참된 인간관계의 재창조를, 그리고 인간과 창조 질서의 다른 모든 것들 사이에 있는 참된 관계의 재창조를 포괄한다.[57]

바로 이런 "구원의 본질과 범위에 대한 성경적 개념의 맥락에서… 우리는 선택의 교리를 이해해야 한다." 만약 구원이 "궁극적으로 각 개인의 영혼과 하나님 사이의 관계 문제"로 받아들여진다면, "그렇다면 하나님의 선택이라는 개념 전체가 자의적인 편애 같은 것으로 보이는

---

57 Newbigin, *Household of God*, p. 109.

데, 이는 무책임한 통치자의 특징으로서 우리 주 예수 그리스도의 아버지 하나님에게는 합당하지 않다." 이것은 구원에 대한 잘못된 이해로, 선택을 변질시킨다. "그러나 구원을 공동체적이고 우주적인 것으로 이해하게 되면, 그리하여 하나님이 우리의 구원을 위해 사용하시는 수단이 그 목적과 일치해야 한다는 것을 이해하게 되면, 하나님이 우리를 선택의 원리에 따라 다루셔야 한다는 것이 명백해진다."[58]

마지막의 우주적이고 공동체적인 구원을 계시하는 일과 성취하는 일을 진행하는 유일한 방법은, 한 공동체를 선택해 그분의 다시 새롭게 하시는 일의 핵심이 되게 하는 것이다. 하나님은 어떤 공동체로 시작하셔서, 그들을 다시 하나로 엮으시고, 타락으로 파괴된 창조의 관계들을 회복하신다. 그분은 화해된 공동체로 시작하시고, 그러고 나서 외부의 다른 이들을 이 공동체 안으로 포함시키신다. 간단히 말해, 하나님의 백성이 선택된 것은 하나님과 화해하고, 서로 화해하고, 인간 외 피조물과 화해하기 위해서, 그리고 다른 이들을 이 화해로 이끌기 위해서다. 하나님의 백성은 "그분의 화해된, 그리고 화해를 이루는 백성"이 되어야 한다. 그리고 이런 종류의 백성에 대한 선택이 "하나님의 구속적 활동의 본질과 일치하는 유일한 원리다."[59] 선택에서 우리는 하나님이 그분의 보편적인 목적을 성취하시려고 창조 때 열어 놓으신 수로를 따라 움직이시는 것을 본다.

그러므로 구원에 대한 잘못된 이해가 선택에 대한 반대로 이끈

---

58 Newbigin, *Household of God*, p. 110.
59 Newbigin, *Household of God*, p. 111.

다. 그러나 선택의 본질 자체에 대한 오해도 역시 그 문제에 기여한다. 너무나 자주 선택은 그 혜택과 하나님의 구원의 복이라는 측면에서만 이해된다. 선택은 이런 잘못된 이해에서 오직 특권을 위한 것이지, 책임을 위한 것이 아니다. 선택은 그렇게 하나님의 백성이 구원을 향유하기 위한 것이지, 세상을 위한 구원의 수단이 아니게 된다. 선택은 화해된 공동체가 되는 것을 말하지, 화해를 이루는 공동체가 되는 것을 말하지는 않게 된다. 간단히 말해, "선택의 교리에 있는 선교적 성격은 망각된다."[60]

선교적 선택의 교리는 하나님이 한 백성을 선택하신 것이 단지 그들 자신만을 위함이 아니라, 세상을 위함이라는 점을 이해한다. "선택된 백성은 세상을 위해 선택된다. 교회의 선교는 세계 역사의 의미와 목적에 대한 실마리다. 교회는 자신을 위해 존재하지 않으며, 세상을 위한 하나님의 목적을 성취하기 위해 존재한다."[61] 따라서 그리스도 안에서 선택된다는 것은 세상에 대한 그분의 선교에 포함된다는 것을, 그리고 하나님의 세상 전체에 대한 그분의 화해의 목적을 감당하는 것을 의미한다.[62]

우리는 선택의 교리에 있는 선교적 본질과 하나님의 보편적인 목적을 위한 선택의 "내적 필연성"[63]을 두 가지 문구로 포착할 수 있다. 선택된 공동체는 화해된 백성으로서 하나님의 보편적인 목적을 알

---

60 Newbigin, *Household of God*, p. 111.
61 Newbigin, *Faith for This One World?*, p. 81.
62 Newbigin, *Gospel in a Pluralist Society*, p. 27.
63 Newbigin, "Duty and Authority", p. 29.

린다는 것과, 선택된 공동체는 화해를 이루는 백성으로서 하나님의 보편적인 목적을 야기한다는 것이다. 한편으로, 하나님의 백성은 하나님이 창조하시는 화해된 공동체가 됨으로써 하나님의 구속적 목적의 출발점이 된다. 그 공동체는 세상 한가운데서 하나님이 보편 역사를 어디로 이끄시는지 알린다. 우주 역사의 실마리인 것이다. 다른 한편으로, 그 공동체는 언젠가 땅을 가득 채울 화해된 공동체에 합류하도록 다른 이들을 초청한다. 화해된 공동체가 하나님의 보편적인 목적을 알리며, 화해를 이루는 공동체가 그것을 야기한다.

이것으로부터 우리가 볼 수 있는 것은, 바로 선택을 통해서 하나님이 그분의 보편적인 목적을 드러내시고 언젠가 이루신다는 점이다. 그분은 보편적인 목적지에 도착하기 위해 특정한 길을 따라 여행하신다. "성경의 시작부터 마지막까지, 계속되는 일련의 특정한 선택들을 통해 수행되는 보편적인 목적의 이야기가 우리 앞에 제시된다.…이것이 성경 전체의 패턴이다. 보편자와 특수자 사이의 관계에 대한 열쇠는 하나님의 선택의 방식이다. 하나(혹은 일부)가 여럿을 위해 선택된다. 특수자가 보편자를 위해 선택된다."[64]

뉴비긴은 선택을 일련의 선발 혹은 "좁혀 가는 과정"으로 말한다.[65] 성경의 선교적 취지는 선택과 "세 가지 이스라엘"—구약성경의 이스라엘, 예수, 교회—의 측면에서 볼 수 있다.[66] 구약성경의 이야기

---

64 Newbigin, *Open Secret*, p. 68.
65 Newbigin, *Open Secret*, p. 31.
66 Lesslie Newbigin, "Canon and Mission", unpublished notes, Newbigin Archives, University of Birmingham (n.d.), p. 2.

에서 하나님은 아브라함과 그에게서 나올 민족을 택하셔서 모든 민족을 위한 복을 감당하게 하신다. 이스라엘은 온 인류를 위한 하나님의 구속적 목적의 징표와 도구가 되도록 부르심을 받았으나, 그들은 그 부르심을 받아들이는 일에서 실패했다. 그래서 하나님은 이스라엘을 심판하시는데, "처음부터 배제의 과정이 있다.…하나님과 이스라엘 사이에는 언약이 있고, 그 언약의 조건들을 무시하는 이들은 선택된 백성의 일부가 아니다." 그 좁혀 가는 일은 십자가에서 "그날에 오직 그분만 이스라엘이신" 때까지 일어난다. 예수께서 이스라엘이 행하지 않았던 것을 신실하게 행하심으로써 선택의 목적을 성취하신다. 온 세상을 위한 하나님의 갱신을 드러내시고 가져오시는 일이다. "그러나 이것이 이스라엘 이야기의 끝은 아니다. 그것은 참된 이스라엘 이야기의 시작이다."[67] 뉴비긴이 보기에 "예수께서는 하나님의 새로운 백성, 새로운 사회를 세우시는 것이 아니"고, 다만 이스라엘을 그들의 소명으로 회복시키신다. 그분의 선교는 이스라엘을 향한 것이고, 그분은 참된 이스라엘의 시작을 알리기 위해 이스라엘을 대표하는 숫자로 열두 제자를 임명하신다. 십자가와 부활, 그리고 오순절의 강력한 사건 후에, 그 길이 모든 민족에게 명백히 드러난다. "이제 드디어 이스라엘이 이방인들에게 빛이 되고 땅 끝까지 이르는 구원이 되리라는 고대의 약속이 성취될 것이다." "교회는 하나님의 이스라엘이지, 새롭게 세워진 사회가 아니다."[68] 이방인들은 그리스도

---

67 Lesslie Newbigin, *The Reunion of the Church: A Defence of the South India Scheme* (London: SCM, 1948), p. 30.
68 Newbigin, *Reunion of the Church*, p. 31.

에 의해 모아지고 다시 새롭게 되고 보냄을 받는 참된 이스라엘에 통합된다. 그들은 감람나무에 접붙여진 줄기들과 같다. "오직 하나뿐인 하나님의 이스라엘, 하나님이 심으신 하나뿐인 감람나무가 있다."[69]

이 간략한 요약은 연속되는 일련의 특정한 선택을 통해 하나님의 보편적인 목적이 이행되는 방식을 보여 준다. 이스라엘, 예수, 교회의 선택은 성경 이야기의 중심 주제다. 이 특정한 민족, 이 특정한 사람, 이 특정한 공동체 안에서 하나님은 세상을 향한 그분의 보편적인 목적을 계시하시고 성취하신다. 그들의 선택은 모든 민족을 위한 복을 의미한다. 이것이 선교를 성경 이야기의 중심 주제로 만든다. 따라서 성경은 "이따금 '선교적 본문'을 제공하는 저장소가 아니라, 창세기부터 계시록에 이르기까지 본질적으로 선교적 본문이다."[70] 그 이야기를 제대로 읽는다는 것은 이런 선교적 결을 따라 읽는 것이다.

하나님의 목적은 인격적이며 초청하는 것이다

성경의 이야기는 하나님의 목적이 온 창조 세계와 온 인류의 삶을 다시 새롭게 해서 원래의 창조 계획으로 되돌리는 것이라고 밝힌다. "목적은 인격적인 단어다. 그것이 함의하는 바는, 대상들의 세계에서는 아직 실현되지 않았으나 마음 안에서는 현실인 목적을 가진 마음이다. 그 목적은 목적의 주체인 인격체에게 귀를 기울임으로써만 알려질 수 있다."[71] 창조 세계에는 목적이 있는데, 인격적인 하나님이

69　Newbigin, *Reunion of the Church*, p. 32.
70　Newbigin, "Canon and Mission", p. 1.
71　Lesslie Newbigin, "Can the West Be Converted?", *International Bulletin of Missionary*

그것을 그렇게 창조하셨고 계획하셨기 때문이다. 그리고 그분은 자신의 목적을 역사 안에서 실현하기 위해 일하고 계신다. 이는 그분의 목적이 무엇인지 아는 방법이 오직 하나뿐이라는 것을 의미한다. 그분에게 귀를 기울여 그분이 그것을 계시하기로 선택하시는지, 그리고 어떻게 계시하시는지, 듣는 것이다.

여기서 뉴비긴이 겨냥하는 것들 중 하나는 과학적 이성이 왕좌를 차지한 뒤 서구의 인식론을 장악한 방식으로, 그 방식은 계시의 가능성을 실질적으로 부정하거나 계시의 본질을 왜곡하는 것이다. 참된 지식은 현대성에서 오직 분석으로만 얻을 수 있다. 과학적 지식은 비인격적이고, 대상을 탐구하기 위해 방법론적 분석을 채택한다. 뉴비긴은 제 위치에서의 과학적 지식을 묵살하지 않는다. 우리에게 지식을 줄 수 있는 낮은 단계의 설명에는, 즉 물리적·화학적·생물학적·기계적·사회학적 지식 등에는 과학적 분석을 위한 합당한 역량이 있다. 창조 세계의 다양한 영역들에는 하나님이 주신 합당한 자율성이 있으며, 그 자율성은 과학적 탐구를 허용한다. 제 위치에서의 분석은 좋다. 그러나 이런 방식의 지식은 다른 인격체를 아는 것에는, 그리고 명백히 하나님이나 그분의 목적을 아는 것에는 적합하지 않다. 만약 다른 인격체의 목적을 알고자 한다면, 분석이 아니라 듣는 것이 적절하다.

마르틴 부버(Martin Buber)의 『나와 너』(*I and Thou*, 문예출판사)는 뉴비긴이 보는 문제를 포착해 낸다. 부버는 두 종류의 지식을 구분한다.

Research 11 (1985): p. 6.

나-그것(I-It)의 지식은 사물에 대한 과학적 탐구에 적합하다. 이런 종류의 지식에서 지식의 주체(knower)는 능수능란한 행위자로서, 지식을 획득하기 위해 자유롭게 대상을 추궁하고 검토한다. 다른 종류인 나-너(I-Thou)의 지식은 다른 인격체들을 아는 것에 적합하다. 여기서는 그 인격체를 한 대상으로서 추궁하고 검토하는 것이 적합하지 않다. 오히려 겸손하고 순종적으로 듣는 자세가 적합하다. 이런 종류의 듣기를 사전에 차단하는 모든 인식론은 실질적으로 그 시작부터 세상을 위한 하나님의 목적을 아는 것에서 자신을 차단해 버린다.

뉴비긴의 우려는, 종종 교회가 성경을 읽는 렌즈가 우리 문화에서 과학의 지배가 만들어 낸 것이라는 점이다. 그의 우려는, 많은 성서학자가 나-그것의 지식에 굴복하고 성경을 들어야 하는 말씀이 아니라 오로지 검토의 대상으로만 만들어 버린다는 점이다. 학계뿐 아니라 교회에서도 우리는 성경을 사랑의 응답으로 초청하는 인격적 계시보다는 지성에 영향을 주는 정보로 듣는다. 나-그것의 지식은 하나님이 스스로와 자신의 목적을 계시하시는 곳인 성경에 적합하지 않다. 성경은 우리가 하나님을 알고 세상을 위한 하나님의 목적에 참여하게 하기 위해 우리를 순종적 듣기로 초청한다. 만약 세상의 본질이 인격적이라면, 그렇다면 세상을 아는 유일한 방법은 본성과 목적이 성경 안에 드러나 있는 유일자에게 들으며 주의를 기울이는 자세뿐이다.

하나님의 계시가 인격적이라는 사실에는 더 많은 의미가 있다. 하나님은 자신의 목적뿐 아니라 또한 스스로를 계시하신다. 만약 성경 이야기가 다른 방식으로는 알려질 수 없는, 창조 세계를 위한 그분의 계획에 대한 정보를 전달하는 것에 불과하다고 받아들인다면 이는 잘못된 이해다. 오히려 하나님의 목적을 내러티브로 드러내는 것 안에 하나님 자신의 계시가 있다. 계시는 "그 이야기가 구현하는 목적의 주체인 그분의 자기 전달이다."[72]

이것은 왜 성경이 우리에게 역사 속 하나님의 능하신 행위들에 대한 내러티브로 다가와야 하는지를 명백히 한다. "나는 성경이 우리에게 하나님의 성품과 행위와 목적에 다가갈 수 있게 만들어 주는—주로 내러티브 형식이지만 그 외의 형식도 사용하는—문학의 모음이라고 말하고 싶다."[73] 뉴비긴이 사용하는 세 단어, "목적"과 "성품"과 "행위들"에 주목하라. 성경 내러티브는 세상 속 하나님의 행위들 중 하나, 즉 창조하시고 다스리시고 유지하시고 심판하시고 구속하시는 그분의 능하신 일들 중 하나다. 그 능하신 일들에 주의를 기울이면, 그분의 목적과 그분의 성품을 알게 된다. 하나님 자신과 그분의 목적은 오직 성경 이야기 속에 서술된 그분의 창조 및 구속 행위에 주의를 기울임으로써만 알 수 있다.

이야기는 다른 인격체를 아는 유일한 방법이다. "좋은 소설을 읽을 때, 당신은 마치 그 이야기의 주인공을 실제로 만난 것처럼 그를 알게 된다. 그에 대한 어떤 묘사도, 예를 들어 그의 부고 기사에 쓰인 묘사도, 이를 대체할 수는 없다. 당신은 그가 실제 상황들과 사람들을 대하는 것을 지켜보며 그를 알게 된다. 마찬가지 일이, 내 생각에

---

72 Newbigin, "Centrality of Jesus", p. 205.
73 Lesslie Newbigin, *Foolishness to the Greeks: The Gospel and Western Culture* (Grand Rapids: Eerdmans, 1986), p. 59. 『헬라인에게는 미련한 것이요』(IVP).

는, 성경을 읽는 것에서 일어난다. 당신이 읽고, 또 읽고, 계속해서 읽는 동안 하나님을 알게 된다. 성경이 그분의 성품을 드러낸다. 당신은 그분을 인격적으로 알게 된다."[74] 성경이 창조와 회복에 있는 하나님의 능하신 행위를 서술하기 때문에, 창조 세계 전체를 위한 그분의 목적뿐 아니라 그분의 성품도 계시한다.

이런 인격적 계시는 또한 초청하는 것이기도 하다. 성경은 검토되어야 하는 "일련의 명제들"이 아니다. 오히려 성경은 "복종을 강요하는 것이 아니라 사랑을 일깨우고자 하는 인격적 사랑의 호소다."[75] 우리는 감히 "계시"를 "정보"로 환원하려 들지 않는다. 계시는 단지 하나님이 우리에게 보편 역사의 의미와 목적에 대한 정보를 주셨다거나, 혹은 그저 그분 자신에 대해 어떤 것을 말씀하셨다거나, 혹은 심지어 그분이 세상에서 무엇을 하셨는지 우리에게 설명하셨다는 것만 의미하지 않는다. "계시는 실제로 이것이지만, 그보다 훨씬 더 많은 것이기 때문에 그렇다. 우리가 기독교 전통에서 말하는 계시는 정보 전달 이상의 것이다. 그것은 초청장을 주는 것이다. 목적을 펼치는 것 이상의 것, 그렇지 않았다면 하나님의 마음에 감추어졌던 것이 이제 하나님의 계시 행위를 통해 우리에게 알려지는 것이다. 또한 그것은 소환이고, 부르심이고, 초청이다."[76]

---

74 Newbigin, "The Bible: Good News for Secularised People", p. 7. 참고. Newbigin, *Gospel in a Pluralist Society*, p. 99.
75 Lesslie Newbigin, "The Bible and Our Contemporary Mission", *Clergy Review* 69, no. 1 (1984): p. 16.
76 Newbigin, *Proper Confidence*, p. 65.

그러므로 하나님의 목적에 대한 계시는 단지 인격적이기만 하지 않다. 그것은 또한 초청하는 것이다. 그 초청은 삼중적이다. 즉 하나님과 인격적인 관계에 들어가는 것, 세상을 위한 그분의 목적에 참여하는 것, 그리고 이 인격적인 교제와 포괄적인 선교가 실재인 공동체에 합류하는 것이다. "명백히 여기서 우리는 계시를 정보의 전달로 보는 견해로부터 목적을 계시하고 인격적인 관계를 확립하는 것으로 보는 견해로 옮겨 가고 있다."[77] 이것은 특히 뉴비긴이 복음서에서 가장 중요한 두 단어들이라고 언급했던 "나를 따라오라"(막 1:17)에서 나타난다.[78]

우리가 관찰한 성경 이야기의 인격적이고 초청하는 본질에 대한 모든 것이 요한복음 15:15에 아름답게 표현되어 있다. "이제부터는 너희를 종이라 하지 아니하리니, 종은 주인이 하는 것을 알지 못함이라. 너희를 친구라 하였노니, 내가 내 아버지께 들은 것을 다 너희에게 알게 하였음이라." 뉴비긴은 이 구절을 "성경의 권위의 본질에 대한 가장 명확한 암시"라고 부른다.[79] 여기서 우리가 보는 예수는 하나님의 성품과 목적에 대한 가장 완전한 계시를 체현하시는 분이다. 그분은 자신의 작은 제자들 공동체에 아버지와 그분의 목적을 계시하시면서 그들을 불러 자신과 친밀한 교제에 들어가도록 하신다. 그분은 그들을 자신의 친구들이라 부르신다. 그들은 여러 가지 과업을 수

---

77 Lesslie Newbigin, "Revelation", unpublished paper (1936), p. 24.
78 뉴비긴은 "나를 따라오라"는 말을 "예수의 말씀 중 가장 근본적인 것"이며 "가장 중요한 핵심어"라고 말한다(*Gospel in a Pluralist Society*, p. 240). 참고. Newbigin, "How Should We Understand Sacraments and Ministry?" (paper for the Anglican-Reformed International Commission meeting, London, 1983), p. 8.
79 Newbigin, *Proper Confidence*, p. 90.

행하도록 요구받는 종이 아니다. 오히려 그들은 친구인데, 아버지가 하고 계시는 것을 예수께서 그들에게 말씀해 주시기 때문이다. 그들은 거대한 이야기에 대해 귀띔을 받고, 그분이 하시는 일에 참여하도록 벗들의 공동체에 인격적으로 초청을 받았다. 이 초청은 그들을 믿음, 사랑, 순종으로 부른다. 그분과 함께 있어 그분을 알라는, 그분을 친구로 사랑하라는, 그분의 선교에 함께하라는 소환이다.

성경에 나오는 부르심은 인격적인 관계로의 초청이며, 또한 세상을 위한 그분의 포괄적인 목적에 대한 값비싼 참여로의 초청이다. 다른 말로 하면, 그것은 예수를 알고 그분의 나라를 추구하는 것이다. 우리가 예수를 하나님 나라에서 분리하면 한 가지 문제가 발생한다.[80] 뉴비긴은 20세기 교회에서 예수와 하나님 나라가 분리되었다고 믿는다. 복음주의자들은 그들의 복음에서 예수의 인격을 강조했지만, 그분이 선포하신 하나님 나라는 도외시했다. 그렇게 해서 초청은 인격적 관계로 환원되었다. 초교파주의 전통은 하나님 나라 선교의 폭을 강조하면서 그에 따라 사회적·경제적·정치적·문화적 쟁점들에 대한 관여를 강조했다. 그러나 예수의 인격은 도외시했다. 선교는 그저 또 다른 사회 프로그램이나 정치 운동이 되었다. 뉴비긴에게 복음은 예수를 믿고 따르고 사랑하고 순종하라는 초청이고, 이는 그분의 하나님 나라 공동체에 들어가는 것과 그분의 포괄적인 선교에 대한 값비싼 참여를 의미한다.

---

80 Lesslie Newbigin, *Mission in Christ's Way: Bible Studies* (Geneva: WCC Publications, 1987), pp. 7-10.

이런 말들의 배후에는 회심 개념에 대한 뉴비긴의 숙고가 이루어진 오랜 역사가 있다. 이 주제가 선교학 진영들에서 초미의 쟁점이었던 1960년대 동안, 그는 회심의 본질에 주의를 집중했다. 경건주의와 복음주의 전통은 신앙을 통해 하나님을 알게 되는 개인들의 인격적 차원을 강조했다. 초교파주의 전통의 관심은 회심의 사회적 차원들, 즉 공적 광장에서 경제·사회·정치 권력들과 벌이는 값비싼 교전에 있었다. 동방 정교회 전통은 둘 다에 만족하지 못했는데, 교회가 도외시되었기 때문이다. 그들에게 회심은 교회로 통합되는 것을 의미했다. 뉴비긴은 이 세 가지 관심사 모두에 대한 강력한 보증이 성경에 있는 것을 보았다. 그에게 초청은 인격적이다. 우리는 예수를 믿고 사랑하고 따르고 그분과의 관계에 들어가도록, 그리고 그분에게 우리의 충성을 바치도록 부르심을 받는다. 초청은 또한 값비싸다. 우리는 세상을 향한 예수의 선교에 함께하도록, 그분의 나라에 대항해 서 있는 권세들에 도전하는 포괄적이고 값비싼 순종을 나타내도록 소환된다. 마지막으로, 초청은 공동체적이다. 그것은 세례를 받고 공동체에 합류하라는 초청인데, 그 공동체는 예수를 따르면서 그분을 아는 공동체이며, 그분의 선교에 참여하면서 인간 삶의 모든 영역에서 값비싼 순종을 나타내는 공동체다. 이것이 복음 안에서 모든 사람에게 발행된 초청장이다.

성경 이야기의 우주적·공동체적·인격적 논리

우리가 이 장의 전개에서 보는 것은 뉴비긴이 복음과 성경 이야기 자체가 강하게 요구한다고 믿는 내러티브적이고 신학적인 논리, 즉 우주적·공동체적·인격적 논리다. 성경은 인간 외 창조 세계의 맥락에서 인간 삶의 모든 것이 우주적으로 다시 새롭게 되는 이야기를 말한다. 이 우주적인 이야기의 중심에는 이야기의 목적을 구현하도록 부르심을 받은 선택된 공동체가 있다. 모든 사람은 그 공동체에 인격적으로 초청을 받으며, 그 안에서 성경 이야기의 우주적인 구원에 참여하고 또 그 이야기가 알려지는 데 공동체의 일부로 자신들의 역할을 하도록 요청된다. 그리고 성경 이야기에 대한 신실함은 정확히 그 순서에 따라, 즉 우주적·공동체적·인격적 논리의 순서에 따라 움직인다는 것을 의미한다.

중차대한 문제는, 구원을 개인적인 것으로 축소하고 그것을 성경, 구원, 선교를 이해하는 출발점으로 삼을 때 기독교 신앙의 본질 자체가 오해될 수 있다는 점이다.

수많은 기독교 저술이 개인을 구원을 이해하는 출발점으로 삼은 후에 그것을 근거로 사회적·정치적·경제적 삶이라는 폭넓은 쟁점들로 확대하여 추론하는 것과 구별하여, 나는 우리가 성경을 우리의 인도자로 삼아 그 반대 방향으로 진행해야 한다고 제안한다. 즉 인간과 우주의 역사에 대한 유일무이한 해석인 성경으로 시작해서, 그 출발점으로부터 성경이 개인의 삶의 의미에 대해 우리에게 보여 주는 바를 이해하는 것으로 나아가야 한다.[81]

---

81 Newbigin, *Gospel in a Pluralist Society*, p. 128.

분명한 것은, 뉴비긴에게, 우주적인 것으로부터 개인적인 것으로의 이 움직임이 공동체적인 것을 통해 움직인다는 점이다. 뉴비긴이 이런 진술과 이에 선행하는 주장의 논리를 어디에서 제시하는지 주목하는 것은 유익하다. 그의 말은 선교에 대한 장의 도입부에서 나오는데, 거기서 그는 하나님의 백성의 새로운 존재가 복음이 알려지는 주된 방법이라고 주장할 것이다. 이 진술에 선행하면서 맥락을 제공하는 장들이 강조하는 두 가지 핵심은, 성경이 보편 역사의 이야기를 말한다는 것과, 공동체의 선택이 이야기의 중심에 있으며 또 그 이야기를 이해하는 실마리라는 것이다. 뉴비긴의 사고에 있는 논리는 명백하다. 성경은 역사 속 하나님의 능하신 행위에 대한 우주적인 이야기이며, 그 역사의 의미가 그리스도 안에서 드러나고 성취되어 왔다. 내러티브의 중심에는 그 이야기의 목표를 감당하는 선택된 공동체가 있다. 모든 개인은 하나님의 백성의 일부로서, 그 이야기 안에서 자신의 자리를 발견하도록 초청을 받았다. 선교를 바르게 이해하기 위해 우리는 이 성경적 논리를 따라야 한다.

결론

뉴비긴의 선교적 교회론에 접근할 때, 성경을 세상에 대한 참된 이야기로 이해하는 것이 필수적이다. 교회의 본질 자체와 선교가 이것과 불가분하게 연결되어 있다. "교회의 업무는 이야기를 말하고 구현하는 것인데, 그 이야기는 창조와 구속에 있는 하나님의 능하신 행동에 대한 것이며 마지막에 있을 일과 관련한 하나님의 약속들에 대한 것이다. 교회는 이 이야기의 진리를 찬양하고 해석하고 오늘날 세상의 삶에서 행함으로써 확증한다." 선교적 교회는 이것을 세상에서, 즉 사람들의 삶을 깎아내리고 파괴하는 우상숭배적이며 경쟁하는 이야기들이 있는 세상에서 행한다. 성경 이야기는 참되며, 다른 이야기를 통해 세상을 이해한다는 것은 단지 세상을 잘못 이해하는 것에 불과하다. "교회가 확언하는 것은, 교회가 말하고 구현하고 행하는 그 이야기가 참된 이야기이며 다른 것들은 그 이야기와 관련해 평가되어야 한다는 점이다.…[그것은] 모든 인류와 우주의 역사에 대한 참된 해석이고, 다른 방식으로 역사를 이해한다는 것은 역사를 잘못 이해하는 것이며, 따라서 현재의 인간 상황을 잘못 이해하는 것이다."[82] 교회의 선교적 본질은 "하나님이 교회에 이 이야기를 맡기셨으며 그 이야기를 말할 다른 집단은 없다"는 사실에서 발견된다.[83] 교회가 예수를 중심으로 한 이 이야기를 성육신하고 알릴 때, 교회는 모든 사람을 초청해 언젠가 땅을 가득 채울 새로운 인류에 참여함으로써 인간 존재의 참된 의미로 돌아오게 하는 것이다. 교회의 선교는 모든 사람을 향한 소환장으로서, "믿고 행함으로써, 구체적으로는 건축자이신 분을 섬기는 일에 이미 헌신한 공동체의 일부가 됨으로써, 부르심의 말씀에 응답하라는 것"이다.[84]

---

82 Newbigin, *Proper Confidence*, pp. 76-77.
83 Newbigin, *Proper Confidence*, p. 78.
84 Newbigin, *Proper Confidence*, p. 66.

2

하나님 나라의 좋은 소식과 선교적 교회

레슬리 뉴비긴의 선교적 교회론을 이해하기 위한 우리의 출발점은 예수 그리스도의 복음이다.[1] 그런데 복음이란 무엇인가? 그 질문에 대한 우리의 대답은 언제나 우리가 예수 그리스도의 삶·죽음·부활이라는 중심 사건들을 두는 맥락의 측면에서 주어질 것이다. 그런 더 넓은 맥락이 그 사건들에 의미를 부여한다. 종종 더 큰 맥락은 의식적인 숙고도 거의 없이 가정된다. 예를 들어, 때때로 복음은 구원에 대한 개인적인 증언의 맥락에, 혹은 개인의 죄, 대속자 그리스도, 신앙의 필요성의 논리를 따라 제시되는 복음 전도의 맥락에 놓인다. 그렇게 되면 그리스도 사건은 그저 개인 구원을 위한 수단을 의미할 뿐이다. 다른 경우에 그리스도의 사역은 조직 신학의 맥락에서 이해되는데, 보통 (개인적으로 다루어지는) 죄와 (개인들에게 적용되는 그리스도의 혜택으로 다루어지는) 구원 사이에 있다. 다시 이 경우에 그리스도의 사역은 개인 구원의 문제다. 뉴비긴은 여기에 어느 정도의 진리가 있음을 의심하지는 않을 것이다. 그러나 그는 이것이 복음을 지나치게 단순화하는 견해라고 주장할 것이다. 그 성경적 맥락에서 뿌리가 뽑

---

1 Lesslie Newbigin, *Proper Confidence: Faith, Doubt, and Certainty in Christian Discipleship* (Grand Rapids: Eerdmans, 1995), pp. 96, 100.

혀 다른 곳에 심긴 것이다.

뉴비긴이 보기에, 복음은 무엇보다도 성경에 서술된 우주 역사의 배경에 놓여야 한다. 성경 이야기의 본질을 이해하는 것은 우리를 '복음이란 무엇인가?'라는 질문에 더 신중하게 대답하는 자리에 둔다. 성경은 역사 속 하나님의 능하신 행위를 전하는 통일된 이야기로, 우주적인 갱신이라는 궁극적인 목표를 향해 움직인다. 복음은 이 이야기의 중심에 서 있다. "하나님의 복음은 구약성경과 신약성경 둘 다에 관심을 기울이는 것으로⋯만물의 시작과 끝을 언급하며, 따라서 일어나는 모든 일의 실제 의미를 언급한다."[2] 이것에 비추어 우리는 뉴비긴이 이해하는 하나님 나라의 좋은 소식에 대한 예비적인 정의를 다음과 같이 제시할 수 있다. 좋은 소식은 보편 역사의 종말에 대한 완전한 계시와 최종적인 성취—온 창조 세계와 모든 인간의 삶이 하나님 나라에서 포괄적으로 회복되는 것—의 메시지로서, 예수 그리스도 안에서 그리고 성령의 능력으로 역사 가운데 존재하고 또 다가온다. 이 장에서 우리는 복음에 대한 이 풍성한 정의와 그것이 선교적 교회론에 대해 가지는 의의를 풀어놓을 것이다.

예수와 하나님 나라의 좋은 소식

누구라도 복음을 정의하고자 한다면 어디에서 시작할지 결정해야

---

[2] Lesslie Newbigin, *Trinitarian Doctrine for Today's Mission* (1963; repr., Carlisle, UK: Paternoster, 1998), p. 26.

한다.³ 뉴비긴은 복음에 대한 그의 다양한 논의에서 거의 항상 같은 곳에서 시작하는데, 즉 공적 사역을 시작하시면서 예수께서 하나님 나라에 대해 처음 선포하신 곳이다. "예수께서 갈릴리에 오셔서 하나님의 복음을 전파하여 이르시되 '때가 찼고 하나님의 나라가 가까이 왔으니 회개하고 복음을 믿으라' 하시더라"(막 1:14-15). 좋은 소식은 하나님 나라가 도래했다는 선언이다. "예수의 입술에서 이루어진 원래의 복음 선포는, 정확히는 하나님 나라의 도래에 대한 선언이다."⁴ 하나님 나라란 무엇인가? 그 질문에 대답하기 위해 우리는 먼저 구약성경 이야기의 배경을 보아야 한다. 구약성경은 **무엇**이 성취되고 있는지 우리에게 알려줄 것이다. 그러고 나서 우리는 더 나아가 신약성경의 증언을 들여다보아야 한다. 신약성경은 그것이 **어떻게** 성취되고 있는지 우리에게 알려줄 것이다.⁵ 그것들을 하나로 묶어 보면, 하나님 나라가 무엇이며 어떻게 예수 안에서 성취되고 있는지 우리가 이해하게 될 것이다.

---

3   예를 들어, 그렉 길버트(Greg Gilbert)는 *What Is the Gospel?* (Wheaton: Crossway, 2010)에서 (다소 선택적으로 읽는) 로마서 1-4장으로 시작한다. 『복음이란 무엇인가』 (부흥과개혁사). 스캇 맥나이트(Scot McKnight)는 *The King Jesus Gospel: The Original Good News Revisited* (Grand Rapids: Zondervan, 2016)에서 고린도전서 15장 1-9절로 시작한다. 그들의 출발점은 그들이 복음의 내용을 표현하는 데 영향을 끼친다. 『예수 왕의 복음』(새물결플러스).
4   Lesslie Newbigin, *The Good Shepherd: Meditations on Christian Ministry in Today's World* (Grand Rapids: Eerdmans, 1977), p. 67.
5   Lesslie Newbigin, *A Faith for This One World?* (London: SCM, 1961), pp. 60-61.

구약성경 이야기를 돌아보기

구약성경은 구속사적 이야기다. 이 이야기는 죄로부터 세상을 치유하는 것과 만물에 대한 하나님의 주권적인 통치를 회복되는 것으로 나아가는, 하나님의 능하신 행위를 말한다. 하나님 나라의 선포 뒤에는 이처럼 "우주적인 갱신 혹은 회복에 대한 구약성경의 믿음"이 있다. 예수께서 구약성경의 구속사 이야기 속으로 들어가셔서 "히브리인들의 이 예언자적·묵시적 소망을 진척시키시는데, 그 소망은 다윗 왕국의 회복에 대한 열렬하지만 소박한 소망으로부터 시작해서 온 세상에 대한 하나님의 합법적 주권이 회복되는 것과 관련한 자라나는 소망으로 이어지는 것이다."[6] 예수께서 지금 자신 안에서 우주적인 갱신이 역사의 한가운데로 침투해 들어오고 있음을 선언하신다. "복음에 대한 가장 초기의 그리고 가장 단순한 진술은 이것이다. '때가 찼고 하나님의 나라가 가까이 왔으니.'…복음은 역사 속 일련의 사건들에 대한 선포이고—그 시작부터—인류 역사와 모든 개인에게 결정적인 것이라고 선포되어 왔다."[7] 예수 안에서 하나님은 자신이 위하여 일해 오셨던 목적을 단호하게 그리고 결정적으로 성취하신다.

구약성경은, 종말(End)로서의 우주적인 갱신이 있는 보편 역사다.[8]

---

6 Lesslie Newbigin, *Signs amid the Rubble: The Purposes of God in Human History*, ed. Geoffrey Wainwright (Grand Rapids: Eerdmans, 2003), p. 28.

7 Lesslie Newbigin, "The Duty and Authority of the Church to Preach the Gospel", in *The Church's Witness to God's Design*, ed. Lesslie Newbigin and Hendrik Kraemer, Amsterdam Assembly Series 2 (New York: Harper Brothers, 1948), p. 23.

8 뉴비긴은 때때로 "End"를 대문자로 시작해서 종말(eschaton)을 언급하는 전문 용어로 사용하는데, 나는 내 논의에서 그 관행을 따를 것이다. 참고. 예를 들어, Lesslie Newbigin, *The Reunion of the Church: A Defence of the South India Scheme* (London: SCM,

좋은 소식은 종말이 도래했다는 선언이다. 그러므로 복음은 근본적으로 종말론적 메시지다.[9] 종말론은 단지 연대순으로 가장 마지막에 오는 일에 대한 것이 아니라, 모든 역사가 향하여 움직이는 궁극적인 목표에 대한 것이다. 복음은 예수 안에 존재하는 이 역사의 목표에 대한 선언이다.

보편 역사의 끝은 창조 세계와 인간의 삶에 의미를 부여한다. 인간이라는 것은 삶에 의미를 주는 어떤 이야기 속에 산다는 것이다. 문제는, 우리가 역사의 중간에 있는 동안은 그 종말을 아는 것이 불가능하다는 점이다. 역사를 다스리시는 분이 그것을 우리에게 계시하시지 않는다면 말이다. 사람은 자신이 그 끝에 이르지 않는 한 역사의 의미를, 혹은 과연 의미라는 것이 있는지조차 알 수 없다. "어떻게 우리는 이야기 전체의 의미를 아는가? 여전히 한가운데 있으면서 우리는 어떻게 이야기의 의미를 아는가?"[10] 오직 그 이야기의 저자이신 역사의 주님이, 우리가 여전히 한가운데 있는 동안에도, 우리에게 그 비밀을 알리신 경우에만 가능하다. 그리고 바로 그것이 실제로 일어난 일이다. 저자가 우리에게 비밀을 알리셨다! "복음은 세계 역사

    1948), p. 73; Lesslie Newbigin, *The Household of God: Lectures on the Nature of the Church* (New York: Friendship Press, 1954), p. 19.

9 뉴비긴의 선교에 대한 견해에 종말론이 중요함을 명료하게 표현한 것을 다음에서 보라. Jürgen Schuster, *Christian Mission in Eschatological Perspective: Lesslie Newbigin's Contribution* (Nürnberg: VTR Publications, 2009).

10 Lesslie Newbigin, "The Bible: Good News for Secularised People" (keynote address, Europe and Middle East Regional Conference, Eisenach, Germany, April 1991), Newbigin Archives, University of Birmingham, p. 6.

의 끝에 대한 선포다."[11] 보편 역사의 목표는 예수 그리스도의 인격과 사역에서 온전히 계시되었다. "기독교 신앙은 이야기의 핵심이 밝혀졌다고, 즉 '끝'이 한가운데서 드러났다고 믿는 신앙이다."[12]

뉴비긴은 자신의 주장을 입증하기 위해 주의를 환기하는 예화를 사용한다. 그는 길을 따라 걸어가다가 건설 현장을 보는 것을 상상해 보라고 한다. 어떤 종류의 건물이 세워지고 있는가? 사무실인가? 주택인가? 예배당인가? 이 궁금증을 해결하는 데는 오직 두 가지 방법만 있다. 건축이 끝날 때까지 기다리거나, 아니면 그것을 짓고 있는 건축가에게 물어보는 것이다. 그런 다음에 우리는 그의 말을 믿어야만 한다. 이와 유사하게, 우주 역사의 의미를 아는 유일한 방법은 끝까지 기다리든지—이는 우리가 활용할 수 없는 선택지다—아니면 그 목적의 주체이신 분의 계시를 신뢰하는 것이다. "우리가 그 목적을 알 수 있는 유일한 방법은 그 목적의 주체이신 분의 드러내심을 통해서다. 그것은 우리가 신뢰하며 받아들여야 할 드러내심이다."[13] 우주 역사의 저자이자 건축가이신 분은 자신의 목적을 드러내셨다. 그리고 그분은 이를 단지 정보나 말이나 약속으로 하시지 않고, 오히려 예수의 삶·죽음·부활로 하셨다. 예수 안에서, 온 창조 세계를 위한 하나님의 목적이 계시되었다.

11　Lesslie Newbigin, "The Life and Mission of the Church", in *We Were Brought Together*, ed. David M. Taylor (Sydney: Australian Council for the World Council of Churches, 1960), p. 61.
12　Lesslie Newbigin, *A Word in Season: Perspectives on Christian World Missions* (Grand Rapids: Eerdmans, 1994), p. 110.
13　Newbigin, *Proper Confidence*, pp. 57-58.

두 가지 단어가 복음의 종말론적 본질을 이해하는 데 핵심인데, 바로 "계시하다"와 "성취하다"다. 예수 안에서, 하나님은 역사의 끝을 계시하시고 또 성취하신다. "세상을 위한 하나님의 목적은 그분의 아들을 보내심으로 성취된다.…예수께서 굳이 아버지의 보냄을 받으신 것은 그분의 통치를 계시하고 확고히 하기 위함이다."[14] 예수께서 자신의 삶·죽음·부활에서 하나님 나라의 본질 자체를 드러내시고 계시하신다. 그분은 우리에게 그것이 어떤 것인지, 그 마지막 날에 무슨 일이 일어날지 보여 주신다. 우리는 예수 안에서 앞으로 있을 구경거리를 미리 본다. 아직 오지 않은 미래 세상을 들여다보는 창문을 받는 것이다. 치유에서 우리는 새 창조에는 어떤 질병도 없다는 것을 본다. 귀신을 쫓아내시는 것에서 우리는 사탄이 새 창조에서 쫓겨날 것을 본다. 바다를 잠잠하게 하신 것에서 우리는 인간 외 피조물에게서 저주가 거두어지는 것을 본다. 예수 안에서 우리는 역사와 인간의 삶을 규정하는 목표를 알게 된다. 그러나 그분은 단지 그것을 우리에게 계시하시는 것보다 더 많은 일을 하신다. 그분은 또한 역사 한가운데서 하나님의 통치를 성취하시고 확립하신다. "복음은 성취된 구속을 선포한다."[15] 그것은 지금 세상에 존재하며, 그것의 도래로 우리는 언젠가 그것이 온전히 올 것을 확신한다. 새 창조는 단지 약속이 아니다. 그것은 성취되었다. 그것은 지금 여기에 있으며, 틀림없이 올 것이다. 예수는 "그 이야기의 가장 중심에, 자신 안에서 하나님

---

14 Lesslie Newbigin, "The Life and Mission of the Church", in *The Life and Mission of the Church*, ed. C. I. Itty (Bangalore, India: Student Christian Movement of India, 1958), p. 6.
15 Newbigin, "Duty and Authority", p. 31.

의 목적이 결정적으로 이루어짐으로써 결정적으로 계시된 분[으로]" 계신다.[16] 이 두 가지 단어, "계시하다"와 "성취하다"는 하나님 나라의 좋은 소식을 보도록 돕는 렌즈를 제공한다.[17]

앞으로 나아가 신약성경의 증언을 살펴보기

우리가 신약성경의 증언을 볼 때 즉시 명백하게 드러나는 것은, 역사가 끝나지 않았다는 점이다. 종말이 이 중간에 존재하지만, 분명히 온전함에 이르지 못했다. 하나님 나라의 우주적인 갱신은 현재와 미래 모두의 실재다. 그것은 어떤 식으로든 지금 존재하나 아직 완성되지 않은 것이다. "하나님 나라는 현재와 미래 모두다. 그것이 현재라는 것은, 예수의 사역 전체를 통해 우리에게 지금 여기서 그 은혜와 평화의 맛보기, 첫 열매, 보증(arrabon)이 주어진다는 데 있다. 그것이 미래라는 것은, 우리의 삶이 부분을 이루는 이야기, 즉 창조와 인류 가족의 이야기가…실제 목표, 실제 사건을 향한 움직임이라는 데 있다. 어떤 것이 성취되었음이 명백하게 될 목표와 사건을 향해서 말이다."[18]

보편 역사의 목표인 하나님 나라가 도래해서 지금 현존한다는 것은 무엇을 의미하는가? 창조 세계를 치유할 하나님의 능력이 예수 그리스도의 인격 안에서, 성령의 사역을 통해 역사에 들어섰다는 것

---

16 Lesslie Newbigin, "The Bible: Good News for Secularised People", p. 6.
17 하나님의 목적은 예수 그리스도라는 역사적 사건에서 "계시되었고 이루어졌다." 참고. Lesslie Newbigin, *The Open Secret: An Introduction to the Theology of Mission*, rev. ed. (Grand Rapids: Eerdmans, 1995), p. 177.
18 Lesslie Newbigin, "The Kingdom of God and Our Hopes for the Future", in *The Kingdom of God and Human Society*, ed. R. S. Barbour (Edinburgh: T&T Clark, 1993), p. 12.

을 의미한다. 예수 안에 새로운 능력이 현존한다. 마침내 언젠가는 창조 세계를 종합할, 다가오는 시대의 능력이다.

신약성경의 중심 선포는 그리스도 안에서 새 시대가 이미 시작되었다는 것이다. 가장 첫 번째 복음 선포의 말씀에 따르면, "하나님의 나라가 가까이 왔"다. 그리스도 안에서 새 시대의 능력이 작동중이다. 하늘의 영역이 땅의 영역과 접촉하고, 하나님의 통치는 예수를 통해 세상에서 실질적으로 실행되고 있다. 그분을 받아들이는 사람들은 그 나라의 능력이 작동하는 영역으로 들어온다. 그들은 실제로 현시대로부터 나와 다가올 새 시대로 옮겨진 것이라고 말할 수 있다. 새 시대는 더 이상 머나먼 미래의 어떤 것이 아니다. 그것은 이미 예기적으로 현존한다. 그리스도인들은 이미, 말씀에 기록된 것처럼, 다가올 시대의 능력을 맛보았다.[19]

하나님 나라의 권세가 도래하는 것에 대해 두 가지가 더 언급될 수 있다(또한 우리는 이 둘에 대해 이후에 더 상세하게 다룰 것이다). 첫째, 새로운 능력은 성령의 사역이다. 성령은 옛 세상의 한가운데로 하나님 나라의 새로운 세상을 가져오신다. 둘째, 맛보기·보증·첫 열매의 이미지는 어떻게 하나님 나라가 현존하면서도 여전히 미래에 실현될 수 있는지에 대한 어떤 것을 포착한다. 뉴비긴은 이 이미지를 성령과 교회 모두에 대해 사용한다.

---

19 Newbigin, *Signs amid the Rubbles*, p. 27.

하나님 나라가 현재이며 또한 미래라고 말하는 것은 분명히 새롭지 않으며, 예수의 종말론적 메시지에 대한 주류 신약 학계의 견해에 잘 들어맞는다. 문제는 하나님 나라가 현재이며 또한 미래라고 말하는 것이 정확히 무엇을 의미하는가 하는 것이다. 뉴비긴 특유의 대답은, 하나님 나라가 현재에는 숨겨져 있지만 미래에는 분명히 드러난다는 것이다. 이것은 "불완전한 것과 완전한 것 사이의 차이가 아니라, 숨겨진 것과 분명히 드러난 것 사이의 차이다."[20] 현재에는 그것이 숨겨지고 가려져 있다. 그것은 회심하지 않은 사람들의 육안에 명백히 보이는 능력과 분명한 승리의 실증이 아니다. 하나님 나라가 여기에 부분적으로 존재하면서 더 온전한 도래를 기다리고 있다는 문제가 아니다. 오히려 하나님 나라가 약함과 고난의 방식으로 온다는 의미에서, 감추어져 있는 것이다.

이것은 하나님 나라와 역사의 관계를 이해하는 렌즈를 우리에게 제공한다. 그 관계는 전적인 연속성도, 전적인 불연속성도 아니다. 하나님 나라는 단순히 미래가 아니기에 현재 역사와 무관하지 않다. 그렇다고 그 나라가 역사로 함몰되어서 역사가 하나님 나라의 순조롭고 점진적이고 완만한 도래가 되는 것도 아니다. 하나님 나라의 현존은 그 나라를 대적하는 권세들과 직면하면서 위기와 갈등을 불러일으킨다. 따라서 역사는 하나님 나라의 권세와 이 세상의 권세 사이에 있는 갈등과 충돌이라는 특징을 갖는다. 이 사실이 하나님 나라의

20　Lesslie Newbigin, *The Gospel in a Pluralist Society* (Grand Rapids: Eerdmans, 1989), p. 105.

편에 서는 이들에게 고난을 초래한다.

뉴비긴은 현재에서 일어나는 하나님 나라의 도래에 대해 두 가지 역설적인 사실을 긍정하는 것으로 보인다. 한편으로, 다가올 시대의 능력은 역사 속으로 침입했다. 하나님의 능력이 치유하시고 다시 새롭게 하시는 일은 성령의 사역에서 현존하며 지금 세상 속에서 작용하고 있다. 다른 한편으로, 하나님 나라는 약함과 고난 속에서 도래한다. 능력과 약함, 이 둘은 긴장 속에 있는 것으로 보인다. 이에 대해 뉴비긴은 그것이 바로 그리스도가 다시 오실 때까지 하나님 나라가 갖는 "이중적 성격"이라고 대답한다.[21] 인간 삶의 모든 것을 치유하시고 다시 새롭게 하시는 하나님의 능력은 지금 현존하고, 따라서 우리는 예수의 사역과 이 회복의 징표인 교회에서 하나님의 능하신 일을 본다. 그러나 하나님 나라의 도래는 총체적인 구원이므로, 다른 한편으로, 우리는 권세들 사이의 갈등을 본다. 하나님 나라의 권세와 현시대의 권세 사이의 반립적 직면이 필연적으로 벌어진다. 그때 예수와 교회의 선교는 고난의 길에 있다. 그리스도가 다시 오실 때 비로소 하나님 나라의 승리가 분명히 드러날 것이다. 그러나 그날이 오기까지 하나님 나라는 이중적 성격을 특징으로 갖는데, 즉 능력과 약함, 승리와 패배, 능한 사역과 고난, 믿음과 소망이다. 둘 다 예수의 선교에서 분명히 드러난다. 만약 둘 중 하나를 잃는다면, 교회의 선교는 승리주의적 행동주의나 패배주의적 수용주의에 의해 왜곡될 것이다.

---

21 Newbigin, *Gospel in a Pluralist Society*, p. 107.

우리는 숨겨진 것이 모든 눈이 보도록 드러나고 완전히 나타날 때 있을 하나님 나라의 궁극적인 도래를 기다린다. 하지만 왜 하나님의 권세의 최종적인 승리와 드러남은 미루어져 있는가? 뉴비긴은 항상 같은 방식으로 답한다. 이 간극의 정확한 의미가 민족들을 향한 선교라는 것이다.²²

온 세상을 위해 이루어진 일은 온 세상에 알려져야 하며, 그리하여 온 세상이 복음에 복종하고 그 세상을 위해 하나님이 행하신 구원 속에서 치유되도록 해야 한다. 바로 이것 때문에 마지막이 미루어져 있다. 그 마지막은 단번에 계시되었다. 이제 모두가 믿도록 모두에게 알려져야 한다. 세상에 대한 결정적 승리가 쟁취되었다. 이제 적의 저항군의 남은 중심들이 파괴되어야 한다. 그것이 우리에게 여전히 주어진 시간의 의미다. 모든 사람과 모든 민족을 믿음의 순종으로 이끌기 위한 시간이다. 이것이 바로 마지막이 미루어진 목적이다.²³

하나님 나라의 바로 이런 숨겨지고 가려진 본질이 사람들에게 좋은 소식을 듣고 회개하고 회심하게 한다. 만약 하나님 나라가 그 놀라운 능력 가운데 명백히 드러났다면, 역사는 그 목표에 도달한 것이다. 더 이상 회개할 수 있는 여지는 없게 될 것이다. "하나님 나라의 영광이 그 모든 두려운 위엄 속에서 드러나면, 예수께서 요구하셨던

22　Newbigin, *Gospel in a Pluralist Society*, p. 106.
23　Newbigin, *Household of God*, pp. 157-158.

믿음을 거저 받아들일 여지는 더 이상 없게 될 것이다. 오직 그 영광이 성육신의 미천함 속에 가려져 있을 때만 거저 주어진 회개와 믿음을 권할 수 있다."²⁴ 그러므로 예수께서 그분의 삶과 행위 속에서 하나님 나라를 드러내시고, 그 나라가 임하기를 기도하시고, 청중을 그 능력의 작동 영역 안으로 들어오도록 초청하시면서 그 나라를 선포하신다. 그리고 교회는 예수의 길을 따른다.

하나님 나라는 예수의 인격과 사역 가운데 임한다

좋은 소식은, 역사의 한가운데로 뛰어드는 종말에 있는 창조 세계의 회복에 대한 것이다. 그 회복은 예수를 통해 그리고 성령에 의해 역사 안으로 들어온다. 하나님 나라는 예수 그리스도 안에 있는 구속적 사건들의 연속—그분의 삶·죽음·부활·승천—과 그분의 선물인 성령을 통해 온다. 종종 뉴비긴은 이 모든 사건을 함께 묶어서 다양한 방식으로, 즉 "그리스도 사건", "그리스도의 전체 사실", 또는 "그리스도의 전체 사건"으로 언급한다.²⁵ 이것으로 그는 성육신으로부터 오순절까지 이르는 그리스도의 전 인격과 사역이 하나의 통합된 구원 사건으로, 그 안에서 각 개별 순간이 전체에서 필수적이고 유의미한 자리를 갖는다는 점을 분명히 하려 한다. 각각은 하나님 나라에 대한 유일한 계시와 성취의 부분으로서 독특하게 중요하다.

이 마지막 진술이 중요하다. 우리가 예수의 인격과 행위—그분의

---

24 Newbigin, *Gospel in a Pluralist Society*, p. 108; 참고. Newbigin, *Household of God*, p. 126.
25 Newbigin, *Faith for This One World?*, p. 57.

사역, 죽음, 부활, 승천, 성령의 선물—의 어떤 측면을 고려할 때, 그것들을 성경 이야기로부터 분리해서는 안 된다. 성경은 우주적인 구원이 올 것에 대해 서술하며, 복음의 메시지는 그것이 예수 안에서 도래했다는 것이다. 질문은, 그리스도 사건에 있는 이 역사적 순간들 각각이 하나님 나라의 도래를 위해 어떤 의미가 있는가 하는 것이다.

예수의 삶과 사역

첫째, 하나님 나라는 예수의 삶과 사역 가운데 도래한다. 예수의 사역이 시작될 때 그분 위에 성령이 부어진다. 성령은 종말론적 선물로서, 선지자들에 의해 마지막 날들을 위해 약속된 것이다.[26] 만약 성령이 임재한다면, 마지막 날들 또는 하나님 나라가 예수 안에서 시작된 것이다. "그러나 내가 하나님의 성령을 힘입어 귀신을 쫓아내는 것이면 하나님의 나라가 이미 너희에게 임하였느니라"(마 12:28). 예수께서 그분의 하나님 나라 사역을 성령의 능력 안에서 수행하신다. 이 사역은 삼중의 방식으로 수행된다. 즉 예수께서 그분의 삶 안에서 하나님 나라의 임재를 구현하시며, 예수께서 오는 시대의 본질 자체를 보는 창문인 하나님 나라의 능한 일들—치유와 구제의 일들—을 행하시며, 그리고 예수께서 하나님 나라를 선포하시고 자신의 말씀으로 그에 대해 가르치신다.[27] 이 사역은 하나님 나라가 언젠가 온전히

26　Lesslie Newbigin, *The Holy Spirit and the Church* (Madras: Christian Literature Society, 1972), p. 4. 여러 곳에서 그는 종말론적 성령과 예수를 연결하기 위해 누가복음 4장 18절을 인용한다(예를 들어, Newbigin, *Faith for This One World?*, p. 85).

27　Lesslie Newbigin, "Holy Spirit: The Believers Strike Oil", *Reform*, May 1990, p. 6. 뉴비긴

나타날 것에 대한 기도의 삶 가운데 수행되며, 그날이 오기까지 그분은 사람들의 눈이 하나님 나라를 향해 열리고 믿게 되기를 기도하신다. 그러나 예수의 사역은 승리하는 능력 가운데 수행되지 않는다. 오히려 하나님 나라는 그분이 모든 악의 힘을 스스로 감당하심에 따라, 겉으로 보기에 약함과 고난 가운데 온다.

예수의 죽음과 부활

둘째, 하나님 나라는 예수의 십자가 죽음과 그분의 부활 가운데 도래한다. 이 두 가지 사건은 우주 역사에 의미와 방향을 부여하는 중심점이자 전환점으로서 나란히 서 있다.[28] "인간의 역사이자 자연의 역사인 역사의 중심에는 중추이며 중대한 단 한 번의 사건이 있는데, 바로 예수의 죽음과 부활이다. 이 사건에 의해 인간의 상황은 비가역적으로 변화했다."[29] 이 두 사건은 보편 역사의 경첩을 형성한다. 예수의 죽음에 옛 것의 끝이 있고, 부활에 새로운 것의 시작이 있다. 예수의 십자가 처형에서 하나님은 죄와 죽음에 대한, 그리고 창조 세계를 부패시키고 노예로 만든 모든 것에 대한 승리를 성취하신다. 예수의 부활에서, 언젠가 세상을 가득 채울 새 창조가 시작된다. 예수의 죽음과 부활은 우주적인 사건이다.

성경은 십자가라는 결정적이고 우주적인 사건을 묘사하기 위해

이 자신의 노트에 직접 적은 제목은 "성령: 영광의 담보"(Holy Spirit: Pledge of Glory)다.
28 Lesslie Newbigin, "This Is the Turning Point in History", *Reform*, April 1990, p. 4.
29 Lesslie Newbigin, "Bible Studies Given at the National Christian Council Triennial Assembly, Shillong", *National Council Review* 88 (1968): pp. 9-10.

우리에게 많은 이미지를 제공한다.

지난 세기들 동안, 최초의 증인으로부터 오늘날까지 교회는 모든 우주 역사의 중심이자 위기, 모든 일이 결정되는 경첩인 그 사건의 표현할 수 없는 신비를 표현하기 위해 수많은 상징을 추구하고 사용해 왔다. 우리의 죄를 위해 바쳐진 희생 제물이신 그리스도, 우리의 자리에 우리를 대신해 서신 그리스도, 우리의 구속을 위해 지불된 속전이신 그리스도, 세상의 임금을 몰아내는 정복자이신 그리스도 - 이런 저런 상징들이 그 신비의 중심을 가리키기 위해 사용되어 왔다. 어떤 것도 그것을 온전히 표현할 수는 없다. 그 가운데 하나님의 통치가 임재하는 일이 일어난다.[30]

여러 차례에 걸쳐 뉴비긴은 십자가를 다섯 가지 이미지로 명료하게 표현한다. 예수의 죽음은 세상에 대한 하나님의 사랑의 계시, 세상의 죄에 대한 심판, 세상을 구원하기 위한 값을 치르는 속전, 세상의 죄를 스스로 지는 희생 제물, 그리고 세상을 다스리는 죄와 악에 대한 승리다.[31] 그런데 십자가에 대한 뉴비긴의 논의들을 살펴보면, 두 가지 이미지가 가장 두드러지게 나타난다. 그리고 둘 다 선교적 교회를 위한 함의가 있다.

첫 번째 이미지는 승리의 이미지다. "그곳 갈보리에서 하나님 나

---

30 Newbigin, *Open Secret*, p. 50.
31 Lesslie Newbigin, *Sin and Salvation* (Philadelphia: Westminster, 1956), pp. 70-90; Newbigin, "This Is the Turning Point", p. 4.

라, 즉 하나님의 왕적 다스리심이 그것을 부정하는 모든 권세에 대해 결정적인 승리를 거두셨다.…십자가는 부활에 의해 반전된 패배가 아니다. 십자가는 (선택된 증인들에게) 부활에 의해 선포된 승리다."[32] 그 승리는 확실하지만 명백하지는 않다. 그리고 바로 여기서 우리는 역설적인 십자가의 본질을 본다. 즉 패배처럼 보이는 것에 궁극적인 하나님의 승리가 있다는 것이다. "하나님의 통치라는 계시된 신비의 중심은 십자가다. 거기 하나님의 능력이 계시되지만, 약함으로 계시된다. 하나님의 영광이 계시되지만, 굴욕으로 계시된다. 하나님의 승리가 계시되지만, 패배로 계시된다."[33] 교회는 이 승리에 참여하지만, 또한 십자가 형태인 예수의 선교의 본질에도 참여한다.

십자가의 두 번째 이미지는, 온 창조 세계의 운명을 짊어지는 대표 인간의 원형적 이미지다. 예수의 죽음은 악에 의해 지배되었던 옛 시대의 끝이다. 예수의 부활에서 새 창조가 막을 열었다. 예수께서 온 창조 세계의 운명을 짊어지시기 때문에, 이 패턴은 온 우주에, 교회와 그 선교에, 각 개인에게 적용된다. 이런 죽음-그리고-부활의 패턴은 역사의 세 단계로 펼쳐진다. 첫째, 예수의 실제 죽음과 부활에서 악이 처리되고 새 창조가 시작된다. 그러고 나서 교회는 새 창조의 부활 생명에 참여하고, 악과 벌이는 투쟁 가운데 있는 고난을 통해 그것을 알리면서 그 패턴을 공유한다.[34] 결국 언젠가는 온 우주

---

32 Lesslie Newbigin, *Mission in Christ's Way: Bible Studies* (Geneva: WCC Publications, 1987), p. 6.
33 Newbigin, *Good Shepherd*, pp. 64-65.
34 Newbigin, *Gospel in a Pluralist Society*, p. 107.

가 십자가에서 성취된 심판에, 그리고 부활에서 시작된 갱신에 함께 할 것이다.[35]

예수의 승천

뉴비긴에게 하나님 나라가 도래하는 세 번째 방식은 예수의 승천에 있다. 뉴비긴은 승천을 다른 사건들보다는 덜 언급한다. 그러나 그것이 가리키는 실재-만물에 대한 그리스도의 주권적인 통치-는 그리스도 사건에 대한 그의 이해에 중심이 된다. 부활이 의미하는 것은, 그리스도가 만물의 주-"만물의 통치자와 권세"[36]-로 왕위에 오르신 새로운 세상이 시작되었다는 점이다. 하나님의 오른편이라는 이미지는 새로운 세상이 시작되는 것에 해당하는 그림, 즉 온 창조 세계에 대한 예수 그리스도의 주되심을 제시한다. 뉴비긴은 시편 110:1을 가리키는데, 신약성경에서 22회 인용된 본문이다. "여호와께서 내 주에게 말씀하시기를, '내가 네 원수들로 네 발판이 되게 하기까지 너는 내 오른쪽에 앉아 있으라' 하셨도다." 이 본문은 예수의 승천과 승귀에 의해 성취된 것으로서, 바로 교회가 살아가는 구속사적 시간을 표현한다. 한편으로, 예수께서 정당성이 입증되었으며 승귀하셨다. 그분은 하나님의 우편에 계시면서 온 창조 세계를 다스리시고, 언젠가는 이 포괄적인 통치가 완성에 이를 것이다. 이것이 선

---

35 Newbigin, "Bible Studies"; Lesslie Newbigin, "The Bible Study Lectures", in *Digest of the Proceedings of the Ninth Meeting of the Consultation on Church Union (COCU)*, ed. Paul A. Crow (Princeton: COCU, 1970).
36 Newbigin, *Faith for This One World?*, p. 99.

포되어야 할 좋은 소식, 즉 그리스도가 지금 주님이시며 언젠가 만물의 주님이며 통치자로서 온전히 드러나실 것이라는 소식이다. 다른 한편으로, 그것은 숨겨진 권세다. 이 세상의 권세들은 이런 하나님의 포괄적인 통치에 계속해서 저항한다. 이는 시대들 사이의 시간이 궁극적인 전투를 특징으로 갖는다는 것을 의미하는데, 그 전투에서 교회는 그리스도의 권세에 복종하고 그분의 승리를 선포한다.[37] 그러나 그리스도의 통치의 숨겨진 본질은, 좋은 소식이 선포되고 사람들이 회개하여 그리스도의 통치를 인정할 수 있는 공간을 열어 준다. "하나님 나라의 온전한 계시는 그것에 반대되는 모든 것의 제거를 의미해야 하며, 하나님은 그분의 긍휼 가운데 그 최종적 계시를 보류하셔서 사람들이 회개하고 믿을 수 있게 하신다. 그리스도가 영광 가운데 오시는 그날까지, 그분의 통치는 보는 것으로가 아니라 믿음으로, 온전한 누림이 아니라 맛보기로, 완전한 드러남이 아니라 그 자신을 넘어 자신보다 더 큰 현실을 가리키는 징표들로 알려진다."[38]

하나님 나라는 성령의 사역 가운데 임한다

하나님 나라는 단지 예수 안에서만 아니라 또한 성령의 사역에 의해 임한다. 많은 신학 저작에서 성령은 그리스도의 사역을 개인들에게 적용하는 존재로 한정된다. 종종 예수의 사역과 성령의 사역 모두에서 그것들이 성경 안에서 가진 종말론적이고 공동체적인 맥락이 제

---

37 Newbigin, *Household of God*, pp. 158-159.
38 Newbigin, *Household of God*, p. 126.

거된다. 성령에 대한 뉴비긴의 견해를 바르게 이해하려면 우리는 그의 저작을 네 가지 맥락에 놓아야 하는데, 즉 종말론적 맥락, 선교적 맥락, 공동체적 맥락, 개인적 맥락이다. 이 순서가 중요하다. 그의 사유는 더 넓은 맥락으로부터 더 좁은 맥락을 향해 움직인다.

종말론적인 것으로서의 성령의 사역

뉴비긴은 성령을 다른 무엇보다도 종말론적 용어들로 이해한다. 우선적으로 성령은 마지막 날들에 주어지는 선물이다. 현재에서의 성령의 도래는 다가올 시대가 역사 한가운데서 시작되었음을 의미한다. 보편 역사의 목표인 우주적인 구원은 성령의 사역이다. 종말은 성령의 임재와 함께 임한다. 이사야, 에스겔, 요엘에 있는 종말론적 선물로서의 성령에 대한 약속은 복음서들의 배경을 설정한다.[39] 선지자들에 의해 약속된 새로운 시대가 여기 있다. 예수께서 오신 것 안에서, 성령에 의해 능력을 받아, 마지막 날들이 도래했다. 하나님 나라는 그리스도 안에서 그리고 사도적 공동체 안에서 하나님의 성령이 하시는 일이다.[40]

그러므로 성령은 종말론적 관점에서 이해되어야 한다. 성령은 역사의 종말을 알리신다. 성령의 오심으로 마지막 날들이 우리에게 임한다. "성령은 다가올 새로운 세상의 실재를 현존하는 옛 세상의 한가운데로 가져온다.…[성령은] 약속되었지만 아직은 보이지 않는 미

---

39 Lesslie Newbigin, *The Holy Spirit and the Church* (Madras: Christian Literature Society, 1972), p. 4.
40 Newbigin, *Faith for This One World?*, pp. 84-85.

래를 인식할 수 있게 하는 임재다."⁴¹ 이 종말론적 미래는 성령이 먼저 그리스도 안에서, 그런 다음에 교회 안에서 하시는 일 가운데 알려진다. "신약성경의 맨 처음부터, 예수의 오심과 그분의 말씀 및 사역은 성령의 능력과 직접 연결되어 있다."⁴² 예수의 선교는 성령이 교회에 주어짐에 따라 계속된다. "교회의 선교는 예수 안에 계셨던 동일한 하나님의 성령이 이 세상에서 이어 가시는 사역이다. 이 세상 속 성령의 임재는 하나님 나라의 새 시대가 실제로 시작되었음을 의미한다."⁴³

세 단어, 즉 "보증", "첫 열매", "맛보기"가 성령을 마지막 때의 선물로 묘사한다. 뉴비긴은 사도행전 1장에 대한 강해에서 상당히 자주 이 용어들을 논의한다.⁴⁴ 하나님 나라에 대한 질문(행 1:6)은 성령에 대한 답(1:8)을 받는다. "질문은 하나님 나라에 대한 것이다. 약속은 하나님 나라의 맛보기, 첫 열매, 보증인 것, 즉 성령의 선물에 대한 것이다."⁴⁵ 이런 세 가지 생생한 이미지들은 모두 성령의 현존과 하나님 나라의 도래라는 이중적 성격을 가리킨다. 성령은 현재의 실재이지만 미래의 완성을 가리킨다. "보증"은 선금을 지불하거나 실제 돈으로 지금 담보를 삼는 것이다. 그것은 단순히 약속어음이나 차용증서가 아니라, 실제 돈이다. 하지만 그것은 구매 가격의 잔금이 미래

---

41 Newbigin, *Open Secret*, p. 63.
42 Newbigin, *Open Secret*, p. 57.
43 Newbigin, *Faith for This World?*, p. 86.
44 Lesslie Newbigin, *Sign of the Kingdom* (Grand Rapids: Eerdmans, 1980), pp. 33-43; Newbigin, *Household of God*, pp. 155-159; Newbigin, *Mission in Christ's Way*, pp. 15-21.
45 Newbigin, *Sign of the Kingdom*, p. 37.

에 지불될 것을 약속한다. "맛보기"는 지금 그 음식을 실제로 맛보는 것이지, 단순히 음식의 냄새나 약속이 아니다. 하지만 그것은 나머지 음식이 오고 있음을 약속한다. "첫 열매"는 사람의 손에 쥐어진 실제 곡식 한 움큼 혹은 과일 한 묶음이지만, 그것은 온전한 추수가 다가오는 것을 가리키면서 언젠가 올 것을 확신시킨다. 이 모든 이미지는 현재의 경험과 미래의 약속을 가리킨다. 하나님 나라는 성령의 사역 가운데 도래했고 경험되어 왔으나, 그 온전함은 약속된 미래다.

선교적인 것으로서의 성령의 사역

성령의 종말론적 본질은 성령의 선교적 본질과 긴밀히 연결되어 있다. 뉴비긴에게 종말론과 선교는 긴밀히 엮여 있다. 하나님 나라의 완성이 미루어진 것은 세상을 향한 선교를 의미한다. 뉴비긴은 예수의 초림과 재림 사이의 시간을 세 가지 방식으로, 즉 하나님 나라가 이미 도래했지만 온전히 나타나지 않은 시간으로, 하나님 나라에 대한 증언으로 특징지어지는 선교의 시간으로, 그리고 성령의 시대로 특징짓는다. 성령은 담보물인데, 이는 성령의 사역의 종말론적 본질이다. 성령은 증인인데, 이것이 성령의 사역의 선교적 본질이다. "우리는 교회의 본질에 있는 종말론적 요소와 선교적 요소의 근본적인 상호 연결을, 세 번째 방식으로, 성령의 교리를 언급하며 나타낼 수 있을 것이다.…성령은, 이를테면, 우리가 갈망하는 완성과 여기 우리의 실제 삶 사이에 있는 격차에 걸쳐 있다."[46] 성령의 사역의 선교적 움직임은 바깥을 향해 하나(예수)로부터 여럿(모든 민족)에게로, 한 장소에서 땅끝까지 나아간다. "그 새로운 현실은, 복음이 예루살렘으로부터 땅끝까지 전파됨에 따라, 더 확대되고 더 넓어지는 무리들의 세상으로 퍼진다."[47] 그리스도 안에서 성취된 우주적인 구원은 점점 더 많은 사람들을 포함하기 위해 바깥을 향해 움직인다.

공동체적인 것으로서의 성령의 사역

성령은 단지 종말론적이고 선교적일뿐 아니라, 또한 공동체적이다. 성령은 공동체에 주어졌으며, 선교는 모든 민족을 이 공동체로 통합시킨다. 뉴비긴은 요한복음 20:19-23과 사도행전 2:1-9을 언급하면서, "이 두 이야기 모두[에서] 우리는 성령의 선물이 사람들 무리에게 주어진 것이지 분리된 개인들에게 주어진 것이 아님을 본다"고 말한다.[48] 실제로, 성령이 주어진 대상은 "신약성경에서 항상 공동체, 무리"였다.[49] 그리스도의 나라에 대한 성령의 계속 확장되는 증언은 공동체에 의해 감당되며, 사람들은 회심할 때 세례를 받아 성령의 공동체로 들어간다.

개인들 안에서의 성령의 사역

뉴비긴은 그리스도로부터 그리스도의 사역의 적용과 다양한 구원의 유익을 개인들에게 나누는 것으로 움직이지 않는다. 뉴비긴이 보기에, "그리스도가 보냄을 받아 가져다주시는 모든 유익"은 사람들로 하

---

46 Newbigin, *Household of God*, p. 161.
47 Newbigin, *Faith for This World?*, p. 85.
48 Newbigin, *Holy Spirit and the Church*, p. 11.
49 Lesslie Newbigin, *Journey into Joy* (Grand Rapids: Eerdmans, 1972), p. 67.

여금 "그들이 자신들의 창조주와 화해했으므로 그들의 참된 인간성으로 회복"되도록 한다.[50] 그리고 분명히 개인들을 그리스도 안에 있는 그들의 온전한 인간성으로 회복시키는 것은 성령의 사역이며 하나님 나라의 임재의 징표다. 하지만 성령에 대한 뉴비긴의 사유의 움직임은 성경 자체를 따른다. 그것은 예수와 성령 모두를 종말론적 맥락에 놓음으로써 시작하며, 하나님 나라의 포괄적인 구원은 예수와 성령의 사역 가운데 도래했다. 그런 다음에 그것은 선교로, 즉 세상으로 향하는 이 마지막 때의 갱신의 바깥으로의 움직임으로 옮겨 간다. 그리고 이 움직임은 선택된 공동체를 통해 점점 더 많은 사람을 그 우주적인 구원으로 통합시킨다. 그러고 나서 그들은 그리스도에 의해 성취된 많은 유익을 받는다. 물론 그리스도가 성취하신 일은 성령의 사역을 통해 많은 유익을 사람들에게 가져다준다. 하지만 뉴비긴은 이따금씩 개인들 속 성령의 사역에 대해 언급하면서 성경의 종말론적·선교적·공동체적 맥락들을 각 위치에 확고하게 유지한다.

그 이야기를 감당하는 선택된 백성

우주 역사의 목적은 예수 그리스도 안에서 계시되고 성취되었다. 모든 민족을 아우를 포괄적인 구원은 지금, 성령에 의해, 온전한 실현을 향해 서둘러 나아가는 현재의 실재다. 이 좋은 소식은 이제 땅끝까지, 모든 사람과 모든 민족에게 가야 한다. 이것은 무엇보다 예수

---

50 Newbigin, "The Life and Mission of the Church", in *The Life and Mission of the Church*, p. 7.

안에서 일하시는 동일한 성령의 일이다. 그러나 성령은 그리스도와 마지막 때의 구원에 대한 증언을 공동체 안에서, 그리고 공동체를 통해 하신다. 예수께서 그분의 사역 동안에 이 공동체를 형성하셨으며, 이제 공동체인 그들을 모든 민족에게 성령에 대해 증언하도록 보내신다. 바로 이런 관점이 우리가 교회의 선교적 본질을 이해할 수 있게 한다.

선교의 논리

"선교의 논리는 다음과 같다. 인간 이야기의 참된 의미가 밝혀졌고, 그것이 진리이기 때문에 보편적으로 공유되어야 한다. 그것은 사적 주장일 수 없다. 우리가 그것을 모든 사람과 공유할 때 그들이 자신들의 삶이 부분을 이루는 참된 이야기를 알 수 있으므로, 우리는 그들이 자신에 대한 진리를 알 기회를, 자신이 누구인지 알 기회를 주는 것이다."[51] 구속사의 역사적 논리는, 예수께서 마지막 때의 구원을 계시하셨고 성취하셨기 때문에 이 소식이 땅끝까지 알려져야 한다는 것이다. 모든 사람을 향한 이 움직임은 두 가지 성경적 관점으로부터 이해되어야 하는데, 즉 성령과 교회다. 한편으로, 성령은 한 사람과 한 장소로부터 많은 지역의 많은 사람을 향해 움직이는 계속 확대되는 무리들 안에서 그리스도와 그분의 구원을 증언하는 역할 측면에서 이해되어야 한다. 다른 한편으로, 예수께서 공동체를 형성하시고 그들을 성령의 능력 안에서 보내셔서, 땅끝까지 이르러 그 좋

---

51 Newbigin, *Gospel in a Pluralist Society*, p. 125.

은 소식의 증인들이 되게 하신다. 따라서 이 선교는 교회의 일이다. 우리가 이 두 관점 및 교회와 성령의 관계를 밝힐 때, 비로소 뉴비긴의 선교적 교회론을 더욱 깊이 이해하게 된다. 그러나 우리는 그가 선교의 논리로 부른 것을 분명히 해야 한다. 즉 종말이 도래했으며, 따라서 그것이 모두에게 알려져야 한다는 것이다.

하나님의 선택된 백성을 재구성하기

"예수께서는 책을 쓰지 않으셨다"고 뉴비긴은 쓴다. "그분은 사람들 무리를 선택하셨고 부르셨고 준비시키셨고, 그들에게 그분의 가르침을 맡기셨고, 그들을 인도할 성령의 선물을 그들에게 약속하셨다."[52] 예수의 선교에 중심이 되는 것은 그분이 공동체를 모으시고 형성하셨다는 사실이다. 이것은 뉴비긴에게 근본적으로 중요하다. 그가 말하는 바에 따르면, "분명히 고갈될 수 없는 의의가 있는 사실"은 바로 주님이 책이 아니라 가시적인 공동체를 남기셨다는 점이다.[53] "이 사안의 본질"은 예수께서 자신이 말씀하시고 행하신 것에 대한 그대로의 기록을 남기지 않으시고, 공동체를 만드셔서 그분에게 결속되고 모든 민족 가운데 그분의 증인들이 되게 하셨다는 것이다.[54] 보편 역사가 목표에 도달했다는 좋은 소식이 모든 사람에게 이르도록 예수께서 계획하신 방식이 바로 이것인데, 즉 그분이 형성하신 공동체를

---

52 Lesslie Newbigin, "Truth and Authority in Modernity", in *Faith and Modernity*, ed. Philip Sampson, Vinay Samuel, and Chris Sugden (Oxford: Regnum Books, 1994), p. 70.
53 Newbigin, *Household of God*, p. 20.
54 Lesslie Newbigin, "Christ and Cultures", *Scottish Journal of Theology* 31 (1978): p. 18.

통하게 하신 것이다.

공동체의 형성은 오랜 역사의 일부다. 성경은 "일종의 세계 역사 개관"이고, "역사의 중심 줄기는 하나님의 백성의 이야기다."[55] 우리는 다시 "새 이스라엘"을 상기한다. 하나님은 이스라엘을 선택하셔서 세상을 위한 그분의 목적을 감당하게 하신다. "성경 역사의 전체 핵심은 가시적인 공동체가 하나님의 친백성, 지상에 있는 그분의 왕 같은 제사장, 모든 민족을 향한 그분의 빛의 전달자가 되는 것에 대한 이야기다." 이것이 셈족 세계의 보잘 것 없는 족속들 가운데 하나인 이스라엘이다. 예수께서 남기시는 공동체는 그 이야기와 연결된다. 그들은 "그분 안에서 재창조되었다."[56] 이스라엘은 길을 잃었으며, 왕 같은 제사장이 되고 모든 민족을 향한 빛이 되라는 하나님의 부르심에 응답하지 않았다. 그래서 "그리스도는 이스라엘을 참된 소명으로 다시 부르는 일을 그분의 소명으로 받아들이셨다. 그분은 선택된 백성을 재구성하셨는데, 그분이 원하시는 사람들을 고르시고 열둘을 새 이스라엘의 핵심이 되도록 임명하시면서 그렇게 하셨다."[57]

이런 새 이스라엘은 모든 민족을 향한 빛과 왕 같은 제사장으로의 원래 소명으로 돌아간다. 그러나 이제 역사의 끝은 더 이상 단순히 약속이 아니라, 성취된 사실이다. 성령은 지금 임재하신다. 하나님의 목적을 알리는 선교적 소명을 여전히 떠맡으면서, 하나님 나라

---

55 Lesslie Newbigin, "Why Study the Old Testament?", *National Christian Council Review* 74 (1954): pp. 75-76.
56 Newbigin, *Household of God*, pp. 20-21.
57 Newbigin, *Faith for This One World?*, p. 77.

의 도래는 하나님의 백성에게 중요한 변화를 가져온다.

시대들의 중첩

하나님의 백성은 항상 선교적 백성이었다. 처음부터 그들은 온 세상을 위한 하나님의 목적을 감당하고 또 온 세상을 향한 빛이 되도록 선택되었다. 그들은 복이 되도록 복을 받았다. 그러나 그리스도와 성령의 오심과 함께, 하나님의 백성의 선교적 본질은 새로이 표현될 필요가 있다. 종말론은 교회론에 깊이 영향을 끼친다. 우리는 하나님 나라의 도래가 하나님의 백성에게 끼치는 영향을 세 가지 관점에서 볼 수 있다. 즉 구속사의 "이미와 아직 아니" 시기에 있는 시대들의 중첩, 교회 가운데 있는 성령에 의한 그리스도의 임재, 그리고 교회에 대한 종말론적 정의들이다.

구속사에서 하나님의 백성이 하는 역할에는 연속성이 있다. 그것은 그들이 선택되었다는 것에 의해 결정된다. 그들은 세상 한가운데서 하나님의 우주적인 갱신을 그려야 한다. 그러나 구속사의 새 시대, 즉 예수와 성령 안에 있는 하나님 나라의 도래에 의해 표시되는 때는 불연속성을 의미한다. 그것은 구속사에서 어떤 때인가? 뉴비긴은 그것이 하나님 나라가 왔지만 아직 온전히 오지는 않은 때라고 답한다. 따라서 옛 시대와 다가오는 시대의 중첩이 있는데, 즉 새 시대의 능력이 현존하지만 악한 옛 시대의 능력이 여전히 남아 있는 때다. 그리고 마지막이 미루어진 이유는, 그렇게 해서 하나님 나라의 좋은 소식이 아브라함에게 주어진 원래의 약속에 따라 모든 민족에게 가기 위해서다.

우리가 살아가는 "시대들의 중첩"은 그리스도의 초림과 재림 사이의 시간으로, 사도적 교회가 땅끝까지 증인이 되기 위해 주어진 시간을 의미한다. 그리스도 안에 계시된 만물의 마지막은, 그리스도 안에 계시된 심판 및 구원과 관련해 온 세상에 대해 증언이 이루어지기까지—말하자면—미루어졌다. 참된 종말론적 관점의 함의는 선교적 순종일 것이며, 그런 순종을 결과로 가져오지 않는 종말론은 거짓된 종말론이다.[58]

이 시대는 성경 이야기의 절정에 해당한다는 점에서 유일무이하다. 성경 이야기는 보편적인 목적지가 있는 여정인데, 즉 구원은 온 창조 세계의 맥락에 있는 모든 민족을 위한 것이다. 그러나 하나님은 이스라엘 안에서 특정한 길로 여행하셔서, 이때 도착하도록 그리스도에게로 길을 좁히셨다. 그러나 이제 그때가 되었다! 마지막의 온전한 실현은 이 좋은 소식이 온 세상으로 갈 수 있도록 미루어져 있다.

이런 이해는 평범한 것일 수 있다. 하지만 이 통찰이 갖는 엄청난 의의를 놓친다면 우리는 실수를 범하는 것이다. 만약 마지막이 미루어져 있는 유일한 이유가 뉴비긴이 주장하듯이 모든 민족을 향한 선교 때문이라면, 바로 이것이 구속사의 이 시대에 있는 하나님의 백성을 규정한다. 참된 종말론적 관점은 필연적으로 선교적 순종을 의미할 것이라는, 강한 진술에 주목하라. 선교로 이어지지 않는 모든 종말론은 거짓된 종말론이다.

---

58 Newbigin, *Household of God*, pp. 153-154.

그러므로 하나님 나라의 도래는 이런 방식으로 교회를 규정한다. 교회는 "이미 그러나 아직 아니"의 시대에, 그리스도 안에서 성취되고 성령 안에서 주어진 역사의 끝을 모든 민족과 땅끝까지 알리는 소명으로 사는 백성이다. 그러나 교회는 지금 땅끝까지 보내진 공동체다. 이는 "이스라엘"이 더 이상 지정학적이고 민족적인 공동체가 아니라는 것을 뜻한다. 오히려 그들은 비지정학적이어서, 세상의 모든 민족 가운데서 산다. 그들은 다민족적이어서, 모든 민족이 이제 이 공동체로 통합된다. 이스라엘의 종말론적이고 선교적인 본질은 그들을 새로운 종류의 공동체로 변화시킨다.

성령과 교회

예수께서는 공동체를 형성하시고 그들을 모든 민족에게 보내셔서 하나님 나라를 알리는 그분의 선교를 지속하신다. 그분이 그들에게 약속하시는 성령은, 그분에게 선교에서 권능을 주신 동일한 성령이시다. 뉴비긴은 예수, 성령, 교회의 관계를 두 가지 다른 방식으로 제시한다. 첫째, 예수께서는 자신의 교회 한가운데 계속 임재해 계시면서, 예고하신 종말을 백성 한가운데서 가시적으로 만드신다. "예수의 오심은 창조 질서 안에 있는 그 끝의 계시다. 그분 안에서 처음이요 마지막이신 창조주가 사람들 가운데 임재하셨고, 그분은 성령의 사역으로 신자들의 공동체에 여전히 임재하신다."[59] 예수께서 자신의 선교를 교회 한가운데서 성령의 사역에 의해 지속하신다. 둘째, 뉴비긴

---

59 Newbigin, *Faith for This One World?*, p. 99.

의 주된 강조점으로, 예수께서 자신의 사역에 대한 일차적 증인으로 성령을 보내신다. 성령은 예수에 대한 증인인 교회의 증언 속에서, 그리고 그 교회의 증언을 통해서 일하신다. 그러므로 선교는 무엇보다도 하나님의 성령의 선교다. "**그분의** 선교다. 가장 중요한 사실은, 그것이 계속해서 그분의 선교라는 점을 인식하는 것이다."[60] 이는 그리스도에 대한 첫 번째 증인이 성령이라는 것을 의미한다. 이는 심지어 예수에 대해서도 사실이다. 예수의 능하신 일은 성령의 일이다. 그러므로 우리가 그리스도의 길을 따라갈 때, 우리에게 능력을 주시는 분도 성령이며 **또한** 그리스도에 대한 첫 번째 증인도 바로 성령이다. 선교를 최우선 과제로 놓는 것은 교회의 말과 행위가 아니며, 교회는 그 과업을 위해 성령의 도움을 구한다. 그것은 성령의 일이다. "증언하는 것은 교회가 아니며, 교회로 하여금 그렇게 하도록 성령이 도우시는 것도 아니다. 이런 종류의 언어는 핵심을 완전히 놓친다. 핵심은, 성령이 증인으로서 임재하시는 장소가 교회라는 것이다. 따라서 증언은 교회의 성취가 아니라, 교회에 약속으로 주어진 것이다."[61] 교회가 신실할 때, 행하시고 말씀하시는 분은 바로 성령이시다. 뉴비긴의 주장에 따르면, "선교의 시작이 우리의 행동이 아니라 새로운 현실의 임재, 즉 능력 가운데 있는 성령의 임재라는 사실은 아무리 강조해도 지나치지 않다."[62]

그렇다면 교회가 성령의 증언에 대해 갖는 관계는 무엇인가? 뉴

---

60 Newbigin, *Gospel in a Pluralist Society*, p. 117.
61 Newbigin, *Sign of the Kingdom*, p. 38.
62 Newbigin, *Gospel in a Pluralist Society*, p. 119.

비긴은 그 관계가 삼중적이라고 답한다.[63] 첫째, 교회는 성령의 증언의 장소(locus)다. 성령은 세상에 하나님 나라의 종말론적 생명을 가져다주시는 분이다. 교회가 성령을 나눔에 따라, 그 새로운 생명이 그들 안에 창조된다. "공동체의 총체적 삶" 속에서 능력으로 일하시는 이 성령의 새로운 실재가 교회의 선교에서 "중심이 되는 실재"다.[64] "그리스도의 초림과 재림 사이에 있는 이 현시대의 의미 전체는, 다가올 시대의 능력이 지금 모든 사람을 그리스도 안에서 하나로 이끄는 일을 그 안에서 하고 있다는 것이다.…교회는 지금 존재하는 모습이 아니라, 그것이 향하여 나아가는 종말에 의해 규정되어야 한다. 그리고 그런 종말의 능력이 지금 교회 안에서 일하고 있는데, 그 능력은 계시될 상속의 담보인 성령의 능력이다."[65]

우리는 종말이 우주적인 갱신, 즉 포괄적인 구원으로서, 남자와 여자가 다시금 그들의 참된 인간성으로 회복되는 때라는 것을 기억한다. 이 우주적인 회복은 예수 그리스도의 사역 안에서 계시되고 성취되었으며, 성령의 선물 안에서 현존하게 되었다. "그 본질이 공동체적이고 우주적인 구원, 곧 모든 인간 사이와 인간과 하나님 및 사람과 자연 사이에 있는 파괴된 조화의 회복은…그것이 말하는 회복된 조화를—비록 단지 맛보기로나마—구현하는 공동체의 실제적인 발전으로…전달되어야 한다. 화해의 복음은 오직 화해된 교제에 의

---

63 Newbigin, *Faith for This One World?*, p. 87.
64 Newbigin, *Gospel in a Pluralist Society*, p. 137.
65 Newbigin, *Household of God*, p. 19.

해서만 전달될 수 있다."⁶⁶ 성령은 그 종말을 성취하기 위해 교회 공동체 안에서 일하고 계신다.

둘째, 성령은 그리스도와 그분의 나라를 알리기 위해 교회의 행위와 활동을 통해 증언하신다. 교회가 세상의 필요를 충족하기 위해 나아갈 때, 성령은 도래하는 하나님 나라를 증언하신다. 교회가 정의·자비·연민·샬롬의 행위를 할 때, 그런 행위로 성령은 예수 안에서 도래하는 하나님 나라에 대해 증언하신다. 교회가 세상의 슬픔과 비참에 깊이 사랑으로 관여하게 될 때, 성령은 그리스도와 그분의 통치를 가리키신다.

마지막으로, 성령은 교회가 말하는 복음 전도적 증언의 말들을 통해 그리스도와 그분의 통치를 증언하신다. 성령의 능력이 새로운 생명과 의의 행위들을 만들어 내며 일하고 계신 곳에서, 이 새로운 실재에 대한 질문들은 말로 증언할 기회들을 열 것이다. 이런 말들에서 성령은 그리스도를 증언하신다.

그리스도에 대한 성령의 증언이 바로 교회의 삶·행위·말에서 "교회를 하나님 나라에 대한 증인으로 세운다." 뉴비긴은 교회의 이런 삼중적 증언에 대해 할 말이 많으며, 우리는 다음 장에서 이것을 다시 다룰 것이다.

---

66 Newbigin, *Household of God*, p. 161.

하나님 나라와 교회

교회는 "종말론적 실재"이고,[67] "오직 종말론적 관점에서만 바르게 이해될 수 있다."[68] 교회는 성령에 의해 주어진 역사의 마지막에 있는 하나님 나라의 구원에 참여하기 시작했으며, 따라서 이 좋은 소식을 땅끝까지 알릴 것이다. 이 선교적 관점이 뉴비긴의 교회에 대한 종말론적 시각을 형성한다.[69]

뉴비긴은 이런 종말론적 관점을 표현하는 교회의 세 가지 그림을 사용한다. 아마도 가장 흔한 이미지는 사실 삼중의 이미지인데, 즉 교회가 하나님 나라의 첫 열매, 도구, 징표라는 것이다. 무엇보다 먼저, 교회는 하나님 나라의 첫 열매다. 뉴비긴은 이 삼중의 이미지 중 첫 번째 이미지 대신에 "보증"과 "맛보기"를 사용함으로써 동일한 실재에 접근하려 한다. 교회는 하나님이 인류를 위해 의도하신 하나님 나라의 삶에 대한 맛보기를 이미 시작한 백성이다. 그들은 다가오는 시대의 구원이 미래에 온전히 실현될 것을 소망할 뿐 아니라 실제로 체험한다. 교회는 또한 하나님 나라의 도구다. 하나님의 백성은 하나님의 통치의 대리인들 혹은 도구들이다. 하나님은 교회가 값비싼 대가를 치르면서 공적 문화의 삶에 참여하는 것을 하나님의 새 창조

---

67 Lesslie Newbigin, review of *God's Order: The Ephesian Letter and This Present Time*, by John A. MacKay, *Theology Today* 10 (1954): p. 546.
68 Newbigin, *Household of God*, p. 153.
69 참고. George Vandervelde, "The Church as Missionary Community: The Church as Central Disclosure Point of the Kingdom", *Trinity Journal for Theology and Ministry* 4, no. 2 (Fall 2010): pp. 112-129 (special issue, "The Gospel in the Public Square: Essays by and in Honor of Lesslie Newbigin").

의 정의·자유·평화를 가져오는 도구로 사용하신다. 하나님은 하나님 나라의 좋은 소식을 알리는 데 복음 전도의 말을 사용하신다. 마지막으로, 교회는 하나님 나라의 삶을 맛보고 구현하며 선포하고 세상에서 그 의와 평화를 추구하면서, 그 자체가 하나님 나라의 징표가 된다. "실재하지만 아직 보이지 않는 무엇인가를 가리키는 데 징표의 핵심이 있다.…교회는 하나님 나라의 맛보기로 존재하는 한 그 나라의 징표다. 교회는 사람들에게 우리가 볼 수 있는 것 너머의 실재를 가리키는 징표다."[70] 교회의 정체성과 목적은 "가리키는 백성"이 된다는 것, 징표가 되어 세상 한가운데 존재하고 또 다가오는 새로운 실재를 가리키는 데 있다. "그렇다면 이 교회는, 모든 족속과 나라와 민족으로부터 나와 그리스도 안에서 하나님에 의해 창조된 이 하나의 새로운 가족은, 온 창조 세계와 온 세상 역사가 향하여 움직이는 것에 대한 징표로서 세상 한가운데 놓여 있다. 그것은 그리스도의 몸, 새로운 사람, 둘째 아담, 새로운 인류로서 온전한 키로 자라나면서 모든 부류의 사람을 자신에게로 이끈다."[71]

뉴비긴은 세상 한가운데서 하나님 나라를 반영하는 백성으로서의 교회를 말하기 위해 경이로운 이미지를 사용한다. 그와 그의 목회 동료들이 인도에서 어느 정도 떨어진 곳을 향해 도보로 여행할 때, 그들은 한낮의 열기를 피하려고 아직 어두운 시간에 일찍 일어날 것이다. 그들이 동쪽을 향해 출발하면 여행하는 동안 서쪽으로 여행하

---

70 Newbigin, *Word in Season*, p. 63.
71 Lesslie Newbigin, "The Mission and Unity of the Church" (Peter Ainslie Memorial Lecture, Grahamstown, South Africa, Rhodes University, October 17, 1960), pp. 16-17.

는 다른 사람들의 무리를 만날 수 있을 것이다. 그 사람들은 그들의 얼굴에서 희미한 빛을 볼 것이다. 만약 그들이 "그 빛은 어디서 오는 것인가요?"라고 묻는다면, 대답은 "돌아서서 동쪽을 보세요"가 될 것이다. 해가 지금 막 지평선 위로 솟아올랐고, 새날이 동트고 있다. 한 무리의 사람들은 그런 새날의 빛을 반사하면서 다른 이들에게 돌아서서 그것을 보라고 초청한다. 동쪽으로 가는 여행자들이 그 빛을 소유한 것이 아니다. 그들은 새날의 빛을 반사할 뿐이다. 뉴비긴의 말에 따르면, "교회는 그런 사람들의 무리다. 다수와 반대 방향으로 가면서…새날의 빛이 비추는 불빛을 이미 받은 것이다. 그 빛이 바로 증인이다."[72]

교회의 두 번째 이미지로서 그 종말론적 본질을 묘사하는 것은, "인류를 그리스도에게 잠정적으로 통합시키는 것"으로서의 교회다.[73] 예수께서 두 번째 아담이시고 새로운 인류의 기원이시다. 그분은 자신의 죽음과 부활로 새 창조를 알리셨다. 우리는 복음을 믿는 것에 의해, 세례를 받아 하나님의 백성의 가시적인 몸으로 들어가는 것에 의해, 성령의 사역에 의해 그리스도로 통합됨에 따라 그 새 창조에 포함된다.[74] 우리가 그리스도에게 통합된다는 것은, 십자가 죽음으로

---

72 Newbigin, *Mission in Christ's Way*, p. 21; 참고. Newbigin, *Gospel in a Pluralist Society*, p. 120.
73 Lesslie Newbigin, "The Form and Structure of the Visible Unity of the Church", in *One in Christ* 13 (1977): pp. 107-117.
74 Newbigin, *Household of God*, p. 147. 그의 질문은 '어떻게 우리는 그리스도로, 그리고 그분의 죽음과 부활이라는 종말론적 사건들로 통합되는가?' 하는 것이다. 그가 제시하는 삼중의 대답이 그 책 전체의 핵심이다. 개신교는 복음을 믿음으로써 우리가 그리스도로 통합된다고 주장한다. 가톨릭은 세례에 의해 가시적인 교회에 들어감으로써 그렇게 된다고

악을 이기신 그분의 승리와 부활의 새 생명에 참여함을 의미한다. 우리가 새 인류의 추수에서 첫 번째 부분이기는 하지만, 우리는 하나님 나라의 새 생명을 아직 온전히 드러내지 않고, 따라서 그것은 잠정적인 통합이다.

교회가 하나님에 의해 부르심을 받은 새 인류이며 새 창조에 속한다는 언급은 세 번째 이미지, 즉 '에클레시아'(ekklesia)로 이어진다. 이것은 신약성경에서 "교회"에 해당하는 일반적인 헬라어 단어이지만, "공적 회합"(public assembly)이 가장 좋은 번역이다. 원래 이 단어는 도시의 모든 시민이 소환되는 공적 회합을 의미한다. 마을 서기가 그 회합을 공표했고, 그에 응답한 시민들의 공적 모임은 도시 생활에 중요한 문제를 논의하고 해결하기 위한 것이었다. 그렇게 해서 그것이 도시 전체를 대표했다. 신약성경에서 '에클레시아'는 "하나님의"라는 말을 수반했다. 교회는 하나님의 공적 회합이다. 이 공적 회합을 공표하는 분은 마을 서기가 아니라 하나님 자신이시다. 모든 곳에서 하나님은 그분이 모든 사람을 불러 모으시는 곳을 대표하는 공적 조직으로서의 새로운 인류를 일으키신다. 교회는 하나님이 모이게 하신 새로운 인류로 이루어진 각 도시의 첫 열매다.

'에클레시아'는 교회가 스스로 선택한 이름이다. 이와 대조적으로, 교회의 적들은 '헤라노스'(heranos)와 '티아소스'(thiasos) 같은 다른 용어들을 채택했다. 이 단어들은 교회를 새로운 인류가 아닌, 개인적이고 내세적인 구원을 제공한 사적 종교 집단으로 해석했다. 이런

말한다. 오순절파는 그 일이 성령의 사역을 통해서 이루어진다고 강조한다.

종교 공동체들은 삶의 사적 영역에 잘 들어맞으며 로마 제국의 공적 신조에 도전하지 않았다. 교회는 그런 사적 종교 조합의 명칭을 채택하기를 거부했다. 그들은 자신들을 새로운 인류로, 즉 하나님에 의해 마지막 때의 하나님 나라로 부르심을 받았으며 로마 제국의 공적 삶으로 진출해서 모든 경쟁하는 충성에 도전하는 존재로 이해했다.

하나님 나라의 구원이 창조 세계만큼이나 폭넓기 때문에, 그리고 교회가 다시 새롭게 된 인류이기 때문에, 교회는 어떤 사적 영역으로 쫓겨날 수 없다. 교회는 공적 단체로서, 하나님 나라의 포괄적이며 회복적인 구원을 드러내야 한다. 이것이 교회로 하여금 '에클레시아'라는 명칭을 받아들이고 교회에 어떤 사적 종교 단체의 정체성을 부여하는 모든 용어를 거부하게 만들었다. 뉴비긴의 결론에 따르면, 애석하게도, 오늘날 서구에서 "교회"는 흔히 '에클레시아'보다는 '헤라노스'와 '티아소스'에 더 가까운 것을 의미한다. 교회는 하나님이 불러내신 새로운 인류인 자신의 종말론적 존재를 망각했고, 개인적이고 내세적인 구원에 관심을 기울이는 사적 종교 단체의 명칭을 받아들였다.

교회의 일치와 선교

뉴비긴이 세상의 공적 삶에 진출한 종말론적이고 선교적인 몸으로서의 교회를 강조한 것, 그것이 바로 그를 교회의 일치에 대한 열정적인 관심으로 이끌었다.[75] 교회의 일치는 교회가 종말론적 실재라는

---

75 Michael W. Goheen, "*As the Father Has Sent Me, I Am Sending You*": *J. E. Lesslie Newbigin's*

사실에 의해 빚어진다. 종말에 참여하기 시작한 것이다. 역사의 끝은 그리스도 안에서의 모든 것의 종합이다. 세계는 그리스도 안에서 화해되고 하나가 될 것이다. 만약 교회가 그 다가오는 세상의 맛보기라면, 그것은 다가오는 화해된 세상을 신실하게 보여 주는 한 몸이 되어야 할 것이다. "교회의 일치는, 그리스도가 가져오시고 그 마지막이 만물을 그리스도 안에서 종합하는 것인 구원의 징표이고 도구다."[76] 교회의 일치는 때가 성취에 이르러 하늘과 땅의 모든 것을 그리스도 아래 통일시킬 날에 대한 미리 보기다. "일치에 대한 추구는, '하늘에 있는 것이나 땅에 있는 것이 다 그리스도 안에서 통일되게 하려'는 하나님의 목적이 성취되는 것과 별개로 생각될 때 잘못 이해된다(엡 1:10)."[77]

교회가 신실한 맛보기이자 미리 보기로 있을 때, 그리스도 안에서 일치 가운데 화해될 다가오는 새로운 세상의 좋은 소식을 증언한다. 뉴비긴은 종종 예수의 기도에 의지한다. "내가 비옵는 것은 이 사람들만 위함이 아니요 또 그들의 말로 말미암아 나를 믿는 사람들도 위함이니 아버지여, 아버지께서 내 안에, 내가 아버지 안에 있는 것 같이 그들도 다 하나가 되어 우리 안에 있게 하사 세상으로 아버

Missionary Ecclesiology (Zoetermeer: Boekencentrum, 2000), pp. 200-218, 5.5.3. 일치에 대한 뉴비긴의 이해를 명료하게 표현한 글을 다음에서 보라. M. Scot Sherman, "Ut Omnes Unum Sint: The Case for Visible Church Reunion in the Ecclesiology of Bishop J. E. Lesslie Newbigin" (PhD diss., University of Wales, 2005).

76 Newbigin, *Household of God*, p. 171.
77 Lesslie Newbigin, "The Nature of the Unity We Seek: From the Church of South India", *Religion in Life* 26, no. 2 (1957): p. 187.

지께서 나를 보내신 것을 믿게 하옵소서"(요 17:20-21). 교회의 일치는 선교적 목적을 가지는데, 그것이 종말을, 즉 모든 일상적인 인간의 분열과 파당을 초월하는 인류의 일치를 분명히 보여 주기 때문이다. 교회의 일치는 예수께서 그저 또 한 명의 위대한 종교 지도자에 불과하지 않다는 사실에 대한 가시적인 증거다. 오히려 그분은 만물의 창조주이시자 통치자이시며, 언젠가 모든 것을 자신과 화해시키실 것이다.[78] 화해된 교회는 중심에 계신 한 분에 대한 믿음을 요청하는데, 그분은 인류를 수많은 배경으로부터 이끌어 사랑의 공동체를 창조하신다. "교회가 세상을 향해 담대히 나아갈 때 자신이 그리스도의 화해하는 사역의 첫 열매이자 도구로 존재할 뿐이라는 것을, 따라서 교회 자신의 삶에 있는 분열은 그 근본적인 본질에 대한 끔찍한 모순이라는 것을 깨닫는다."[79] 따라서, "교회의 일치"는 오직 "선교적 관점에서" 이해될 수 있다.[80]

교회가 자신이 선포하는 화해의 복음에 대한 구현일 때만 세상이 복음을 믿으리라는 것을 분명히 설명하기 위해, 뉴비긴은 이야기를 들려준다.

종종 나는 작은 교회의 입구에 서 있었는데, 교회 안에서는 중간에 그리스도인 회중이 바닥에 앉았고 힌두교도들과 이슬람교도들이 그

---

[78] Lesslie Newbigin, *Is Christ Divided? A Plea for Christian Unity in a Revolutionary Age* (Grand Rapids: Eerdmans, 1961), p. 23.
[79] Newbigin, *Household of God*, p. 9.
[80] Newbigin, "Nature of the Unity We Seek", p. 187.

주위를 크게 둘러섰다. 내가 성경을 펼쳐 그들에게 하나님의 말씀을 전할 때 알고 있었던 사실은, 둘러선 이들이 중간에 앉은 이들 안에서 하나님의 약속이 성취되고 있음을 인식할 때만, 그들이 마을에 있는 이 새로운 공동체가 카스트와 교육과 기질로 인한 오랜 분열이 새로운 형태의 형제애로 초월되는 새로운 종류의 몸을 대표한다는 것을 볼 수 있을 때만, 내가 전하는 말씀이 무게를 갖고 믿어질 것이라는 점이다. 만약 그들이 그런 종류의 것을 전혀 보지 못한다면 믿으려 들지 않을 것이다.[81]

바로 이것이 뉴비긴이 분열을 그토록 격정적인 언어로, "복음에 대한 직접적이고 공개적인 반박",[82] "교회의 본질 자체에 반대되는 용납할 수 없는 모욕", "터무니없고 납득할 수 없는 것",[83] "복음에 대한 명백한 부정",[84] "모든 민족에게 복음을 전파하는 [교회의] 권한의 공개적인 포기",[85] "용납할 수 없는 추문"[86] 등으로 부르면서 맹렬히 비난하는 이유다. 이는 아주 강한 표현들이다! 뉴비긴은 자신이 추문이라는 말로 무엇을 의미하는지에 대한 생생한 묘사를 제시한다. 그는 한 마을에 두 개의 경쟁하는 금주 협회가 있는 것은 유감스러울 수는 있지만 추문은 아니라고 말한다. 그러나 어떤 금주 협회가 회원

---

81 Newbigin, *Is Christ Divided?*, p. 24.
82 Newbigin, *Is Christ Divided?*, p. 24.
83 Newbigin, *Reunion of the Church*, pp. 23-24.
84 Newbigin, "The Mission and Unity of the Church", pp. 17-18.
85 Newbigin, *Faith for This One World?*, p. 81.
86 Newbigin, *Household of God*, p. 9.

들이 습관적으로 술에 취해 있다면 추문일 텐데, 술에 취한 그들의 존재 자체가 그들의 메시지에 모순되기 때문이다. 교회도 마찬가지다. 분열이 추문인 이유는 그것이 교회의 메시지에, 즉 그리스도 안에서 하나님이 세상을 자신에게 화해시키고 계시다는 좋은 소식에 모순되기 때문이다.

그러므로 선교는 일치에, 그리고 일치는 선교에 의존한다. 교회가 자신의 선교적 소명을 붙들지 않을 때 일치에는 관심을 거의 기울이지 않는다. 뉴비긴은 교회에 대한 선교적 이해의 상실, 그것이 바로 "그토록 분명히 보란 듯이 교회의 주님이 선포하신 뜻을 무시하는" 분열된 교회에 대한 "경악스러운 안일함"을 설명할 수 있는 유일한 길이라고 믿었다.[87] "교회가 모든 사람을 그리스도에게 이끌기 위해 존재한다는 신념의 상실에 근거하지 않고는, 교회의 분열에 자족하는 태도를 설명할 수 없다. 선교적 의무를 받아들이는 것과 일치의 의무를 받아들이는 것 사이에는 가장 밀접한 연관성이 있다. 교회를 하나로 만드는 것, 그것이 교회로 하여금 세상을 향한 선교가 되게 한다."[88]

그리스도인들이 자신들의 선교적 정체성을 진지하게 받아들이고 하나님 나라의 징표로 살려고 노력할 때, 그들의 분열은 그야말로 용납할 수 없게 된다.[89] 분열의 문제는 종종 우리가 선교 의식을 상실했

---

87 Newbigin, *Reunion of the Church*, p. 9.
88 Newbigin, *Reunion of the Church*, p. 11.
89 참고. Michael W. Goheen, "Mission and Unity: The Theological Dynamic of Comity", in *That the World May Believe: Essays on Mission and Unity in Honour of George*

다는 사실을 보여 준다. 우리가 선교를 진지하게 받아들일 때, 우리는 일치를 위해 분투할 수밖에 없다. "나는 모든 피조물에게 복음을 전달하는 의무를 모든 교회가 새롭게 받아들이는 맥락 외에는 우리의 분열에 대한 결연한 대처가 있을 것이라고 생각하지 않는다. 또한 나는 우리를 하나로 만드는 복음의 능력에 대한 더 많은 증거를 보기 전에 세상이 복음을 믿을 것이라고도 생각하지 않는다. 이 두 가지 과업─선교와 교회 일치─은 함께, 서로 분리할 수 없는 관계 속에서 추진되어야 한다."[90]

따라서 일치와 선교는 함께 있다. 그것들은 서로에게서 분리될 수 없는데, 둘 다 교회의 본질 자체에 속하기 때문이다. "그리스도의 초림과 재림 사이에 있는 현시대의 총체적인 의미는, 오는 시대의 능력이 그 속에서 지금 일하면서 모든 사람을 그리스도 안에서 하나로 이끈다는 것이다. 교회가 하나이기를 멈출 때, 혹은 선교적이기를 멈출 때, 교회는 자신의 본질 자체에 모순이 된다."[91] 아마도 우리는, 만약 누군가가 일치를 향한 뉴비긴의 열정을 느끼지 못한다면 아마도 선교에 대한 뉴비긴의 이해를 아주 깊이 파악하지 못한다고 말할 수 있을 것이다.

Vandervelde, ed. Michael W. Goheen and Margaret O'Gara (Lanham, MD: University Press of America, 2006), pp. 83-91.
90 Newbigin, *Household of God*, p. 174.
91 Newbigin, *Household of God*, p. 19.

결론

교회는 복음에 뿌리박고 있다. 좋은 소식은, 그리스도 안에서 그리고 성령에 의해 하나님이 역사의 마지막에 놓여 있는 우주적인 갱신을 계시하셨고 성취하셨다는 것이다. 역사의 마지막이 미루어진 것은 이 좋은 소식이 땅끝까지 이르러 모든 사람과 모든 민족에게 도달할 수 있기 위해서다. 두 시대 사이의 이 시대에 성령은 새로운 종말론적 생명을 교회에 주셔서, 교회로 하여금 자신의 삶으로 모든 민족 한가운데서 하나님 나라의 미리 보기가 되고 그 말과 행위로 하나님 나라를 가리킬 수 있게 하신다. 복음은 하나님 나라의 복음이기 때문에, 하나님의 백성의 삶 전체는 예수 그리스도가 아버지의 영광이 되는 주님이라는 실재를 증언한다. 이것은 단순히 교회에 주어진 또 하나의 과업이 아니라, 오히려 교회의 선교적 존재 자체를 규정한다.

3

선교적 교회, 그리고 세상에서의 소명

보편 역사의 끝은 예수 그리스도의 사역 안에서 계시되었고 성취되었다. 불가피하게 역사적으로 이어져야 하는 것이 교회의 선교다. 이 좋은 소식은 모든 사람과 땅끝까지 알려져야 한다. "교회는…온 창조 세계와 온 세계 역사가 향해 움직이는 곳의 징표로서 하나님에 의해 세상 한가운데 놓였다."[1] 이 장은 세상 한가운데 있는 교회의 선교적 소명을 뉴비긴이 어떻게 이해하는지를 다룬다. 어떤 방식들로 교회는 보편 역사의 목표를 알리기 위해 세상 한가운데 징표로 놓였는가? 우리는 이 장을 선교의 본질에 대한 몇 가지 근본적인 구분들로 시작하는데, 이는 뉴비긴의 선교적 교회론에 중요하다. 그런 다음에는 뉴비긴이 특히 강조했던 다섯 가지 형태의 증언으로 넘어갈 것이다.[2]

선교의 본질

세 가지 유익한 구분이 세상 한가운데 있는 교회의 소명에 대한 뉴비

---

[1] Lesslie Newbigin, "Mission and Unity of the Church" (Peter Ainslie Memorial Lecture, Grahamstown, South Africa, Rhodes University, October 17, 1960), pp. 16-17.
[2] Michael W. Goheen, *"As the Father Has Sent Me, I Am Sending You"*: J. E. Lesslie

긴의 이해를 뒷받침하는데, (1) 하나님의 선교와 교회의 선교, (2) 선교적 차원과 선교적 의도, (3) 선교(mission)와 선교들(missions) 사이의 구분이 바로 그것이다.

하나님의 선교와 교회의 선교

첫 번째 중요한 구분은 하나님의 선교와 교회의 선교 사이의 구분이다. 우리는 뉴비긴의 확언, 즉 "모든 민족을 향한 교회의 선교는 삼위일체 하나님의 일에 참여하는 것이다"로 시작한다.[3] 이 진술은 1960년대 초에, '미시오 데이'(missio Dei)라는 표현이 등장한 지 대략 십 년 후에 표현된 것이다. 당시에 이미 중요한 차이가 두 가지 주요 해석들 사이에 있었으며, 뉴비긴은 이 논의들의 한가운데 있었다.

'미시오 데이'의 등장을 이해하기 위해서는 19세기와 20세기 초라는 배경을 이해하는 게 중요하다. 그때 선교는 주로 교회의 일로 여겨졌다. 계몽주의의 낙관주의와 인간 중심주의가 선교 운동에 침투했다. 인간을 중심에 둔 이런 자신감은 20세기에 몇 차례에 걸쳐 큰 충격을 받으면서, 선교에 대한 새로운 이해를 요청했다. 이런 맥락에서 삼위일체 하나님의 선교라는 표현이 등장했다. 이 표현은 할 수 있는 가장 강한 방식으로 네 가지 사실을 분명히 한다. 즉 교회의 선교는 하나님의 선교와 구분되어야 하며, 하나님의 선교가 우선권을 가지며, 하나님의 선교는 **삼위일체** 하나님의 선교이며, 하나님의 선

Newbigin's Missionary Ecclesiology (Zoetermeer: Boekencentrum, 2000), pp. 275-330(7장).
3   Lesslie Newbigin, Trinitarian Doctrine for Today's Mission (1963; repr., Carlisle, UK: Paternoster, 1998), p. 54.

교는 교회의 선교가 **무엇인지, 어떻게** 해야 하는지 규정한다는 것이다. 이 모든 것이 뉴비긴에게 사실이다.

'미시오 데이'의 신학적 틀은 오늘날에도 여전히 굳건히 남아 있다. 선교적 교회의 틀인 '미시오 데이'에 대한 삼위일체론적 이해를 두고 많은 숙고가 계속되고 있다. 그중 일부는 뉴비긴에게 호소한다. 그리고 상당한 다양성이 있지만, 그중 일부는 뉴비긴 자신의 이해와 유사점이 거의 없다. 따라서 우리는, 뉴비긴이 선교를 삼위일체 하나님의 선교에 참여하는 것이라고 말했을 때 그가 무엇을 의미했는지 주의를 기울여 명료하게 표현해야 한다.

뉴비긴의 '미시오 데이' 이해의 특징들

뉴비긴이 이해하는 '미시오 데이'에서 주목해야 할 첫 번째 특징은 확고한 그리스도 중심주의다. 교회의 선교적 본질에 대한 사유의 출발점이 예수 그리스도라는 것이다. 그분은 교회를 모으시고 위임하시며, 선교는 그분의 선교에 참여하고 또 그것을 지속하는 것이다. 뉴비긴은 빌링겐 보고서(Willingen report)에 다음과 같은 말을 썼고, 자신의 용어로 선교 신학을 표현할 때 이를 인용하면서 시작한다. "세상에 대한 그리스도의 선교에 참여하지 않고는 그리스도에 참여하는 일도 없다. 교회에 실존을 부여하는 그것이 또한 교회에 세계-선교를 부여한다. '아버지께서 나를 보내신 것 같이 나도 너희를 보내노라.'"4 하

---

4 Norman Goodall, ed., *Missions under the Cross: Addresses Delivered at the Enlarged Meeting of the Committee of the International Missionary Council at Willingen, in Germany, 1952; with Statements Issued by the Meeting* (London: Edinburgh House,

나님과 그분의 선교에 대한 삼위일체론적 이해는 예수로부터 시작한다. '예수는 누구신가?'와 '그분의 선교는 무엇인가?'라는 두 가지 질문은 하나님의 삼위일체적 본질에 대한 숙고로 이어진다.[5]

만약 우리의 선교가 예수의 선교를 계속하는 것이라면, 그분의 선교는 무엇인가? 이것이 초대 교회가 직면한 질문이었으며, 그들은 예수의 선교가 가진 명백한 삼위일체론적 맥락을 상세히 설명함으로써 대답했다. "초대 교회에서 있었던 삼위일체 교리의 발전은 예수의 선교가 그 시작부터 전제와 맥락, 근원과 목표로 가졌던 것을 명백히 한 것에 불과했다. 우리가 참여하도록 부르심을 받은 선교의 본질과 권위는 삼위일체론적 용어로 이해해야 한다."[6]

이것이 중요하다. 삼위일체론적 숙고는 그리스도 중심적이며 예수의 선교에 밀접하게 연결되어 있다. 즉 그것은 예수께서 주님이라는 고백으로부터, 그리고 이교적-고전적 세상에서 그 고백을 표현하기 위한 초대 교회의 선교로부터 발생했다. 그리고 그것은 더 나아가, 선교에서 예수를 따른다는 것이 무엇을 의미하는지 이해하려고 교회가 분투하는 가운데 발전한다. 교회는 자신의 선교를 어떻게 수행해야 하는가? 그들의 답은 예수의 방식에 있었다. 어떤 방식인가? 이 질문이 삼위일체론적 숙고를 낳았다. 출발점은 예수께서 세상으

1953), p. 190; 참고. Lesslie Newbigin, *The Open Secret: An Introduction to the Theology of Mission*, rev. ed. (Grand Rapids: Eerdmans, 1995), p. 1.
5   Newbigin, *Open Secret*, pp. 15, 19, 20, 24, 28.
6   Lesslie Newbigin, "The Future of Missions and Missionaries", *Review and Expositor* 74, no. 2 (1977): p. 214.

로 보냄을 받으신 데 있다.

초교파주의 전통 내에서 있었던 '미시오 데이'에 대한 삼위일체론적 이해를 두고 콘라드 라이저(Konrad Raiser)와 벌인 논쟁에서, 뉴비긴은 다시금 자신의 출발점이 그리스도 안에 있음을 분명히 한다.[7] 라이저는 뉴비긴의 그리스도 중심주의가 하나님에 대한 삼위일체론적 이해를 모호하게 만든다고 여긴다. 뉴비긴의 대답에 따르면, "삼위일체론적 관점은 단지 그리스도 중심적 관점의 확장이자 발전이지 그에 대조되는 대안이 아닌데, 삼위일체 교리는 예수께서 세계 역사에 성육신하신 유일무이한 하나님의 말씀이라고 말하는 것이 무엇을 의미하는지에 대한 신학적 표현이기 때문이다."[8] 이 그리스도 중심적 출발점은 근본적으로 역사적이다. 그것은 나사렛 예수―그분이 누구이시며 그분의 선교의 본질이 무엇인가―로부터 시작한다.

삼위일체 하나님의 선교에 대한 뉴비긴의 이해에 있는 두 번째 특징은, 그가 성령의 사역에 부여하는 방대한 공간이다. 라이저 및 다른 이들은 뉴비긴의 그리스도 중심주의가 성령의 사역을 모호하게 했다고 믿지만, 그런 판단은 뉴비긴의 저작에 익숙하지 않을 때만 가능하다. 뉴비긴은 성령의 사역에 엄청난 공간을 부여하는데, 왜냐하면 성령이 교회의 선교에서 주된 행위자이시기 때문이다(우리가 이

---

[7] 이 논의에 대한 분석을 다음에서 보라. Michael W. Goheen, "The Future of Mission in the World Council of Churches: The Dialogue between Lesslie Newbigin and Konrad Raiser", *Mission Studies* 21, no. 1 (2004): pp. 97-111.
[8] Lesslie Newbigin, "Ecumenical Amnesia", *International Bulletin of Missionary Research* 18, no. 1 (1994): p. 2.

전 장들에서 이미 보았듯이).

하나님의 선교에 대한 뉴비긴의 이해에서 주목해야 할 세 번째 핵심은 그 명백한 내러티브 형태다. 뉴비긴은 삼위일체의 여러 위격을 성경 이야기를 통해 관련시킨다. 뉴비긴의 저술을 깊이 읽으면서 모든 것을 지배하는 틀이 성경 이야기라는 점을 깨닫지 않을 수는 없다. 성경 이야기에서 서술된 하나님의 사역과 선교는 근본적으로 역사적이다. 삼위일체 하나님이 스스로를 계시하시는 맥락은, 창조 세계를 다시 새롭게 하기 위한 하나님의 목적을 펼치시는 역사 속 그분의 사역이다. 뉴비긴의 강한 역사적 분위기는 다른 삼위일체론적 표현들이 훨씬 더 정적이거나 교리적이거나 형이상학적인 느낌을 가진 것과 대조된다. 또한 그것은 '미시오 데이'에 대한 모든 종류의 정형화된 표현들과도 대조된다. 예를 들어, 성부는 성자를 보내시고 성자는 성령을 보내시고 성부와 성자는 성령의 능력 가운데 교회를 보내신다는 진술은 확실히 성경의 가르침을 포착한다. 하지만 만약 우리가 그 진술을 전체 성경의 내러티브에서 떼어 놓는다면, 그것은 수많은 방식으로 마음대로 사용될 수 있으며 또 실제로 그렇게 되어 왔다. 만약 그 표현이 활용된다면, 그것은 성경 내러티브의 실제 내용에 대한 요약으로서만 그래야 한다. '미시오 데이'에 대한 어떤 삼위일체론적 이해가 구속사를 "참여" 또는 "보냄"과 같은 표현을 위한 일차적 맥락으로 삼지 않는다면, 그것은 뉴비긴의 이해와 일치하지 않는다.

마지막으로, 그리고 앞의 핵심과 밀접하게 관련해서, '미시오 데이'에 대한 뉴비긴의 이해는 종말론적이다. 성경 이야기 전체는 모든 민족의 구원이라는 목표를 향해 움직이고 있다. 복음은 마지막 때의 구원이 예수 그리스도와 성령 안에서 역사 한가운데로 침입했다고 선포한다. 종말의 완성은 미루어져 있는데, 그렇게 해서 이 마지막 날들에 복음이 땅끝까지 가도록 하기 위해서다. 성령은, 예수 안에서 계시되고 성취된 하나님 나라를 증언하는 마지막 때의 선물로 주어진다. 이 간략한 진술이 다시 분명히 하는 사실은, 성부의 사역의 목표가 역사의 정점인 하나님 나라라는 점이다. 예수 안에서 그리고 성령의 사역에 의해, 그 하나님 나라가 지금 임재해 있다. '미시오 데이'에 대한 뉴비긴의 이해는 종말론에 중요한 자리를 부여한다.

그리스도의 방식으로 하는 선교

"내가 보기에 가장 중요한 일은, 선교가 우선적으로 우리의 행동이 아님을 강조하는 것이다. 그것은 하나님의 행동, 삼위일체 하나님의 행동이다.…이것이 선교들에 있는 원초적 실재다. 나머지는 파생적이다."[9] 어떻게 우리는 교회의 선교를 삼위일체 하나님의 선교에 대한 참여로 표현하는가? 우리는 여기서 그것을 그리스도의 방식으로 하는 선교, 성부의 나라에서 하는 선교, 성령의 증언을 감당하는 것으로서의 선교 측면에서 상세히 설명할 것이다.

"아버지께서 나를 보내신 것 같이 나도 너희를 보내노라." 뉴비긴이 선호하는 구절인 요한복음 20:21의 이 말씀으로, 예수께서 교회

---

9   Lesslie Newbigin, *The Gospel in a Pluralist Society* (Grand Rapids: Eerdmans, 1989), pp. 134-135.

를 세상으로 보내 그분의 선교를 계속하게 하신다. "이것이 우리가 선교에 대해 생각하고 또 수행하는 방식을 결정해야 한다. 선교는 그분의 선교 위에 세워지고 또 빚어져야 한다. 우리는 어떤 다른 방식으로 선교를 수행할 권한을 받지 않았다."[10] 어떻게 교회의 선교는 예수를 따라 빚어지고 또 세워지는가? 뉴비긴의 대답은 풍성해서 간략하게 요약할 수밖에 없다.

그리스도의 방식으로 하는 선교는, 첫째로, 성육신하신 예수의 사역을 계속하는 것이다. 이것은 우리가 하나님 나라를 알려야 한다는 것을 의미한다. 그리고 우리는 그 일을 그리스도가 하셨던 방식으로, 곧 삶·말·행위를 통해 한다. 예수께서 자신을 증언하기 위한 공동체를 형성하시고 가르치셨기에, 그것은 우리 자신의 선교에도 필수적이다. 기도와 고난이 예수의 사역을 특징지었기에, 그것이 우리의 사역도 특징지어야 한다. 그리고 마지막으로, 예수께서 그분의 선교를 아버지에 대한 완전한 순종으로 그리고 성령의 능력으로 수행하셨기에, 교회는 그분의 방식을 따라야 한다. 이것은 선교의 삼위일체적 형태의 발전에 추진력을 제공하는데, 즉 예수께서 아버지의 나라를 성령의 능력으로 알리셨다는 것이다. 이것이 교회의 선교를 규정한다. 만약 우리가 예수의 방식을 따른다면, 우리의 삶은 온전히 삼위일체적일 것이다.

예수의 선교를 계속하는 것은, 둘째로, 십자가와 부활의 방식으로

---

10 Lesslie Newbigin, *Mission in Christ's Way: Bible Studies* (Geneva: WCC Publications, 1987), p. 1.

하는 것이다. 십자가는 하나님 나라의 징표다. 그것은 패배처럼 보이는 것 안에서 하나님의 승리를 제시하고, 갈등과 고난의 길을 나타내며, 또한 하나님이 자신을 세상과 온전히 동일시하시며 동시에 세상을 왜곡하는 죄를 거부하시는 방식을 우리에게 보여 준다. 몇 번이고 뉴비긴은 예수의 십자가로 돌아가는데, 이는 우리의 선교도 십자가의 방식으로 이루어진다는 것을 보여 주기 위해서다.

교회의 선교는 또한 부활의 방식으로 이루어진다. 부활은 새 창조의 여명이자 개시다. 우리는 성자의 부활 생명에 참여하기 시작한다. 이는 하나님의 다시 새롭게 하시는 능력이 교회에서 작동해서 새 창조를 역사의 한가운데로 가져온다는 것을 의미한다. 부활 생명에 참여하는 것은 또한 우리가 십자가의 방식으로 따른다는 것을 의미한다. 우리의 선교를 위한 본보기로서뿐 아니라, 죄와 악에 대한 하나님의 승리를 거둔 역사적 사건으로서의 그 능력으로 말이다.

그리스도의 방식으로 하는 선교는, 셋째로, 살아 계시며 높여지신 주님과의 관계 안에 그리고 그분에 대한 순종 안에 있다. 교회는 "두 가지 구별할 수 있는 방식으로 그리스도와 연결되어" 있다. 교회는 그 교회를 모으시고 자신의 선교를 그들에게 맡기신, 교회의 설립자로서의 역사적 예수와 연결되어 있다. 하지만 교회는 또한 "살아 계시며 승천하신 주님으로서의 그분과 연결되어" 있는데, 주님은 우리의 영원한 동시대인이시다.[11] 이는 교회가 단지 역사적 예수의 선

---

11 Lesslie Newbigin, *The Reunion of the Church: A Defence of the South India Scheme* (London: SCM, 1948), p. 71. 뉴비긴은 *Renuion of the Church*의 이 장에서 그리스도와 관련시키는 이 이중의 방식을 상당히 중요시한다. 그는 이브 콩가르(Yves Congar)가 주장

교를 계속하기 위해 이천 년 전에 세워지고 역사적으로 지속되는 기관에 불과하지 않다는 것을 의미한다. 교회는 또한 하나님 나라에 통합되었으며, 그리스도는 그들 가운데 사시면서 그분의 교회를 다스리는 일을 계속하신다. 교회의 성격은 단지 역사적일 뿐 아니라 또한 종말론적이다. 그리스도는 복음의 말씀과 성례 가운데 자신의 생명으로 하나님 나라의 생명을 양육하는 일을 계속하시며, 세상 속에서 자신의 선교를 수행하시기 위해 교회 안에서 그리고 교회를 통해 일하신다. 선교는 살아 계신 주님과 나누는 지속적이고 친밀한 소통을, 또한 역사의 주님에 대한 순종과 선포를 의미한다.

그리스도의 방식으로 하는 선교는, 마지막으로, 성령의 능력 안에 있다. 성령은 그 참된 본질이 종말론적인 분으로서, 예수의 사역이 시작될 때 예수 위에 부어지셨다. 예수께서는 그분의 선교를 성령의 사역에 대한 전적이고 완전한 의존 가운데 수행하셨다. 그런 다음에 그 동일한 성령이 교회에 부어지셔서, 교회가 세상에서 자신의 선교를 위해 준비되게 하셨다.

성부의 나라에서 하는 선교

1960년대에 뉴비긴은 선교에 대한 숙고가 "아마도 너무 배타적으로 그리스도의 인격과 사역에 기초"했으며 따라서 "성령의 사역을 위

한 성육신의 연장으로서의 교회 개념을 거부하는데, 왜냐하면 그것은 교회를 단지 역사적 예수와 관련된 역사적 기관에 불과한 것으로 만들면서, 살아 계시며 승천하신 주님과도 관련되는 교회의 종말론적 본질을 놓치기 때문이다. 참고. Lesslie Newbigin, *Christ Our Eternal Contemporary* (Madras: Christian Literature Society, 1968).

한 넓은 자리를 만들" 필요가 있다고 믿었다. 동시에 그가 관찰한 바에 따르면, "참된 선교들의 교리는 성부 하나님에 대해 할 말이 많을 것이라는 점도 마찬가지로 사실이다. 교회의 선교와 일치에 대한 최근의 초교파주의 사유가 이 두 지점 모두에서 결함이 있다는 의견이 과감히 개진될 수도 있을 것이다."[12] 뉴비긴 자신은 필요한 수정을 하고자 노력했다. 하지만 뉴비긴의 사유에 대해서도 공정하게 말할 수 있는 사실은, 뉴비긴이 성령의 사역을 전개한 것이 풍성하고 다채롭기는 하지만 성부에 대한 그의 숙고는 덜 그렇다는 것이다. 그럼에도 그가 말하는 내용은 중요하다.

뉴비긴 자신의 출발점은, 신약성경의 증언에 따르면 예수께서 성부에 대한 성자의 관계 가운데 자신의 선교를 수행하신다는 점에 주목하는 것이다. 예수의 선교는, 역사의 주권적인 통치자로서 자신의 목적을 성취하기 위해 만물을 총괄하시는 성부에 대한 관계 가운데 펼쳐진다. 예수께서는 구약성경의 이야기 속으로 들어가시는데, 그것은 창조 세계에 대한 자신의 주권적인 통치를 다시 세우는 목표를 향한 하나님의 능하신 일에 대한 긴 내러티브다. 구약성경에 기록된 하나님의 구속 사역의 초점은 이스라엘이었지만, 그분의 주권적인 통치는 모든 민족 위에, 심지어 세상 권세들 위에, 또한 온 창조 세계와 역사 위에 이른다. 따라서 예수께서는 자신의 사역에서 세상을 위한 하나님의 목적을 이루기 위해, 하나님의 주권적인 통치에 의지하신다.

더 나아가 예수께서는 돌보시는 아버지이신 하나님에 대한 관계

---

[12] Newbigin, *Trinitarian Doctrine*, p. 33.

가운데 자신의 선교를 수행하신다. 구약성경이 서술하는 하나님의 통치는 제멋대로인 폭군의 통치가 아니라 자비로우시고 사랑하시는 아버지의 통치다. "만물에 대한 하나님의 아버지 같은 통치는 [예수의] 가르침의 가장 핵심에 있다."[13] 그분은 사랑을 받는 아들로서, 아버지와의 친밀한 교제 가운데 자신의 선교를 수행하신다. 그분은 아버지가 주권적인 통치 가운데 갖고 계신 지혜를 신뢰하실 수 있다. 따라서 그리스도의 방식으로 하는 선교는 아버지에 대한 아들의 신뢰와 사랑의 방식으로, 순종의 방식으로 하는 선교다.

하나님은 만물을 창조하신 분으로서 또한 그것들을 유지하시고, 자신의 뜻에 따라 인도하신다. 엄청난 이교적 정치 권세들조차도 아버지이신 분의 목적을 위해 사용되기 위해 그분의 손에 있다.…하나님은 모든 것을 다스리시고 사용하신다.…[예수께서는] 아버지가 사건들을 명령하시는 것에 전적으로 자신을 맡기신다. 그분은 스스로 세계 역사를 장악하려 들지 않으신다. 그분은 스스로 사건들의 통치자와 감독자가 되려는 모든 유혹을 물리치신다.…그분은 만물을 다스리시는 분의 뜻에 사랑으로 자신을 맡기는 아들로 나타나신다.[14]

뉴비긴의 강한 의식, 즉 하나님이 구약성경에 서술된 것처럼 역사 안에서 자신의 목적을 이루신다는 것이 배경을 형성한다. 그러나

---

13 Newbigin, *Trinitarian Doctrine*, p. 39.
14 Newbigin, *Trinitarian Doctrine*, p. 39.

하나님을 이처럼 주권적인 통치자로 묘사하는 것은 아버지로서의 하나님에 대한 친밀한 묘사와 연결되어 있다. 이것이 예수를, 그리고 우리를, 하나님의 선교에 대한 즐겁고 두려움 없는 증언과 참여로 이끌면서, 하나님이 아버지로서의 지혜 가운데 자신의 주권적인 목적을 이루실 것을 신뢰하게 한다. 이는 교회가 하나님의 선교를 성취하는 데 기울이는 자신의 노력을 신뢰하면서 계획하고 전략을 세우고 관리할 때 절실히 상기해야 할 점이다. 또한 그것은 미래에 대한 불안 가운데 있는 교회에 필수적인 관점이다. 만약 우리가 우리의 선교를 하나님의 주권적인 통치에 비추어 이해한다면, "우리가 우리 주변에서 발견하는 대부분의 염려로부터 구출될 것이다.…우리는 하나님 나라가 과연 올 것인지 여부로 염려하느라 우리의 시간을 낭비할 필요가 없다. 우리가 관심을 기울여야 하는 것은 자신이 지금 과연 하나님 나라에 대한 신실한 증인으로 있는지 여부, 주님이 오실 때 우리가 깨어 경계하는 상태로 발견될 것인지 여부다."[15]

그러나 나는 뉴비긴을 넘어서 나아가기 위해 한 가지를 요청하려 한다. 즉 창조에서의 성부의 사역이 오늘날 교회의 선교를 위한 맥락으로서 훨씬 더 온전히 전개될 필요가 있다는 것이다. 이것이 뉴비긴의 저술에 없는 것은 결코 아니지만, 오늘날 훨씬 더 분명하게 전개되어야 한다.

15　Lesslie Newbigin, "The Mission of the Church to All the Nations" (address, National Council of Churches General Assembly, San Francisco, December 1960), p. 2.

성령을 증언하는 것으로서의 선교

우리가 성령의 사역으로 눈을 돌릴 때 풍성한 숙고에 이른다. 선교는 "성령을 증언하는 것"이다.[16] 성령은 다가올 시대에 먼저 속하신다. 마지막 날들에 성령이 부어지실 것이다. 성령의 오심과 함께 종말이 임했다. 성령은 세상에서 미리 지불된 하나님 나라의 보증이시다(고후 1:22; 엡 1:14). 성령의 사역은 예수 안에서 시작되어, 그분의 삶·말씀·행위에서 성령은 세상 한가운데 하나님 나라가 임하도록 하기 위해 능력으로 행하신다. 그 일은 예수께서 오순절에 자신이 모으신 공동체에 성령을 부으심으로써 계속된다. 누가복음이 예수께서 그분의 선교를 위해 성령의 부음을 받으시는 것으로 시작하는 것처럼, 누가복음의 속편인 사도행전은 그분의 공동체가 선교를 위해 성령의 부음을 받는 것으로 시작한다. 이제 성령은 이 공동체에서, 땅끝까지 이르는 하나님 나라의 증인으로서의 그들의 삶·말·행위를 통해 일하신다. 그리고 그렇게 성령의 부으심에 의해, 교회는 자신의 선교를 개시하며[17] 또 사도행전 전체에서 "선교의 능동적 행위자"가 된다. 성령은 "교회를 다스리고, 인도하고, 앞서가는 능력이시다. 하나님의 영의 자유롭고, 주권적이고, 살아 있는 능력이신 것이다. 선교는 교회가 행하는 무언가가 아니다. 오히려 선교는, 그 자신이 증인이신 성령에 의해 행해지는 것이다."[18] 성령은 새 시대의 징표를 창조하시면서 예수를 증언하신다. "교회는 선교의 주체라기보다는 선교의 장

---

16 Newbigin, *Open Secret*, p. 56. 이것이 성령의 사역과 선교를 다루는 장 전체의 제목이다.
17 Newbigin, *Open Secret*, p. 58.
18 Newbigin, *Open Secret*, p. 56.

소다. 성령의 능력으로 행하시는 분은 바로 하나님이시다."[19]

만약 교회가 자신의 선교를 단지 인간의 기획으로 수행되는 군사 작전이나 판매 활동으로 바꾸는 일을 피하려면, 이 사실이 명백히 전면과 중심에 놓여야 한다. "아무리 강조해도 결코 지나치지 않은 사실은, 선교의 시작이 우리의 행동이 아니라 새로운 실재의 임재, 능력 가운데 있는 하나님의 영의 임재라는 점이다."[20] 이 중요한 실재를 망각할 때, 교회는 자신의 전략과 계획과 노력을 하나님 나라가 도래하는 방법으로 보려는 유혹을 받는다.

뉴비긴은 두 가지 이야기를 통해 이 진리를 분명히 보여 주려 한다. 한 번은 마드라스(첸나이의 옛 이름—옮긴이)의 산업 지역에서 단기간에 40명의 성인 세례가 있었다. 뉴비긴은 모든 새로운 개종자를 초청해 자신들의 이야기를 말하도록 했다. 그들의 이야기는 각각 달랐으며, 각 사례에서 그들이 그리스도에게 나아온 것은 어느 정도의 시간이 걸린 일련의 사건을 통해서였다. 그것은 공장 작업장에서 친구와 나눈 대화, 병에 걸렸을 때 어떤 그리스도인의 방문, 소책자나 성경을 읽은 것, 누군가의 친절함, 어떤 설교, 기도, 꿈, 혹은 환상일 수도 있었다. 뉴비긴은 그것이 틀림없이 성령의 사역이라고 결론을 내린다. "아무도 이 모든 것을 기획할 수 없었을 것이다. 그 전략은 (만약 이것이 적절한 단어라면) 어떤 인간의 손에 있지 않았다."[21]

또 한 번은 마두라이의 주교로서 그가 한 마을로부터 편지를 받

---

19 Newbigin, *Gospel in a Pluralist Society*, p. 119.
20 Newbigin, *Gospel in a Pluralist Society*, p. 119.
21 Newbigin, *Mission in Christ's Way*, p. 20.

앉는데, 스물다섯 가정에 세례를 부탁하는 것이었다. 그 지역에는 교회에 의해 조직된 복음 전도 계획이 없었기 때문에, 그는 어떻게 이 가정들이 그리스도에게 나아오게 되었는지 이해하려고 애썼다. 그는 그것이 4막으로 된 이야기였다고 말한다. 1막: 주류 교회에 속한 한 그리스도인 기술자가 담수를 위한 전기 펌프 설치 때문에 마을에 온다. 그는 자신이 그리스도인이라고 그들에게 말하지만, 그 이상은 말하지 않는다. 그들은 그가 열심히 일하는 좋은 사람이라는 것을 본다. 2막: 마을 사람 하나가 인근 마을에서 서적 행상인(종교 서적 판매상)에게서 마가복음을 한 권 구입하고, 몇몇 사람이 그것을 함께 읽기 시작한다. 3막: 어떤 복음 전도자가 그 마을을 방문하고, 불타는 듯한 설교를 전하고, "만약 당신이 오늘 밤 죽는다면, 당신은 어디로 갈까요?"라고 묻는 소책자를 하나 남겨 두고 떠난다. 이 마을 사람들은 이것이 그들이 생각했던 것보다 더 심각한 문제라고 판단하고, 따라서 8킬로미터 떨어진 곳에 있는 기독교 회중에 요청해서 이에 대해 더 자세히 말해 줄 누군가를 보내 달라고 한다. 4막: 이 요청을 들은 회중은 부상을 입고 일자리를 잃은 노동자 혹은 "막노동꾼" 한 명을 그들에게 보내서, 한 달을 그들과 지내며 질문들에 답하게 한다. 결과: 스물다섯 가정이 세례를 받을 준비가 되었고 또 세례를 갈망한다. 뉴비긴의 결론에 따르면, "이야기의 핵심은 분명하다. 만약 당신이 선교 방법론에 대한 세미나를 위해 기술자, 서적 행상인, 복음 전도자, 막노동꾼을 모았다면, 그들은 아마도 서로 동의하지 않았을 것이다. 어쩌면 격렬하게 반응하면서 말이다. 서로를 알지 못한 채, 그들 각자는 성령이 준비시키신 일을 신실하게 해냈다. 그 전략은…

어떤 인간의 손에 있지 않았다. 성령이 바로 제일의 선교사이시다. 우리의 역할은 부차적이다."²²

선교적 차원과 선교적 의도

뉴비긴의 선교적 교회론을 위해 두 번째로 중요한 구분은 선교적 차원과 선교적 의도 사이의 구분이다. 20세기 중반에 선교의 범위는 교회가 하는 모든 일을 포함하는 것으로 확대되었다. 뉴비긴의 우려는, 이런 선교의 확대로 인해 교회가 가진 더 특정하게 복음 전도적이며 교차 문화적인 선교 과업들이 상실될 수 있다는 것이었다. 한편으로, 뉴비긴은 당시에 떠오르고 있던 선교의 포괄적인 범위를 긍정했다. 이것은 의심의 여지 없이 성경적이었다. 다른 한편으로, 선교의 확장은 아직 그리스도를 모르는 이들에게 그리스도를 증언하는 것을 의도적인 목표로 가진 계획적인 활동들을, 퇴색까지는 아니라도 주변부로 밀어낼 가능성이 있었다.

두 가지 관심사를 모두 지키기 위해, 뉴비긴은 도움이 되는 구분을 선교적 차원과 선교적 의도 사이에서 한다. 이것은 "교회의 전체 삶의 **차원**으로서의 선교와 어떤 활동들의 일차적 **의도**로서의 선교 사이"를 구분하는데, "교회가 **바로** 선교이기 때문에 교회가 하는 모든 일에 선교적 차원이 있다. 그러나 교회가 하는 모든 일에 선교적 의도가 있는 것은 아니다." 어떤 활동들은 "그리스도를 알지 못하는 사람들 가운데 그리스도가 주님이라고 증언하기 위해 교회에 고유

---

22 Newbigin, *Mission in Christ's Way*, pp. 39-40.

한 삶의 경계를 넘어 바깥으로 나아가는 활동일 때, 그리고 그 행동의 전반적인 의도가 그들을 불신에서 신앙으로 이끄는 것일 때" 선교적 의도를 가졌다고 판단할 수 있다.²³

교회의 삶 전체가—모인 공동체로서든, 그리고 세상에 흩어져 있을 때든—바로 성령이 하나님의 다시 새롭게 하시는 사역을 증언하시는 장소이기 때문에, 교회의 삶 전체가 증인의 성격을 가진다. 만약 그리스도가 모든 인간 삶의 주님이시라면, 우리 삶 전체는 다른 사람들을 하나님의 주권적인 통치와 다시 새롭게 하시는 능력으로 안내하면서 하나님의 선교의 일부가 될 것이다. 모든 그리스도인의 삶은 선교적 차원을 가진다.

그러나 어떤 활동들은 특히 예수 그리스도를 증언하려는 계획적인 의도로 실행된다. 자신의 존재 전체의 선교적 차원을 깨달은 교회에서 흘러나오는 말과 행위는, 예수 그리스도를 가리키고 또 다른 사람들을 초청해서 그분을 따르도록 할 것이다. 예를 들어, 복음 전도와 교차 문화적인 선교는 복음을 증언하고 신앙의 응답을 요청하는 데 목표를 둔 계획적이고 의도적인 활동들이다.

뉴비긴은 선교의 이 두 측면이 모두 필수적이라고 믿는다. 둘 중 하나가 없다면 교회의 선교가 제대로 기능하지 못하게 될 것이다. "교회의 삶에서 선교적 의도에 집중하는 지점이 없다면, 교회의 삶 전체에 합당한 선교적 차원은 상실될 것이다."²⁴ 선교를 의도적인 활동들

---

23 Lesslie Newbigin, *One Body, One Gospel, One World: The Christian Mission Today* (New York: International Missionary Council, 1958), pp. 43-44.
24 Newbigin, *One Body, One Gospel, One World*, p. 43.

로만 축소시키는 교회는 복음의 폭을 좁게 만들고, 증언하는 말들이 자리해야 하는 온전한 맥락을 제거한다. 각각은 서로를 필요로 한다.

선교와 선교들

세 번째 결정적인 구분은 뉴비긴의 선교적 교회론을 이해하는 데 도움이 된다. 선교에 대한 확장하는 관점이 그리스도를 증언하는 모든 의도적인 노력을 위협하고 있었다. 그러나 교차 문화적인 선교들이 아마도 가장 많이 위협을 받았을 것이다. 이는 19세기와 20세기 초에 선교가 교차 문화적인 선교들로 축소되었기 때문이었다. 하지만 교차 문화적인 선교들은 탈식민주의 시기에 억압적인 것으로, 심지어 어떤 이들에게는 "신학적 인종 차별"로 여겨졌다.[25] 더욱이, 비서구 세계에서의 교회 성장과 함께 그런 것이 더 이상 필요하지 않은 것처럼 보였다. 서구 교회들이 교차 문화적인 사업에 참여한 정도에 따라, 그 일은 복음 전도와 교회 개척보다는 사회적이고 경제적인 발전을 통해 일어날 것이다. 선교에 대한 더 넓은 시각은 교회의 교차 문화적인 선교 과업을 위협했다. 다시금, 뉴비긴은 성경 이야기에 나오는 교회의 역할에 비추어 선교를 확장하는 것의 중요성을 보면서도, 또한 "교회의 선교 전체에서 구체적인 해외 선교 과업을 파악하

---

25 Lesslie Newbigin, *Unfinished Agenda: An Updated Autobiography* (Edinburgh: Saint Andrew Press, 1993), p. 231.『아직 끝나지 않은 길』(복있는사람). 그는 판을 뒤집어 말하기를, 만약 복음이 오직 백인들을 위한 것이라면 그것이야말로 "인종 차별의 특징적 형태"라고 한다. 참고. Lesslie Newbigin, "The Pastor's Opportunities: VI. Evangelism in the City", *Expository Times* 98, no. 12 (1987): p. 358.

고 구분하는 것"이 필수적이라고 보았다.[26]

뉴비긴은 선교(mission)와 선교들(missions)을 구분한다. 선교는 하나님의 선교에 참여함으로써 복음을 알리는 교회의 총체적인 부르심이다. 반면에 선교들은 교회의 총체적 선교 내에서의 특정한 사업들로 구성되는데, 그 사업들은 "전에는 그리스도인의 존재가 없었거나 그 존재가 효과적이지 않았던 환경에 그리스도인이 존재하게 하는 일차적 의도를 갖는다."[27] 따라서 선교들은 지속되는 교회의 선교에서 필수적인 부분으로 남아 있다.

실제로, 선교들은 삶의 모든 것에서 선교적 차원을 유지하는 데 중요하다. "교회가 선교"이지만, "그 말이 참으로 그렇기 위해서 우리에게 '선교들'이 필요하다.…이는 교회의 나머지 부분들에게서 선교적 책임을 덜어 주기 위해서가 아니라, 교회의 삶 전체가 선교적이라는 것을 확실히 하기 위해서다."[28] 선교들은 땅끝까지 있어야 하며 또한 누군가가 정말로 복음을 믿는지에 대한 시금석이다. 선교들이 전 세계에 걸쳐 필요함을 밝히고 또 은사와 부르심을 받은 개인들이 그런 곳들로 복음을 들고 가서 복음 전도와 교회 개척을 감당하도록 위임하는 일은 여전히 중요하다. 우리는 이 장의 마지막에서 선교들이라는 주제로 돌아올 것이다.

---

26 Lesslie Newbigin, "Mission and Missions", *Christianity Today*, August 1, 1960, p. 911.
27 Lesslie Newbigin, "Crosscurrents in Ecumenical and Evangelical Understandings of Mission", *International Bulletin of Missionary Research* 6, no. 4 (1982): p. 149.
28 Newbigin, "Crosscurrents", p. 179.

증언의 형태들

마지막 때를 새롭게 하시는 하나님의 능력이 역사 속으로 침입했다. 그리고 지금 "구속된 공동체의 삶에서 알려지고 경험된 하나님의 구원하시는 능력은 세상을 향한 모든 종류의 증언과 봉사를 낳아야 한다."[29] 뉴비긴은 어떤 종류의 증언과 봉사에 주의를 집중했는가? 다섯 가지의 특별한 강조점이 있는데, 즉 공동체의 구별된 삶, 평신도의 부르심, 자비와 정의의 행위들, 복음 전도, 그리고 복음이 알려지지 않은 곳을 향한 선교들이다.

새로운 존재와 공동체적 삶

뉴비긴에게, 선교는 무엇보다도 존재에 대한 것이다. 새로운 인류가 되는 것, 구별된 공동체가 되는 것이다. 행하는 것과 가는 것은 이것으로부터 흘러나온다. 그러나 하나님 나라의 징표가 된다는 것은 무엇보다도, 참된 인류의 모습인 하나님 나라의 새로운 생명을 구현하는 백성이 되는 것의 문제다.

뉴비긴은 이 점을 그의 저술 전체에서 거듭해서 강조한다. 우리는 이것이 분명하게 된 곳을 세 군데 지적할 수 있다. 첫째, 그의 작은 책 『복음, 공공의 진리를 말하다』(*Truth to Tell*, SFC출판부)는 현대성에서의 교회의 선교에 대한 세 개의 강연을 기록한다. 첫 번째 강연에서

---

[29] Lesslie Newbigin, "Our Task Today" (address, fourth meeting of the diocesan council, Tirumangalam, 1951), p. 5.

그는 복음의 공적 진리를 옹호하며, 두 번째 강연에서는 교회의 복음주의 진영과 자유주의 진영이 각자의 방식으로 복음을 타협시키면서 그에 따라 어떻게 그것이 약화되었는지 보여 준다. 마지막 강연에서 그는 공적 광장에서의 교회의 선교에 관심을 기울인다. 그는 공적 광장에서의 소명들에 있는 하나님의 백성의 부르심을 가리키는데, 그 공적 광장은 사회에 형성적 영향을 줄 수 있다는 의미에서는 그리 벌거벗지 않았다.[30] 그의 결론에 따르면, "교회가 새로운 사회 체제에 줄 수 있는 가장 중요한 기여는, 그 자신이 새로운 사회 체제가 되는 것이다."[31] 만약 지역 회중이 "세상을 위한 거룩한 제사장인 자신의 참된 신분을 이해한다"면, "그렇다면 그곳에 새로운 사회 체제가 성장하는 지점이 있다."[32] 바로 지역 회중들, 그곳에서 새 창조의 생명의 첫 번째 싹들이 양육되어 문화의 통치자들과 권세들을, 특히 성장하는 경제·금융·기술의 세계화 영향을 전복시킨다. 교회는 모든 도시에서 성부의 사랑을 삶으로 살아 내는 공동체로서 보이고 인식될 수 있어야 한다. 따라서 "사회 체제를 새롭게 하는 일에 대한 교회의 주된 기여는, 그 자신이 새로운 사회 체제가 되는 것이다."[33]

뉴비긴이 새로운 존재를 증언의 일차적 형태로 만드는 두 번째 장소는 그가 선교를 말, 행위, 새로운 존재로 논의하는 곳이다.[34] 그는

---

30 Lesslie Newbigin, *Truth to Tell: The Gospel as Public Truth* (Grand Rapids: Eerdmans, 1991), pp. 81-84.
31 Newbigin, *Truth to Tell*, p. 85.
32 Newbigin, *Truth to Tell*, p. 87.
33 Newbigin, *Truth to Tell*, p. 90.
34 Newbigin, *Gospel in a Pluralist Society*, pp. 128-140.

복음 전도를 선교에서의 첫 번째 우선권으로 따로 떼어 낸 오랜 전통을 지적한다. 그리고 오늘날 선교 운동에서, 그가 말하는 바에 따르면, 말씀의 우선권을 확언하는 이들과 정의 및 평화의 행위가 우위에 있어야 한다고 믿는 이들 사이에서 다툼이 계속 진행되고 있다.

복음서에서 우리는 행위와 말씀 사이에 불가분한 연결이 있음을 본다. 능력 있는 행위는 설명하는 말씀을 불러일으킨다. 그러나 그 둘 다의 기저에는 능력 있는 새로운 실재가 있다. 그러면 이 새로운 실재는 무엇인가? 복음의 대답은 예수 자신의 임재 안에 하나님 나라가 도래했다는 것이다. 그분 안에서 하나님 나라가 능력으로 임했다. 그리고 그렇게 예수의 선교에서 능하신 사역과 말씀 선포는 예수의 삶에 있는 하나님 나라의 새로운 실재를 가리킨다.

그러나 그런 임재는 예수의 지상 사역이 끝나는 것으로 끝나지 않는다. 그것은 공동체의 새로운 삶에서 계속된다. "그분이 하신 일은 선택된 공동체를 하나님 나라의 비밀을 감당하는 존재로 준비시키는 것이었다.…예수의 의도는 현실과 동떨어진 가르침을 남기는 데 있지 않았다. 오히려…그분이 성부로부터 오셔서 되신 것과 행하신 것—즉 하나님의 통치의 임재를 구현하고 선포하는 일—을 계속할 공동체가 창조되어야 한다는 것이었다."[35]

새로운 실재는, 첫째로, 성령의 능력에 의해 예수의 인격 안에 하나님 나라가 도래한 것이다. 하지만, 둘째로, 그 실재는 교회 안에 새로운 생명을 창조하는 성령의 능력에 있다. 교회는 성령의 능력으로

---

35 Newbigin, *Gospel in a Pluralist Society*, pp. 133-134.

예수의 선교에 통합된다. 그분과 마찬가지로, 교회의 행위와 말은 새로운 실재, 곧 예수 안에 있는 하나님 나라의 도래를 증언한다. 하나를 다른 하나와 겨루게 하는 것은 "교회의 증언을 엄청나게 약화시키는 것이다." 그러나 "둘 다 중요한 진리를 붙들고 있다." 말씀과 행위는 둘 다 하나님 나라에 대한 증언의 중요한 부분이다. 하지만 "이 논쟁의 양측은 우선하는 실재, 즉 그 주어진 것에 대한 온전한 인식을 회복해야 하는데, 바로 그리스도의 사역이 존재하게 한 새로운 실재의 존재론적 우선성이다."[36] 그 새로운 실재는 공동체로, 그 공동체의 삶 전체는 주님이시고 구세주이신 그리스도 안에 뿌리를 두고 있으며, 그분은 성령에 의해 내주하시며 우상숭배적인 문화의 권세들에게 도전하신다. 그러므로, 뉴비긴의 결론에 따르면, "말씀과 행위, 즉 설교와 행동을 서로 대립시키는 것은 명백히 터무니없다. 중심이 되는 실재는 말씀이나 행동이 아니라 성령에 의해 가능하게 된 **공동체의 총체적인 삶**으로서, 그리스도의 고난과 부활의 능력에 참여하면서 그리스도 안에 사는 것이다."[37] 그리스도의 사역과 성령에 의해 창조된 이 "새로운 존재"가 교회의 선교에서 최고 지위를 차지한다. 자신들의 참된 인간성으로 회복된 새로운 인류인 하나님의 백성의 총체적인 삶, 그것이 교회의 기초적인 증언이다. 말씀과 행위는 이 회복된 공동체에서 흘러나온다. "교회의 선교는, 예수의 선교를 따르면서, 말씀과 행위 둘 다이면서 이미 하나님 나라의 맛보기를 구현

---

36 Newbigin, *Gospel in a Pluralist Society*, p. 136.
37 Newbigin, *Gospel in a Pluralist Society*, p. 137(강조 추가).

하는 공동체의 삶이어야 한다."[38] "구현하는"이라는 단어에 주목하라. 그것은 선교와 관련한 뉴비긴의 어휘에서 흔히 등장하는 단어이며, 이 부분의 핵심을 포착한다. 즉 교회의 삶이라는 새로운 존재가 선교에 중심이라는 것이다.

우리가 지금까지 묘사한 두 주장 모두에서 밝혀야 할 중요한 핵심이 있다. 즉 새로운 존재로서의 교회도 새로운 사회 체제로서의 교회도, **모인 공동체**로서의 교회에 국한되지 않는다는 것이다. 이것이 뉴비긴의 해석자들 일부가 저지른 실수다. 내가 언급한 두 곳 모두에서, 이 새로운 존재 혹은 새로운 사회 체제는 공동체로 모인 교회의 삶에서만 아니라, 자신들의 다양한 부르심 가운데 흩어진 교회의 삶에서도 나타난다. "새 창조의 첫 번째 싹들"로서의 교회에 대한 논의에서, 뉴비긴은 "세상을 위한 거룩한 제사장으로서의 참된 성격"은 "그 구성원들이…그들의 세속 직장에서 제사장직을 실천할 수 있도록 준비되는 것"을 포함한다고 명백히 말한다.[39] 그리고 훨씬 더 분명히, 그가 그리스도의 삶의 새로운 실재를 살아 내도록 성령에 의해 가능하게 된 "공동체의 총체적인 삶"에 대해 말할 때, 그는 "구성원들이 서로 다른 은사를 갖고 있으며 그들은 자신들이 공유하는 사회의 세속적 삶에 관련되어 있다"고 지적한다.[40] 이 새로운 존재는 새로운 인류다. 그들이 공동체로 함께 모여 있든지, 그들의 다양한 부르심들

---

38 Lesslie Newbigin, "A Missionary's Dream", *Ecumenical Review* 43, no. 1 (January 1991): p. 6.
39 Newbigin, *Truth to Tell*, pp. 86-87.
40 Newbigin, *Gospel in a Pluralist Society*, p. 137.

가운데 흩어져 있든지 말이다.

뉴비긴이 어떻게 새로운 존재를 증언의 일차적 형태로 만드는지 분명히 보여 주는 마지막 장소는, 복음의 해석자인 교회에 대한 논의에서다. 뉴비긴이 확고히 하는 바에 따르면, "복음은 다원주의를 지배하는 이념으로 가진 사회에서 한 구성 요소로 수용될 수 없다.…하나님 나라, 즉 모든 것과 모든 사람에 대한 그분의 통치와 관련된 메시지에 신실하기 위해, 교회는 공적 진리의 우위를 주장해야 한다."[41] 복음에 대한 이런 공적이고 포괄적인 시각을 살아 낸다는 것은 교회에 무엇을 의미하는가? 이전의 기독교 세계의 강압적인 힘으로 돌아가는 것으로는 되지 않을 것이다. 오히려, 복음을 믿고 그에 따라 삶이 형성된 지역 회중들에 의해 될 것이다. "공적 삶에 대한 그리스도인의 영향을 추구하는 데 고려해야 할 제일의 실재는 바로 기독교 회중이다. 복음이 신뢰할 만하게 되어, 인간사에 대한 결정적인 말을 하는 능력이 십자가에 달린 한 사람에 의해서 대표된다는 것을 사람들이 믿을 수밖에 없게 되는 것이 어떻게 가능한가?…유일한 답, 복음의 유일한 해석자는 그것을 믿고 그에 따라 사는 남녀의 회중이다."[42]

많은 활동이 복음이라는 공적 진리를 증언하고 문화를 형성하는 공적 신조에 도전한다. 그러나 "이것들은 모두 이차적이며, 믿는 회중 안에 뿌리를 두고 또 그곳으로 되돌아갈 때만 그 목적을 성취할

---

41 Newbigin, *Gospel in a Pluralist Society*, p. 222.
42 Newbigin, *Gospel in a Pluralist Society*, p. 227.

능력을 갖는다."⁴³ 뉴비긴은 더 나아가 복음의 해석자인 공동체의 여섯 가지 특징을 제시한다. 그것은 의심과 회의주의의 세상에서 찬양의 공동체가 될 것이다. 압도하고 상대주의를 낳는 다원주의 사회에서 진리의 공동체가 될 것이다. 이기적인 세상에서 자신을 위해 살지 않고 이웃의 일들에 깊이 관여하는 이타적인 공동체가 될 것이다. 모든 종교적인 주장을 사적인 것으로 만드는 세상에서 공적 삶 가운데 복음을 살아 낼 준비를 갖춘 공동체가 될 것이다. 개인주의의 세상에서 상호 책임성의 공동체가 될 것이다. 미래에 대한 비관주의와 절망의 세상에서 희망의 공동체가 될 것이다.

이와 같이 사는 공동체는 "다른 사회 체제의 맛보기"가 될 것이다. 그런 공동체는 자신의 삶에 대한 안으로 굽은 관심을 버리고 자신의 구성원이 아닌 이들을 위하여 존재한다는 것을 깨닫는 공동체가 될 것이다. 이런 자기희생적이며 밖을 향한 삶은 "사회 전체의 삶을 위한 하나님의 구속하시는 은혜에 대한 징표, 도구, 맛보기"가 될 것이다.⁴⁴

구별된 공동체의 이런 다양한 측면들의 기원에 주목하는 것은 상당히 교훈적이다. 당시에 뉴비긴은 "은퇴" 상태였지만, 영국 버밍엄 도심의 빈곤층 지역인 윈슨 그린에 있는 교회에서 목회하고 있었다. 그는 마거릿 대처(Margaret Thatcher)가 만들어 낸 "이기적 사회"에 의해 분열된 문화적 맥락에서 교회의 사회적 부르심에 대해 논의하고

---
43 Newbigin, *Gospel in a Pluralist Society*, p. 227.
44 Newbigin, *Gospel in a Pluralist Society*, p. 233.

자 소집된 회의에서 연설을 했다. 상황은 긴박했다. 시장 세력이 영국의 삶에 대한 최종적인 주권을 획득하고 있었다. 이념과 우상숭배의 시대가 되었다. "우리는 신앙고백적인 상황으로 들어서고 있었다."[45] 그는 이 우상숭배적인 상황을 만들어 내고 있는 대처의 우파 경제와 이에 대한 좌파의 대응을 모두 비판하면서, 둘 다 "계몽주의가 자율적인 이성과 양심을 가진 자율적인 인간을 우리의 사유의 중심으로 높인 것의 산물"이라고 불렀다. 둘 다 결과적으로 의무에서 권리를, 책임에서 자유를 분리하면서 다른 결론들을 도출했다. 이 맥락에서 그가 말하는 바에 따르면, "교회의 주된 본분은 새로운 사회 체제를 옹호하는 것이 아니다. 우리의 주된 본분은 바로 새로운 사회 체제가 되는 것이다."[46] 그는 그런 공동체의 네 가지 특징을 제시하는데, 즉 이기심의 한복판에서 찬양과 자기희생적인 사랑, 자율적인 개인주의의 한복판에서 서로를 받아들임, 권리 주장의 한복판에서 서로에 대한 책임을 맡음, 절망 및 소비자 싫증의 한복판에서 소망이다. "그런 해석이 가능할 때, 사람들은 사회에 대한 새로운 시각을 갖는 것과 그 시각이 꿈 이상이라는 사실을 아는 것이 가능함을 발견한다."[47]

이 예시들에서, 새로운 사회 체제인 교회에 대한 뉴비긴의 시각

---

45 Newbigin, *Unfinished Agenda*, p. 250.
46 Lesslie Newbigin, "Vision for the City", in *Renewal of Social Vision*, ed. A. Elliot and I. Swanson, Occasional Paper 17 (Edinburgh: Centre for Theology and Public Issues, University of Edinburgh, 1989), p. 40.
47 Newbigin, "Vision for the City", p. 41.

과 관련해서 네 가지 중요한 관찰을 주목하라. 첫째, 교회는 동시대 사람들이 문화적인 우상숭배에 사로잡혀 있기에 그들의 삶과 구별되는 방식으로 삶을 살도록 부르심을 받았다. 대안적인 혹은 대조적인 삶의 방식이 있다는 것이다. 둘째, 이 새로운 존재의 범위는 포괄적이다. 삶의 모든 것이 그리스도의 주되심 아래에 있는 것이다. 셋째, 문화의 우상들을 잘 이해해야 한다. 만약 뉴비긴의 맥락이 있는 강연 "도시를 위한 비전"(Vision for the City)을, 그리고 대처 시절의 영국에서—좌파와 우파를 아울러서—작동하는 강력한 우상들에 대한 그의 분석을 읽는다면, 그가 왜 그 특징들을 논의하는지 볼 수 있다. 그는 교회에, 특정한 우상들과 대조적으로, 아주 특별한 종류의 문화적인 배경에서 구별될 것을 요청한다. 그리고 마지막으로, 이 새로운 삶은 공동체적 구현과 문화의 맥락에서 살아 내는 삶 모두를 수반한다. 그 새로운 존재는 공동체로 모인 교회일 뿐 아니라, 다른 이야기 속에서 자신들의 삶을 살아 내는 새로운 인류로 흩어진 교회다.

문화 속 신자들의 소명

성경 이야기 속 교회의 직무는 우주 역사의 마지막에 오고 있는 포괄적인 구원을 증언하는 것이다. 교회에 주어진 새로운 삶은 인간의 삶만큼 폭넓다. 삶의 모든 것이 회복되는데, 즉 문화, 사회, 경제, 정치, 예술, 학문, 가정, 그리고 그 이상이 포함된다. 교회의 첫 번째 증언은 새로운 존재의 방식을 통해서, 곧 삶의 모든 것을 망라하는 다시 새롭게 됨을 통해서 이루어진다.

교회의 증언의 영역들 중에서 뉴비긴에게 제일 중요하며 또한 상당한 자리를 차지하는 것은, 신자들이 그들의 특정한 소명의 맥락에서 이 새로운 존재를 살아 내는 것을 보는 데 대한 그의 관심이다.[48] 각 구성원의 다양한 부르심에서 "그리스도의 주권에 대한 일차적 증언이 주어져야 하는"[49] 이유는, "교회의 증언의 엄청난 우위는 밭, 가정, 사무실, 공장 또는 법정에서 일하는 수많은 구성원의 증언"이기 때문이다.[50]

그는 직장 동료를 전도해야 한다거나, 또는 심지어 자신의 직업 환경 내에서의 아주 세세한 윤리 범주들에서 복음을 드러내야 한다는 의무들을 언급하고 있는 것이 아니다. 물론 그것들을 배제하는 것도 아니지만 말이다.[51] 그가 말하는 것은 그보다 훨씬 더 깊다. 곧 그들의 직업에서의 순종이 하나님의 창조 의도에 신실해야 한다는 것이다. 그리스도는 창조자이시며 구속자이시므로 주님이시다. 공적 삶의 다양한 영역에서 그리스도의 주되심 아래 사는 신자는 "하나님

---

48 Michael W. Goheen, "The Missional Calling of Believers in the World: The Contribution of Lesslie Newbigin", in *A Scandalous Prophet: The Way of Mission after Newbigin*, ed. Thomas F. Foust, George R. Hunsberger, J. Andrew Kirk, and Werner Ustorf (Grand Rapids: Eerdmans, 2001), pp. 37-54.
49 Lesslie Newbigin, "The Work of the Holy Spirit in the Life of the Asian Churches", in *A Decisive Hour for the Christian World Mission*, by Norman Goodall, Lesslie Newbigin, W. A. Visser 't Hooft, and D. T. Niles (London: SCM, 1960), p. 28; 참고, Lesslie Newbigin, *A Word in Season: Perspectives on Christian World Missions* (Grand Rapids: Eerdmans, 1994), p. 154; Lesslie Newbigin, "Baptism, the Church and Koinonia: Three Letters and a Comment", in *Some Theological Dialogues*, ed. M. M. Thomas (Madras: Christian Literature Society, 1977), p. 127.
50 Newbigin, "Our Task Today", p. 6.
51 Lesslie Newbigin, "The Christian Layman in the World and in the Church", *National Christian Council Review* 72 (1952): p. 186.

이 [그런 구조들을] 창조하신 참된 목적을" 증언한다.[52] 그리스도인들이 월요일부터 금요일까지 하는 일은 "주님의 일"이 아니라고 여기면서 도전 없이 그 영역들을 문화적 우상숭배의 권세들에게 넘겨줄 때, 그들은 "그리스도의 우주적인 주되심을 부인한다."[53] 따라서 "자신들의 세속적 일터에 있는 교회 구성원은 모두 삶의 모든 영역에서 그분의 주되심을 보여 주는 징표로 부르심을 받는다."[54] 예를 들어, 뉴비긴은 이렇게 말한다. "농부가 자신의 땅을 잘 경작하지만 기도는 게을리한다면, 그리스도인들은 그가 자신의 의무를 다하지 못했다고 틀림없이 비난을 받을 것이다. 그러나 농부가 기도를 하면서도 잡초가 자라게 하고 배수가 잘 되지 않는 것을 그대로 둔다거나, 또는 자신의 땅을 망치는 토양 침식을 내버려 둔다면, 교인으로서 자신의 우선적인 의무를 다하지 못한 것이다. 그가 그리스도의 몸의 총체적인 삶에서 맡은 우선적인 사역은 자신에게 맡겨진 땅을 제대로 돌보는 것이다. 만약 그가 거기서 실패한다면, 그리스도인으로서 자신의 우선적인 과업에 실패하는 것이다."[55]

애석하게도, 문화라는 세속적 영역에서 일하는 많은 그리스도인이 이것을 이해하지 못한다. 다양한 문화 영역에서 그들은 "마치 그들이 전적으로 그리스도의 통치 영역 바깥에 있는 것처럼 행동한

---

52 Newbigin, *Trinitarian Doctrine*, p. 62.
53 Newbigin, *Trinitarian Doctrine*, p. 62.
54 Newbigin, *Unfinished Agenda*, p. 203.
55 Newbigin, "Christian Layman in the World and in the Church", p. 186.

다."⁵⁶ 사역을 교회로 한정하고 증언을 복음 전도로만 규정하는 환원주의적 시각은 "그리스도의 주권에 대한 우선적인 증언이 남녀 평신도가 사업에서, 정치에서, 전문직에서, 농부로서, 공장 노동자 등으로서 하는 일상의 세속적 일들에서 전해져야 하며 또 오직 그렇게만 전해진다는 사실을 깨닫지 못하는 교회의 뿌리 깊고 지속적인 실패"를 낳는다.⁵⁷

이따금 뉴비긴은 공적 광장에 대한 그리스도인의 소명적 참여의 목표를 복음으로 사회를 형성하는 것으로, 또는 기독교 사회를 창조하는 것으로 말한다.⁵⁸ 그러나 그것은 그의 우선적인 강조가 아니다. 오히려 그는 일반적으로 고난이 우리가 공적 광장에 참여하는 것의 결과가 된다는 점을 강조하는데, 이는 우리가 전투의 최전선에 배치되어 있기 때문이다. "'세속' 사회는 우리가 기독교 메시지를 투사할 수 있는 중립의 영역이 아니다. 이미 다른 신들에 의해 점유된 영역인 것이다. 우리에겐 우리가 감당할 전투가 있다. 우리는 통치자들과 권세들을 상대하고 있는 것이다."⁵⁹ 그러므로 고난은 이미 교회의 소명적 증언에 포함되어 있다. "우리의 선교적 사고가 신약성경에 얼마나 가까운지는, 아마도 부분적으로는 우리가 교회의 부르심의 이해에서

---

56 Newbigin, *Trinitarian Doctrine*, p. 62.
57 Newbigin, "Work of the Holy Spirit", p. 28.
58 Newbigin, *Truth to Tell*, pp. 84-85; 참고. Lesslie Newbigin, "What Kind of Society?" (lecture, Hickman Lecture Series, Duke Divinity School, Durham, NC, 1994); Lesslie Newbigin, "Can a Modern Society Become Christian?" (lecture, Kings College, London, 1995).
59 Newbigin, *Word in Season*, p. 150.

고난에 어떤 위치를 부여하는지에 따라 판단될 것이다."[60]

문화의 종교적 믿음들과의 이런 만남은 공적 광장에서 특히 첨예하다. 베드로전서에 대한 일련의 성경 연구에서, 뉴비긴은 이익을 동기로 돌아가는 사업의 세계와 복음 사이의 대조를 예로 든다. 그는 이 반립을 명백히 보여 주기 위해 질문들을 제기한다. 한 가게에서 일하는 그리스도인 종업원은 그의 고용주가 지시하는 대로 고객들이 쓸모없는 물건을 사도록 권유하는가, 아니면 회사에 이의를 제기하여 자신의 생계를 위태롭게 하는가? 사업가는 기업 윤리의 기준 전체가 잘못되었을 때 그것에 이의를 제기하고 자신의 지위와 생계를 위태롭게 하는가? 이와 같은 질문들이 이어진 다음에, 그가 다음과 같이 논평한다. "만약 우리가 인간 사회의 제도들 내에서 하나님의 종들로서 우리가 가진 의무를 진지하게 받아들인다면, 의를 위하여 고난을 받는다는 것이 무엇을 의미하는지 배울 수 있는 기회를 대단히 많이 얻을 것이고, 또한 의를 위하여 고난을 받는 것이 참으로 복된 일이라는 사실을 알게 될 것이다."[61]

뉴비긴이 흩어져 있는 교회가 하는 일을 강조하는 것은 공동체로 모인 교회의 중요성을 감소시키지 않는다. 그의 첫 번째 주교직 초기에 목회자들에게 제기한 다음의 질문들에서, 그가 자신의 관심사에 대해 가진 열정을 느낄 수 있다. "우리는 저마다 전쟁을 치르고 있는

---

60 Newbigin, *Trinitarian Doctrine*, p. 45.
61 Lesslie Newbigin, "Bible Studies: Four Talks on 1 Peter", in *We Were Brought Together*, ed. David M. Taylor (Sydney: Australian Council for the World Council of Churches, 1960), p. 112.

그들[자신의 부르심 가운데 있는 신자들]을 지원하는 우리의 의무를 진지하게 받아들이고 있습니까? 우리는 진지하게 그들을 최전선 부대로 여기고 있습니까?…도시의 해당 구역에 있는 사무실과 상점에서 일하는 많은 그리스도인은 어떻습니까? 우리는 무엇이라도 진지하게 해서 그들이 그리스도인으로서 하는 증언을 강화시키고, 그들이 매일 마주쳐야 하는 아주 어려운 윤리 문제들을 직시하도록 돕고, 그들이 매일 영적 전쟁을 치를 때 배후에 온 성도가 있다는 확신을 주고 있습니까?"[62]

개별 신자들의 부르심에 대한 그의 글들에서, 우리는 지역 회중이 신자들을 세상 속 그들의 과업을 위해 지원하고 힘을 줄 수 있는 적어도 네 가지 다른 방법들을 발견한다. 첫 번째는, 은혜의 수단을 통해 그리스도의 생명을 **양육하는 교제**다. 교회 지도자들을 위한 한 강연에서, 그는 "교회의 삶의 유일한 원천인 복음"에 대해 말한다. 만약 교회가 자신의 선교적 부르심을 성취해야 한다면, 먼저 말씀·성례·기도를 통해 하나님의 구원하시는 임재와 능력을 경험해야 한다. 그는 묻는다. "우리는 이것들을 우리의 교회의 삶에서 가장 중심에 두는가?…말씀이 참되게 선포되고 성례가 합당하게 집행될 때 그 가운데 그리스도가 몸소 그분의 구원하시는 능력으로 임재하신다는 것을 우리는, 우리의 회중들은 이해하는가?"[63] 하나님의 구원하시는 능력이 회중의 삶에서 알려지고 경험될 때, 그 능력은 밭, 가정, 사무실,

---

62 Newbigin, "Our Task Today", p. 6.
63 Newbigin, "Our Task Today", p. 4.

공장, 혹은 법정에서 일하는 수많은 교인의 신실한 증언에서 나타날 것이다.64 그러나 성례에서 선포되고 나타나는 좋은 소식은 모든 것을 아우르는 하나님 나라의 복음이 되어서, 모든 사람을 불러 그들의 삶 전체를 그리스도의 주되심에 복종하도록 해야 한다.

회중이 신자들에게 힘을 줄 수 있는 두 번째 방법은 **지원하는 교제**다. 회중은 문화적 우상숭배에 대적하면서 어려움에 직면하는 이들을 어떻게 지원하는가?

때때로 전투가 한창일 때 감수해야 할 실존적인 결단들이 있다. 그 결단들은 실제로 전투에 참여하면서 그 결단에 대한 값을 치러야 할 이들이 감당해야 하는 것들이다. 그러나 그 결단들이 홀로 떠맡아야 할 것은 아니다. 우리는 개별 그리스도인이 실제 전쟁의 최전선에서 홀로 그 짐을 지도록 요구해서는 안 된다.…교회는 이 최전선 상황에 있는 이들과의 연대를 표현할 방법들을 찾아야 하는데, 그들은 자신의 생계뿐 아니라 가족들의 생계도 값으로 치를 수 있는 결단을 내려야 하는 이들이다.65

회중은 격려, 기도, 재정적 후원, 그리고 통찰력을 통해 연대를 표현할 수 있을 것이다.

지원의 세 번째 형태는 **준비시키는 구조**다. 평생에 걸쳐 뉴비긴은

---

64 Newbigin, "Our Task Today", p. 5.
65 Newbigin, "Bible Studies: Four Talks on 1 Peter", p. 111.

교회 구조에서의 많은 과감한 실험을 제안하는데, 이는 하나님의 백성을 그들의 소명을 위해 형성시키려는 것이다. 아마도 그의 제안들 가운데 더 중요하고 지속되는 한 가지는 "분야별 그룹"일 것이다.[66] "내가 생각하는 것은—말하자면—특정한 직업, 혹은 상업이나 산업의 특정한 부문, 혹은 교육이나 정치의 한 부문에 있는 사람들로 이루어진 집단으로, 그들은 개인의 직접적인 관여에 기초해서 특정한 상황에서 기독교적 순종이 주장하는 것들과 씨름할 수 있는 사람들이며, 경험들을 나눌 수 있는 사람들이다."[67]

힘을 주고 지원하는 네 번째 방법은 **가능하게 하는 리더십**이다.[68] 신자들을 세상 속 그들의 과업을 위해 준비시키는 리더십은 뉴비긴의 저술에서 빈번한 주제로, 우리는 이 주제로 다시 돌아올 것이다. 다음의 말은 그가 자신의 교구에서 주교로서 목회자들에게 전한 설교에서 나왔다. "마드라스 같은 도시에서 정부, 사업, 그리고 여러 직업에서 중요한 역할을 하고 있는 우리의 평신도 성도들을 이런 세속적 상황 속 그리스도의 일꾼들로 훈련시키는 우리의 과업을, 우리는 가장 정교한 수준에서 생각해야 한다. 이 모든 것이 우리의 부르심과 임명된 성직에 관련된다."[69] 뉴비긴은 신자들을 문화의 공적 삶에서 부르심을 위해 준비시키고 양육할 책임을 교회 리더십이 감당해야

---

66 Newbigin, *Gospel in a Pluralist Society*, pp. 230-231.
67 Lesslie Newbigin, *Priorities for a New Decade* (Birmingham, UK: National Student Christian Press and Resource Centre, 1980), p. 6.
68 Newbigin, *Gospel in a Pluralist Society*, p. 231.
69 Lesslie Newbigin, *Good Shepherd: Meditations on Christian Ministry in Today's World* (Grand Rapids: Eerdmans, 1977), p. 76.

한다고 믿는다.

정의·평화·자비의 행위들

뉴비긴은 하나님 나라에 대한 삼중의 증언을 자주 지적한다. "예수께서 그분의 사역·죽음·부활로 하시는 일의 중심성에 대해 교회가— 말과 행위와 공통의 삶으로—하는 증언에 의해…역사의 의미와 목표를…이해할 수 있는 가능성이 모든 사람에게 제공된다."[70] 그가 세 가지를 관련시키는 방식에는 일관성이 있다. 성령의 새로운 실재의 임재는 공동체의 삶 전체에 현존하며 능한 행위들에 의해 입증되는데, 이는 결국 설명을, 즉 하나님 나라의 복음에 대한 선포를 요청한다.[71] 이것은 선교에 대한 뉴비긴의 견해가 가진 논리를 우리에게 제시한다. 공동체의 총체적인 삶—모이는 공동체와 흩어지는 공동체—에 있는 성령의 임재로부터 행위들이 나오며, 그것은 결국 새로운 실재를 설명하는 복음의 말씀을 요청한다. 그리고 그렇게 먼저 우리는 그 행위들 속에 있는 교회의 증언으로 넘어간다.

예수께서 세상을 다스리는 권세들을 정의와 자비의 행위들로 도전하셨다. 이것들은 그분의 사역에서 주변부가 아니라 중심이었다. 그러므로, 교회의 선교가 그리스도의 방식으로 이루어지므로, "세상에서 정의와 평화를 위한 행동은 복음 전도라는 중심 과업에 이차적이거나 주변부에 있는 것이 아님이 분명하다. 그것은 문제의 핵심에

---

70 Newbigin, *Gospel in a Pluralist Society*, p. 129.
71 참고. Newbigin, *Gospel in a Pluralist Society*, pp. 133, 137.

속한다."⁷²

이 사실은 충분히 분명해 보인다. 그러나 뉴비긴은 자비와 정의의 행위를 변호하는 데 너무나 많은 시간을 썼는데, 그가 자신의 사역을 복음주의 전통과 초교파주의 전통 사이에 있었던 논쟁의 맥락에서 수행했기 때문이다. 그 논쟁은 복음주의 편에서는 복음 전도를 강조하고 자비와 정의의 문제는 무시하는—심지어 때로는 배척하는—입장으로 이끌었다. 초교파주의 편에서는 복음 전도에 대한 헌신이 약화되었을 뿐 아니라—다음 부분에서 다루겠지만—자비·정의·평화의 행위들이 가진 본질에 대한 잘못된 이해가 있었다.

뉴비긴은 이 논의를 구원의 본질이라는 맥락에 둔다. 첫째, 구원은 회복적이고 포괄적이다. 그것은 개인들을 다른 세계로 탈출시키는 것이 아니라, 모든 인간의 삶을 인간 외 창조 세계의 부분으로 회복시키는 것이다. 복음주의 전통에 속한 이들이 이것을 오해할 때, 그들은 "그것의 회복을 위한 계획들에는 거의 관심을 기울이지 않고, 개별 인간이 자신의 영원한 운명을 준비하거나 준비하지 않음에 따라 그에게 무엇이 일어날지에 많은 관심을 기울이게 될 것이다."⁷³ 둘째, 구원은 하나님과의 교제 및 정의와 평화에 대한 헌신 둘 다에 관한 것이다. 한편으로, "성경에서 구원은 전인 및 그의 관계성들의 총체에 관한 것이다. 그것은…정치적인, 사회적인, 경제적인 것을 포함

---

72 Newbigin, *Gospel in a Pluralist Society*, p. 137.
73 Lesslie Newbigin, "The Bible Study Lectures", in *Digest of the Proceedings of the Ninth Meeting of the Consultation on Church Union* (COCU), ed. Paul A. Crow (Princeton: COCU, 1970), p. 216.

한다." 다른 한편으로, 이런 구원의 시각은 "그저 세속적인 시각에 불과한 것이 결코 아니다. 그것은 그저 정치적 해방이나, 경제적 진보나, 사회적 평화와 정의에 대한 시각이 결코 아니다." "구원의 진정한 핵심"은…"살아 계신 주님과의 교제"다.[74] 교회들이 하나님과의 관계를 제쳐두고 사회적 행동을 추구한다면 성경에서 떠나는 것이다. 하지만 하나님을 아는 것을 강조하면서도 정치 및 사회 쟁점들을 무시하는 이들도 마찬가지의 일을 하는 것이다. 마지막으로, 구원은 종말론적 실재다. 미래가 역사에 들어온 것이다. 하나님 나라는 현존하지만 미래이고, 이미 그러나 아직 아닌 것이며, 감추어져 있지만 언젠가는 드러날 것이다. 만약 우리가 우리의 사회적 행동의 참된 본질을 바르게 이해하려면, 하나님 나라가 역사에 대해 갖는 관계를 바르게 규정하는 것은 필수적이다.

하나님 나라는 역사 안에서 매끄럽고 점진적인 과정으로 오지 않는다. 따라서 우리의 정의와 평화의 행동이 하나님 나라를 세우지 않는다. 하나님 나라는 심판의 행위와 예수의 오심에 의해서만 온전히 임할 것이다. 그때까지는 갈등과 고난이 있을 것이다. 만약 이 관점이 상실된다면, 교회가 당대의 사회적·정치적 프로그램에 대한 보조 단체가 되는 무비판적인 승리주의가 교회의 선교를 특징지을 것이다. 그러나 하나님 나라는 역사 안에 현존하며, 미래에만 있지 않다. 성령에 의해 역사하는 하나님의 다시 새롭게 하시는 능력에 대한 증거가 있을 것이다. 만약 이것을 잃는다면, 구원을 문화로부터 분리하

---

[74] Newbigin, *Good Sheperd*, pp. 105-106.

고 사회에 대한 값비싼 개입을 회피하는 이기적인 물러남이 교회의 선교를 전형적으로 보여 줄 것이다. 따라서 한편으로 하나님 나라와 역사 사이에 불연속성이 있으며, 이것은 초교파주의 전통이 회복해야 할 사실이다. 다른 한편으로 하나님 나라와 역사 사이에 연속성이 있으며, 이것은 복음주의 전통이 회복해야 할 사실이다.

성경은 하나님 나라가 그리스도의 재림 전에 역사 안에서 실현될 것이라는 희망을 전혀 주지 않는다. 또한 더 나아가, 성경은 하나님 나라와 권세들 사이의 심화하는 갈등이 위기와 고난을 만들어 내는 것을 묘사한다. 만약 우리가 우리의 정치적·사회적·경제적 행동으로 하나님 나라를 세울 수 없다면, 왜 우리는 그런 일을 하는가? 우리가 하는 자비·평화·정의의 행위의 본질은 무엇인가? 뉴비긴은 다섯 가지의 답을 제시한다.

첫째, 우리의 행위는 교회의 선교에 대해 선택적이거나 부차적이거나 주변적이지 않다. 오히려 그것들은 **구원의 본질 자체와 교회에 필수적**이다. 하나님 나라의 도구인 교회의, 그리고 구원의 본질에 속하는 것들이다. "우리가 예수 그리스도를 통한 구원을 누리면서 동시에 세상에서의 정의를 위한 행동을 일종의 선택적인 부가사항으로—혹은 심지어 구원의 좋은 소식을 전달하는 일에 대한 열등한 대용물로—여길 수 있다고 생각하는 것은 끔찍한 오해다. 사회 정의를 위한 행동이 **바로** 행동하는 구원이다."[75] 누구라도 "질병이나 굶주림이나 억압이나 소외로부터의 구출"을 추구하는 것을 제쳐두고 구원

---

75 Newbigin, *Good Sheperd*, p. 109.

을 생각하는 사람은 "그 단어의 성경적 사용으로부터 아주 동떨어진" 것이다.[76]

우리의 행위가 또한 교회의 본질에 속한다. "만약 우리가 신약성경에 충실하다면, 가난한 이들을 돌보는 것이…교회의 삶의 근본적인 토대들에 속한다는 점을 깨달을 것이다."[77] 우리가 다루는 것은 한쪽으로 제쳐놓을 수 있는 교회의 삶의 한 측면이 아니다. "교회 자체의 온전함, 교회로서 가진 근본적인 성격에" 속한 것이다.[78] 교회에 대한 우리의 이해가 끔찍하게 왜곡되어 있다면, 교회는 "자기중심적 공동체가 되어 이 땅의 착취를 당하는 무리들을 위한 정의와 자비에는 그저 어렴풋이 관심을 보이면서 열정적인 헌신을 우리 자신의 보호와 공동체로서의 발전에 바치고, 만약 우리에게 경건한 성향이 있다면, 현세를 편안히 지난 후에는 천국의 푹신한 자리에 있는 보장된 장소를 기대할 수 있다고 확신시키려 할" 것이다.[79] 간단히 말해서, "명백한 사회적 불의와 편안하게 공존할 수 있는 경건함은 하나님께 가증스러운 것이다."[80]

둘째, 우리의 행위는 예수 안에서 하나님 나라가 도래하는 것에 대한 **증언의 성격**을 갖는다. 우리는 어떻게든 우리가 우리의 행위를

---

[76] Lesslie Newbigin, "Address on the Main Theme, 'Jesus, Saviour of the World', at the Synod Assembly of January 1972", *South India Churchman*, February 1972, p. 5.
[77] Lesslie Newbigin, *Set Free to Be a Servant: Studies in Paul's Letter to the Galatians* (Madras: Christian Literature Society, 1969), p. 20.
[78] Lesslie Newbigin, "The Church as a Servant Community", *National Christian Council Review* 91 (1971): p. 260.
[79] Lesslie Newbigin, *Journey into Joy* (Grand Rapids: Eerdmans, 1972), p. 102.
[80] Newbigin, *Good Sheperd*, p. 108.

통해 하나님 나라를 예고하는 것이라고 믿어서는 안 된다. 정의와 자비의 행위는 "새로운 실재의 징표들"이다.[81] 그것들은 "하나님 나라의 임재와 능력에 대한 교회의 증언에서 필수적인 부분"이다. 그러나 우리는 우리의 행위를 통해 하나님 나라를 세우는 것이 아니다. 우리는 "기독교적 행동이 '하나님 나라를 건설하는 것'으로 여겨져야 한다는 발상을 거부해야" 한다.[82] 정의와 평화를 위한 우리의 활동은 "하나님이 하나님 나라를 세우시는 수단이 아니다. 그것은 하나님 나라의 현존하는 실재에 대한 증거다." 그것은 "도구라기보다는 징표다."[83] 도래하는 하나님 나라를 위한 행동하는 소망, 행동으로 옮겨진 기도다.[84]

셋째, 우리의 행위는 예수 안에 있는 하나님 나라의 **사랑과 긍휼에 대한 표현**이다. "세상에 새로운 실재가 현존한다는 것에 대한 첫 번째 외적 징표는, 확실히, 어려운 형편 가운데 있는 사람들을 향한 많은 사랑의 봉사가 될 것이다." 이것은 "의식적인 선교 전략이 아니다. 비록 그것이 교회의 총체적인 선교의 부분이긴 하지만 말이다." 오히려 우리의 행위는 "기독교적 사랑의 일들"이고, "그리스도의 일들이 그랬듯이, 다른 어떤 것을 위한 수단이 아니라, 사람들을 위한 하나님의 사랑이 자발적으로 흘러넘치는 것이다."[85] 교회가 고난을

---

81 Newbigin, *Good Sheperd*, p. 93.
82 Lesslie Newbigin, *Signs amid the Rubble: The Purposes of God in Human History*, ed. Geoffrey Wainwright (Grand Rapids: Eerdmans, 2003), p. 51; 비교. p. 46.
83 Newbigin, *Trinitarian Doctrine*, p. 47.
84 Newbigin, *Signs amid the Rubble*, pp. 51-52.
85 Lesslie Newbigin, *A Faith for This One World?* (London: SCM, 1961), pp. 89-91.

당하는 사람들과 연대하면서 정의와 자비의 행동으로 그 고난을 없애려고 하는 모든 시도는 "가능한 회심을 고려해서" 행해지는 것이 아니라, "사랑이 마땅히 해야 하는 일들이기 때문에" 행해진다.[86] 예수께 그분 자신의 행위는 "그 존재 전체를 가득 채운 사랑이 흘러넘치는 것이었다. 마찬가지로, 교회의 사랑의 행위도 그래야 한다. 억지로 꾸민 징표가 아니라, 그리스도를 통해 우리가 공유하게 된 자연적이고 자발적인 새로운 실재의 징표가 되어야 하는 것이다. 그토록 많이 받은 이들은 그것을 혼자만 간직할 수 없다. 그것은 사랑으로 다른 이들에게 흘러가야 한다."[87]

넷째, 우리의 행위는 예수께 **회심시키는 것을 목표로** 삼는다. 이것은 바로 앞에서 한 말에 비추어 의외로 보일 것이다. 그러나 뉴비긴은, 비록 그가 그것을 주의 깊게 한정하지만, 회심에 대한 관심을 실제로 말한다. 그것은 "사람들이 복음을 들을 상황을 만들어 내는" 것이 아니다. 그런 것에도 약간의 진실이 있겠지만, 우리의 사회적 일을 주로 "사람들이 우리의 설교를 삼키도록 미끼로" 사용하는 것은 "아주 역겹다." 이는 경멸을 받는 교묘한 형태의 이기심이다. 그러나 만약 우리가 "당신은 우리를 회심시키기 위해 여기에 왔습니까?"라는 질문을 받는다면 그 대답은 아주 마땅히 "예"가 되어야 하는데, 왜냐하면 "만약 우리의 사회적 일이 **사람들을** 변화시키지 않는

---

[86] Lesslie Newbigin, "The Duty and Authority of the Church to Preach the Gospel", in *The Church's Witness to God's Design*, ed. Lesslie Newbigin and Hendrik Kraemer, Amsterdam Assembly Series 2 (New York: Harper Brothers, 1948), p. 19.
[87] Newbigin, *Good Sheperd*, p. 93.

다면…그것은 실패한 것"이기 때문이다. "우리는 사람들을 단지 먹일 것이 아니라, 회심시켜야 한다." 그가 "어떤 종류의 회심인지" 질문할 때, 그의 대답은 예수와 하나님 나라를 가리키고 사람들을 그것으로 초청하는 말씀과 행위다.[88]

마지막으로, 우리의 행위는 **문화를 변혁시키는 영향**을 가질 수 있다. 이것은 확실히 뉴비긴에게 주된 핵심은 아니다. 그는 우리의 행동을 양동이에 있는 물 한 방울 혹은 세상에서 그저 조금 더 정의를 산출하는 것으로 말한다. 그는 우리가 변화를 추구한다는 것을 단언하지만, 그러나 그것이 사회적 관심의 주된 목표는 아니다. 주된 목표는 증언이다. 우리는 그가 나이가 들면서 변혁을 점점 덜 강조하는 것을 본다. 그러나 만약 우리가 사람들을 사랑한다면, 우리는 사회에 영향을 끼쳐서 사회의 정의롭지 못한 구조를 변혁시키려고 노력할 것이다. 교회의 봉사는 "정치적 행동"을 수반하는데, 그것은 "[나의 이웃]을 비인간화하는 불의의 구조를 무너뜨리기 위해, 그리고 진정으로 인간적인 사회의 실존이 가능한 새로운 구조를 만들어 내기 위해 필요한" 것이다.[89] 그런데 사람이 정의에 근접한 목표들에 관여하게 될지라도, 어떤 사회적 혹은 정치적 계획에도 전적으로 헌신해서는 안 될 것이다. 그런 전적인 헌신은 변혁이 일어나지 않을 때 냉소적인 절망과 환멸로 이어진다. 공동체가 정의와 사랑의 행위로 하나님 나라를 가리킬 때, 변혁은 우리의 주된 목표가 아니고 사회에 소금이

---

88 Newbigin, *Good Sheperd*, pp. 92-93.
89 Lesslie Newbigin, "Servants of the Servant Lord", *Vivekananda Kendra Patrika*, February 1972, p. 155.

되는 파급 효과가 될 것이다.⁹⁰

여기서 우리는 뉴비긴에게 정의와 자비 둘 다 교회의 사회적 행위에 중요하다는 점을 본다. 자비는 문제의 뿌리에 이르지 못하기 때문에, 질병을 공략하기 위해서는 단지 증상이 아니라 그 뿌리인 원인을 다루어야 한다. "선한 사마리아인들을 주변에 배치하는 것으로는 충분하지 않다. 우리는 또한 길을 지켜야 한다."⁹¹ 그러나 동시에, 사람을 길가에서 죽어 가게 버려두고 경찰력을 조직하러 갈 수는 없다. 정의와 자비 둘 다 중요하지만, 자비가 항상 최우선 순위를 유지해야 할 것이다. "구조의 개혁을 위해 일하는 것, 불의한 구조를 폭로하고 대처하는 것이…교회의 선교의 한 부분인 것만큼이나, 병든 사람들을 돌보고 배고픈 사람들을 먹이는 것도 그렇다.…만약 정치적 행동에 대한 적법한 요청이 긍휼의 봉사에 대한 요청을 대체하도록 한다면, 교회가 복음을 배신한 것이다."⁹²

만약 자비·정의·평화의 행위가 증언의 성격을 유지해야 한다면, 그런 행위가 지역 회중에 연결되어 있다는 것이 분명해야 한다. 이것이 모호하게 된 한 가지 방식은, 교회 병행 단체들이나 교단의 조직이 자비와 정의의 과업을 맡을 때다. 교회가 이 과업을 지역 회중 외부의 단체들에게 넘겨줄 때, 적어도 두 가지 문제가 발생한다. 첫째,

---

90 Newbigin, *Signs amid the Rubble*, pp. 54-55.
91 Lesslie Newbigin, "The Churches and CASA", *National Christian Council Review* 93 (1973): p. 546. 교회 병행 단체들에 대한 뉴비긴의 관점과 관련해서는 이것이 그 주제에 대한 최고의 논문이다.
92 Newbigin, *Open Secret*, p. 109.

교회는 자신의 선교적 의식을 상실하고 전문 집단이 선교를 책임지도록 허용한다. 둘째, 정의와 자비의 행위는 그리스도의 몸에서 흘러넘치는 것으로 보이지 않게 되고 하나님 나라의 징표와 증거로서의 합당한 성격을 상실한다. 도덕적 운동이나 정치적 행동을 위한 단체의 일부처럼 보이는 것이다. 그러나 만약 이런 교단이나 교회 병행 단체들이 교회의 증언을 가능하게 하고 조직한다면, 그것들은 중요한 역할을 할 수 있다.

뉴비긴은 사회적 행동의 본질과 씨름하면서 자신이 종종 돌아가는 교회의 새로운 이미지를 소개하는데, 바로 "섬기는 공동체로서의 교회"다. 교회의 "근본적인 형태"[93] 및 "진정한 본질"[94]은 섬기는 공동체로서의 교회일 것이다. 이 이미지로 그는 교회를 공동체로, 즉 희생적인 사랑의 마음에서 다른 이들의 필요를 섬김으로써 예수의 길을 따르는 공동체로 특징짓는다. 그는 예수께서 겉옷을 벗고 수건을 가져다가 대야에 물을 떠서 제자들의 발을 씻으신 유명한 이야기를 지적한다. "교회가 동일한 모습으로 목격될 때 주님에 대한 자신의 신실함을 증명할 것이다."[95] 섬기는 교회가 된다는 것은 가난한 사람들과의 사랑의 연대를, 그리고 그들을 위해 흘러넘치는 정의와 자비의 행위를 의미한다.[96] 섬기는 교회는 "억압을 당하는 이들의 편에 서

---

[93] Lesslie Newbigin, "Bible Studies Given at the National Christian Council Triennial Assembly, Shillong", *National Council Review* 88 (1968): p. 131.
[94] Newbigin, "Church as a Servant Community", p. 261.
[95] Newbigin, *Journey into Joy*, p. 107; Newbigin, *Good Shepherd*, p. 95.
[96] Newbigin, "Church as a Servant Community", p. 260.

는 것으로 인식되는 단체"가 되어야 하며, "[불의한 기존] 체제의 피해자들에게" 손을 내밀어야 한다.[97]

뉴비긴이 교회의 섬기는 본질에 대해 말할 때, 그는 교회의 종말론적 본질을 잊지 않는다. 교회는 "하나님의 새 창조의 첫 열매이자 징표 및 도구가 되도록 하나님 자신에 의해 의도되었다." 교회는 어떻게 이 역할을 완수하는가? "회중은 자신의 이웃을 위해 예수의 겸손한 종이 되어야 한다."[98] 바로 하나님 나라의 자신을 내어주는 사랑의 징표이자 맛보기로서, 섬기는 교회는 대야에 물을 떠서 무릎을 꿇는 주님의 자세를 취해야 한다. 도구로서, 교회는 자신의 이웃들의 필요를 채우는 일을 돕도록 준비되어야 한다.

만약 교회가 정의와 자비의 추구에서 예수를 따르는 신실한 섬기는 교회가 되어야 한다면, 이런 종류의 섬김이 일어날 수 있게 하는 구조가 있어야 하며,[99] 포괄적인 선교와 사회적 시각을 양육하는 예배가 있어야 하며,[100] 공적 문화의 삶에 있는 자신들의 부르심을 위해 준비된 회중 구성원들이 있어야 하며,[101] 정의와 자비에서 교회를 준비시키고 인도하는 리더십이 있어야 한다.[102] 마지막에 대해, 뉴비긴은 한 예로 초대 교회에서 기능했던 집사 직분을 지적한다.[103] 집사는 주

---

97 Newbigin, "Church as a Servant Community", pp. 263-264.
98 Newbigin, *Good Sheperd*, pp. 87, 89.
99 Newbigin, "Church as a Servant Community"; Newbigin, *Good Sheperd*, p. 81.
100 Newbigin, *Joureny into Joy*, p. 112.
101 Newbigin, *Gospel in a Pluralist Society*, p. 139.
102 Newbigin, *Good Sheperd*, pp. 74-78, 80; Newbigin, "Church as a Servant Community", p. 261.
103 Newbigin, "Church as a Servant Community", pp. 259-260.

간 동안 가난한 이들에게, 과부들에게, 아픈 이들에게, 소외된 이들에게 긍휼을 베풀 책임이 있었다. 이것은 가난한 이들에 대한 돌봄을 리더십의 핵심으로 가져왔다. 더 나아가 주의 만찬에서 집사들이 가난한 이들을 위한 선물을 걷었을 때, 그리고 중보 시간에 그들이 일어서서 가난한 이들을 위한 기도에 긴급한 관심사를 나누었을 때, 가난한 이들에 대한 돌봄이 예전을 관통했다. 집사 직분의 리더십은 초대 교회를 움직여서 온 교회가 가난한 이들과 연대하도록 이끌었다.

복음 전도

보편 역사의 끝에 있을 우주적인 구원에 대한 교회의 증언은 세 가지 특징적인 방식으로, 즉 "성령의 생명을 공동으로 나누는 것에 기반한 새로운 공동체의 존재에서, 행동으로 새로운 실재의 임재를 드러내는 활동에서, 새로운 실재를 증언하는 말씀에서" 일어난다.[104] 이제 우리는 이것들 중에서 마지막을 다룬다. 하나님은 이 이야기를 교회에 맡기셨으며, "그것을 말할 어떤 다른 단체도 없다."[105] 그러므로 좋은 소식을 알릴 임무와 의무가 있다.[106]

뉴비긴에게 복음 전도는 "예수에 대한 좋은 소식—글이나 말로

---

[104] Newbigin, *Faith for This One World?*, p. 87.
[105] Lesslie Newbigin, *Proper Confidence: Faith, Doubt, and Certainty in Christian Discipleship* (Grand Rapids: Eerdmans, 1995), p. 78.
[106] 복음 전도에 대한 뉴비긴의 이해를 명료하게 표현한 글을 다음에서 보라. Krish Rohan Kandiah, "Toward a Theology of Evangelism for Late-Modern Cultures: A Critical Dialogue with Lesslie Newbigin's Doctrine of Revelation" (PhD diss., University of London, 2005).

된 것-의 전달"이다. "이 정의에서는 예수의 이름을 밝히지 않고는 복음 전도란 없다."[107] 그가 정의에 관심을 기울이는 것은 단지 자신의 사유에서 조직적이기 위해서가 아니라, "이 말을 그 합당한 의미 이상으로 확장하는 것은 특정한 쟁점들을 혼동하게 만들기" 때문이다. 복음 전도 혹은 복음화가 초교파주의 전통에서 주로 봉사 프로그램의 측면에서 재정의되었을 때 일어난 일이 바로 이것이다. 그럴 때 열매를 맺게 하는 복음의 능력에 대한 확신은 없고, 교회는 성령보다는 인간적인 노력에 의지하는 죄를 범한다. "그런 일이 종종 일어났고, 실질적인 배신을 덮기 위해 '복음 전도'라는 말이 느슨하게 사용되어 왔다. 그 어떤 것도 예수의 이야기를 말하는 것을 대체하지 않으며 또 대체할 수도 없다."[108]

복음의 메시지를 이렇게 말로 전달하는 것에서, 우리는 예수 그리고 하나님 나라를 선포해야 한다. 하나님 나라 없이 예수를 선포하는 것이나 예수 없이 하나님 나라를 선포하는 것은 "구원을 왜곡한다." 하나는 그리스도를 알도록 초청하는 것과 별개로 복음을 하나의 정치적 프로그램을 바꾸는 것이고, 다른 하나는 사람을 오로지 개인적인 구원으로만 초청하는 "값싼 은혜"의 페달을 밟는 것이다.[109] 첫 번째의 위험은 초교파주의 전통이 굴복한 것으로, 복음 전도의 퇴색으로 이끌었다. 두 번째의 위험-하나님 나라 없이 예수를 선포하는 것-은 복음주의 전통이 빠진 함정이다. 그리고 그렇게 뉴비긴은 복

---

107 Newbigin, "Crosscurrents", p. 146.
108 Newbigin, *One Body, One Gospel, One World*, p. 22.
109 Newbigin, *Mission in Christ's Way*, p. 9.

음주의 전통을 염두에 두고 하나님 나라의 중요성을 강조했다. "만약 내가 착각하지 않았다면, 우리가 지금 하는 복음 전도는 하나님 나라의 범주를 거의 사용하지 않는다. 그러나 예수의 입술에서 선포된 원래의 복음은—정확히—그 나라의 도래를 선언하는 것이었다. 내가 믿는 바는, 만약 우리가 우리의 복음 선포를 위한 기본적인 범주로서 (우리 자신의 시간과 장소에 맞는 표현 양식으로 번역된) 원래의 언어로 돌아간다면, 우리 시대를 위한 참된 복음 전도를 회복할 수 있으리라는 것이다."[110]

초교파주의 진영에 있는 이들에게, 뉴비긴은 강한 언어를 사용해 교회가 좋은 소식을 말로 알려야 하는 의무를 갖고 있음을 상기시켰다. 그가 믿기에, 우리는 사회적 관심사를 지지하고 복음 전도를 주변화하는 경향을 "분명히 끝내야"[111] 한다. "선포되어야 할 복음이 있으며 우리는 그것에 대해 침묵을 지키는 것이 허락되지 않았다. 우리가 아무리 많이 원한다 하더라도, 우리는 우리 자신의 존재 혹은 우리가 하는 어떤 것이 예수의 이름을 대체할 수 있다고 상상하도록 스스로 속이는 것이 허락되지 않았다. 우리는 침묵을 지키는 것이 허락되지 않았다."[112] 침묵은 다름 아니라 복음에 대한 배신이다! 만약 우리의 존재나 행위가 "예수의 이름과 그분의 구원하는 사역에 대한 분명한 선포를 대체한다면, 우리는 그것을 복음에 대한 배신으로서

---

110 Newbigin, *Good Shepherd*, p. 67.
111 Lesslie Newbigin, "From the Editor", *International Review of Mission* 54 (1965): p. 418.
112 Lesslie Newbigin, "The World Mission of the Church", *South India Churchman*, September 1968, p. 4.

거부해야만 한다. 예수의 이름을 대체하는 것은 있을 수 없다. 사람들은 그분을 알 수 있는 기회를 가져야 한다."[113]

복음 전도에 대한 뉴비긴의 논의는 많은 부분이 말과 행위의 불가분한 결합을 확언하는 맥락에 있다. 즉 성령에 의한 하나님의 통치의 임재는 말씀과 행위 모두에 의해 입증된다. 행위는 성령의 새로운 종말론적 실재가 현존하고 있음을 보여 주고, 말씀은 그 기원인 예수를 가리킨다. 그러나 "만약 아무 일도 일어나지 않는다면 아무런 설명도 요청되지 않을 것이고 말씀은 공허한 말들이다.…그것들은 그저 말에 불과한 것으로 무시될 수 있다. 능하신 행위의 맥락에서만 의미가 있는 것이다. 이는 해명을 요청하는 어떤 일이 일어나고 있다는 것을 전제한다."[114] 말씀 없는 행위는 어리석고, 행위 없는 말씀은 공허하다. 이 둘을 서로 대립시키는 것은 부조리하다. 그리고 이 둘을 분리하는 복음주의 전통과 초교파주의 전통 사이의 갈등은 교회의 증언을 극심하게 약화시키고 있다. 둘 다 필수적인데, 왜냐하면 둘 다 성령이 하나님 나라의 임재를 증언하시는 수단이기 때문이다. "성령의 임재라는 새로운 실재에 상응하는, 모든 것을 포괄하는 단어는 **증언**이다. 그 총체적인 실재 내에서 복음 전도와 봉사, 말씀과 행동이 자리를 갖는다. 그것들이 성령이 창조하시는 새로운 공동체의 삶에 속하고 그로부터 솟아날 때, 둘 다 그리스도에 대한 증언의 총

---

113 Newbigin, "Bible Study Lectures", p. 212. 참고. Lesslie Newbigin, "Bible Studies on John 17: The Hinge of History", *Lutheran Standard* (USA), April 4, 1967, p. 10; Newbigin, "Bible Studies Given at the National Christian Council Triennial Assembly", p. 130.
114 Newbigin, *Gospel in a Pluralist Society*, p. 132.

체적인 사역을 위해 성령에 의해 사용될 수 있다."[115]

이것에 비추어 뉴비긴은 더 확장시킨다.[116] 모든 말이 그것에 덧붙여진 행위를 필요로 하지는 않으며, 모든 행위가 말을 필요로 하지도 않는다. 세상의 한가운데 있는 교회의 총체적인 증언의 삶에서 나오는 것은 그 둘의 결합이다. 그리고 더 나아가, 서로 다른 은사들이 있다. 어떤 이들은 복음 전도에, 다른 이들은 자비를 베푸는 일에, 또 다른 이들은 정의를 추구하는 것에 은사가 있다. 그 모든 은사가 필요하다. 그러나 성령은, 제일의 증인인 분으로서, 예수와 도래하는 하나님 나라를 증언하기 위해 말씀과 행위를 모두 사용하신다. 그러므로 교회는 자비와 정의의 행위에 대해 침묵하거나 스스로를 그것들에 대한 책임에서 자유롭게 해서는 안 될 것이다.

그러나 다시 한 번 뉴비긴이 강조하는 것은 말과 행위가 모두 회중에게서, 성령이 새로운 생명을 창조하는 일을 하시는 그곳에서 나온다는 점이다. 복음 전도는 "복음의 구원하는 능력을 알고 맛보게 되는 새로운 종류의 공동체의 삶"과 동떨어져서는 그 힘을 잃을 것이다. 그는 계속해서 설명한다. "십자가에 못 박히시고 부활하신 예수의 이야기를 순수하게 말로 선포하는 것이 그 힘을 잃는 경우가

---

115 Newbigin, *Faith for This One World?*, p. 92. 뉴비긴은 "증언"이라는 단어(혹은 '마르튀레오.' 단어 그룹)에 대한 성경 연구를 다음에서 제시한다. Lesslie Newbigin, "Witness in Biblical Perspective", *Mission Studies* 3, no. 2 (1986): pp. 80-84. 이것은 그의 선교적 사유에서 자주 사용된, 포괄적이며 중요한 용어다.
116 Lesslie Newbigin, "Context and Conversion", *International Review of Mission* 68, no. 271 (1979): pp. 304-309; Newbigin, *Good Shepherd*, pp. 93-94; Newbigin, "Crosscurrents", pp. 146-149; Newbigin, *One Body, One Gospel, One World*, pp. 22-23; Newbigin, *Faith for This One World?*, pp. 89-92.

있다. 바로 그 이야기를 들은 사람들이 어떤 종류의 공동체로 거슬러 올라가서, 그곳에서 그 메시지가 모든 사람이 갈망하고 복음이 약속하는 복에 대한 암시와 맛보기로 구현되고 있음이 인식될 수 있도록 일반적인 삶의 방식에서 입증되고 있는 것을 볼 수 없는 경우다."[117]

그렇게 해서 뉴비긴이 얼마나 밀접하게 복음 전도의 말씀을 공동체의 총체적인 삶에서 복음이 구현되는 것과 행위 안에서 복음이 입증되는 것에 연결하고 있는지가 분명히 드러난다. 복음 전도의 말씀은 삶과 행위에서 성령에 의해 창조된 새로운 실재에 대한 질문들에 답한다. 아무것도 설명할 것이 없는 말씀은 그 능력을 잃는다. "만약 [복음을] 선포하는 교회가 그에 상응하는 삶을 공동체적으로 살지 않고 있다면, 이 세상의 권세와 편안하게 동거하며 살고 있다면, 어둠의 권세에 도전하는 것과 삶에서 돕고 치유하는 살아 계신 주님의 능력을 드러내는 것에 실패한다면, 그 선포로 열고자 했던 문을 삶으로 닫는 것이다." 다행히, 그가 덧붙이는 바에 따르면, "그것은 선포가 무익하다는 것을 의미하지는 않는데, 왜냐하면 하나님의 말씀의 능력에는 한계가 없기 때문이다."[118]

우리가 전하는 복음 전도의 말씀은 회심을 목적으로 한다. 복음은 단순히 정보로 받아들여질 수 있는 역사적 사실로 선언되지 않는다. 그 선언은 새 창조의 도래에 대한 것이고, 따라서 이 "세계 뉴스"는 너무나 엄청난 것이며 중요한 의의를 갖는 것으로서 "행동으로 하

---

117 Newbigin, "Context and Conversion", p. 304.
118 Newbigin, *Gospel in a Pluralist Society*, p. 140.

는 즉각적인 응답을 요구한다."[119] 중립성이나 우유부단함을 위한 여지는 없다. "즉각적인 결단을 강력히 요구하는 것을 암시하는 위기의 어조가 복음의 모든 선포에 그렇듯 이것에 가득하다.…하나님의 구원이 있다! 거기에 서서, 그것을 받아들이거나 거부하라!"[120] 따라서, 우리의 복음 전도에서 우리는 "철저한 결단으로 부르는 이 요청을 모든 사람에게 가져갈 명백한 의무를 가진다."[121] 이 응답 요청은 예수의 모범을 따르는 것으로, 예수께서 자신을 따르기 위해서는 철저한 회개와 회심, 그리고 모든 것을 버릴 것을 요청하신 모범이다. 그러므로 우리는 회심으로 이끄는 믿음과 회개의 응답을 요청한다.

회심이란 무엇인가? 만약 우리의 복음 전도가 건강한 교회를 낳으려면, 이것은 아주 중요한 질문이다. 앞에서 우리는 뉴비긴에게 회심이 세 가지를 수반한다는 점에 주목했다. 즉 예수에 대한 인격적인 관계, 선교를 계속 이어가는 가시적인 공동체로 들어가는 것, 그리고 하나의 행동 양식에 대한 헌신이다.[122] 참된 복음 전도는 "사람들을 예수 그리스도에 대한 분명한 충성으로 이끄는 철저한 회심에 관심을 둔다.[123] 인격적인 관계로의 요청은 자신의 나라를 예고하시는 예

---

119 Newbigin, *Word in Season*, p. 151.
120 Lesslie Newbigin, *What Is the Gospel?*, SCM Study Series 6 (Madras: Christian Literature Society, 1942), pp. 10-11.
121 Newbigin, "From the Editor", p. 148.
122 Lesslie Newbigin, "Conversion", in *Concise Dictionary of the Christian World Mission*, ed. Stephen Neill, Gerald H. Anderson, and John Goodwin (Nashville: Abingdon, 1971), p. 147; Lesslie Newbigin, "Conversion", *National Christian Council Review* 86 (1966): pp. 309-323.
123 Newbigin, "From the Editor", p. 140.

수와 함께하는 것이다. 따라서 그것은 철저한 충성과 헌신을 요구한다. 그러나 그것은 또한 세상을 향한 하나님의 선교에 참여하도록 선택된 공동체에 들어갈 것을 요청한다. 그리고 마지막으로, 그것은 사람들을 값비싸고 포괄적인 순종의 생활 방식으로 호출한다.

복음 전도가 이런 종류의 초청을 할 때, 그것은 예수를 따르는 것에 무엇이 달려 있는지 분명히 하는 것이다. 그러나 만약 복음 전도가 그 요청을 약화시킨다면, 처음부터 타협하고 길들여진 교회를 낳는다. 약한 유형의 복음 전도가 낳을 수 있는 "그리스도인들은 세례를 받고 성찬에 참여하며 성경을 읽고 열심인 사람들로, 교회 성장에는 헌신하지만 인간의 존엄성과 사회 정의라는 성경의 단순한 가르침에는 철저한 순종으로 헌신하지 않는다." 겉으로 보기에는 교인 수가 늘어나는 성공적인 복음 전도가 있을 수 있지만, 안타깝게도 그 교회는 "인종차별, 전투적인 분파주의, 그리고 강압적인 경제 및 정치 체제들에 대한 맹목적인 지지 같은 노골적인 악으로 얼룩진" 상태에 머문다. 집단 회심이 있을 수 있지만, 그리스도를 따르는 것은 "개인적이고 가정에서 하는 행동"으로 축소되고 애석하게도 "공적 정의 같은 큰 사안들에 대해서는 할 말이 없다."[124] 얄팍한 회심이 수반하는 숫자는 성공적인 복음 전도를 이루지 못한다.

게다가, 만약 복음 전도가 이기적이라면—즉 구원의 혜택을 누리도록 사람들을 초청하는 것에 그친다면—또한 세상 속에서 자신의 선교를 이어갈 준비가 되어 있지 않은 교회를 만들어 낸다. 교회의

---

124 Newbigin, *Open Secret*, pp. 134-135.

선교는 사람들을 하나님 나라로 초청하는 것이다. 그것은 예수의 선교에 참여하는 것을 의미한다. "교회의 사역 전체는 분명하고 명백하게…선포와 징집의 사역이다. 즉 예수 안에 있는 하나님의 통치의 도래를 선포하는 것이고, 그리고 그 통치의 봉사를 위해 사람들을 징집하는 것이다."[125] 선포는 듣는 이들이 예수의 하나님 나라 선교에 지원하도록 요청한다. 이런 종류의 복음 전도가 처음부터 명백히 하는 것은, 그리스도의 선교에 대한 참여 없이는 그리스도에 대한 참여도 없다는 점이다.

선교들

이 지점까지 우리의 주된 관심은 개별적인 지역 회중이 그들의 특정한 맥락 속에서 갖고 있는 선교적 소명에 대한 뉴비긴의 이해에 있었다. 하나님은 하나님 나라의 좋은 소식을 세상에 알리시되, 모이고 흩어지는 공동체의 총체적인 삶을 통해, 행위를 통해 그리고 말씀을 통해 그렇게 하신다. 그러나 그런 선교적 공동체가 없는 장소들은 어떤가? 그것이 바로 선교들의 과업으로, 그리스도인의 존재가 없거나 영향력 있는 존재가 없는 장소들에서 그런 존재를 만들어 내기 위해 교회가 맡는 의도적인 활동들이다. 이 장 앞부분에서 지적한 것처럼, 뉴비긴은 교회의 이런 과업을 교회가 하는 더 포괄적인 선교와 구분하기 위해 "선교들"(복수형)이라는 표현을 사용한다.

    뉴비긴은 1950년와 1960년대에 걸쳐 선교의 새로운 패러다임과

---

125 Newbigin, *Good Shepherd*, p. 67.

씨름했는데, 이때는 선교들의 식민주의적 패러다임이 붕괴되고 있는 것이 분명했다. 서구의 교회는 곤경에 빠져 있었고, 남반구 전체의 교회는 성장하고 있었다. 만약 더 이상 서구를 "본거지"로, 그리고 비서구를 "선교지"로 부를 수 없다면, 그렇다면 선교란 무엇인가? 교차 문화적인 선교들을 위한 자리가 여전히 있는가? 문제는 초교파주의 전통이 그 일 전체를 버리면서, 개발과 사회적 활동이 복음을 알리는 것을 대체했다는 점이다. 복음주의 전통은 그에 대한 반발로 단지 옛 패러다임의 대부분을 긍정하는 데 그치고 있었다. 뉴비긴의 열망은 이 교착 상태를 넘어서 전 지구적 교회의 시대에 선교가 무엇일 수 있을지에 대한 새로운 시각으로 나아가는 것이었다.

그의 출발점은, 교회가 그 본질 자체에 의해 선교적이라는 것이다. 선교는 단지 또 하나의 임무가 아니라, 교회의 본질 자체를 규정한다. "선교는 교회의 존재에서 뗄 수 있는 부분이 아니라, 교회의 존재가 가진 중심적인 의미다."[126] 이것은, 무엇보다도, 개별적인 지역 회중이 그 특정한 위치에서 좋은 소식을 알릴 책임을 갖는다는 것을 의미한다. 그들이 그 장소에 놓인 것은 그리스도 안에 계시된 역사에 있는 하나님의 궁극적인 목적을 삶·행위·말씀으로 증언하기 위해서다. 그러나 그 회중이 또한 갖는 책임은, 증언하는 공동체가 없는 장소들과 사람들이 어디에 있는지 고개를 들고 살피는 것이다. 개별적인 교회는 그런 장소들에 증인을 세울 책임이 있다. 선교들은 "교회

---

[126] Newbigin, *Word in Season*, p. 12.

의 선교의 전부는 아니지만, 그것의 필수적인 부분이다."127

선교들의 구체적인 과업이 갖는 관심은 복음이 알려지지 않은 곳에 복음을 가져가서 증인을 세우고, 궁극적으로는 증언하는 공동체를 세우는 의도적인 활동에 있다. 선교들은 초기의 복음 전도와 교회 개척에 관심을 갖는다. "선교들이 집중해야 하는 것은 복음을 들어본 적이 없는 사람들에게 복음을 가져가는 구체적으로 선교적인 의도이며, 또한 이것은 여섯 대륙 모두를 향해야 한다."128 "선교들은 교회의 총체적인 선교 내에서의 특정한 사업으로, 그 주된 의도는 이전에 그리스도인의 존재가 없었거나 그런 존재가 효과적이지 않았던 환경에 그리스도인의 존재를 생겨나게 하는 것이다."129 따라서, 증언하는 공동체가 세워졌을 때 선교들은 끝나고 선교가 시작된다.130

뉴비긴은 선교들에 대한 이런 이해의 근거를 안디옥 교회에서 찾는다(행 11, 13장). 그는 이것을 "선교들에 대한 핵심적인 신약성경 패러다임"이라고 부른다.131 안디옥 교회는 증언하는 공동체로서, 말씀과 행위로 신실하게 그리스도를 가리키며 자라난다(행 11:19-30). 하지만 성령은 이 교회를 움직이셔서, 복음이 알려지지 않은 곳에 복음을 가져가는 구체적인 목적을 위해 몇 사람을 따로 세우도록 하신다.

---

127 Lesslie Newbigin, "Mission and Missions", *Christianity Today*, August 1, 1960, p. 911.
128 Newbigin, *Unfinished Agenda*, p. 185.
129 Newbigin, "Crosscurrents", p. 149.
130 Newbigin, *Open Secret*, p. 129. 뉴비긴은 선교들에 대한 자신의 통찰 대부분을 다음의 공으로 돌린다. Rolland Allen, *Missionary Methods: St Paul's or Ours?* (Grand Rapids: Eerdmans, 1962).
131 Newbigin, "Crosscurrents", p. 150149.

보냄을 받은 사람들의 목적은 증언하는 공동체가 없는 곳에 그런 공동체를 세우는 것이다. 그런 조직이 그곳에 세워지면, 그들은 그 장소에서 선교를 이어간다. 바울은 바로 그런 일을 하도록 안디옥 교회에서 보냄을 받은 사람들 가운데 한 명이다. 그가 여러 도시들에 증언하는 공동체를 세우면 이동하면서, 이를테면, "이제 여러분이 이 장소에서 선교입니다"라고 말한다. 이것은 뉴비긴 자신이 바울의 모범을 따르면서 행했던 것이다. 한 마을에 교회를 세운 후에 그는 말할 것이다. "이제 여러분이 이 마을에서 그리스도의 몸입니다. 여러분이 여기서 하나님의 사도들입니다. 여러분을 통해 사람들이 구원을 받을 것입니다. 나는 여러분과 연락하겠습니다. 나는 여러분을 위해 기도하겠습니다. 나는 여러분을 방문하겠습니다. 만약 여러분이 내 도움이 필요하다면, 나는 여러분을 도우려 노력하겠습니다. 그러나 여러분이 이제는 선교입니다."[132]

선교들이 필요한 이유는 증언하는 신실한 공동체가 없는 장소들이 많기 때문만은 아니다. 그것은 또한 복음 자체의 신학적 본질과, 따라서 선교의 범위와 밀접하게 연결되어 있다. 복음은 모든 민족과 삶의 모든 것에 대해 그리스도 안에 있는 하나님의 주권에 관한 것이다. 그것은 모두를 위한 공적 진리이며, 따라서 선교들은 땅끝까지 이르러야 한다. 땅끝이 하나님의 선교와 교회의 선교의 궁극적인 지평이다. 그리스도는 모두의 주님이시므로, 그분의 권위는 모두에 의해, 땅끝까지 이르러 인정되어야 한다. 선교는 지역 회중의 이웃에서

---

132 Newbigin, *One Body, One Gospel, One World*, p. 32.

시작하지만, 복음의 본질 자체에 의해 선교적 과업은 땅끝까지 나아가야 한다. 모든 민족에 이르는 선교들이 없는 선교는 야위고 왜곡된 개념이다. "교회의 선교는 땅끝과 관련된다. 그 차원이 잊힐 때, 그 모든 일에서 핵심이 사라진다."[133] 선교들은 그 최종적인 지평을 향해, 즉 땅끝까지, 신실하게 수행되는 선교다.

해외 선교들은 사람이 정말로 복음의 범위를 믿는지에 대한 참된 시금석이다. 만약 사람이 예수께서 성취하신 것이 보편적인 타당성을 갖는다는 것을 믿는다면, 그는 그 메시지가 모든 백성에게 도달하는지 보는 일에 헌신할 것이다.

복음은 진리이고, 그러므로 그것은 모든 사람에게 참되다. 그것은 모든 것을 만든 분, 모든 사람이 나오며 또 모든 사람이 돌아가는 분의 얼굴에서 덮개를 벗기는 것이다. 그것은 인간 역사의 의미를, 인류의 기원과 운명의 의미를 드러내는 것이다. 예수는 단지 나의 구원자이실 뿐 아니라, 만물의 주님이며, 우주의 원인과 초석이시다. 만약 내가 그 사실을 믿는다면, 그것을 증언하는 것은 존재의 핵심이 된다. 만약 내가 그것을 나 자신에게만 간직한다면, 나는 어떤 진정한 의미에서 그것을 믿는 것이 아니다. 해외 선교들은 추가 사항이 아니다. 오히려 그것들은 교회가 복음을 믿는지 여부에 대한 시금석이다.[134]

---

133 Newbigin, *One Body, One Gospel, One World*, p. 27.
134 Newbigin, "Mission of the Church to All the Nations", p. 3.

만약 선교들이 모든 사람에게 닿기 위해 이전에 증인이 없는 곳에 증인을 만들어 내는 것이라면, 그것은 선교 위원회에 의해 행해지고 "선교들"이라고 불리는 많은 것을 배제할 것이다.[135] 식민주의적 선교들의 잔재인 정신적인 습관은 해외에서 일어나는 모든 것에 "선교들"이라는 표를 붙인다. 구체적으로 말하자면, 해외에서 서구 선교사들이 관여되어 있는 교회들 사이의 원조의 다양한 사업들, 즉 교육, 목회 사역, 행정, 그리고 다른 많은 활동이 모두 "선교들"로 불린다. 뉴비긴은 이런 "형제 같은 사역자들"의 중요성을 긍정한다. 그러나 그들은 선교사들이 아니며, 또한 선교들을 하고 있는 것이 아니다. 둘 다 "공통의 현장에서 일하고 있을" 수 있지만, "관심의 초점은 각각 구별될 것이다."[136] 그리고 선교들의 그런 구별되는 관심의 초점이 뉴비긴의 관심이다.

선교와 선교들의 그 차이는 단지 의미론에 있는 것으로 보일 수 있다. 그러나 그런 가정은 실수가 될 것이다. 뉴비긴은 선교들의 개념—즉 증언하는 공동체를 설립하기 위해 증인을 세우는 것—이 모든 다른 과업들 가운데 상실되고 있음을 보았다. 교회의 선교의 이 특정한 양상은 분명히 구분되지 않고 있었다. 다수의 금전적·인적 자원은 교회들 사이의 원조를 위해 사용되고 있었고, 또한 가장 궁핍한 곳들은 복음으로 닿지 않고 있었다. 뉴비긴은 중요한 구분이 교차 문화적인 다른 과업들과 증언하는 공동체를 세우기 위한 의도적인

---

135 Newbigin, "Future of Missions and Missionaries", p. 216.
136 Newbigin, "Bible Study Lectures", p. 190.

선교들의 사역 사이에 있어야 한다고 믿었다. 교회의 선교의 그런 차원은 결코 포기되면 안 된다.

선교들은 교회의 과업이며 구체적으로는 모든 지역 회중의 책임이다. 세계 어디에나 있는 모든 회중은 동시에 그 지역에 대한 선교이며 땅끝까지 이르는 하나님의 선교의 일부다. 뉴비긴은 다음과 같이 쓴다.

> 모든 교회는, 아무리 작고 약하더라도, 복음을 땅끝까지 가져가는 과업의 일부 몫을 나누어야 한다. 모든 교회는 해외 선교들에 참여해야 한다. 이것은 복음의 온전함의 일부다. 만약 우리가 오직 우리의 이웃들 사이에서만 그리스도의 증인들이 되고자 한다면, 우리는 그리스도를 주님으로 충분히 고백하지 않는 것이다. 우리는 동시에 땅끝까지 그분을 고백하고자 해야 한다. 해외 선교 사업은 우리의 고백의 온전함에 속한다.[137]

모든 곳에 있는 각 교회가 전 세계적인 과업에 참여해야 하는 "의무와 특권"을 가질 뿐 아니라, 또한 모든 그리스도인이 땅끝까지 이르는 선교에서 자신의 역할을 맡아야 할 동일한 의무와 특권을 가진다.

만약 땅끝까지 이르는 선교들에 참여하는 것이 교회의 의무라면, 이것은 선교 위원회 및 단체의 유효성에 대한 큰 질문들을 제기한다. 이것들은 여러 세기 동안 선교들의 주된 동인이 되는 조직들이었다.

---

137 Newbigin, *Word in Season*, p. 13.

이런 선교 조직들을 우리는 어떻게 이해해야 하는가? 뉴비긴은 선교를 교회에서 분리한 이런 선교 대행 기관들을 만들어 낸 것을 "선교 역사의 엄청난 재앙들 가운데 하나"로 불렀다.[138] 그리고 실제로 두 조직 모두에 치명적인 결과가 있었다. 회중에게 그 결과는 선교적 정체성의 상실이었고, 이는 그 구성원들의 구미에 맞추면서 세상을 향한 선교에는 관심을 두지 않는 내향적인 단체가 되는 것으로 이어졌다. 선교 위원회에 그 증언은 복음에 중심을 둔 공동체에서 나오는 것으로 여겨지지 않는다. 그러나 이 말은 뉴비긴이 이런 조직들이 긍정적인 역할을 전혀 하지 못한다고 믿었음을 의미하지는 않는다. 반대로, 그가 믿은 바에 따르면, 만약 그런 대행 기관들이 국내와 외국에서 자신들의 선교를 수행하려는 지역 조직들의 노력들을 조정했다면 그것들은 하나님의 선교에서 중요한 역할을 할 것이다. 그것들이 그 선교를 대체해서는 안 되며, 다만 지역적 협력을 가능하게 하고 촉진시켜야 한다.

그러나 선교들은 지역 회중의 책임일 뿐 아니라, 또한 전 지구적 교회가 함께 지는 의무다. 각각의 주어진 영역에 있는 교회의 소명을 인정하는 초교파주의의 동반자 관계와 그 과업을 함께 나누는 것이 필요하다. 문제는 선교들의 재정적·조직적 구조가 여전히 식민주의적 틀에 사로잡혀 있고, 교회들 사이에 동등한 동반자 관계가 있기 위해서는 그 구조가 완전히 개편되어야 한다는 것이다. 뉴비긴은 이에 대해 할 말이 많지만, 우리가 이 영역을 자세히 논의할 필요는 없

---

[138] Newbigin, *One Body, One Gospel, One World*, p. 26.

다. 그는 반세기 전에 글을 썼고, 우리의 목적들과 관련이 없는 많은 세부 사항이 있다. 오늘날 여전히 남아 있는 필요는, 선교들을 지역 회중들과 전 지구적 교회가 동반자 관계 가운데 함께 일하는 과업으로 만드는 방식을 두고 씨름하는 것이다. 뉴비긴에게 선교들은 선교적 회중이 가진 과업에서 본질적인 부분이다. 우리에게 질문은, 그런 동일한 열정적인 확신이 그를 교회의 멘토라고 주장하는 사람들에게도 있는가 하는 것이다.

선교의 궁극적인 목표는 하나님의 영광이다

성경 이야기의 목표는 창조 세계의 우주적인 갱신이며, 또한 교회의 선교는 하나님이 다른 이들을 그 갱신으로 초대하기 위해 땅끝까지 이르도록 하시는 일에 대해 삶·말씀·행위에서 신실한 증인이 됨으로써 하나님의 목적에 참여하는 것이다. 뉴비긴은 "그렇다면 선교들의 핵심은 무엇인가?"라고 묻는다. 우리의 궁극적인 관심은 모든 사람에게 구원이 필요하다는 것인가? 사회의 갱신인가? 이런 것들은 타당한 관심들이지만, 우리의 주된 목표는 아니다. 그렇다면 무엇이 주된 목표인가? "내가 믿기에, 그 대답은 아주 단순히 하나님의 영광이다." 만약 하나님이 성경이 그분이 하셨다고 말하는 것을 하셨다면, 우리의 응답은 그분의 사랑을 증언하면서 "어떻게 내가 하나님을 영화롭게 할 것인가?"라고 묻는 것이어야 한다. 그렇게 해서 "세계 도처에서 사람들이 얼굴을 하나님께 돌려 그분에게 감사를 드리며 그분을 영화롭게 하도록 해야 한다. 하나님의 영광이 선교의 목적이자 목표이고, 우리의 유일한 목표는 우리가 그분을 찬미하여 영화롭게 해야 한다는 것이다."[139]

뉴비긴은 지속적으로 모든 종류의 인간 중심주의적 선교관에 반대했다. 그는 그동안 복음주의 전통과 초교파주의 전통 둘 다에서 선교가 "지독히 펠라기우스적"이었다고 믿는다. 그의 설명에 따르면, "강조점이 개인의 영혼을 파멸로부터 구원하는 것에 있었든, 또는 사회적 잘못들을 바로잡는 것에 있었든, 그동안 압도적인 강조점은 우리의 프로그램으로서의 선교들에 있었다."[140] 복음주의 전통에서는, 전체 논의가 "하나님과 그분의 영광이 아니라, 개인이나 그 개인의 궁극적인 행복이 보장되어야 한다는 개인적인 필요에" 대한 잘못된 질문을 제기함으로써 궤도를 벗어났다. 우리가 하나님의 능하신 은혜의 역사를 사유화하고 "마치 구원의 우주 드라마 전체가 '나를 위해, 나를 위해'라는 말에서 절정을 이루는 것처럼" 말할 때, "이것은 복음의 왜곡이다."[141] 초교파주의 전통에서는 논의가 사회를 다시 새롭게 하기 위한 우리의 과업에 초점을 맞추었는데, 이것도 역시 선교에 대한 오해로 이어졌다. "그 그림의 중심은 (죄로부터, 억압으로부터, 소외로부터) 구원을 받아야 할 인간의 필요가 아니라, 하나님과 그분의 측량할 수 없는 은혜다. 그러므로 주된 관심은 '세상이 어떻게 구원을 받을 것인가?'가 아니라, '이 영광스럽고 은혜로운 하나님이 어떻

---

139 Newbigin, *Signs amid the Rubble*, pp. 120-121.
140 Lesslie Newbigin, "Mission in the 1990s: Two Views", *International Bulletin of Missionary Research* 13, no. 3 (1989): p. 102.
141 Newbigin, *Gospel in a Pluralist Society*, p. 179.

게 영광을 받으실 것인가?'다. 목표는 하나님의 영광이다."¹⁴²

신약성경이 우리에게 제공하는 것은, 사람들과 세상을 구하는 인간의 노력에 대한 펠라기우스적 그림이 아니라, 예수 안에 있는 우리를 위한 하나님의 은혜에서 솟아나는 넘치는 감사와 기쁨의 그림이다. "하나님이 우리 모두를 위해 예수 그리스도 안에서 행하신 일을 이해하는 사람은 누구나 '하나님이 어떻게 영광을 받으실 것인가?' 라는 한 가지 질문을 제기한다. 그분의 놀라운 은혜가 어떻게 알려지고 찬양을 받고 흠모될 것인가?" 이런 맥락에서 뉴비긴은 자신이 평생에 걸쳐 자주 인용하는 본문을 다룬다. "그가 자기 영혼의 수고한 것을 보고 만족하게 여길 것이라"(사 53:11). 선교에서 우리의 목표는, 예수께서 자신의 속죄의 열매를 보실 때 만족하실 수 있도록 하는 것이다. 만약 우리가 "누가 마지막에 구원을 받을 것인가?" 혹은 "어떻게 세상이 구원을 받을 수 있을 것인가?"를 주요 질문으로 만든다면, 기독교 신앙에 대한 우리의 논의 전체는 빗나간 것이다. 오히려, 우리는 "예수 그리스도 안에 있는 능하신 은혜의 역사로 시작해야 하고, 또한 그분이 어떻게 높임을 받으시고 영광을 받으실 것인지 물어야 한다. 선교들의 목표는 하나님의 영광이다."¹⁴³

아마도 뉴비긴이 하나님의 영광에 초점을 맞추는 것의 가장 중요한 지표들은 이런 분명한 진술들이 아닐 것이다. 선교에 대한 그의 신학적 작업 전체는 하나님 중심주의적 태도에 의해 규정되며, 또한

---

142 Newbigin, "Mission in the 1990s", p. 102.
143 Newbigin, *Gospel in a Pluralist Society*, pp. 179-180.

그토록 자주 기독교 신앙과 선교를 부패하게 하는 인간 중심주의나 자아도취를 그가 혐오한다는 것은 많은 곳에서 명백히 드러난다. 이와 관련한 생생한 기억이 나에게 있다. 한번은 그가 선교에 대해 연설할 때 그곳에 있었는데, 그는 너무나 자주 기독교 선교를 형성하는 인간 중심성에 대해 항의하고 있었다. 그는 우리의 초점이 되어야만 하는 것―살아 계신 하나님의 영광과 초월성―을 표현하기 위해 시도하면서 적절한 언어를 모색했다. 그는 "우리가 말하고 있는 것은…"이라고 식식거리면서 말한 다음에 잠시 멈추고, 가능한 한 가장 강력한 단어를 찾으면서 위를 바라보았다. 충분히 거창한 말을 찾지 못하면서, 그는 불만 가운데 자신의 손을 늘어뜨리고 결국 단순히 "…하나님입니다!"라고 내뱉었다. 그리고 실제로, 우리의 선교가 가진 목표를 규정하는 데 그보다 더 거창한 말은 없다.

결론

교회의 선교적 실존은 하나님의 선교에 뿌리를 두고 있다. 삼위일체 하나님의 선교는 역사를 우주적인 갱신을 향해 움직이는 것이다. 이것이 예수의 하나님 나라 선교에서 절정에 이르렀다. 교회는 이 회복의 첫 열매이자 도구로서 그 선교에 참여한다. 교회는 그리스도 자신의 방식으로 하나님 나라를 알리는 예수의 선교를 계속하되, 성부가 자신의 목적을 실행하시며 성령이 도래하는 하나님 나라에 대해 능력 가운데 증언하고 계시다는 확신으로 그렇게 한다. 이것은 교회의 증언이 삶처럼 폭넓다는 것을 의미한다. 교회의 삶 전체는, 모여서든 흩어져서든, 선교적 차원을 가지기 때문이다. 그러나 그것은 또한 도래하는 하나님 나라에 대한 징표를 세우기 위한 의도적인 노력들, 즉 행위와 말씀의 증언을 의미할 것이다. 이것은 그 놓인 장소에 있는 모든 회중의 소명이다. 그렇지만 그들의 부르심은 또한 그들을 땅끝까지 이르는 하나님 나라에 대한 증언에 참여하도록 초청한다. 그리고 우리의 목표는 무엇보다도 먼저 개인들의 구원이나 사회의 갱신이 아니다. 비록 우리가 그것을 위해 기도하지만 말이다. 오히려 우리의 목표는 하나님이 영광을 받으시는 것이다. 선교적 회중의 일은 성경에서 서술되며 예수를 중심으로 하는 세상의 참된 이야기를, 그처한 장소에서 그리고 땅끝까지, 모든 것을 하나님의 영광을 위해, 구현하고 전하는 것이다.

4

선교적 교회, 그리고 그 함께하는 삶

성경의 이야기는 하나님이 인간 역사의 모든 것을 그 정해진 종말을 향해 이끄시는 것, 인류의 삶 전체를 죄로부터 회복하시는 것을 전체의 창조 세계 맥락에서 보여 준다. 교회는 삼위일체 하나님의 이런 다시 새롭게 하시는 사역에 참여하도록 초청된다. 그들의 역할과 소명은 하나님 나라의 우주적인 갱신을 구현하고 선언하는 백성이 되는 것이다. 하지만 뉴비긴에게는, 만약 교회가 하나님 나라의 신실한 징표가 되고자 한다면, 교회의 제도적인 표현 혹은 모인 형식에 세심한 주의를 기울여야 한다. 예배, 리더십, 그리고 교회의 구조는 교회의 선교적 정체성과 보조를 맞추도록 해야 한다.

과거에는 너무 많은 주의를 교회론의 이런 쟁점들에 기울였다. 실제로, 교회 역사의 대부분에 걸쳐 제도와 공동체로서의 교회가 교회론 논의를 지배해 왔다. 종종 이것은 제도적인 삶에 주로 관심을 기울이는 내향적인 교회를 초래했다. 그 결과로, 교회의 선교적 본질을 파악한 사람들이 오늘날 이런 쟁점들에 짜증을 내고 그것들을 무시하거나 심지어 반발하게 되는 것을 보는 일은 드물지 않다.[1] 초교

---

1 Johannes Hoekendijk, *The Church Inside Out*, ed. L. A. Hoedemaker and Pieter Tijmes, trans. Isaac C. Rottenberg (Philadelphia: Westminster, 1966)은 이에 대한 훌륭한 예다. 『흩어지는 교회』(대한기독교서회).

파주의 전통과 복음주의 전통에 속한 많은 사람이 이 길을 따라갔다. 그러나 뉴비긴은 달랐다.

뉴비긴이 이 길을 가지 않은 것에 적어도 세 가지 이유가 있었다. 첫째, 교회가 자신의 삶을 조직하고 함께 살아가는 방식은 교회의 선교를 방해하거나 가능하게 할 것이다. 그것은 불가피하게 둘 중 하나를 할 것이다. 둘째, 교회는 교제와 예배 가운데 그리스도의 생명을 계속 공급받을 때만 그 생명을 세상 한가운데서 구현할 수 있다. 셋째, 하나님의 목적에 대한 증언은 회중으로부터 흘러나오며 또한 회중에게 돌아간다. 이런 이유로 뉴비긴은 그의 일생을 통해 교회의 구조, 리더십의 형태, 예배의 실천에 관심을 기울였다. 우리가 이 장을 계속 진행하면서 확고히 염두에 두어야 할 것은, 뉴비긴이 교회의 내적 삶이 가진 다양한 쟁점들을 다룰 때 항상 교회의 선교적 정체성과 본질에 대한 그의 이해의 맥락에서 그렇게 한다는 점이다.

이 장에서 우리는, 무엇보다 먼저, 교회에 대한 뉴비긴의 이해에 있는 두 가지 중요한 구분에 주목할 것이다. 첫째는 지역 교회와 보편 교회, 그리고 둘째는 모인 교회와 흩어진 교회다. 그런 다음에 우리는 예배, 교회의 구조, 리더십을, 그리고 그것들이 선교적 회중에 대해 갖는 중요성을 볼 것이다.[2]

---

[2] 참고. Michael W. Goheen, "*As the Father Has Sent Me, I Am Sending You*": *J. E. Lesslie Newbigin's Missionary Ecclesiology* (Zoetermeer: Boekencentrum, 2000), pp. 228-273(6장).

교회론적 구분들

우리가 "교회"라는 단어를 사용할 때, 종종 우리는 우리의 이해에 깊이 박혀 있는 특정한 검토되지 않은 가정들을 가진다. 이런 숨겨진 전제들은 때때로 우리가 교회의 선교적 부르심에 대해 신실하게 있는 것을 방해한다. 다음의 두 가지 구분이 뉴비긴에게 중요하며, 또한 그 구분은 교회에 대한 그의 가정들을 우리가 이해하도록 돕는다. 교회는 지역적이며 보편적이고, 또한 교회는 모인 형태와 흩어진 형태 둘 다로 표현된다.

지역 교회와 보편 교회

뉴비긴이 생각하기에, "교회" 혹은 '에클레시아'라는 단어는 신약성경에서 가시적인 인간 공동체를 두 가지 의미에서, 즉 (1) 지역 회중들 및 (2) 예수 그리스도에게 속한 모든 사람으로 묘사하기 위해 항상 사용된다.[3] 이 이중의 용법이 나오는 이유는 '에클레시아'라는 단어가 항상 "하나님의" 및 "고린도에 있는"(혹은 다른 곳)이라는 말로 한정되기 때문이다. 이것은 하나님이 한 공동체를 새로운 인류로서 그분에게로 부르시고 이끄시는 일을 행하신다는 것을 시사한다. 그분은 지역적으로 — 고린도에서, 로마에서, 서리에서, 피닉스에서 — 일하시며, 또한 전 세계에서 일하신다. 하나님의 단일한 행동이 많은 곳에서 그분의 새로운 인류를 모은다. 그리고 그렇게 "한 분 주님이 모

---

3   Lesslie Newbigin, "The Basis and the Forms of Unity", *Mid-Stream* 23 (January 1984): p. 7.

든 곳에서 그분의 백성을 모으시기" 때문에, "이런 많은 지역 회합들은 보편적으로 하나의 회합을 형성한다. 같은 이유로, 각각의 장소에 있는 회합이 그곳에서 바로 '보편적'(catholic) 교회인데, 왜냐하면 한 분 주님이 그들을 모으고 계시기 때문이다."⁴ 그러므로 교회는 지역적 표현과 보편적 표현을 둘 다 가진다. 그리고 둘 다 가시적 표현이 되어야 한다.

선교적 관심이 지역 회중과 보편 교회 사이를 구분하게 한다. 지역 회중은 그 특정한 곳에서 새로운 인류이고, 그곳에서 그리스도를 통해 하나님과 화목하도록 하는 그리스도의 초청을 모든 사람에게 제공하는 일로 부르심을 받는다. 동시에, 교회는 전 지구적 공동체로서 인류 전체에게 동일한 초청을 제공해야 한다.⁵ 바로 이런 논의가 뉴비긴으로 하여금 평생에 걸쳐 교회의 구조, 리더십의 형태, 초교파주의적 표현과 씨름하게 이끌었다. 교회가 많은 곳에서 성육신할 때, 어떻게 사람들은 그 교회를 시간과 공간을 가로지르는 하나의 새로운 인류의 표현으로 볼 수 있을 것인가?

뉴비긴은 그의 저술에서 이 표현들 각각에 동일한 무게를 부여하지는 않았다. 반복해서 그는 지역 교회가 "기독교 교회의 기본 단위"⁶

---

4   Lesslie Newbigin, "A Fellowship of Churches", *Ecumenical Review* 37 (1985): p. 176.
5   Lesslie Newbigin, "Which Way for 'Faith and Order'?", in *What Unity Implies: Six Essays after Uppsala*, ed. Reinhard Groscurth (Geneva: World Council of Churches, 1970), p. 118.
6   Lesslie Newbigin, "Our Task Today" (address, fourth meeting of the diocesan council, Tirumangalam, 1951), p. 4.

혹은 "교회의 일차적 단위"[7] 혹은 "기독교적 존재의 기초 단위"[8]라는 점을 분명히 한다. 그는 이것을 자신의 인도 선교 경험으로부터 배웠는데, 그곳은 선교들로부터 생겨나는 다양한 형태의 증언—학교, 병원, 거리 전도자, 문헌 같은 것들—이 사람들을 감동해서 이 모든 것이 중심을 둔 곳으로 오기를 원하도록 만들었다.[9] 그러므로 이런 마을 회중들은 모든 다른 형태의 증언을 위한 토대이자 중심이었다.[10] 게다가 그가 믿기에, "만약 하나님의 백성의 지역 회중이 된다는 것이 무엇을 의미하는지에 대한 철저한 재개념화로 이어지지 않는다면, 교회의 선교적 본질에 대한 20세기의 재발견의 전체 요지는 이해되지 못한 것이다."[11] 그리고 그렇게 그는 자신의 확신을 자주 피력했는데, 즉 지역 회중이 교회의 일차적 실재이며 따라서 복음에 대한 유일하게 가능한 해석자라는 것이다.[12]

그럼에도 불구하고, 이것은 그가 보편 교회의 가시적인 표현을 무시하는 것으로 이어지지는 않았다. 그는 "모두가 한 곳에" 있는 일

---

[7] Lesslie Newbigin, "The Work of the Holy Spirit in the Life of the Asian Churches", in *A Decisive Hour for the Christian World Mission*, by Norman Goodall, Lesslie Newbigin, W. A. Visser 't Hooft, and D. T. Niles (London: SCM, 1960), p. 26.
[8] Lesslie Newbigin, "The Church—Local and Universal", in *The Church—Local and Universal: Things We Face Together*, ed. Lesslie Newbigin and Leslie T. Lyall (London: World Dominion Press, 1962), p. 20.
[9] Lesslie Newbigin, *Unfinished Agenda: An Updated Autobiography* (Edinburgh: Saint Andrew Press, 1993), pp. 53-54.
[10] Newbigin, *Unfinished Agenda*, p. 118.
[11] Lesslie Newbigin, review of *New Ways for Christ*, by Michael Wright, *International Review of Mission* 65 (1976): p. 228.
[12] Lesslie Newbigin, *Sign of the Kingdom* (Grand Rapids: Eerdmans, 1980), p. 62; Lesslie Newbigin, *Gospel in a Pluralist Society* (Grand Rapids: Eerdmans, 1989), p. 227.

치에 관심을 기울였는데, 이것이 각각의 장소에서 유일한 교회를 표현하기 때문이다. 그는 초교파주의적 구조에 관심을 기울였고, 이런 일치의 추구가 교회를 거추장스럽게 하는 위원회들 및 협의회들로 이루어진 단지 복잡하고 값비싼 장치일 뿐이라는 비판을 거부했다. 이것은 또한 그가 시간과 공간을 가로지르는 리더십의 관련성에 관심을 기울이게 했다. 성공회, 장로교, 교황제 형태의 리더십은 모두 교회가 우주적인 몸이라는 것을 가시적으로 표현하고자 추구하는 것이었다.

교회의 초교파주의적 혹은 보편적 표현에 대한 뉴비긴의 관심은, 바로 그렇게 해서 지역 회중이 새 창조를 유업으로 받을 하나님의 유일한 참된 백성으로 인정될 것이기 때문이다. 불일치는 교회가 다른 종교들과 마찬가지로 그저 또 하나의 지역 종교 조직으로 보이게 만든다. 지역 회중을 보편 교회 혹은 새로운 인류의 지역적 현존으로 여기지 않는다면 그것을 오해하는 것이다. 그것은 초교파주의적 조직의 분파가 아니라, 그 새로운 인류가 가시적으로 만들어지는 곳이다. "지역 회중이 말하고 행동할 때, 만약 그것이 참된 것이려면 그 말과 행동은 보편 교회의 말과 행동이라고 주장되어야 한다. 그러나 우리가 분열된 상태에 있다면, 그것은 성취하기도 어렵고 혹은 심지어 인정하기도 어렵다."[13] 권력들이 점차 초국가적으로 되는 전 지구적 세계에서, 교회론의 이런 측면은 점점 더 중요해지고 있다.

---

13 Lesslie Newbigin, *Truth to Tell: The Gospel as Public Truth* (Grand Rapids: Eerdmans, 1991), p. 88.

우리는 이 장을 진행해 가면서 지역 교회와 보편 교회의 구분을 염두에 두어야 할 것이다. 비록 뉴비긴이 교회에 대해 논의할 때 일반적으로 지역 회중을 말했고, 또―몇몇 예외를 제외하고는―이 장에서도 마찬가지겠지만 말이다.

모인 교회와 흩어진 교회

누군가가 "교회"라는 말을 사용할 때 종종 마음속에 떠오르는 것은 특정한 장소에 모인 가시적인 조직으로, 어떤 제의적 과업을 수행하기 위해 제도로 구성된 것이다. 그리고 실제로 이것이 신약성경이 "교회"라는 말을 사용하는 방식들 중 하나라고, 뉴비긴은 믿는다. 그것은 그리스도를 중심으로 모인 하나님의 백성에 대한 가시적이고 공동체적인 표현으로, 그곳에서 그리스도는 특히 말씀과 성례를 통해 그들 가운데 임재하신다. 그러나 "교회"라는 말을 이런 제도적 표현으로 축소하는 것은 신약성경에 있는 교회의 본질에 대한 오해가 될 것이다.

교회에 대한 뉴비긴의 이해는 근본적으로 종말론적이다. 그것은 다름 아닌 그리스도께 통합된 새로운 인류로서, 도래하는 하나님 나라의 징표이자 맛보기다. 새로운 인류로서, 교회는 종교적 제의를 수행하는 종교적 조직으로 축소될 수 없다. 그것이 하나님의 백성을 개인적·내세적 구원에 관심을 기울이는 사적 종교 공동체인 '티아소스' 및 '헤라노스'로 규정한, 초대 교회의 대적들이 범한 오류다. 새로운 인류로서 교회가 가진 공적 본질을 유지하고자 하는 관심, 그것이 바로 그들로 하여금 '에클레시아'라는 말을 채택하도록 만들었다.

그러므로 교회가 주중에 흩어져 있을 때, 그것은 교회보다 조금도 못하지 않다. 평신도들이 문화 속에 흩어진 파편들이어서 예배와 교제를 위해 다시 모일 때 비로소 교회가 되는 것이 아니다. 그들은 새로운 인류, 혹은 그리스도의 몸으로서,[14] 흩어진 형태에서나 모인 형태에서나 마찬가지다.

뉴비긴은 이렇게 질문한다. "우리가 교회를 주일에 명백히 존재한다고, 월요일부터 토요일까지는 그 생기가 일종의 유보된 상태에 있다고 생각하는 것은 교회에 대한 우리의 생각을 끊임없이 흐리는 착각이 아닌가?" 그는 계속해서 자신의 교회론적 확신을 표현한다. "물론 진실은 교회가 월요일부터 토요일까지 최상의 실재로 존재한다는 것이다. 그리스도의 세상 구석구석까지 그리스도의 왕 같은 제사장직을 감당하는 모든 구성원이 밭에서, 집에서, 사무실에서, 공장에서 흩어진 가운데 말이다. 주일에 교회는 자신에게로 물러나 주님 안에서 자신의 존재를 다시 새롭게 한다."[15]

이것이 또한 명백히 드러나는 것은, 우리가 3장에서 보았듯이, 뉴비긴이 교회의 총체적인 삶이라는 새로운 존재를, 그리고 교회가 모일 때만 아니라 주중에 세상으로 흩어질 때도 표현되는 새로운 사회

---

14 Lesslie Newbigin, "The Christian Layman in the World and in the Church", *National Christian Council Review* 72 (1952): pp. 185-189. 이 논문 전체에서 그는 다양한 소명들 가운데 흩어진 교회를 "그리스도의 몸"으로 부르기를 계속하면서, 우리가 교회를 모인 회중으로 제한할 때 이것을 잊은 것이라고 말한다.
15 Lesslie Newbigin, "Bible Studies: Four Talks on 1 Peter", in *We Were Brought Together*, ed. David M. Taylor (Sydney: Australian Council for the World Council of Churches, 1960), pp. 96-97.

체제로서의 교회를 말할 때다.[16] 더욱이 선교적 의도와 선교적 차원 사이의 구분은 동일한 핵심을 주장한다. 뉴비긴이 말하는 바에 따르면, "기초적인 실재는 성령의 임재를 통한 새로운 존재의 창조다. 이 새로운 존재는 교회 안에서의 공동의 삶(koinonia)이다. 바로 이런 새 창조에서 봉사와 복음 전도가 모두 나온다."[17] 성령의 이 새로운 실재는 교회 안에 있는 제일의 증언이다. 바로 이런 "교회의 삶 전체…를 통해 성령이 세상을 향한 그분의 선교를 지속하시며, 따라서 그 전체가 증언의 성격을 가진다. 그러므로 교회의 삶 전체가 선교적 차원을 가진다. 비록 교회의 모든 것이 그 일차적 의도로 선교를 가지는 것은 아니지만 말이다."[18] 교회는 모였을 때든 흩어졌을 때든 존재하며, 교회의 삶 전체는 의도적인 말씀과 행위에서 혹은 창조 세계 안에 있는 교회의 삶 나머지에서 증언의 성격을 가진다.

이전의 장에서 우리는 세상 한가운데서 교회로 존재한다는 것이 무엇을 의미하는지 밝혔다. 이 장의 나머지 부분들에서 우리는 모인 교회로 존재한다는 것이 무엇인지 살핀다. 그리고 우리의 관심은 특히 교회가 그 모인 형태로든 흩어진 형태로든 모두 그 선교적 본질의 측면에서 이해되어야 한다는 것을 보여 주는 데 있다. 뉴비긴이 기록하는 바에 따르면, "선교는 교회의 본질에 속한다.…그리고 여러

---

16 Newbigin, *Gospel in a Pluralist Society*, pp. 136-137; Newbigin, *Truth to Tell*, pp. 85-87.
17 Lesslie Newbigin, *One Body, One Gospel, One World: The Christian Mission Today* (New York: International Missionary Council, 1958), p. 20.
18 Newbigin, *One Body, One Gospel, One World*, p. 21. 시작하는 부분의 강조는 추가된 것이다.

분은 세상을 향한 그분의 선교에 동반자 관계로 헌신하지 않고는 그분과 교제할 수 없다."¹⁹ 이것은 다음의 질문을 제기한다. 교회의 공동체적이고 제도적인 삶은 근본적으로 선교적인 자신의 본질에 어떻게 참여하는가?

예배

동시에 있는 두 가지 의무

1980년대 중반에 『헬라인에게는 미련한 것이요』에 대한 서평자 한 사람은 그 책에 나오는 의기양양한 논의를 도시의 지역 회중에게 적용해 보라고 뉴비긴에게 도전했다. 마침 당시에 뉴비긴은 윈슨 그린의 가난한 도시 회중을 목회하고 있었으므로, 그 경험에 근거해서 자신의 "의기양양한 논의"가 선교적 회중 안에서 어떤 모습을 보일지에 대한 숙고들로 응답했다. 그는 우리가 온 세상을 위한 좋은 소식의 전달자로 선택되었음을 긍정하는 것으로 시작한다. 세상을 위한 하나님의 최종적인 말씀이 십자가에 달린 사람이라는 것을 누군가가 믿을 수 있는 유일한 길은 그 복음을 믿는 회중의 존재에 있다. 그는 성령 안에 있는 하나님 자신의 사역이 그 열쇠라고, 회중이 예배를 위해 모여 있을 때나 세상으로 흩어져 있을 때나 모두 그렇다고 말한다. "성령은 믿는 회중 안에 임재하시되, 그 회중이 찬양하고 영적 제사를 드리기 위해 **모였을 때나**, 모든 세속적 일과 모임으로 하

---

19 Newbigin, *One Body, One Gospel, One World*, pp. 26-27.

나님의 사랑을 가져가기 위해 지역 사회로 곳곳에 **흩어졌을 때나** 모두 그렇다."[20] 그런 다음에 그가 계속해서 말하는 바에 따르면, "따라서 최우선 사항은 그런 회중을 예배, 가르침, 상호간의 목회적인 돌봄의 삶 가운데 품고 양육하는 것이다. 그렇게 해서 그리스도 안에 있는 새로운 생명이 그들에게 점점 더 크고 지배적인 실재가 되도록 하기 위해서다."[21]

뉴비긴에게 전형적인 것은, 예배를 신실한 교회의 특징들에 대한 목록에서 처음에(그가 여기서 하는 것처럼) 혹은 마지막에 놓는다는 데 있다. 예배를 처음에 놓는 것은 그가 그것을 최우선 사항으로 말할 수 있게 한다. 마지막에 놓는 것은 그것이 선교를 위해 그리스도의 생명을 키우는 데 결정적으로 필요하다는 것을 보여 줄 수 있게 한다. 예를 들어, 다른 목록에서 그가 말하는 바에 따르면, 이것은 "내가 다섯 번째[이자 마지막] 핵심을 지적하게 하는데, 바로 교회는 예배하는 공동체라는 점이다." 그런 다음에 그는 이렇게 논평한다. "이것이 이 목록의 처음에 있어야 한다고 생각될 수 있다. 그러나 나는 우리가 그 의미를 더 잘 이해할 수 있기 위해서는, 우리가 교회를 섬기고 고난을 받고 증언하고 열린 공동체로 숙고한 후에 그것을 받아들여야 한다고 생각한다."[22] 이어지는 그의 논의는 이것이 그토록 중요한 이유를 보여 준다. 즉 오직 예배에서만 우리는 인간의 삶에 의미를 주는 그리

---

20 Lesslie Newbigin, "Evangelism in the City", *Reformed Review* 41 (Autumn 1987): p. 4(강조 추가).
21 Newbigin, "Evangelism in the City", p. 5.
22 Lesslie Newbigin, *Journey into Joy* (Grand Rapids: Eerdmans, 1972), p. 112.

스도를 중심으로 한 참된 이야기에 다시 헌신할 수 있고 또 한 주 한 주 그분의 생명에 의해 양육되며, 그렇게 해서 우리가 신실하게 증언할 수 있다는 것이다. 여기서 우리는 뉴비긴이 중요성을 교회의 제도적이고 공동체적인 삶에, 특히 예배에 두는 것을 선명하게 본다.

교회는 마치 모인 삶과 흩어진 삶이라는 두 개의 중심이 있는 타원과 같다. 교회는, 그가 말하는 바에 따르면, "동시에 있는 두 가지 의무를 항상 가진다."[23] 첫 번째 의무는 말씀과 성례에서, 기도와 교제에서, 그리고 그리스도 안에 점점 더 깊이 뿌리를 내리는 것에서 하나님 나라에 있는 하나님의 백성의 시민적 자질을 강화하고 더 실제적으로 만드는 것이다. 그리고 만약 교회가 이것을 행하는 데 실패한다면, "맛을 잃은 소금이 되기 쉽다." 두 번째 의무는, 교회가 그리스도의 생명을 증언하면서 고난 가운데 세상의 일들에 점점 더 깊이 개입하는 것이다. 따라서 그는 교회에 필요한 첫 번째로 "예배 가운데 우리의 교회를 강화하는 것"을 열거한다. "가장 첫 번째로 필수적인" 것은, 그 종말론적 실존이 "더 실제적이고 생생하게" 되기 위한 "강력한 예전적 삶"이다.[24]

이것이 뉴비긴에게 얼마나 의의가 있는지 강조하는 것이 중요하다. 선교―즉 복음 전도, 자비와 정의의 행위, 문화적 소명들―와 교회의 예배의 삶 사이의 이런 종류의 연결은 뉴비긴의 저작들에 스며들어 있다. 교회가 준비되고 양육되기 위해 함께 모이는 시간을 말하

---

23 Lesslie Newbigin, "The Evangelization of Eastern Asia", *International Review of Mission* 39, no. 154 (April 1950): p. 142.
24 Newbigin, "Evangelization of Eastern Asia", p. 143.

기 위해 종종 그는 자주 "물러나다"라는 단어를 사용한다. 월요일부터 토요일까지 사람들은 신실한 증언이라는 자신의 과업을 수행하고, 그렇게 해서 주일은 "교회가 말씀과 성례를 통해 자신 안에 있는 신적 생명의 내적 샘을 다시 새롭게 하기 위해, 세상에 대한 참여로부터 필수적으로 물러나는 날이다."[25]

그렇다면 교회는 두 개의 중심을 갖는다. 하나는 모인 회중들 안에 있는 예배와 교제의 내적 삶이고, 다른 하나는 세상에 흩어진 외적 선교의 삶이다. 위험성은, "교회로서는 이것들 중 하나를 하고 다른 하나는 무시하기가 항상 상대적으로 쉽다"는 것이다.[26] 너무나 자주 우리는 "함께 속한 두 가지를 서로 떨어지도록 허용"하는데, "그 영향들은 교회의 증언에 치명적이다."[27] 한편으로 교회는 자신의 예배를 이웃들을 돌보는 과업으로부터 분리하거나 지역 사회를 향한 동등한 관심 없이 자신의 내적 삶에만 집중하고, 결국 복음에 대한 자신의 증언을 왜곡하게 된다. 그 결과는 내적으로 초점을 맞춘, 자기 잇속만 차리기 위한 현상 유지다. 다른 한편으로 선교가 교회의 예배하는 삶에서 분리될 때, 그 선교는 그저 또 다른 인간적인 프로그램이 되어 하나님 나라에 대한 증언으로서의 능력과 특징을 상실한다. "정확히 세상을 향한 선교를 위해, 이 둘이 서로 떨어지도록 허용되어서는 안 된다."[28] 신실한 선교적 교회는 "두 가지 과업 모두에

---

25 Newbigin, *One Body, One Gospel, One World*, pp. 16-17.
26 Newbigin, "Evangelization of Eastern Asia", p. 143.
27 Lesslie Newbigin, "Reflections on an Indian Ministry", *Frontier* 18 (1975): p. 26.
28 Newbigin, "Reflections on an Indian Ministry", p. 26.

대한 충성이라는 긴장 속에서 살며, 또한 그 자리에서, 그 긴장 속에서…복음을 증언한다."²⁹

교회의 삶의 근원인 복음

뉴비긴이 교회의 선교를 말하는 흔한 방식들 중 하나는 "세상의 삶에서 예수의 생명을 복제하는 것"³⁰이라는 말이다. 그 생명의 근원은 복음이며, 그 안에서 그리스도는 자신의 생명을 백성에게 전달하신다. 교회가 종말의 징표로서 세상 한가운데 그리스도의 생명을 구현하는 데 신실하고자 한다면, 그 삶 전체가 복음에 깊이 뿌리를 내리고 또 복음에 의해 양육되어야 한다. 바로 이 맥락에서, 뉴비긴은 우리가 그리스도에 대해 갖는 이중의 관계를 강조한다. (1) 우리는 특정한 사건들에 뿌리를 내린 한 몸으로서 역사적으로 예수와 관련되어 있으며 그분의 선교를 지속하도록 보냄을 받았고, 또한 (2) 우리는 한 백성으로서 종말론적으로 예수와 관련되어 있는데, 이 백성은 복음의 말씀과 성례 가운데 살아 계시고 승천하신 주님과 끊임없이 만난다. 두세 사람이 그분의 이름으로 함께 모인 바로 그곳에서, 살아 계신 주님은 복음 가운데 자신의 백성을 만나시고 자신의 생명으로 양육하신다.³¹ "교회는 그리스도에 대한 믿음으로 살고, 말씀과 성례는 그리스도가 자

---

29 Newbigin, "Evangelization of Eastern Asia", p. 143.
30 Lesslie Newbigin, "The Bible Study Lectures", in *Digest of the Proceedings of the Ninth Meeting of the Consultation on Church Union (COCU)*, ed. Paul A. Crow (Princeton: COCU, 1970), p. 211.
31 Lesslie Newbigin, *The Reunion of the Church: A Defence of the South India Scheme* (London: SCM, 1948), pp. 60-72.

신을 사람들에게 제공하시는 수단이다."³² "말씀이 참되게 선포되고 성례가 정당하게 집행될" 때, "그리스도 자신이 그분의 모든 구원하는 능력으로 그 가운데 임재하신다.…[그렇게 될 때] 하나님의 구원하는 능력이 구원을 받은 공동체의 삶으로 알려지고 경험되어, 모든 종류의 증언과 세상에 대한 봉사를 낳아야 한다."³³

그리스도의 구원하는 능력이 성령의 임재에 의해 회중들의 교제 가운데 알려진다. 뉴비긴은 특정한 배경에서 그리스도께 나아온 여러 사람의 이야기들을 검토하면서 그 모든 이야기에 공통적인 한 가지 요소를 숙고하는데, 바로 이웃의 일상에 깊이 관여되어 예배하며 찬양하는 회중이다. 선교는 인간적으로 고안된 프로그램이 아니라, "성령의 사역이다. 이 성령의 사역은 회중의 삶 가운데 나타나며, 그 구성원들의 신실한 말과 행위를 통해 넘쳐흘러 지역 사회로 들어간다."³⁴

뉴비긴이 좋아하는 본문은 요한복음 15:1-11이다.³⁵ 만약 우리가 주님이 걸으셨던 사랑하는 순종의 길을 따라 결연히 예수를 따르고자 한다면, 우리는 예배·기도·말씀·성례에서 그리스도의 생명을 일구는 일에 우선권을 부여해야 한다. 포도나무에 붙어 있는 것의 이미

---

32 Newbigin, *Reunion of the Church*, p. 102.
33 Newbigin, "Our Task Today", pp. 4-5.
34 Lesslie Newbigin, *Mission in Christ's Way: Bible Studies* (Geneva: WCC Publications, 1987), pp. 19-20.
35 Lesslie Newbigin, "Abiding in Him," in *Uniting in Hope: Reports and Documents from the Meeting of the Faith and Order Commission, Accra, Ghana* (University of Ghana, Legon), 1974 (Geneva: World Council of Churches, 1975), pp. 141-144; Lesslie Newbigin, *Good Shepherd: Meditations on Christian Ministry in Today's World* (Grand Rapids: Eerdmans, 1977), pp. 140-144.

지는, 가지인 우리가 "나무의 딱딱한 몸통과 줄기들 뒤에 숨어 있는 수많은 미세한 통로를 통해" 그리스도의 생명의 수액을 받는 방식을 묘사하는 아름다운 그림이다.[36] 이 통로들은 은혜의 수단으로, 이를 통해 하나님이 바로 그리스도의 생명을 우리에게 주셔서 우리가 그리스도에게 참여하게 하신다. "그리스도에게 참여하는 것은 세상을 향한 그분의 선교에 참여하는 것을 의미하고,…따라서…참된 은혜의 수단은 바로 이 선교적 과업 안에 그리고 그 과업의 이행을 위해 있다."[37] 뉴비긴은 이런 특정한 문구를 사용하지는 않았지만, 그 중대한 핵심을 강조하기 위해 우리는 그것들을 "선교적 은혜의 수단"이라고 부를 수 있을 것이다.

선교적 은혜의 수단

뉴비긴이 가장 자주 말하는 것은 선교적 은혜의 수단 네 가지, 즉 예배·말씀·성례·기도다.[38]

예배

예배는 "우리가 하는 단연코 가장 중요한 일"이며,[39] "교회의 핵심 사

---

36 Newbigin, "Abiding in Him", p. 141; 참고. Newbigin, *Good Shepherd*, p. 141.
37 Lesslie Newbigin, *The Household of God: Lectures on the Nature of the Church* (New York: Friendship Press, 1954), p. 167.
38 사도행전 2:42을 사용하면서, 뉴비긴은 말씀, 주의 만찬, 기도에 교제를 추가한다. 예를 들어, Lesslie Newbigin, *Sin and Salvation* (Philadelphia: Westminster, 1956), pp. 94-96를 보라.
39 Newbigin, *Good Shepherd*, p. 37.

역"이다.⁴⁰ 심지어 뉴비긴은 교회의 "가장 독특한 특징"이 찬양의 공동체인 것이라고 말한다.⁴¹ 뉴비긴에게 "예배"는 모든 것을 포괄하는 단어로, 여기에는 찬양, 선포, 기도, 성례 등이 포함된다. 선교적 원동력은 그리스도 안에서 자신의 삶을 깊게 하기 위해 예배로 함께 모이는 것, 그리고 그런 다음에 세상으로 보냄을 받는 것이다.⁴² 만약 "하나님이 의도하시는 것의 징표, 대리인, 맛보기인 헌신된 백성"이 있으려면, "오직" 예배 가운데 "그들의 삶이 바로 하나님과의 접촉을 통해 계속해서 다시 새롭게 될 때만 가능하다."⁴³

뉴비긴은 예배에 대한 강력한 강조가 그 자신의 예전적 삶에 관심을 기울이는 내향적인 교회로 이어질 위험이 매우 크다는 점을 인식한다. 이런 종류의 예배는 거짓된 종교다. 참된 예배는 우리가 "점점 더 내적으로 예수의 십자가를 따르는" 것을 가능하게 한다. 예수의 십자가는 세상과의 전적이며 값비싼 동일화를 의미한다는 것이 한편에 있고, 그러나 그 세상의 우상숭배로부터의 철저한 분리를 의미한다는 것이 다른 한편에 있다. 예배는 이런 예수의 삶 속에서 우리를 다시 새롭게 한다.⁴⁴

예배가 교회의 삶 전체에 그토록 중요하다는 바로 그 이유 때문

---

40 Lesslie Newbigin, "Bishops in a United Church", in *Bishops, but What Kind?*, ed. Peter Moore (London: SPCK, 1982), p. 156.
41 Newbigin, *Gospel in a Pluralist Society*, p. 227.
42 Lesslie Newbigin, "The Life and Mission of the Church", in *We Were Brought Together*, ed. David M. Taylor (Sydney: Australian Council for the World Council of Churches, 1960), p. 59.
43 Newbigin, *Journey into Joy*, pp. 112-113.
44 Newbigin, *Good Shepherd*, p. 98.

에 뉴비긴은 교회의 삶에 다양하게 있는 예배의 왜곡을 자주 다루는데, 여기에 포함되는 것은 부주의하게 혹은 기계적으로 틀에 박혀 드리는 예배,[45] 그 구성원들이 참여자가 아니라 구경꾼-"구경거리"-인 예배,[46] 맥락이 없는 싸구려 음악,[47] 소비 지상주의적 접근으로 '나는 이것에서 무엇을 얻는가?'를 질문하는 것, 경외가 없는 시시하고 말만 많은 예배, 매주 주의 만찬을 기념하는 것을 제거하는 "마른 미사"(dry mass)의 스캔들이다.[48]

말씀

선교를 위한 교회의 생명을 양육하는 두 번째 선교적 은혜의 수단은 하나님의 말씀이다. 뉴비긴에게 이것은 성경과 성례 둘 다를 의미했다. 하나님의 말씀이 봉독되고 신실하게 설교될 때, 그리고 성례가 바르게 집행될 때, "그리스도 자신이 그분의 모든 구원하는 능력과 함께 그 가운데 임재하신다."[49] 그리고 교회는 자신의 생명을 말씀과 성례의 능력에 의해 세상 가운데서 살아간다. 뉴비긴은 이렇게 적는다.

생명을 주는 이 하나님의 말씀은 교회가 살아가는 능력이다. 교회는 하나님의 말씀에 의해 끊임없이 다시 새롭게 된다. 그 말씀은 우리에

---

45 Newbigin, *Good Shepherd*, p. 28.
46 Newbigin, *Good Shepherd*, pp. 32-34.
47 Newbigin, *Good Shepherd*, pp. 35-36.
48 Lesslie Newbigin, "Worship—Cleaning the Mirror", *Reform*, September 1990, p. 7.
49 Newbigin, "Our Task Today", p. 4.

게 두 가지 형태로, 즉 성경 봉독 및 강해로 말해지는 말씀과 성례로 행해지는 말씀으로 주어진다. 똑같은 말씀이 이런 두 가지 다른 방식으로 활동한다. 둘 다에서 그것은 성령을 통해 활동한다.…교회는…말해진 말씀 및 행해진 말씀으로서 교회에 주어진 하나님의 말씀에 의해 산다.[50]

복음의 참된 선포나 성례의 신실한 집행을 위협하는 것은 무엇이든 교회의 삶에서 추방되어야 한다.[51] 따라서, 그것들의 전략적 중요성 때문에, 뉴비긴은 이렇게 묻는다. "우리는 이것들을 교회의 삶의 가장 중심에 놓는가? 우리는 아무것도 그것들을 대체하지 못하도록 애쓰고 있는가?"[52]

그리스도가 그분의 백성을 만나시고 양육하시는 수단으로서 성경이 가진 중요성은 뉴비긴으로 하여금 말씀 봉독과 설교의 중요성을 모두 강조하게 했다. 설교는 일차적으로 신학적 발상을 머리로 이전시키는 것이 아니다. 오히려 그것은 "그리스도 안에 있는 하나님의 사건을 선포하는 것"인데, 왜냐하면 성경은 "하나님의 구원하시는 행동에 대한 증인들의 증언"이기 때문이다.[53] 그리스도 사건이 선포될 때, 그것은 바로 "말씀이신 그리스도 자신이 듣는 사람들에게 말씀하

---

50 Newbigin, *Good Shepherd*, p. 23.
51 Newbigin, *Reunion of the Church*, p. 106.
52 Newbigin, "Our Task Today", p. 4.
53 Newbigin, *Reunion of the Church*, pp. 132, 134.

시기 위해 임재하시는 수단이다."⁵⁴ 따라서 "우리는 임재하시고 살아계신 우리 주님, 그리스도를 만나기 위해 성경으로 간다."⁵⁵ 주교로서 뉴비긴은 자신이 보살피는 설교자들에게 말하면서, "설교의 업무는 듣는 사람들을 이끌어 예수 그리스도를 실제 모습 그대로 직면하게 하는 것"⁵⁶이라는 점을 상기시켰다. 이는 예수께서 구세주이며 주님이라는 것이 설교되어야 함을 의미한다. 복음과 율법이 올바르게 연관되어야 한다. 사람들은 복음의 위로하는 약속들과 값비싼 의무들을 모두 들어야 한다. 사람들은 하나님의 은혜를 알지 못한 상태로 자리를 뜨면 안 되지만, 하나님의 요구들도 마찬가지다. 둘 중 하나라도 소홀히 여기는 것은 복음을 왜곡한다. 둘 다 선포될 때, 우리는 자신이 구원을 받았다는 확신으로 위로를 얻으며 또한 "이 세상에서 하나님의 통치를 위해 싸우는 그리스도의 군대로 다시 징집된다."⁵⁷ 뉴비긴은 이것의 한 측면을 5행 희시(五行戱詩, limerick)로 익살스럽게 담아낸다.

> 내가 아는 한 설교자가 토리노(Turin)에 있는데
> 그는 세 시간 동안 죄(sin)에 대해 설교할 수 있지.
> 그러나 그가 은혜(grace)에 대해서는

---

54 Lesslie Newbigin, "The Heritage of the Church in South India: Our Presbyterian Heritage", *South India Churchman*, January 1948, p. 54.
55 Newbigin, *Reunion of the Church*, p. 131.
56 Newbigin, *Good Shepherd*, p. 24.
57 Newbigin, *Good Shepherd*, p. 25.

말 한마디를 할 여유(space)가 없기에

내 살갗(skin)을 파고들지 못한다네.[58]

뉴비긴이 교회의 삶에 있는 말씀을 말할 때, 그는 주로 설교와 가르침을 다룬다. 그는 "형성" 혹은 "제자도"로 불릴 수 있는, 즉 성경을 통해 준비시키고 형성하는 교회의 다른 사역들에 대해 많이 말하지 않았다. 그러나 그가 자주, 보통은 상당히 일반적으로 말한 것은 성경 이야기 안에서 깊이 사는 것의 중요성이다. 특히나 만약 교회가 문화 이야기의 힘에 저항할 수 있으려면 말이다. 예를 들어, 그는 성경 이야기를 "기억하고 반복하는 것"을 말하는데, 그것은 "성경을 계속해서 읽고 숙고하는 것"에 의해서만 얻게 된다.[59] "성경이 진짜 이야기이고 라디오와 신문을 통해 듣는 이야기는 거의 대부분이 가짜라는 사실을 우리가 더욱 더 이해할 수 있도록, 우리 자신을 이 이야기에 깊이 잠기게 할" 화급한 필요성이 있다.[60] 복음이 신뢰할 만한 것이 될 수 있는 유일한 길은 성경을 믿고 살며 행동하는 지역 회중들이 있을 때다. 세상을 보는 방식을 성경이 형성하게 하는 목사들과, 또한 성경 안에 거하는 법을 배우고 세상을 성경의 안경을 통해 보는 그리스도인들을 포함해서 말이다. 그리고 나서 뉴비긴은 자신의 경험을 예로 언급하고 싶다고 말한다. "나는 매일 아침 식전 30-40분 정도를 성

---

58 Lesslie Newbigin, *St. Paul in Limerick* (Carlisle, UK: Paternoster, 1998), p. 58.
59 Newbigin, *Gospel in a Pluralist Society*, p. 147.
60 Lesslie Newbigin, "Biblical Authority", unpublished article, Newbigin Archives, University of Birmingham (1997), p. 6.

경을 읽는 데 보내는 시간이 매일의 점점 더 소중한 부분이 되는 것을 깨닫는다. 그날의 나머지 시간에는 세상이 자신에 대해 말하고자 하는 이야기들을 내게 퍼붓는다. 나는 그런 이야기들에 대해 점점 더 회의적이게 된다. 나 자신을 성경이 전하는 이야기에 잠기게 하는 시간을 갖는 동안, 내 시야는 맑아지고 다른 방식으로 사물을 본다. 나는 앞에 놓인 날을 그날이 하나님의 이야기에서 차지하는 자리에서 본다."[61]

뉴비긴은 교회가 세상에 대한 그 참된 이야기에 그와 같이 침잠하는 것을 어떻게 성취할 수 있는지에 대해서는, 소그룹에 대한 약간의 논의를 제외하고는, 많은 지침을 주지 않는다. 그러나, 만약 우리가 세상에 대한 다른 이야기—강력하고 유혹적인 이야기—를 가지고 있는 세상에서 성경 이야기 속에서 신실하게 살고자 한다면, 우리는 개인적인 읽기에서 그리고 지역 회중들에서 모두 성경에 우리자신을 침잠해서 그것이 우리의 삶을 빚어내는 진짜 이야기가 될 수 있도록 해야 한다. 분명히 뉴비긴의 저술은 우리로 하여금 성경이 점점 더 우리의 이야기가 될 수 있게 하는 방법들을 생각하도록 동기를 부여한다.

성례

세례와 주의 만찬이라는 복음의 성례들이 세 번째 선교적 은혜의 수

---

[61] Lesslie Newbigin, *A Word in Season: Perspectives on Christian World Missions* (Grand Rapids: Eerdmans, 1994), pp. 204-205.

단이다. 앞에서 우리가 본 바에 따르면, 뉴비긴은 이것들을 생명을 주는 하나님의 말씀이 실행되는 것으로 말한다. 성례에 대한, 특히 세례에 대한 많은 논란이 뉴비긴으로 하여금 설교보다는 성례에 대해 더 많은 글을 쓰게 했다. 그는 두 측면에서 이 전투를 치렀다. 한편으로 그는 서구 기독교 세계와 그 개인주의적 성례 이해―즉 그것들은 개인들이 하나님의 은혜를 수동적으로 받는 통로들이라는 것―에 대항해서 자신의 이해를 발전시켰다. 다른 한편으로 그는 인도에서 많은 사람의 점점 더 커져가는 비판에, 즉 세례가 서구의 제의로서 교회의 자기중심성으로 이어졌다는 주장에 관여했다. 그 주장에 따르면, 세례는 구성원들을 그들의 지역 사회로부터 단절시켜서 인도의 삶에서 분리된 서구적 제도에 통합시킨다. 이 둘 다에 대항해서 뉴비긴은, "세례의 의미를 회복하는" 것이 우리 시대의 "가장 긴급한 과업 가운데 하나"가 되어야 한다고 주장했다. "우리는 세례를 생략함으로써 교회의 내향성과 이기심을 극복할 수 없을 것이다. 우리가 그렇게 할 수 있으리라고 추정하는 것은 착각이다. 훨씬 더 어렵고 값비싼 어떤 것이 필요하다."[62]

그는 성례가, 세례와 주의 만찬 둘 다, 세 가지 맥락에서 이해되어야 한다고 주장하면서 이 두 전선 모두에 관여했는데, 즉 종말론적 맥락, 공동체적 맥락, 선교적 맥락이다.[63] 이것들이 성령의 사역을 묘

---

62 Lesslie Newbigin, "The Church and the Kingdom", unpublished article, 1973, pp. 10-11.
63 Lesslie Newbigin, "How Should We Understand Sacraments and Ministry?" (paper for the Anglican-Reformed International Commission meeting, London, 1983), Newbigin Archives, University of Birmingham; Lesslie Newbigin, "Our Baptism Renewed in Bread

사하기 위해 사용된 것과 동일하다는 점은 우연이 아니다. 이것들은 우리를 그리스도의 사역에 통합시키기 위해 성령에 의해 사용된 수단이다. 뉴비긴이 이 세 가지 관점의 측면에서 성례에 대해 한 풍성한 숙고의 많은 부분이 다음과 같이 요약될 수 있다. 궁극적으로 세례는 **종말론적** 징표, 즉 하나님 나라에 들어가는 의식이다. 한 사람이 옛 시대에서 도래하는 시대로 넘어간 것이고, 옛것에 대해 죽고 새것에 대해 사는 것이다. 그러므로 그것은 하나님의 백성으로, 즉 성례가 시행되는 **공동체적** 맥락으로 들어가는 징표다. 도래하는 시대의 능력이 하나님 나라의 징표, 맛보기, 보증으로 현존하는 곳이 교회다. 또한 우리가 하나님의 백성에 통합된다는 것은 세상에서 선교에 헌신된 **선교적** 조직에 들어간다는 것을 의미한다. "그것은 세상의 구원을 위한 하나의 세례로 우리가 통합된 것이다. 세례를 받아들인다는 것은, 따라서, 모든 사람을 위한 그리스도의 사역에서 그리스도와 함께 있겠다고 헌신하는 것이다."[64] 교회가 모이는 것은 "그분과 함께 있고 보냄을 받기 위함이다(막 3:14)."[65]

그럼에도, 뉴비긴은 구원을 위한 은혜의 수단을 개인적으로 받아들이는 것을 폄하하지 않는다. 오히려 그는 그것을 성경적 맥락에 둔다. 하나님의 백성에게 오는 구원은 종말론적인 것으로, 예수 안에서 그리고 성령에 의해 역사 속으로 침입해 들어오는 도래하는 시대의

---

and Wine", *Reform*, July/August 1990, p. 18; Newbigin, "Church and the Kingdom."
64 Lesslie Newbigin, "The Future of Missions and Missionaries", *Review and Expositor* 74, no. 2 (1977): p. 217.
65 Newbigin, "Our Baptism Renewed", p. 18.

능력이다. 하나님의 백성에게 오는 구원은 공동체적인 것으로, 그리스도의 선택을 받은 몸의 일부다. 그리고 하나님의 백성에게 오는 구원은 선교적인 것으로, 수혜자로서 구원을 향유할 뿐만 아니라 또한 그리스도의 선교에 참여한다.

세례는 입교 의식으로서, 하나님 나라의 삶을 나누고 선교에서 예수를 따르는 데 헌신한 공동체에 속한 이들을 표시한다. 그리고 주의 만찬은 우리가 계속해서 우리의 세례의 헌신을 다시 새롭게 하고 재확인하는 방법이다. "세례는 우리가 십자가의 길에서 예수를 따르겠다고 헌신하는 통로가 되는 행동이다. 주의 만찬은 그런 똑같은 헌신을 끊임없이 다시 새롭게 하는 행동이다. 주의 만찬을 나눌 때마다 우리는 우리의 세례를 재확인한다."[66] 하나님의 종말론적 백성으로서 우리는 세례에서 십자가의 방식으로 예수의 선교에 참여하고, 주의 만찬에서 그것에 다시금 헌신한다.

기도

마지막 선교적 은혜의 수단으로서 뉴비긴이 상세히 설명하는 것은 기도다. 뉴비긴에게 "우리의 간구의 삶은 제자도에 지극히 중심이다."[67] 기도의 삶은 그리스도의 선교에 뿌리를 내리고 있는데, 거기서 우리는 그분이 한편으로 사람들이 자신들 가운데 하나님 나라를 볼 수 있도록 일하는 것에 깊이 개입하시며, 또한 그것이 그렇게 되도록

---

66 Newbigin, "Our Baptism Renewed", p. 18.
67 Lesslie Newbigin, "Renewal in Mind", *GEAR* (*Group for Evangelism and Renewal in the URC*) 29 (1983): p. 6.

기도의 삶에 깊이 개입하시는 것을 모두 본다. "기도의 훈련에 깊이 뿌리를 내리고 있는 삶"이 그 모든 것의 중심에 없다면, "땅끝까지 이르러 그리스도의 증인과 종이 된다는 것에 대한" 우리의 모든 말은 "여전히 허풍에 지나지 않을 것이다."[68]

선교들의 일에 있는 모든 참된 활력은 결국은 초자연적인 생명의 은밀한 샘들에 의존하는데, 그것들은 누가 하나님과의 교제에 시간을 부여하는지 안다. 그리스도에 대한 모든 참된 증언은, 담고 있기에는 너무나 위대한 실재가 넘쳐흐르는 것이다. 그것의 원천은 경배와 간구의 삶에 있다.…하나님이 그들에게 주시는 모든 진짜 능력은, 모든 시대에 그렇듯, 이 시대에 세상을 위한 복의 참된 수단인 그 은밀한 통로들을 통해 올 것이다.[69]

뉴비긴은 자주 선교를 기도 — 공동 기도와 개인 기도 모두 — 에 연결한다. 만약 우리가 세상 한가운데서 거룩한 제사장이려면, "우리는 은밀한 제단이 필요하다." 그곳은 우리의 가장 깊은 삶, 그것의 모든 부분이 날마다 예수 그리스도를 통해 하나님에게 드려지는 곳이다. 거기서 우리는 은혜와 긍휼이라는, 하나님의 늘 새로운 선물을 받는

---

68 Lesslie Newbigin, "Forgetting What Lies *Behind* . . ." (sermon, fiftieth-anniversary observance of the Edinburgh 1910 World Missionary Conference, Riverside Church, New York City, May 25, 1960), p. 5.
69 Lesslie Newbigin, "Developments during 1962: An Editorial Survey", *International Review of Mission* 52, no. 205 (January 1963): p. 14.

다. 그러나 또한 우리는 기도의 시간들이 필요하다. "주님이 우리를 전체 공동체로 받아들이시고 세상에서 하는 교회의 제사장적 봉사를 위해 우리를 다시 새롭게 하시는 주일에 함께하는" 시간이다. 우리가 매일 하는 개인 기도, 바로 그것이 우리의 공동체적 예배가 활력이 넘치게 하고 또한 우리를 우리의 선교적 과업을 위해 다시 새롭게 한다. 우리의 "공동체적이고 공적인 예배는, 만약 그것이 하나님에 대한 사랑과 순종의 통로와 우리를 향한 그분의 은혜와 긍휼의 통로를 신선하고 깨끗이 유지하기 위해 우리가 매일 홀로 보내는 시간으로 지속해서 비옥해지지 않는다면, 생기를 잃을 것이다."[70]

뉴비긴이 예배에 있는 이런 많은 쟁점에 대해 하는 신학적 숙고는 우리가 여기서 검토할 수 있는 것보다 더 심오하고 상세하다. 그러나 강조되어야 할 중요한 핵심은, 그가 이 은혜의 수단들—예배, 말씀, 세례, 주의 만찬, 또한 기도—을 교회의 선교적 과업에 매우 밀접하게 연결시켰다는 것이다. 이것들은 선교적 은혜의 수단으로서, 말하자면, 하나님의 백성을 세상에서 그들이 맡은 과업을 위해 양육한다. 복음은 "오직 그것이 그리스도 안에 '거하는' 것이고 **또한 동시에 세상의 삶에 관여하는** 것으로 한 사회(즉 교회)에서 구현되는 한, 공적 진리가 될" 수 있다.[71]

중요한 핵심이 결론으로 강조되어야 한다. 우리는 예배에 대한

---

[70] Lesslie Newbigin, "An X-Ray to Make God Visible in the World", *Reform*, December 1990, p. 7.
[71] Lesslie Newbigin, *Proper Confidence: Faith, Doubt, and Certainty in Christian Discipleship* (Grand Rapids: Eerdmans, 1995), p. 39(강조 추가).

뉴비긴의 이해를, 만약 우리가 그것을 단지 도구적인 방식으로만—즉 단지 선교의 한 수단으로—본다면, 잘못 이해할 수 있다. 우리가 선교를 주로 강조한 이유는 이 책의 주제 때문이지만, 예배를 단지 도구적 수단으로만 본다면 잘못일 것이다. 예배는 그 자체가 목표다. 교회의 예배는 "하나님의 영광을 위해 온전히 하나님을 향한 것이다."[72] 하지만 그 중요한 사실은 예배가 선교적 차원을 가질 수 없다는 것을 의미하지는 않는다. 실제로 예배는, 여러 해 동안 소비에트 연방의 교회들에서 그랬던 것처럼, "가장 강력한 형태의 증언"이 될 수 있을 것이다.

교회의 구조

뉴비긴이 보기에는 교회의 구조에 면밀한 주의를 기울이는 것이 중요하다. 그의 몇 가지 진술은 이 문제의 중요성을 드러낸다. "교회의 구조는 그 자체로 복음의 표현"이며,[73] 그러므로 "가장 높은 우선권이 교회의 구조에 변화를 가져오는 것에 주어져야 한다."[74] 그에게 이것이 긴급했던 이유는, 비록 교회에 대한 철저한 선교적 신학이 회복되어 왔음에도, 현재의 구조는 그 신학을 반영하기보다는 오히려 교회

---

72 Newbigin, *One Body, One Gospel, One World*, p. 21.
73 Lesslie Newbigin, review of *Canterbury Pilgrim*, by A. M. Ramsey, and *Great Christian Centuries to Come*, ed. Christian Martin, *Ecumenical Review* 27 (1975): p. 172.
74 Lesslie Newbigin, "The Call to Mission—A Call to Unity", in *The Church Crossing Frontiers*, ed. Peter Beyerhaus and Carl Hallencreutz (Lund: Gleerup, 1969), p. 263.

의 선교적 증언을 방해하기 때문이다. 뉴비긴이 언급하는 구조의 종류들은 다중적이어서, 그것들은 초교파주의, 회중주의, 리더십, 주교관구, 제도, 예산, 선교적인 것과 관련된다. 이 부분에서 우리는 주로 회중주의적 구조와 초교파주의적 구조에 관심을 기울일 것이다. 다음 부분에서 우리는 목회적 리더십의 구조에 초점을 맞출 것이다.

앞에서 우리가 지적한 바에 따르면, 뉴비긴은 고도로 맥락을 고려하는 사상가였다. 그의 저술은 임시적이고 상황적인 성격이 있는 것으로, 특정한 상황을 다루기 위해 기록되었다. 교회의 구조에 대한 그의 논의에서 이것이 분명히 드러난다. 한편으로 이는 그가 다루는 사안들이 종종 우리가 다루는 것들과 매우 달라서 처음에는 무관한 것으로 보일 수 있음을 의미한다. 바로 이 특정한 주제와 관련해 특히 그렇다. 그의 제안들 가운데 많은 것이 우리의 상황에 안 맞는다. 다른 한편으로, 뉴비긴이 해결 방안으로 향하는 사유를 위해 신학적 확신들로 돌아가는 방식은 오늘 우리에게 극히 가치가 있다. 그가 근본적으로 신학적인 방식으로 사유하는 방법에서, 그리고 그가 출발점으로 제시하는 신학의 내용에서 모두 말이다. 이것을 우리의 배경에서 보는 것이 중요하다. 뉴비긴 이후로 회중의 구조에 대한 지속적인 숙고가 많이 있어 왔다. 그 숙고의 질은 상당히 유익한 것부터 피상적인 것에 이르기까지 다양하다. 뉴비긴이 제공할 수 있는 것은 우리 시대에 적절한 구조라기보다는—그것은 뉴비긴 자신의 신념들에 어긋날 것이다—신학적으로 정보에 입각한 방법으로 진행하는 방식이다. 하지만 그의 제안들 가운데 많은 것이 여전히 가치가 있다. 지면이 허락하는 한 우리는 그의 저술의 배경과 추진력을 제공하는 역사적 맥락을 상세히 다룰 것이다.

구조적 갱신의 긴급성

1938년과 1952년 사이의 시기에, 선교적 교회론이 초교파주의 전통에서 발전했다. 그러나 새롭게 발전한 이 선교적 교회론을 이행하면서 1952년 이후 맞닥뜨린 주된 장애물은 이전 시대의 구조들이었다. 발전하고 있었던 선교적 자기 이해가 현실이 되기 위해서는 선교적 구조를 필요로 했다. 뉴비긴은 이 논의에 아주 깊이 관여했다. 몇 차례에 걸쳐 그는 "우리 회중의 구조 자체가 교회의 선교적 부르심에 모순되는가?"라고 묻는다.[75] 그의 비난에 따르면, 우리는 "우리가 교회에 대한 철저한 선교적 신학을 회복했다고 말한다. 그러나 우리 교회의 실제 구조는…그 신학을 반영하지 않는다." 문제는 "실제 구조는 18세기의 정적인 '기독교 세계'를 조용히 반영하기를 계속한다"는 것이었다.[76] 이 기독교 세계 구조가 뉴비긴에게 의미한 바는, 주로 지리적으로 중심 지역에 위치한 건물 근처의 부유하고 확실히 자리를 잡은 교회였다. 거기에는 어떤 구조적 또는 제도적 변화도 방해하는 제도적 무력감이 있었다. 이런 구조들은 은혜를 주로 그 교회 구성원들에게 전달하기 위해 존재했다. 따라서 그것들은 세상에서의 선교를 위해 동원하는 것보다는 기관을 유지하는 쪽으로 방향이 잡혀 있었다.[77] 가장 나쁜 것은, 이런 구조들이 교회로 하여금 "기독교의 유

---

75 Newbigin, "Developments during 1962", p. 9.
76 Newigin, *Unfinished Agenda*, p. 148.
77 Lesslie Newbigin, *Honest Religion for Secular Man* (Philadelphia: Westminster, 1966),

익을 자기중심적으로 즐기기 위한 동호회"가 되도록 이끌었다는 점이다.[78] 그러나 교회는 그런 기독교 세계를 더 이상 유지할 수 없었다. 서구가 이제 선교지가 되었다.

사회 안에서 교회의 위치가 바뀌었을 뿐 아니라, 서구 사회 자체가 바뀌었다. 뉴비긴이 저술할 때 20세기 서구의 세속 사회는 급속히 고도로 분화된 사회가 되고 있었는데, 이는 중세 유럽과 심지어 뉴비긴이 경험했던 인도의 많은 마을이 미분화된 사회였던 것과 대조적이었다. 기독교 세계 구조가 상정한 사회 조직은 가정·정치·경제·사회의 삶이 분리될 수 없는 전체로 밀접하게 엮여 있는 것이었다. 지리적으로 그런 종교-정치 통일체의 중심에 위치한 교회는 아마도 전체 지역 사회에 좋은 소식의 징표로 서 있었을 수 있다. 그러나 뉴비긴의 시대에 이르러 사회는 훨씬 더 분화되고, 복잡해지고, 유동적으로 되었다. 사람은 동시에 여러 "장소들"에 살았다. 교회가 이 새로운 사회적 배경 가운데 좋은 소식이 되고, 행하고, 말하기 위해서는 새로운 구조를 필요로 했다.

구조적 갱신을 위한 이중의 기준

물려받은 기독교 세계 구조가 적실성을 갖지 못했고 또 교회의 선교적 본질에 부합하지 않았으므로, 그 구조는 정비되어야 했다. 뉴비긴은 구조적 갱신을 위한 두 가지의 긴밀히 관련된 기준들을 제시한다.

---

pp. 102-111.
[78] Newbigin, "Developments during 1962", p. 8.

즉 그 구조가 교회의 본질과 부르심에 신실해야 하며, 교회가 위치한 특정한 지역 사회에 적실성을 가져야 한다는 것이다. 뉴비긴이 보는 바와 같이, 실제로 이 기준들은 같은 동전의 양면이다.

구조적 갱신은 교회의 본질에 신실해야 한다. 뉴비긴이 구조에 대한 확대된 논의에 들어갈 때마다, 항상 그는 교회에 대한 자신의 이런저런 정의들 혹은 묘사들로 시작한다. 거기서부터 그는 구조에 대한 논의로 나아간다.[79] 교회론을 확립하는 것이 중요한데, "교회의 구조에 대한 모든 논의는—숨겨져 있는 혹은 인정된—교회에 대한 교리를 전제한다"는 이유에서다.[80]

참된 교회는 그 본질상 선교적이고, 그렇게 해서 그것은 세상을 위해 존재하는 새로운 인류다. 뉴비긴이 이것을 표현하는 방식은, 교회는 자신이 위치한 장소를 위해 존재한다는 것이다. 교회가 "자신의 삶을 단지 자신의 관심사들과 관련해 그리고 자신의 지속적인 존립을 위해 정돈할 때, 자신의 진정한 본질에 충실하지 않은 것이다."[81] 교회는 "자신을 위해 혹은 자신이 그 구성원들에게 제공할 수 있는 것을 위해 존재하지 않는다."[82] 교회는 자신이 위치한 특정한 장소에서 하나님의 선교를 수행하기 위해 존재한다. 이것이 바울이 교회에

---

79 우리는 같은 주장을 교회의 구조에 대한 다음의 두 가지 중요한 논의들에서 본다. Lesslie Newbigin, "The Form and Structure of the Visible Unity of the Church", *One in Christ* 13 (1977): pp. 107-117; Lesslie Newbigin, "What Is 'a Local Church Truly United'?", *Ecumenical Review* 29 (1977): pp. 115-128. 그는 그 질문의 동시대적 맥락으로 시작해서, 교회론에 대한 논의로 나아가고, 그런 다음에 구조적 갱신으로 나아간다.
80 Newbigin, "Form and Structure", p. 110.
81 Newbigin, "What Is 'a Local Church Truly United'?", p. 119.
82 Newbigin, *Sign of the Kingdom*, p. 45.

대해 말하는 방식인데, 예를 들어 "고린도에 있는 하나님의 교회"(고전 1:2)가 그렇다. 교회는 하나님과 관련되어 있다. 그것은 하나님의 선교를 위해 존재하지만, 또한 그 위치한 장소와 관련되어 있다. 그것은 고린도를 위해, 에베소를 위해, 서리를 위해, 템피를 위해, 그리고 다른 지역들을 위해 존재한다. 교회가 그 장소를 **위해**, 자신에게 책임이 맡겨진 세상의 그 부분을 위해 있다는 것은 교회의 본질에 속한다.

"그 장소를 위해"라는 용어는 뉴비긴에게 교회론적으로 많은 뜻이 담겨 있으며, 따라서 그는 **어떤 특정한 장소를 위해**라는 말로 무엇을 의미하고자 하는지 시간을 들여서 밝힌다. "…를 위해"라는 말은, 그가 말하는 바에 따르면, "기독론적으로 규정되어야 한다. 다른 말로 하면, 교회가 그 장소를 **위해** 있다는 말의 의미는, 그리스도가 세상을 **위해** 계신다는 의미에 의해 결정된다."[83] 그리스도는, 그리고 그러므로 교회는, 삼중의 의미에서 세상을 위해 존재한다. 첫째, 그리스도는 창조자이자 유지자이시다. 이것이 의미하는 바는, 교회가 창조된 모든 선한 것을 사랑하고 소중히 여겨야 한다는 것이다. 둘째, 그리스도는 만물을 그 정해진 종말로 이끄실 분이다. 이것이 의미하는 바는, 교회가 자신이 존재하는 장소를 위해 참된 목적의 징표이자 미리보기가 되어야 한다는 것이다. 셋째, 그리스도는 그 장소를 위해 죽으시고 다시 부활하신 분이다. 자신의 죽음에서 그리스도는 그분이 사랑하신 피조 세계와 자신을 동일시하셨을 뿐 아니라, 또한

83　Newbigin, *Word in Season*, pp. 53-54.

자신을 세상의 우상숭배로부터 분리하셨다. 그러므로 교회는 모든 상황 가운데 이 실재의 두 측면 모두와 씨름해야 하는데, 즉 세상을 위해 그리고 세상에 반대해 씨름해야 하는 것이다. "교회는 세상에 반대해 세상을 위한다. 교회는 세상을 위해 세상에 반대한다. 교회는 인간 공동체를 위해 그 장소에, 그 마을에, 그 도시에, 그 나라에 있는데, 이는 그리스도가 세상을 위해 계신다는 의미에서 그렇다."[84]

이 기준에 비추어 볼 때, 교회가 자신이 있는 특정한 장소를 **위한** 교회가 되는 데 실패하는 네 가지 방법이 있다. 첫 번째는 교회가 적실성을 갖지 않을 때다. 만약 교회가 다른 장소 혹은 다른 시대에서 유래한 교회 구조와 관행을 채택한다면 이질적인 조직으로 보일 것이다. 또한 교회가 실패하는 것은 세상에 순응하면서 그 장소의 우상숭배적인 구조와 관습을 무비판적으로 채택할 때다. 세 번째로 교회가 실패하는 경우는, 그 장소와 논쟁적인 대립 가운데 살면서 이미 그곳에 있는 창조된 선을 보지 못할 때다. 마지막으로 교회가 실패하는 경우는, 보수적인 입장을 취하면서 정적이고 시대에 뒤진 조직이 되어 끊임없이 변화하는 맥락을 인식하지 못할 때다. 선교적 교회는 "사람들이 있는 곳에 있어야 하고, 그들이 말하는 언어를 말해야 하고, 그들이 거주하는 세계에 거주해야 한다."[85]

교회가 특정한 장소를 **위해** 있게 되는 경우는, 주어진 사회 구조를, 즉 익숙하고 인식할 수 있는 구조를 채택할 때다.[86] 이것이 바로

84　Newbigin, *Word in Season*, p. 54.
85　Newbigin, *Honest Religion*, p. 112.
86　Newbigin, "Form and Structure", p. 113.

교회가 항상 해 왔던 것인데, 때로는 인식되지 않았다. 역사적으로, 다른 시간과 공간 속에서, 교회는 예를 들어 유대 회당의 구조와 관습을, 사회 권력을 감독제 방식으로 조직했던 도시들의 감독제 구조를, 그리고 대도시 중심들에서는 주교 관구 구조를 취했다. 종종 있는 문제는, 이 물려받은 구조들이 마치 성경의 원칙들인 것처럼 성경에서 읽어 낸 것이라고 주장된다는 데 있다. 하지만 그것은 단순히 이런 구조들을 무비판적으로 받아들이는 것의 문제가 아니다. 그런 우상숭배는 복음의 소독제로 씻어야 한다. 분명히 이것은 오늘날 사실로 들리는데, 예를 들어, 교회는 대중문화와 연예 산업으로부터의 예배 관행뿐 아니라 기업 구조와 비즈니스 모델까지 채택하고 있기 때문이다.

교회는 특정한 **장소**를 위해 있어야 한다. 중세 유럽과 뉴비긴이 경험한 인도의 마을들 같은 미분화된 사회들에서는 장소가 오직 지리적인 용어로 이해되었다. 사람들은 한 장소에 거주하면서 그곳에서 살고, 일하고, 놀고, 기타 등등을 했다. 뉴비긴의 지적에 따르면 이것은 오늘날 변하고 있는데, 이제 대부분의 사람들이 많은 장소에 거주하는 경향을 보이기 때문이다. 그들이 살고, 사회 활동을 하고, 일하고, 노는 곳은 네 가지의 다른 "장소들"일 수 있다. 따라서, 단지 어떤 사람의 거주지라는 지리적 위치의 측면에서만 장소를 규정하는 것은 부적절하다. 교회는 사람들이 있는 모든 곳에서 좋은 소식이어야 한다.

다른 곳에서 그렇듯 여기서도, 뉴비긴은 이 주제에 신학적으로 그리고 또한 사회학적으로 접근한다. 신학이 주도하지만, 사회학은 통찰을 제공한다. 그는 그 둘을 하나로 엮으면서, 예를 들어 다음과 같이 말한다. "사회학자와 신학자는 구조가 없는 기독교라는 개념이 순전한 착각이라고 주장하는 일에 하나가 될 것이다."[87] 여기서 그는, 만약 어떤 발상이 역사에서 영향이 있으려면 제도적으로 구현된 형태를 취해야 한다는 사회학적 통찰을 사용하는 것이다. 마찬가지로 다른 곳에서도, 그는 사회학의 통찰들을 받아들인다. 그러나 계속해서 그의 논의를 주도하는 것은 그의 신학―복음과 교회에 대한 교리―이다.

회중적 구조

앞에서 논의된 기준들에 비추어, 뉴비긴은 기존의 구조에 대한 두 가지 비판을 제공한다. 첫째, 근본적인 교회의 기초 단위가 너무 크다. 둘째, 교회의 구조는 미분화된 사회로부터 나왔다. 뉴비긴이 이런 비판들에 대응해서 교회가 신실한 선교적 조직이 될 수 있도록 하는 구조의 종류에 대해 논의하는 것은 유감스럽게도 여전히 오히려 일반적인 수준에 머무르지만, 다시 한 번, 그가 그 쟁점과 씨름하는 방식은 유익하다. 그는 자신의 비판들에 답을 줄 수 있는 네 가지의 다른 형태의 소그룹을 제안한다.

첫 번째는 이웃 그룹이다. 이것은 성경공부, 기도, 교제, 그리고 불신 이웃들과 관계를 맺기 위해 특정한 이웃 지역에서 모이는 소그룹이다.

---

87 Newbigin, "Form and Structure", p. 109.

두 번째는 직장 그룹인데, 이것은 특정한 공장 혹은 사무실에서 함께 일하는 사람들이 그 장소에서 하나님 나라의 징표로서 모여 살아갈 기회를 제공한다. 이 그룹을 특징짓는 것은 그들이 같은 근무 공간에 있다는 점이다. 그의 삶에서 짧은 기간 동안, 뉴비긴은 일터에서 교회의 구조에 대한 상당히 과감한 실험을 할 것을 주장했다. 성장하는 산업 도시인 마드라스의 주교로서, 그는 그리스도인 그룹들이 그들이 일하는 장소에서 공동체적 현존을 구축하고 하나님 나라의 징표가 되도록 격려했다. 그에게 이런 것들은 교회 병행 단체나 지역 회중의 지부가 아니라, 참된 그리스도의 회중이었다. 그들에게는 그들의 공동 생활의 중심인 (안수 받은 목회자가 아닌) 리더십, 말씀, 그리고 성례가 갖추어져야 한다.[88] 뉴비긴에게 중요한 것은, 모든 선교가 말씀과 성례 안에서 알려진 복음에서 나오는 것으로 보여야 한다는 점이다.[89] 이것은 더 탐구될 필요가 있는 급진적인 제안이다.

뉴비긴이 논의하는 세 번째 유형의 소그룹은 분야별 그룹이다. 이들은 같은 공적 삶의 영역에서 일하면서 복음에 비추어 자신들의 신앙을 살아 내는 것이 어떤 것인지를 두고 씨름하기 위해 함께 만나는 그리스도인들의 소그룹이다.[90] 분야별 그룹의 주요 목표는 문화의 특정한 영역에서 그리스도의 주되심을 신실하게 증언하는 방식들을 모색하는 것이다.

---

[88] Newbigin, *Honest Religion*, pp. 111-114.
[89] Newbigin, *Sign of the Kingdom*, pp. 66-67; 그가 구조에 대해 제대로 논의하는 것을 pp. 57-67에서 보라.
[90] Newbigin, *Gospel in a Pluralist Society*, pp. 230-231.

네 번째는 행동 그룹이다. 이 그룹은 특정한 종류의 복음 전도 시도 혹은 사회정치적 시도에 대한 관심을 중심으로 조직된다.

뉴비긴은 소그룹을 형성하는 데 있을 세 가지의 위험을 밝힌다. 첫 번째는 내향주의 혹은 행동주의라는 쌍둥이 같은 위험이다. 한편으로 이 그룹들은 자기중심적으로 되어서, 구원의 유익들을 이기적으로 누리면서 세상에 대한 관심은 거의 보이지 않는 장소가 될 수 있다. 사무실, 공장, 이웃, 기타 등등을 위한 하나님의 뜻이 무엇인지 이해하려고 분투하는 외향적인 지향성이 있어야 한다. 다른 한편으로 이 그룹들은 행동주의적으로 될 수 있는데, 하나님 나라를 증언하는 것이 아니라 사회적 변화를 가져오려는 그저 또 다른 프로그램이 될 수 있다는 것이다. 이 그룹들이 내향적으로 혹은 행동주의적으로 되는 것을 막기 위해, 뉴비긴은 그들이 스스로 정상 궤도를 유지하기 위해 필요한 네 가지를 제안한다. 첫째, 관련성 있는 삶의 영역이나 이웃에 깊이 연루되어 있으면서 선교적 리더십을 제공할 준비가 되어 있는, 안수 받지 않은 리더십이 필요하다. 둘째, 소그룹 안에서나 더 넓은 회중의 교제의 삶 안에서 공동체의 회중적이고 성례전적인 삶에 전면적으로 접근할 수 있어야 한다. 셋째, 장소와 과업에 대한 공통의 헌신 가운데 교파를 넘어서는 연합이 있어야 한다. 넷째, 기도·성경공부·교제·선교에 대한 헌신들이 있어야 한다.

소그룹이 갖는 두 번째 위험은 교회 역사의 위대한 전통들을 잃어버리는 것이다. 실험과 새로움은 "위대한 교회들의 질서 있는 삶과 예전을 통해 보존되고 전수된 위대한 본질들을 우리가 잃어버리는 진짜 위험"에 취약하다.[91] 새로운 것에 대한 추구는 과거의 지혜에 대해 눈이 멀게 만들 수 있다.

마지막 위험은 이 소그룹들이 그리스도의 보편적인 몸에서 끊어지는 것이다. 지역적 장소를 강조하게 되고, 그렇게 해서 이런 그룹들은 하나님의 백성의 더 넓은 교제와 거의 연결되지 않는다.

선교적 교회론이 요구하는 것은, 우리가 우리의 회중적 구조에 대해 주의 깊게 생각해서 그 구조가 교회로 하여금 자신의 소명을 살아 낼 수 있게 해야 한다는 점이다. 오늘날 교회론에 대한 많은 생각이 구조에 관심을 둔다. 뉴비긴은 우리에게 필요한 종류의 모델을 제공하는데, 그것은 신학적이며 또한 선교적이다.

초교파주의적 구조

뉴비긴은 그의 평생을 초교파주의적 구조와 씨름하면서, 늘 그렇듯, 항상 잘 정의된 교회론에 기초해서 그 일을 수행했다. 즉 교회에 대한 교리가 우리의 숙고와 행동을 지역적으로는 물론 초교파적으로도 인도해야 한다는 것이다. 앞에서 우리는 그가 성경의 가르침으로 이해한, 지역 회중과 보편 교회에 대한 그의 견해들의 개요를 제시했다. 그는 "이 장소에서 그리스도를 통해 하나님과 화해하도록 하는 예수 그리스도의 초청을 **모든 사람**에게 효과적으로 제공할 교회 체제의 형태는 무엇인가? 또한, **전체로서의 인류**에게 똑같은 초청을 효과적으로 제공할 수 있는 교회 체제의 형태는 무엇인가?"라고 질

---

91 Lesslie Newbigin, "Cooperation and Unity", *International Review of Mission* 59, no. 233 (January 1970): p. 73.

문한다.⁹² 만약 교회가 모든 인류에게 좋은 소식이려면, 지역적이며 또한 전 지구적인 교제로 인식될 수 있어야 한다.

그의 평생에 걸쳐 뉴비긴은 많이 질문하고 많은 구조를 제안했는데, 그런 것들이 지금 여기서 우리를 지체하게 할 필요는 없다. 그러나 그는 개별 장소에서 교회로 있다는 것이 무엇을 의미하는지의 쟁점을 끊임없이 부각시켰다. 이것은 지역의 수준에서 분명히 중요하지만, 우리는 그것이 다른 수준들에서도 – 민족 국가 또는 전 지구적 수준에서도 – 역시 중요한지 질문할 수 있을 것이다. 그리고, 만약 그렇다면, 그것은 어떤 모습이어야 하는가? 이 모든 것에서, 뉴비긴이 말하는 바에 따르면, "중요한 것은 교회가 모든 곳에서 그야말로 새로운, 참된 인류로 인식되어야 한다는 것이다. 모든 사람에게 자신의 집에 있는 자유가 주어지는 곳, 그래서 사람이 하나님을 자신의 아버지로, 모두가 부르심을 받은 복의 살아 있는 임재이신 성령의 능력 안에서 예수를 자신의 주님으로 알고 사랑하고 순종할 수 있는 장소로 말이다."⁹³ 모든 회중은 교회의 이런 보편적 실재를 어떻게 표현할지에 대해 자신의 장소에서 물어야 한다.

살아 있는 전통

우리에게 남겨진 과거의 구조들을 우리가 어떻게 할지에 대해 두 가지 질문이 이 지점에서 나올 수 있다. 첫째, 교구 교회를 어떻게 할

---

92 Newbigin, "Which Way for 'Faith and Order'?", p. 118.
93 Newbigin, "What Is 'a Local Church Truly United'?", p. 128.

것인가? 오늘날 대부분의 교회들은 지리적으로 규정된 장소에 위치한 지역 회중들이다. 둘째, 우리는 물려받은 전통들―가톨릭이든, 성공회이든, 장로교이든, 또는 회중교회이든―을 어떻게 할 것인가? 뉴비긴은 지역 회중이 교회를 위한 근본적인 구조로 계속될 것이라고 믿지만, 또한 그는 물려받은 것을 넘어서는 구조를 상상하는 과감한 실험이 필요하다고 믿는다. 오래 지속된 전통들에 대해 말하자면, 뉴비긴은 기계의 은유에 대조되는 유기체의 은유를 채택한다. 즉 달성해야 할 어떤 목적을 위해 만들어진 기계는 그 목적에 더 이상 쓸모가 없을 때 폐기될 수 있지만, 살아 있는 유기체는 삶의 연속성을 유지하면서 새로운 환경에 끊임없이 적응해야 한다는 것이다. 그가 요청하는 것은 기존의 구조에 대한 개혁이지, (세계교회협의회의 많은 이가 요청한) 혁명적인 파괴 또는 (전자에 대한 대응으로 다른 이들이 추구한) 보수적인 보전이 아니다.

선교적 자의식이나 정신으로는 충분하지 않다. 모든 교회는 또한 그 정신이 살아 있게 하기 위해 선교적 구조를 필요로 한다. 교회의 구조는 선교적 기관으로서의 그 교회의 존재와 양립할 수 있는 것이어야 한다. 그러므로 우리의 논의가 가진 세부 사항 가운데 잊지 말아야 할 것은, "선교적 의무의 우선성"이 "교회의 삶의 형태에 결정적이어야 한다"는 것이다.[94]

---

[94] Newbigin, "Developments during 1962", p. 8.

리더십

뉴비긴이 그의 저술에서 다른 어떤 주제보다 더 많은 공간을 할애했던 두 가지 쟁점은, 적어도 그의 "은퇴" 시기 전에는, 교회 일치와 목회 리더십이었다고 말하는 것이 타당할 것이다. 그가 씨름했던 것의 상당 부분은 굉장히 맥락적이고 오늘날 우리의 경험과 동떨어진 것이다. 그럼에도 불구하고, 그의 노력은 리더십에 대한 유익한 숙고를 제공하며 오늘날을 위한 통찰을 계속해서 준다.

그가 리더십에 두는 중요성에 대한 실마리는 이 쟁점을 논의하는 그의 중요한 책 『다원주의 사회에서의 복음』에서 찾을 수 있다. 그는 6장부터 17장까지에 걸쳐 잘 구성된 선교 신학을 제공한다. 그런 다음에 18장에서는 그 모든 것이 복음의 해석자로서의 회중에서 표현된다. 그는 이어지는 장을 이렇게 시작한다. "복음의 유일한 해석자는 복음을 믿는 회중의 삶이라는 나의 믿음이 옳다면, 이어서 제기할 문제는 어떻게 하면 회중이 본래의 부르심에 걸맞은 공동체가 되도록 도울 것인가 하는 것이다."[95] 그의 대답은 그 장의 제목인데, 곧 "선교적 회중을 위한 목회 리더십"[96]이다. 그러므로 우리는 뉴비긴이 우리 앞에 제시하는 질문에 대한 그의 대답을 찾아내야 한다. "다원주의 사회에서 교회가 복음에 충실하도록 양육하는 리더십은 어떤 것인가?"[97]

---

95 Newbigin, *Gospel in a Pluralist Society*, p. 234.
96 Newbigin, *Gospel in a Pluralist Society*, pp. 234-241.
97 Newbigin, *Gospel in a Pluralist Society*, p. 235.

목회와 선교적 회중

앞에서 제기된 질문에 대한 답을 시작할 합당한 장소는, 교회가 선교를 지속하도록 하신 예수의 의도라는 맥락이다. "우리는 선교에 대해 말하지 않고서는 목회에 대해 길게 말할 수 없다. 목회는 항상 교회의 선교라는 측면에서 파악되어야 한다."[98] 요한복음 20:19-23은 교회를 향한 예수의 의도에 있는 핵심을 제공하며, 뉴비긴은 이 본문을 목회 리더십을 논의하는 출발점으로 사용한다. 이 구절에서 우리는 다음의 핵심들을 발견한다. 교회는 보냄을 받았고, 따라서 그 본질에 의해 선교적이다["나도 너희를 보내노라"(21절)]. 교회의 선교는 예수의 선교에 의해 형성된다["아버지께서 나를 보내신 것 같이"(21절)]. 선교는 십자가의 방식으로 이루어진다["손과 옆구리를 보이시니"(20절)]. 선교는 오직 성령의 능력을 힘입어 수행될 수 있는데, 교회가 그리스도의 부활 생명을 나누면서다["그들을 향하사 숨을 내쉬며 이르시되, '성령을 받으라'"(22절)]. 교회는 죄의 권세로부터의 구원이라는 예수의 사역을 지속한다["너희가 누구의 죄든지 사하면 사하여질 것이요"(23절)].

이것은 교회를 향한 예수의 의도를 보여 준다. 리더십이라는 주제를 상세히 다루기 위해, 뉴비긴은 그 구절에 대한 계속되는 논쟁을 펼쳐 놓는다. 예수께서는 자신의 제자 무리를 "태아 단계에 있는 목회자"로 말씀하시는가, 아니면 "태아 단계에 있는 교회"로 말씀하시는가? 그들은 최초의 교회인가, 아니면 교회의 최초의 지도자들

---

98 Lesslie Newbigin, *Priorities for a New Decade* (Birmingham, UK: National Student Christian Press and Resource Centre, 1980), pp. 8-9.

인가? 우리는 리더십에서 전체 교회로 나아가는가, 아니면 전체 교회에서 리더십으로 나아가는가? 뉴비긴의 대답은, 본질적으로는, 둘 다 문제가 있다는 것이다! 전자는 리더십을 교회 안에 있는 높은 계급으로 분리하는 성직자주의로 이어지며, 후자는 목회 리더십의 중요성을 폄하하는 평등주의로 이어진다. 양자택일을 강요받는 것은 "교회를 역동적이고 선교적인 관점이 아닌, 정적이고 '기독교 세계' 관점에서 보는 것"의 결과다.[99] 뉴비긴은 두 가지 왜곡 모두에 맞서 싸웠다. 그의 목표는 기독교 세계의 목회 양식을 더 선교적인 목회 양식으로 대체하는 것이었다.

뉴비긴은 기초적인 통찰로 시작하는데, 요한복음 20장에서 예수께서 이 말씀을 교회의 최초의 지도자들과 **또한** 최초의 구성원들에게 말씀하신다는 점이다.[100] 한편으로, 그 위임은 전체 교회에 주어졌다. 이 관점에서 보면, 우리는 교회를 인도해서 그 부르심을 성취할 수 있게 할 목회자들을 필요로 한다. 그는 안식일과 십일조라는 유비들을 사용한다. 거룩한 날이 하루 있지만, 다른 날들이 거룩하지 않기 때문이 아니다. 하루가 거룩한 것은 그렇게 해서 모든 날이 거룩할 수 있기 위해서다. 우리가 10퍼센트를 드리는 것은 그것이 주님에게 속한 것이기 때문이 아니다. 우리가 가진 모든 것이 주님의 것이라는 사실을 상기하도록 그 부분을 드리는 것이다. 그렇게 전체 교회가 보냄을 받고, 리더십은 교회가 자신의 정체성을 살아 낼 준비가 되도록

---

99 Newbigin, "How Should We Understand Sacraments and Ministry?", p. 9.
100 Lesslie Newbigin, "Ministry", unpublished paper (1982).

분명히 하는 과업을 맡는다. 다른 한편으로, 그 위임은 최초의 지도자들인 사도들에게 주어졌다. 그들이 부르심을 받은 것은 예수를 따르도록, 그런 다음에 다른 사람들을 이끌어 따를 수 있게 하기 위해서다. "교회에서의 목회는 십자가의 길에서 예수를 따르는 것으로서, 그렇게 해서 다른 사람들이 따르면서 그들 자신이 같은 방식으로 또 다른 사람들의 지도자들이 될 수 있게 하는 것이다."[101] 지도부와 다른 구성원들 사이에 있는 경계는 유동적이다. 지도자들은 이끌고 준비시켜서, 모두가 따를 수 있고 다른 사람들이 또 다른 사람들로 하여금 따르도록 이끌고 준비시키는 일에 준비가 되도록—그리고 계속 이런 식으로 이어지도록—한다. 그것은 제자도의 증식이다.

제자도와 리더십은 그렇게 함께 간다. 뉴비긴은 인도의 마을들에서 교회들이 형성될 때 이것을 보았다. 새로운 회심자들은 신앙을 배웠고, 그것을 자신들의 이웃들과 나누었고, 또한 그들을 더욱 신실한 제자도로 계속 나아가도록 이끌었다. "그들은 그리스도를 따르는 것을 배우는 사람들로서 동시에 다른 사람들을 이끌었다. 선교적 상황에서는 항상 그런 법이다. 그리고 그것이 교회의 첫 세기들에 항상 있었던 일이다. 우리가 성직자로 부르는 계층은 전혀 없었다."[102] 성직자와 평신도 사이에 있는 구분은 기독교가 제국의 기성 종교가 되었을 때 생겨났다.[103]

---

101 Newbigin, "How Should We Understand Sacraments and Ministry?", p. 9.
102 Newbigin, "Ministry", p. 6.
103 Newbigin, *Good Shepherd*, p. 75.

이끌기와 준비시키기

두 개의 중요한 단어가 목회 리더십에 대한 뉴비긴의 논의에 계속 나오는데, 바로 "이끌다"(lead)와 "준비시키다"(equip)가 그것이다. 독특한 것은 그가 그 둘을 관련시키는 방식이다. 지도자들은 먼저 예수를 열심히 따름으로써 이끄는 사람들이고, 둘째로 그 과정에서 그들은 다른 사람들이 따를 수 있도록 준비시킨다.

두 개의 성경 본문이 이끄는 것에 대한 그의 언급을 뒷받침한다. 하나는 고린도전서 11:1, "내가 그리스도를 본받는 자가 된 것 같이 너희는 나를 본받는 자가 되라"이고, 다른 하나는 마가복음 14:42, 뉴비긴의 번역으로 "자, 함께 가자"다. 마가복음 본문에서 우리는 예수께서 십자가를 향해 가시면서 본을 보이심으로써 이끄시는 것을 본다. 뉴비긴은 이탈리아의 영화감독 파솔리니(Pasolini)가 그의 영화 〈마태복음〉에서 묘사한 예수의 모습을 사용한다. 그는 예수를 자신의 부대를 전투로 이끄는 지휘관으로 묘사한다. 그분은 제자들보다 앞서 가시면서 그들이 자신들의 선교적 과업에서 그분을 따라가는 것을 어깨 뒤로 돌아보시고 격려, 명령, 도전의 말들을 던지신다. 지도자는 "여왕벌처럼, 일벌들이 세상으로 나가 있는 동안 본부에 머무는 것"이 아니다.[104] 또한 지도자는 "장군처럼, 사령부에 앉아서 자신의 부대를 전투에 보내는 것"도 아니다. "그는 선두에서 가면서 적의 공격을 정면으로 맞선다. 그는 단지 말하는 것에 의해서가 아니라, 이끄는 것으로 그들에게 힘을 주고 용기를 준다. 이 그림에서 예수의 말씀은 아주

---

104 Newbigin, "Ministry", p. 3.

다른 힘을 갖는다. 그 모든 말씀은 '나를 따르라'는 핵심어에서 그 의미를 찾는다."[105]

뉴비긴은 "리더십"이라는 단어를 전략적으로 선택하는데, 이끄는 것에 있는 참여적인 관여라는 개념을 전달하기를 원하기 때문이다. 그는 신약성경에 리더십에 대한 많은 은유가 있음을 알고 있다. 즉 목자, 감독, 파수꾼, 청지기, 대사, 사환 등이 그런 것들이다. 그의 지적에 따르면, 오늘날 주된 은유는 "목사"라는 용어로 표현되는 목자의 은유다. 그러나 그는 오늘날의 목자가 성경 시대의 목자와 아주 다른 모습을 전한다고 말한다. 당시에 성경의 목자는 자신의 백성을 다스리고 그들을 전장으로 이끄는 왕이었다. 신약성경에서 볼 수 있는 제자도와 리더십의 결합된 개념을 가장 잘 전달하는 것은 "리더십"이라는 단어다.[106]

이끄는 사람으로서, 지도자는 또한 과업을 위해 다른 사람들을 준비시켜야 한다. 뉴비긴은 이렇게 준비시키는 것을 묘사하기 위해 많은 용어를 사용하는데, 즉 "섬기다", "양육하다", "유지시키다", "안내하다", "할 수 있게 하다", "격려하다"가 그런 것들이다.[107] 그는 지도자가 회중을 준비시킬 수 있는 네 가지 방법을 지적한다. 첫째, 지도자는 회중에 대한 말씀과 성례의 사역에 책임을 진다. 우리는 앞선 부분에서 이 역할의 중요성을 보았다. 둘째, 지도자는 기도 가운데 자신의 사람들을 떠받치도록, "그들이 매일 세상으로 나아가 통치

---

105 Newbigin, *Gospel in a Pluralist Society*, p. 240.
106 Newbigin, "How Should We Understand Sacraments and Ministry?", p. 5.
107 예를 들어, Newbigin, *Gospel in a Pluralist Society*, pp. 234-241.

자들 및 권세들과 씨름할 때 하나님 앞에서 그들의 이름을 부르면서 그들을 떠받치도록"[108] 부르심을 받았다. 셋째, 지도자는 문화적 부르심을 위한 훈련이 이루어질 수 있는 "공간"과 구조를 제공할 수 있다.[109] 마지막으로, 만약 앞서 열거한 세 가지가 기독교 세계의 양식으로 수행되지 않으려면, 목회자들 자신이 세상의 사역에 깊이 개입해야 한다. 그런 개입은 사회적·정치적 배경에 있는 권세들과 관계를 맺는 것과 복음 전도를 모두 수반할 것이다. 지도자는 "직접적인 복음 전도 노력이나 세속 세계에서의 기독교적 행동이라는 개척 운동에―기회가 있거나 요청될 때―스스로 개입할 준비가 되어 있어야 한다."[110] 이는 목회자가 문화의 모든 영역에 직접적으로 개입되어 있다는 것을 의미하지 않는다. 그보다는, 상황이 일어날 때 지도자는 공적 삶의 우상들과 권세들을 도전하는 일에서 온 교회를 대표하도록 부르심을 받았다는 것이다.

목회 체제와 선교적 교회

리더십은 선교적 회중의 건강과 안녕을 위해 중요하다. 그러나 계속되는 제자도의 과정에서 더 항구적인 리더십이 발생하면서 생기는

---

108 Newbigin, "Bible Studies: Four Talks on 1 Peter", p. 119; 참고. Newbigin, *Good Shepherd*, p. 143.
109 Lesslie Newbigin, "Episcopacy and Authority", *Churchman* 104, no. 4 (1990): p. 338; Newbigin, *Good Shepherd*, pp. 80-81.
110 Lesslie Newbigin, "The Bishop and the Ministry of Mission", in *Today's Church and Today's World*, ed. J. Howe (London: CIO Publishing, 1977), p. 246; 참고. Newbigin, *Gospel in a Pluralist Society*, p. 240; Newbigin, *Good Shepherd*, pp. 60-61.

질문은, 목회적 리더십에 대한 이런 관점의 가장 전형적인 예가 되는 체제가 있는가 하는 것이다. 뉴비긴은 초대 교회의 목회 형태들에 엄청난 유동성과 다양성이 있었다고 믿는다. 그리고 역사상 어떤 리더십의 형태-교황, 감독, 장로, 또는 회중-도 성경으로부터 반론의 여지 없이 입증될 수는 없다. 성경은 우리에게 보편적으로 타당한 목회 체제를 제공하지 않는다. 그러나 다른 형태들을 판단할 수 있는 기준들은 있는데, 리더십에 대한 뉴비긴의 방대한 저술을 검토하면 다섯 가지의 기준을 볼 수 있다.

첫째, 목회 체제는 교회의 선교적 부르심에 의해 형성되고 또 그것에 적합해야 한다. 뉴비긴이 계속 반복하는 구절에 따르면, "물어야 하는-그리고 거듭해서 물어야 하는-질문은, '기독교 세계' 시기로부터 물려받은 전통의 목회 형태들이 교회가 선교적 공동체로 부르심을 받았다는 믿음과 완전히 양립할 수 있는가 하는 것이다."[111]

두 번째 기준은, 목회 형태들이 탄력적이고 맥락적이어야 한다는 것이다. 다양한 문화적 맥락들과 선교적 상황들은 교회의 선교적 부르심을 수행하기 위해 다른 형태의 리더십들을 강력하게 요청할 것이다. 교회가 할 일은 문화의 형태들과 구조들을 폐기하는 것이 아니라, 다시 새롭게 하는 것이다. 그것들은 새로운 인류의 잠정적인 형태를 익숙한 형태로 나타내야 한다. "그 시작부터 교회가 자신이 속한 사회에서 발견되는 사회적 유기체의 형태들을 자신의 삶으로 받

---

111 Newbigin, "Developments during 1962", p. 8.

아들였다는 점은 교회의 고유한 성격과 전적으로 일치한다."[112] 장로직은 회당의 형태들로부터 나왔고, 주교직은 제국의 도시들에 있는 정치 리더십의 형태들을 취한 것이며, 다른 것들도 마찬가지다. 문화적 형태들을 받아들이는 것은 적절하지만, 무비판적으로 이루어져서는 안 된다. 우상숭배를 인식하고 제거해야 한다.

목회 체제에 대한 세 번째 기준은 개인적인 것과 공동체적인 것 사이의 바른 관계다. 리더십은 개인의 결단을 관련시켜야 하지만, 그것은 항상 전체 공동체가 관여하는 것의 일부다. 지도자는 자신의 뜻을 강요하는 독재자가 아니며, 그렇다고 다수의 욕망을 나타내는 여론 조사원도 아니다.

네 번째 기준은, 정착한 목회 형태와 이동하는 목회 형태가 모두 있어야 한다는 것이다. 신약성경은 지역 회중에 있는 장로들, 감독들, 목사들, 집사들을 언급한다. 이런 지도자들은 항구적으로 정착해서 한 장소에서 이끌게 되어 있다. 그러나 또한 사도들, 예언자들, 복음 전도자들처럼 이동하는, 비지역화된 목회자들도 있다.[113] 하지만 기독교 세계의 도래로 모든 목회 리더십이 지역적이고 정착한 목회로 집중되어서, 이는 "사도들, 예언자들, 복음 전도자들의 보편적인 순회 목회가 실질적으로 제거되는 것"으로 이어졌다.[114] 현대의 선교 운동들은 이동하는 목회를 교회로 재도입하려고 시도했지만, 이런 것들은 공식적인 교회론들이나 목회 체제들 안으로 통합되지 않았다.

---

112 Newbigin, "Form and Structure", p. 114.
113 Newbigin, "How Should We Understand Sacraments and Ministry?", p. 9.
114 Newbigin, "Ministry", p. 8.

다섯 번째 기준은, 목회 체제가 교회의 지역적 차원과 보편적 차원을 표현해야 한다는 것이다. 지역적 수준에서 리더십이 있어야 할 뿐 아니라, 교회의 보편적 본질을 표현하는 더 넓은 교회와 연관성이 있어야 한다. 감독제, 장로제, 교황제 형태의 리더십은 이런 보편성을 표현하려는 시도다.

신학 교육과 목회 훈련

뉴비긴이 믿기에, 만약 목회 리더십이 선교적 회중을 양육하는 일에 적합하려면 신학 교육에 철저한 변화가 있어야 한다. 남반구와 아시아의 교회들이 급속도로 성장하고 있던 시기에, 그는 신학 교육의 문제로 씨름하던 상당수의 선교 지도자들과 함께했다. 초교파주의 운동과 이후의 복음주의 전통도 이 문제에 개입했지만, 그들의 풍성한 숙고는 실제로는 전혀 뿌리를 내리지 못했다.

신학 교육의 서구 대학 모델이 비서구 세계로 이전되고 있다는 것이 문제였다. 뉴비긴의 지적에 따르면, 문제는 "단지 제3세계의 신학교들이 '최고의' 서구 기준들에 이르도록 강화되어야 한다는 것이 아니다. 문제는 이런 기준들이 정말 최고의 것인지, 유럽과 북미에서 수용된 목회적 형성의 모델들이 제3세계에 정말로 맞는 것들인지 — 심지어 그런 모델들이 발전되었던 장소들에는 정말로 맞는 것들인지 여부다."[115]

---

115 Lesslie Newbigin, "Theological Education in a World Perspective", *Churchman* 93, no. 2 (1979): pp. 105-115.

첫째, 학문 기관 모델이 교회가 필요로 하는 종류의 선교 지도자들을 훈련시킬 수 있는지에 대한 구조적인 질문들이 있다. 신학 교육의 대학 모델에서, 학생들은 목회에서 물러나 실제 목회에 거의 관련성을 갖지 않는 학문 기관으로 들어간다. 학생들은 엘리트 직업인이 되는 길을 밟으면서, 교회의 일반 구성원 및 사회의 빈곤층 모두와 접촉이 끊긴다. 뉴비긴은 20세기 교육 철학자들인 이반 일리치(Ivan Illich)와 파울로 프레이리(Paulo Freire)를 가리키는데, 둘 다 교육의 교실 모델이 형편없는 학습법이라고 믿었던 사람들이다. 교육의 은행가 모델은, 프레이리가 붙인 이름으로, 학생들에게 지적 정보를 전달해서 나중에 필요할 때 인출할 수 있게 하는 것이다. 이것은 전문 성직자 계층을 만들어 내지만, 실제 목회에는 준비되지 않은 상태로 둔다. 목회 훈련은 비즈니스 및 의료 모델에 더 가까운 것이 되어야 하는데, 거기서 교육은 지도자들이 목회 실천에 관여하면서 이루어진다.

둘째, 복음의 상황화에 대한 긴급한 질문들이 있다. 대부분의 신학교는 문화적 맥락을 다루지 않고 신학을 무시간적인 진리로 간주하는데, 실제로는 서구의 신학이다. 복음의 빛이 당대의 사안들에 관여하지 않는 것이다. 뉴비긴은 상황화가 이해되는 방식에 대해 유보적인 입장을 취한다. 왜냐하면 종종 그것이 성경의 권위를 약화시키는 경향이 있었기 때문이다. 또한 그는 신학을 실천에 대한 숙고로 축소시키는 특정한 종류의 해방신학적 인식론을 불편해 한다. 그러나 이런 우려들을 표하면서도, 뉴비긴은 성경이 적실성 있는 방식으로 특정한 맥락들과 관련되는 것을 보기를 원했다. 일반적인 서구 신학들이 규범으로 간주되는 한, 그 문화에서 또는 그 시대에서 형성되지 않은 사람들은 그것들을 목회에 관련성이 없는 것으로 볼 것이다. 신학은 맥락적으로 될 필요가 있다. 신학의 의무는

> 각 세대에게 신앙이 무엇인지를 선언하고, 신앙에 파괴적인 오류들을 폭로하며 전투를 벌이고, 신앙을 왜곡하는 교리들을 그 몸[교회]에서 추방하고, 그 구성원들이 신앙을 온전하고 생생하게 파악하도록 이끄는 것이다.…이것은 모든 세대에서 언제나 있어야 할 새로운 과업인데, 왜냐하면 생각은 절대로 가만히 있지 않기 때문이다. 교회가 한 세대에서 자신의 메시지를 진술하는 말들은 다음 세대가 자라났을 때에 이르면 그 의미가 바뀌어 있다. 끊임없이 자신의 메시지를 다시 생각하고 다시 진술해야 하는 의무를 교회로부터 면제해 줄 어떤 언어적 진술도 만들어질 수 없다.…교회는 모든 새로운 세대에게 교회가 역사적 신앙을 어떻게 해석하는지, 그리고 교회가 그것을 그 시대의 새로운 생각과 경험에 어떻게 관련시키는지 진술해야 한다.…아무것도 교회가 지금을, 즉 신앙이 무엇인지 진술할 의무로부터 면제해 줄 수 없다. 그렇게 할 수 있어야 하고 또 그렇게 하고자 의지하는 것이 살아 있는 교회의 본질에 속한다.[116]

셋째, 신학 교과 과정의 내용에 대한 우려들이 있다. 서구에서는 너무나 많은 방식으로 성서학과 신학이 복음으로 하여금 문화적 이야기에 도전하기보다는 오히려 흡수되도록 허용했다. 성경은 더 이

---

116 Newbigin, *Reunion of the Church*, pp. 137-138.

상 그 안에서 신학이 이루어지는 내러티브가 아니다. 뉴비긴은 종종 "현대성의 신조"에 대한 신앙적 헌신으로 작동하는 성서학에 대해 말한다.[117] 그가 탄식하는 바에 따르면, "기독교 목회를 위한 훈련이 현대성의 비판적 방법론들에 동화되면서, 수많은 예비 목회자들이 그들의 신학적 훈련의 초기에 조심스럽지만 확고하게 신앙고백적 입장에서 과학적 입장으로 옮겨져야 했다."[118] 고등 비평으로의 이동은, 비록 그것이 상당한 통찰을 제공했지만, "마치 성경에 대한 더 객관적 이해로의 이동인 것처럼 여겨진다면 잘못 이해된 것이다. 그것은 신앙고백적 입장에서 다른 입장으로 이동한 것이고, 한 신조에서 다른 신조로 이동한 것이다."[119] 이런 식으로 맹목적으로 현대성에 포로가 되는 것은 이런 이야기에 의해 형성되지 않은, 서구 세계 바깥에 있는 이들에 의해 도전되어야 한다. 그러나 우리는 이 이상에서 멀리 떨어져 있는데, 왜냐하면 심지어 비서구권 학자들조차 그들이 신학 훈련을 받은 서구 학문 기관에서 서구의 이야기 속에서 잘 교육되었기 때문이다. 문화적 이야기의 우상숭배에 의해 그토록 길들여진 서구의 성서학과 신학은 어떻게 다시 새롭게 될 수 있는가?

그러나 신학 교과 과정에 있는 문제는 단지 그런 혼합주의적인 서구화된 신학만이 아니다. 또한 그 비선교적 신학이다. 신학과 신학 교육의 주요 양상들은 "그리스도인들의 마음에서 땅끝이 실천적 실재로서 더 이상 존재하지 않게 되[었을]" 때 형성되었다. 그렇게 되자

---

117 Newbigin, *Proper Confidence*, p. 83.
118 Newbigin, *Proper Confidence*, p. 79.
119 Newbigin, *Proper Confidence*, p. 80.

신학은 "복음을 비기독교적 문화들의 용어로 진술하는 것보다는, 복음에 대한 경쟁하는 해석들의 상호 간에 있는 싸움에 더 관심을 기울이게" 된다. 교회 역사는 "복음이 다른 형태의 인간 문화 및 사회와 잇따라 만나는 가운데 있었던 선교적 진보의 이야기보다는, 교회의 삶 안에 있었던 교리적인 그리고 다른 갈등들의 이야기로 가르쳐진다."[120] 신학 교과 과정은 더 맥락적이고 또한 더 선교적인 측면에서 재조정될 필요가 한다.

넷째, 신학 교육에 대한 책임이 교회들에서 제거되었다. 뉴비긴이 믿기에는, "신학 훈련의 과업은 단순히 대학에 넘겨질 수 없다. 그것은 교회의 과업이며, 따라서 교회가 책임을 져야 한다." 오직 신학과 신학 교육이 "신앙을 고백하고 예배하는 교회의 맥락에서" 이루어질 때만, "복음과 문화 사이의 참된 대화"가 있을 것이다. 뉴비긴은 학문적 환경을 반대하지는 않는다. 다만 그런 종류의 기관에 관여하는 사람들은 "대학 교수진이 의지하는 전제들 자체에 대한" 근본적인 "질문들"을 제기해야 한다.[121]

만약 선교 지도자들이 존재하려면 구조, 교수법, 신학 교과 과정에서 새로운 종류의 신학 교육이 필요하다.

권징이라는 목회적 과업

교회의 권징(discipline)이라는 주제에 대한 논의는 뉴비긴의 저술에

---

[120] Newbigin, *Honest Religion*, pp. 102-103.
[121] Newbigin, "Theological Education", p. 115.

서 상대적으로 드물다. 그러나 그의 회고록을 보면, 주교로서 그가 한 사역에서 권징이 지속적으로 중요한 부분이었음이 분명히 드러난다.[122] 우리는 여기서 그것을 간략하게 언급하는데, 왜냐하면 그가 권징에 대해 실제로 논의하는 서너 곳에서 그는 그것이 선교적 교회에서 아주 중요한 요소라는 점을 분명히 하기 때문이다. 권징은 물론 출교 이상의 것을 의미하지만, 출교도 포함한다. 회심이 회심한 사람들을 그들의 옛 사회적 영역에서 제거할 때, 교회는 그들이 삶에서 다시 새롭게 될 수 있도록 하는 책임을 맡아야 한다. 그들은 죄와 우상숭배를 떠나도록 계속해서 인도를 받아야 한다. 그런 인도는 확고하며 또한 은혜로워야 한다. 그리고 출교가 시행되어야 하는 때가 있을 것인데, 바로 사람들이 공개적인 죄가 그들의 삶에 터를 잡도록 용납할 때다. 목표는 궁극적으로 신실한 삶으로 회복시키는 것이다. 만약 교회가 권징을 진지하게 받아들이지 않는다면, "비기독교적 세상에 대한 교회의 증언은 절망적으로 타협된다."[123]

뉴비긴은 자신이 주교였던 시기에 대한 회고록에서 권징을 실행해야 했던 시간들을 묘사한다. 그는 사랑 가운데 행하는 확고한 권징의 중요성을 강조한다. 권징의 실행은 "여러모로 교회의 기독교성에 대한 가장 엄격한 시험이다. 회중이 그 구성원들의 죄에 대해 그저 눈을 질끈 감고 그에 대해 아무것도 하지 않는 것은 쉬운—치명적으로 쉬운—일이다. 또한, 특정한 상황에서는, 구원하는 능력이 없

---

122 Lesslie Newbigin, *A South India Diary* (London: SCM, 1951), pp. 72-75.
123 Newbigin, *Household of God*, p. 7.

는 완고한 율법주의의 태도를 채택하는 것도 회중에게는 쉬운 일이다."[124] 참된 권징은 이 두 가지 접근을 모두 피해야 한다.

뉴비긴이 주교로서 자신의 목회자들에게 전한 설교에서 말하는 바에 따르면, "권징의 의무는…우리의 임직 때 우리에게 부여된 권징 전체의 일부다." 그는 가혹하고 비난하는 바리새인의 접근은 물론이고 또한 사두개인의 길도 거부하는데, 그것은 "악 앞에서 그저 어깨를 으쓱하고는 아무것도 말하지 않음으로써 곤경을 피하고자 하는, 세상과 쉽게 타협하는 것"이다. "그럴 때 악은 이의 없이 통과하며, 쫓아낼 수 없는 세입자처럼 교회 안에 편안하게 자리를 잡게 된다." 모든 권징의 목적은 그 사람이 용서를 받고 교회의 교제로 회복될 수 있게 하는 것이다. 절대로 이것을 잊어서는 안 된다. 그것은 겸손함으로 행해져야 하는데, 왜냐하면 우리도 역시 용서를 받은 죄인들이기 때문이다. 의미심장하게도, 뉴비긴은 자신이 돌보는 목회자들에게 도전하면서 "부유하고 힘 있는 자들의 죄를 다루기를 두려워하지 말 것"을 특히 강조한다. 사회적·경제적 권력이 있는 자들에 대한 권징을 경시하기가 쉽다. 그러나 만약 우리가 단지 이런 종류의 권력이 없는 사람들만 권징한다면, 우리는 "우리 자신을 비겁하고 약자를 괴롭히는 사람들로 드러낸다."[125]

---

124 Newbigin, *South India Diary*, p. 73.
125 Newbigin, *Good Shepherd*, pp. 50-53. 뉴비긴은 바로 이런 일이 일어난 곳에 대한 이야기를 *South India Diary*, p. 72에서 전한다. "교회의 아주 영향력 있는 구성원"이 심각한 죄에 대해 권징을 받지 않았다. "명백하게도, 목회 위원회에서는 T 씨의 영향력이 하나님에 대한 경외보다 더 중요했다."

권징은 선교적 회중에게, 만약 그것이 세상 가운데 하나님 나라의 징표, 맛보기, 첫 열매로서 자신의 구별되는 삶을 살고자 한다면, 필연적이다. 선교적 교회의 삶은 복음의 능력을 증명해야 한다. 타협하고 길들여진 삶은 교회의 증언을 흐릿하게 만든다.

결론

전통적으로, 교회론은 제도로서의 교회에 대한 질문들, 즉 예배, 설교, 성례, 조직, 리더십 등에 전념했다. 게다가 대중의 생각에서 "교회"라는 단어는 종종 그런 것들을 나타낸다. 그러나 교회의 삶의 이런 측면들은 세상 속 교회의 선교에서 분리되었다. 더 최근에 어떤 이들은 이런 제도적 내향성에 반대해 천 년 이상의 교회론적 숙고를 무시하는 것으로 반응했다. 뉴비긴은 둘 중 어떤 것도 하지 않았다. 종종 그는 전통적인 질문들과 씨름했지만, 항상 그것들을 교회의 선교에 비추어 다시 구성했다. 만약 교회가 하나님 나라의 신실한 징표, 맛보기, 도구이고자 한다면 예배, 교회의 구조, 리더십―실제로 제도 및 공동체인 교회의 모든 측면―이 중요하다.

5

문화와의 선교적 만남

복음은 주목할 만하고 대담한 주장을 하는데, 곧 보편 역사의 목표—따라서 온 창조 세계의 목적과 의미—가 역사 가운데 있는 한 유대인의 삶·죽음·부활에서 드러났고, 성취되었고, 현존하게 되었다는 것이다. 분명히 이것은 "종교"라고 불리는 사적 범주로 분류될 발표가 아니다. 오히려 그것은 "세속적 선언"[1]이자 "공적 진리"[2]다. 모든 사람에게 궁극적인 중요성이 있는 메시지인 것이다. 하지만 하나님의 최종적인 말씀이 한 사람이라는 것을, 그는 벌거벗겨지고, 고문을 당하고, 십자가 위에서 굴욕을 당했다는 것을 대체 누가 믿을 수 있겠는가? 어떤 문화적 시각에 의해서도 이 메시지는 그야말로 터무니없고 완전히 얼빠진 소리다. 뉴비긴의 지적에 따르면, "복음 선포에 헌신한 우리는 복음이 세상의 일반 상식에 비추어 얼마나 이상한지, 그리고 심지어 불쾌하게 하는 것인지 잊기 쉽다."[3]

그러나 복음은 단순히 어떤 메시지와 진리 주장에 그치지 않는

---

1 Lesslie Newbigin, *The Finality of Christ* (London: SCM, 1969), pp. 22, 46.
2 Lesslie Newbigin, *Truth to Tell: The Gospel as Public Truth* (Grand Rapids: Eerdmans, 1991).
3 Lesslie Newbigin, "Context and Conversion", *International Review of Mission* 68, no. 271 (1979): p. 301.

다. 복음은 능력에 대한 것이다. 역사의 한가운데로 침입하는 역사의 종말은 모든 것을 다시 새롭게 하시는 하나님의 능력이 성령으로 강림하는 것이다. 그러므로 대체 누가 그토록 이상한 메시지를 믿을 수 있을지에 대한 질문은 오직 다음과 같은 방식으로만 대답할 수 있다. 첫째, 그 좋은 소식을 믿고 신실하게 증언하는 백성이 있을 때만, 그리고 둘째, 성령이 그들의 삶, 행위, 말을 통해 사람들을 회심으로 이끌도록 일하실 때만 가능하다는 것이다.

이 선교적 백성은 세상 한가운데 놓여 있다. 그들은 자신들이 살고 있는 문화로부터 밀봉해서 봉인되지 않고, 그들의 소명과 일치하게, 문화적 지역 사회의 구조에 얽혀 있다. 이 사실이 제기하는 질문은 너무나 중요하고 어려운 것이다. 어떻게 교회는 자신의 문화적 맥락 한가운데서 신실한 증언을 살아 낼 것인가? 잘못된 관계는 교회의 증언을 심각하게 손상시킬 것이다. 이것이 복음·교회·문화의 관계가 뉴비긴의 선교적 교회론에 너무나 중요한 이유다. 이 장은 어떻게 교회가 포괄적인 복음을, 동등하게 포괄적이지만 양립할 수 없는 또 다른 이야기에 의해 형성된 문화 가운데서 구현하고 증언할 수 있는지에 대한 뉴비긴의 견해를 논의한다.[4]

---

4 참고. Michael W. Goheen, "Gospel and Cultures: Lesslie Newbigin's Missionary Contribution", *Philosophia Reformata* 66, no. 2 (2001): pp. 178-188; Michael W. Goheen, "*As the Father Has Sent Me, I Am Sending You*": *J. E. Lesslie Newbigin's Missionary Ecclesiology* (Zoetermeer: Boekencentrum, 2000), pp. 331-370(8장).

교차 문화적인 선교사의 통찰

뉴비긴은 그의 중요한 책 『헬라인에게는 미련한 것이요』를 시작하면서, 복음과 문화 사이의 "진정한 선교적 만남"에 무엇이 수반되는지 묻는다. 그는 "내가 이 연구에 접근하는 관점은 해외 선교사의 관점이다"[5]라고 말한다. 우리는 여기서 잠시 멈추고 지극히 평범한 진술로 보이는 이 말을 주의 깊게 살펴보아야 한다. 그가 올바르게 지적하는 바에 따르면, 복음과 문화 사이의 관계에 대한 논의를 제안하는 것에는 전혀 새로운 것이 없다. 그런 연구는 여러 번 이루어졌으며, 20세기에는 여러 문화 신학자들이 그 쟁점을 다루었다. 리처드 니버(H. Richard Niebuhr)는, 예를 들어, 그의 저서 『그리스도와 문화』(Christ and Culture)에서 다섯 가지 모델에 대한 고전적인 연구를 제공했다.[6] 또한 폴 틸리히(Paul Tillich)의 저작은 "문화의 신학"에 관심을 기울였다.[7] 뉴비긴의 관찰에 따르면, "내가 아는 한 주로 이런 작업은 복음을 한 문화에서 근본적으로 다른 문화로 전달하고자 하는 노력, 문화적 경계에 대한 경험이 없는 신학자들에 의해 행해졌다."[8]

뉴비긴의 연구는, 특히 서구 문화와의 선교적 만남에 대한 그

---

5 Lesslie Newbigin, *Foolishness to the Greeks: The Gospel and Western Culture* (Grand Rapids: Eerdmans, 1986), p. 1.
6 H. Richard Niebuhr, *Christ and Culture* (New York: Harper, 1951). 『그리스도와 문화』(IVP).
7 Paul Tillich, *A Theology of Culture* (New York: Oxford University Press, 1959). 『문화의 신학』(IVP).
8 Newbigin, *Foolishness to the Greeks*, p. 1.

의 통찰은, 정확히 바로 이 점 때문에 폭발력을 가졌다. 그의 주장에는 적어도 두 가지 측면이 있다. 첫째, 그는 자신이 이 주제에 접근하는 입장 혹은 관점은 선교 혹은 증언의—"복음을 전달하려고 노력하는"—입장 혹은 관점이라고 말한다. 니버와 틸리히 및 다른 문화 신학자들은 뒤로 물러나서, 그 문제에 대한 이론적 분석의 측면에서 평가를 제공한다. 이는 뉴비긴이 학문적인 도구의 사용에 반대해서 말한다는 것이 아니다. 학문적인 통찰은 확실히 유용할 수 있다. 오히려, 그는 우리가 그리스도인으로서 취해야 하는 가장 근본적인 입장은 우리가 하나님의 백성—하나님의 증인들—으로서 가진 정체성의 측면에 있다고 말한다. 그것은 학문적 중립성이나 이론적 거리두기가 아니다. 만약 우리가 우리의 근본적인 선교적 정체성으로 시작한다면, 복음과 문화 사이의 관계를 우리는 어떻게 분석하는가? 하나님이 인간의 삶의 모든 것을 회복하고 계시다는 좋은 소식이 만약 우리에게 맡겨졌다면, 전혀 다른 이야기를 전하고자 하는 문화 속에서 우리는 어떻게 사는가? 바로 이런 관점에서 그는 주제에 접근한다.

 뉴비긴의 관찰에는 두 번째 차원이 있는데, 즉 교차 문화적인 선교사들은 자신들의 문화와 아주 다른 문화들 속에서 복음을 살고 전달하고자 노력한 경험을 가졌다는 것이다. 이것은 단지 다른 방법으로는 얻을 수 없는 통찰의 깊이를 가져온다. 다른 문화적 상황 속으로 넘어가서 그 문화의 언어와 관습 및 제도들을 이해하고자 시간을 들이면, 그것은 자신의 문화와 관련해 가지고 있던 것으로 상정되는 친숙함에서 빠져나오도록 흔들기 시작한다. 보통으로 보이고 또한 당연히 그런 것으로 받아들여지던 것들의 존재 방식이 이제 의문시된다. 가지고 있는 기독교 신앙의 전형이 면밀히 재검토된다. 상상하던 것보다 훨씬 더, 문화적 이야기에 의해 형성되었음을 깨닫는다.

뉴비긴은 중국의 속담을 인용한다. "물에 대한 정의를 원한다면, 물고기에게 묻지 말라."[9] 하나의 문화적 이야기 안에 평생 잠겨 있던 사람들은 자신들의 맥락에 대해 무의식적이기 쉽다. 그리고 다른 문화와 깊은 관련성을 가졌던 사람들을 구별시키는 것은, 그들이 헤엄치고 있는 문화의 물에 대해 비판적으로 거리를 두는 방식이다. 이것이 바로 뉴비긴에게 그의 인도 선교 경험에서 일어난 일이다. 뉴비긴은 그의 저술에서, 자신의 유럽적 세계관과 그것이 자신의 신앙에 끼친 영향에 대해 검증 없이 가지고 있던 많은 추정을 일깨워 준 많은 경우를 언급한다. 그의 기록에 따르면, "선교사는, 만약 그가 깨어 있는 사람이라면, 내가 그랬던 것처럼, 자신이 새로운 상황에 있음을 발견한다. 그는 복음의 전수자로서, 자신의 문화에 대한 비판자가 된다. 그는 거기서 아르키메데스의 점을 발견한다. 그는 자신의 문화를 외국인의 기독교적 시각으로 보며, 외국인은 원주민이 볼 수 없는 것을 볼 수 있다."[10] 뉴비긴의 선교 경험 두 가지가 이 "각성"을 상세히 설명하는 데 도움을 줄 수 있을 것이다.

뉴비긴이 인도의 거리에서 복음을 전하려고 시도했을 때, 그는 힌두교에 의해 형성된 언어와 범주로 그리스도가 누구인지 전달하면서도 여전히 복음에 신실할 수 있는 방법이라는 질문과 씨름해야

---

9 Newbigin, *Foolishness to the Greeks*, p. 21.
10 Lesslie Newbigin, *A Word in Season*: *Perspectives on Christian World Missions* (Grand Rapids: Eerdmans, 1994), p. 68.

함을 보게 되었다. 복음 전도자는 자신의 청중의 언어를 사용해야 한다. 하지만 그 언어는 청중이 자신들의 세계를 이해하는 세계관을 반영한다. 그것은 복음과 양립할 수 없는 깊은 헌신과 신앙을 표현하며, 따라서 그것들을 사용하는 것은 그런 믿음에 따라 복음을 개조하고 왜곡하는 것이 된다. 그렇다면 어떻게 복음이 복음에 충실한 방식으로 표현될 수 있으며 그럼에도 그 문화에 적실성 있게 들릴 수 있을까?

예수의 정체를 전달하기 위해, 예를 들어, 어떤 타밀어 단어가 사용될 수 있을까? '스와미'(swamy)가 하나의 가능성이 될 수 있는데, 그것은 "주님"을 의미한다. 이것은 그리스어의 '퀴리오스'(kyrios)를 차용하는 것과 같지 않을까? 문제는 힌두 사상에 많은 주가 있다는 것이고—한 전통에 따르면, 삼천만의 주가 있다—따라서 만약 예수가 단지 또 하나의 주라면 이것은 중요한 소식이 아니다. '아바타'(avatar)는 어떤가? 이것은 악의 권세를 제압하고 의의 통치를 세우기 위해 신이 피조물의 형태로 내려온 것을 지칭한다. 이 말은 성육신 및 하나님 나라의 복음과 잘 부합하지 않는가? 여기서 문제는 '아바타'가 순환적인 세계관의 측면에서 생각된다는 것이다. 그러므로 어떤 '아바타'에게도 최종성을, 복음이 세계에 대한 더욱 직선적인 역사 이해의 측면에서 예수께 하는 방식으로 부여할 수 없다. 아마도 그저 나사렛 예수의 이야기를 말하는 것으로 시작할 수 있을 것이다. 그러나 뉴비긴이 그렇게 했을 때 그는 청중이 사라지는 것을 보았는데, 왜냐하면 그렇게 되면 예수가 그저 '마야'(maya)와, 즉 일시적이고 환상에 불과한 세계와 동일시되기 때문이다. 모든 다른 시도—최고의 초월적인 신 '카다불'(kadavul), 모든 창조의 시작인 최초의 인간 '아디푸루샨'(adipurushan), 셋으로 된 궁극적인 실재의 두 번째 구성원을 이루는 지성과 의지 '치트'(chit)—가 같은 문제로 실패한다. "이 모든 대답의 공통점은, 필연적으로 그것들이 예수를, 예수께서 주님으로 절대적으로 받아들여질 때 일어나는 해석과 크게 다른 경험의 해석을 구현하는 모델의 측면에서 묘사한다는 것이다."[11]

여기서 뉴비긴은 복음 전도의 노력을 하면서 복음과 문화의 문제에 직면해 있었다. 다른 문화에 대한 진지한 관여는 그를 흔들어서, 자신의 기독교는 문화적 우상숭배에 의해 훼손되지 않은 기독교라는 편안한 가정에서 벗어나게 만들었다. 그 경험이 그에게 일깨운 현실은, 복음이 언제나 문화적 이야기로 표현되며 따라서 그것과 양립할 수 없는 다른 문화적 이야기와 만나게 되리라는 것이다.

내가 예수를 주님으로 고백하는 것은 내가 그 일부인 문화에 의해 조건으로 규정된다. 그것은 내가 살아가는 신화의 언어로 표현된다. 처음에 나는 이것이 하나의 신화라는 것을 의식하지 못했다. 철저하게 타고난 서구인의 순진함을 내가 유지하는 한, 다른 문화에 대한 진지한 관여로 흔들리지 않는다면, 나는 이 신화를 의식하지 못한다. 단순히 "사실이 그렇다."…그 안에서 살아가는 사람에게는 어떤 신화도 신화로 보이지 않는다. 단순히 사실이 그렇다. 서구인도 이 규칙에

---

11 Lesslie Newbigin, "Christ and Cultures", *Scottish Journal of Theology* 31 (1978): pp. 2-3.

대해 전혀 예외가 아니다.[12]

　우리가 검증 없이 가지고 있던 추정들이 우리의 세계관을 형성하는 방식에 대한 뉴비긴의 자각을 상세히 보여 주는 두 번째 경험은, 그가 인도의 마을 사람들에게 마가복음을 가르칠 때 일어났다. 그는 기적 이야기들을 가르치면서 자신이 케임브리지에서 배웠던 복잡한 방식으로 이해시키려고 노력했는데, 거기서 기적은 자연주의적 세계관의 측면에서 어떻게든 심리학적으로 설명되어야 했다. 만약 그가 마을 사람을 적절한 서구식 교육을 통해 자신의 문화로 인도할 수만 있다면, 뉴비긴의 생각으로는, 그 사람은 사물을 실제 모습 그대로 볼 수 있을 것이라고 그는 생각했다. 그러나 예수의 기적들을 설명하려는 그의 노력에 대해, 교육을 받지 않은 한 마을 사람이 짜증스런 반응을 보였다. "왜 당신은 그토록 지극히 단순한 이야기를 그렇게 복잡하게 만들고 있습니까?" 그는 이어서 자신의 마을 회중 가운데 일어났던 다수의 치유와 축귀 사건들에 대해 이야기했다. 뉴비긴은 자신보다도 그 마을 사람이 마가복음의 의미에 훨씬 더 가까이 있다는 사실에 충격을 받았다. 그의 말에 따르면, "나 자신의 기독교가 이런 혼합주의적 성격을 가지고 있음을, 나 역시 어느 정도는 예수를 내 문화의 세계관 속으로 끌어들였음을 내가 보기 시작하는 일이 서서히 일어났다."[13]

12　Newbigin, "Christ and Cultures", p. 3.
13　Newbigin, *Word in Season*, p. 99.

이런 교차 문화적인 선교 경험은 뉴비긴이 문화와의 선교적 만남의 역동성을 예민하게 의식하도록 만들었다.[14] 그것은 항상 일어나고 있지만 자주 인식되지는 않는 만남이다. 선교적 만남은 삶에 대한 포괄적이고 종교적인 두 가지의, 어느 정도 양립할 수 없는 시각들 사이의 충돌이다. 복음과 문화의 쟁점은 바로 이런 선교적 만남의 맥락에서 검토되어야 한다.

선교적 만남은 항상 교회가 자신의 문화적 상황에서 갖는 보통의 자세다. 그것은 복음의 본질과 교회의 존재에서 불가피하며 구성적인 요소다. 교회는 이 역동성을 의식하지 못할 수 있지만, 그러나 그렇다고 해서 그것이 작동하고 있지 않음을 의미하지는 않는다. 아마도 그것은 그들이 문화의 권세들에 굴복했음을 의미할 것이다. 선교적 만남은 언제나 있을 것이다. 그것은 기독교 신앙에 본질적이다. 그리고 그것은 언제나 이런 방식으로 혹은 저런 방식으로 특정하게 구현될 것이다. 이것이 선교 분야에서 "상황화"(contextualization)로 불리는 것이다. 그리고 언제나 상황화는 그것이 신실할 경우에는 "참"이고, 그렇지 않은 경우에는 "거짓"일 것이다. 그것은 교회가 선교적 만남에 관여되어 있는지의 문제가 아니라, 우리가 그것을 의식하고 있는지의 문제다. 또한 그것은 우리가 복음을 상황화할 것인지의 문제가 아니라, 단지 우리가 신실한지의 문제다. 그것은 복음의 신실한

---

14 뉴비긴은 또한 "선교적 직면"(missional confrontation)에 대해 말한다. "Die Kulturelle Gefangenschaft Abendländischen Christentums als Herausforderung an eine missionarische Kirche", unpublished speech, Newbigin Archives, University of Birmingham (1984), p. 5.

증인에게는 삶과 죽음의 문제다.

선교적 만남과 고통스러운 긴장

뉴비긴은 자신의 교차 문화적인 선교 경험을 통해 선교의 본질을 이해하게 되었다. 선교적 만남은, 무엇보다도, 모든 문화가 종교적이고 포괄적인 신조를 그들이 함께하는 삶의 핵심에 혹은 토대에 갖고 있으며 그것이 복음과 양립할 수 없기 때문에 일어난다. 뉴비긴이 문화의 본질에 대해 논의할 때, 종종 그는 단순한 사전적 정의로 시작하는데, 즉 문화란 "한 인간 집단에 의해 세워지고 한 세대에서 다음 세대로 전수되는 삶의 방식들의 총합"[15]이라는 것이다. 이것은 언어·예술·기술·법은 물론이고, 한 문화의 사회적·정치적·경제적 조직을 포함한다. 그러나 그는 즉시 이 모든 요소를 형성하고 또 의미를 부여하는 더 깊고 더 궁극적인 것을 밝힌다. "또한 모든 문화에 근본적인 것으로서, 사물의 궁극적인 본질을 파악하고 표현하려고 추구하며 최종적인 충성을 요구하는 일련의 믿음·경험·실천을 포함시켜야 한다. 내가 말하는 것은, 당연히, 종교다."[16]

뉴비긴은 한편으로 실천과 제도에서 볼 수 있는 통일된 문화적 요소들의 광범위한 망과, 다른 한편으로 그것들 모두를 형성하고 통

---

15 Newbigin, "Christ and Cultures", p. 9; Newbigin, *Foolishness to the Greeks*, p. 3.
16 Newbigin, *Foolishness to the Greeks*, p. 3; 참고. Lesslie Newbigin, *The Open Secret: An Introduction to the Theology of Mission*, rev. ed. (Grand Rapids: Eerdmans, 1995), pp. 160-161.

합하는 더 깊은 수준의 근본적인 종교적 믿음을 구분한다. 그는 다양한 방식으로 이런 근본적인 믿음에 대해 말하면서, 그것들을 "헌신한 믿음",[17] "기본적인 가정과 헌신",[18] "공적 생활을 통제하는 교의",[19] "신뢰의 틀",[20] "타당성 구조",[21] "이념, 신화, 세계관",[22] "교리",[23] "신조",[24] "우상",[25] 그리고 심지어 "신들"[26]이라고 부른다. 로마서 12:1-2에 대한 논의에서 그는 문화의 다양한 요소들과 그 기저에 있는 종교적 믿음 사이의 구분을 명확히 한다. 종종 뉴비긴은 이 본문에 나오는 "문화를 본받는"이라는 구절을 사용하는데, 특히 혼합주의를 지칭하기 위한 것이다. 하지만 한 곳에서 그는 그 본문을 더욱 상세하게 논의한다. 그가 말하는 바에 따르면, 바울이 우리에게 이 세상을 본받지 말라고 명령할 때 그는 문화를 말하는 것이고, "그것은 단지 예술, 문학, 음악만 의미하는 것이 아니라, 우리의 세상을 구성하는 방식 전체를 의미한다. 그것은 우리의 언어, 우리의 사고방식, 우리의 관

---

17 Newbigin, *Open Secret*, p. 146.
18 Lesslie Newbigin, "Mission in the 1980s", *Occasional Bulletin of Missionary Research* 4 (October 1980): p. 155.
19 Newbigin, *Word in Season*, p. 150.
20 Lesslie Newbigin, *The Other Side of 1984: Questions for the Churches* (Geneva: World Council of Churches, 1983), p. 53.
21 Lesslie Newbigin, *The Gospel in a Pluralist Society* (Grand Rapids: Eerdmans, 1989), p. 228.
22 Newbigin, *Gospel in a Pluralist Society*, p. 221.
23 Lesslie Newbigin, *Proper Confidence: Faith, Doubt, and Certainty in Christian Discipleship* (Grand Rapids: Eerdmans, 1995), p. 50.
24 Lesslie Newbigin, "Gospel and Culture—but Which Culture?", *Missionalia* 17, no. 3 (November 1989): p. 214.
25 Newbigin, *Word in Season*, p. 150.
26 Newbigin, *Gospel in a Pluralist Society*, p. 220; Newbigin, *Word in Season*, p. 150.

습, 우리의 전통, 우리의 정치·경제·사법·행정 질서의 공적 체계─우리가 단순히 당연한 것으로 받아들이면서 전혀 질문하지 않는 사물의 총체─를 의미한다." 이 모든 영역에서 "세상"이라는 단어는 긍정적으로 하나님의 선한 창조를 가리키기 위해 사용될 수 있다. 그러나 그것은 또한 부정적으로 "창조주의 것이 아닌 다른 중심을 둘러싸고 구성된" 문화를 말하는 데 사용될 수 있다.[27] 인간 문화의 다양한 측면은 항상 **어떤** 중심을 둘러싸고 구성되게 마련이다. 인간 문화는 그 중심을 창조주 하나님 안에서 찾도록 창조되었다. 그러나 죄가 오면서 창조주는 우상들로 대체되었으며, 이는 인간 문화의 다양한 면모를 통합하고 구성하고 형성하되 하나님의 설계에 거스르는 방식으로 그렇게 한다. "인간의 본성은 공백을 혐오한다. [공적 삶의 주된] 사당은 계속 텅 빈 채로 있지 않다. 만약 유일한 참된 형상이신 예수 그리스도가 거기에 계시지 않으면, 우상이 그 자리를 차지할 것이다. 우리의 문화를 지배하는 우상의 이름을 밝히는 것은 어려운 일이 아니다."[28]

서구 문화의 문제는 우리가 종교적 믿음에 대해 "마치 그것이 인간 공동체들의 전체 삶에서 분리될 수 있는 독립체인 것처럼" 논의할 수 있다고 기이하게 가정한다는 데 있지만, 이는 "종교의 사유화를 받아들인 사회에서만 가능하다."[29] 종교는 다른 것들과 나란히 있

---

27 Lesslie Newbigin, "Renewal in Mind", *GEAR* (*Group for Evangelism and Renewal in the URC*) 29 (1983): p. 4.
28 Newbigin, *Foolishness to the Greeks*, p. 115.
29 Lesslie Newbigin, "Mission in the 1990s: Two Views", *International Bulletin of*

는 또 하나의 문화적 활동이나 제도가 아니다. 종교적 헌신은, 비록 그것이 인식되지 않을지라도, 우리의 모든 문화적 노력에 스며들고 또 형성한다.

실천에서나 사유에서나 종교는 삶의 다른 것들에서 분리되어 있지 않다. 실천에서 사회의 모든 삶은 서유럽 사람들이 종교적이라고 부르는 믿음이 스며들어 있으며, 또한 사유에서 우리가 종교라고 부르는 것은 세계관 전체, 즉 모든 인간 경험을 이해하는 방식이다. 서구 문화가 종교적인 일과 세속적인 일 사이에 그어 놓은 선명한 선은 그 자체로 우리 문화의 가장 두드러진 기이함이며, 이 문화와 접촉해 보지 않은 대다수의 사람들은 납득할 수 없을 것이다.[30]

이 언급에서 우리는 문화를 형성하는 가장 중요한 핵심의 두 가지 특징을 본다. 첫째, 그것은 종교적이다. 믿음이란 궁극적인 본질에 속하는 것이다. 둘째, 그것은 포괄적이다. 이 종교적 믿음은 인간 삶의 모든 측면을 조직하고 형성한다. 뉴비긴은 이것을 "숨겨진 **신조**"(hidden *credo*)라고 부른다. 라틴어 단어 '크레도'(*credo*)는 사도신경의 첫 단어로, "나는 믿습니다"를 의미한다. 신조는 삶의 모든 것에 궁극적인 의미를 부여하는 일련의 종교적 믿음을 가리킨다. 뉴비긴은 신조의 은유를 제시하는데, 그것은 우리의 문화 기저에 숨겨져 있

Missionary Research 13, no. 3 (1989): p. 101.
30 Newbigin, *Gospel in a Pluralist Society*, p. 172.

으며 집의 기초처럼 기능하는 것이다. 이런 믿음은 문화의 기저에서 인식되지 않은 상태로 있지만, 그 위에 있는 인간 문화의 가시적인 측면들을 형성하고 구성한다. 비록 숨겨져 있을지라도 이 신조는 경제, 교육, 의료, 대중 매체를 포함하는 문화의 공적 삶을 형성한다.[31]

아마도 뉴비긴이 문화적 신조를 말하는 가장 흔한 방식은 이야기다. 문화의 종교적 믿음은 하늘에서 떨어지는 것이 아니라, 문화적 공동체의 특정한 역사 안에서 발전한다. 이것은 모든 문화에 적용된다. 그러나 특히 서구는 인간의 삶의 의미를 이야기의 측면에서 이해했는데, 이는 성경이 특히 아우구스티누스를 통해 우리 문화에 끼친 영향으로 인한 결과다. 서구 문화는 그 자체에 대해 그리고 인간 역사의 목표에 대해 할 이야기를 갖고 있다. 이것은 복음과 충돌하는 이야기다.

모든 그리스도인은 특정한 문화에서 태어나며, 불가피하게 그들의 삶은 어린 시절부터 이런 종교적 믿음에 의해 서술된다. 그리스도인들은, 또한 어린 시절부터, 모두에게 공통인 문화적 공기를 마신다. 혹은, 다른 은유를 사용하자면, 신자는 자신의 문화에서 태어나서 그 안에서 계속 헤엄친다. 그들은 세상에 대한 이 포괄적인 종교적 믿음을 공유하게 된다. 문제는 그것이 우상숭배이고 복음과 양립할 수 없다는 것이다. 문화의 물은 오염되어 있다.

선교적 만남이 불가피한 이유는, 둘째로, 복음이 동등하게 포괄적인 주장을 하며 절대적인 충성을 강력하게 요구하기 때문이다. 이전

---

31 Newbigin, "Gospel and Culture—but Which Culture?", p. 214.

장들에서 우리는 복음이 하나님 나라의 좋은 소식, 즉 인간의 삶 전체에 대한 하나님의 통치의 회복이라는 것을 보았다. 이 복음은 문화에서 말해지는 이야기에 대한 대항 이야기이고, 다름 아니라 완전하고 최종적인 충성을 강력하게 요구한다. 왜냐하면 "만약 복음이 하나님이 하셨다고 우리에게 말하는 것을 하나님이 하신 것이 정말 사실이라면…그것은 반드시, 필연적으로 반드시 모든 사유, 모든 행동, 모든 희망의 출발점과 지배하는 실재가 되어야" 하기 때문이다.[32] 따라서 우리는 복음과 문화적 이야기 안에서 삶에 대한 두 가지의 종교적이고 포괄적인 시각을 갖는다. 둘 다 종교적이어서, 궁극적인 헌신과 복종을 강력하게 요구한다. 둘 다 포괄적이어서, 인간의 삶의 범위 전체를 강력하게 요구한다. 그리고 이 이야기들은 양립할 수 없다. 그것들은 아주 다른 방식으로 삶을 형성하고, 통합하고, 통일한다.

따라서, 세 번째로, 선교적 만남은 고통스러운 긴장을 만들어 내는 두 가지의 양립할 수 없는 이야기들 사이의 충돌이다. 기독교적 주장, 즉 그리스도 안에서 우리가 세상의 참된 이야기를 안다는 것은 문화의 공적 삶을 형성하는 "다른 교리"와 직접적으로 충돌한다. 복음에 신실한 교회는 "필연적으로 동시대의 문화와 충돌해야 한다. 그것은 우리의 문화가 작동하는 '신뢰의 틀' 전체에 도전해야 한다."[33] 이것은 교회가 신실할 때 세상에서 계속 겪게 되는 경험이다. 만약 교회가 자신의 증언하는 정체성에 참될 때, 모든 장소와 시간

---

32 Lesslie Newbigin, "The Gospel and Modern Western Culture", unpublished article, Newbigin Archives, University of Birmingham (n.d.), p. 13.
33 Newbigin, *Other Side of 1984*, p. 53.

에서 교회의 성패가 달린 것은 다름 아니라 "궁극적인 헌신들의 충돌"이다.[34]

선교적 만남이라는 개념으로 뉴비긴이 대응하려고 하는 것은 서구 교회의 뿌리 깊은 혼합주의로, 그것은 문화적 이야기 안에 그저 복음을 위한 작은 "종교적" 공간을 만들어 내려고 노력해 왔다. 슬픈 현실은, 이런 일이 일어날 때 교회가 자신의 메시지를 문화적 이야기에 맞게 재단함으로써 문화적 이야기의 우상들과 화해해 왔다는 점이다. 서구 교회는 "우리가 공유한 실존의 모든 부분에서 우리가 들이마시는 추정들과 기독교적 시각 사이의 모순이 얼마나 근본적인지 깨닫는 데 전반적으로 실패했다."[35] 뉴비긴은 자신이 그랬던 것처럼 어떻게든 교회를 깨워서, 삶에 대한 문화적 시각과 복음 사이의 이 근본적인 모순을 새롭게 보게 하기를 원했다.

이 충돌은 단순히 상이한 세계관이나 또는 삶의 철학의 문제가 아니다. 종교적인 또는 영적인 차원이 있는데, 바로 우상숭배다. 뉴비긴은 바울의 용어 "권세들"[36]을 사용함으로써 우리에게 이 사실에

---

34 Newbigin, *Open Secret*, p. 154.
35 Lesslie Newbigin, "Evangelism in the City", *Reformed Review* 41 (Autumn 1987): p. 4.
36 권세들에 대한 뉴비긴의 견해는 혼란스럽고 해명을 필요로 하며, 그 자신도 이를 인식했다. 참고. Al Wolters, "Creation and the 'Powers': A Dialogue with Lesslie Newbigin", *Trinity Journal for Theology and Ministry* 4, no. 2 (Fall 2010): pp. 85-98 (special issue, "The Gospel in the Public Square: Essays by and in Honor of Lesslie Newbigin"). 월터스의 관점에 대해 뉴비긴은 다음과 같이 말한다. "여기서 내가 말해야만 하는 것은, 그의 비판들이 엄청난 무게를 갖는다는 점이다. 그가 나의 성경 주해 및 나의 논증의 내적 일관성과 관련해 취약성을 지적하는 것은 옳다. 나는 뭔가 진정으로 다시 사유할 필요가 있다고 고백해야만 한다." 하지만 그가 이어서 말하는 바에 따르면, 그는 "월터스가 인정하는 것보다 더 많은 것이 나의 논증에 있다"고 믿는다. 참고. Lesslie Newbigin, "Response to the

대해 경고한다. 우상숭배는 영적 권세들에게 발판을 마련해 주며, 이 권세들은 그리스도의 승리를 순순히 받아들이지 않는다. 권세들은 기존의 우상숭배가 삶을 독점적으로 지배하는 시각이 되고 또 계속 그렇게 남아 있도록 하기 위해 언제나 분투할 것이다. 따라서, 만약 교회가 복음에 신실하다면, 그 충돌은 "고통스러운 긴장"을 가져올 것이다.[37] 이것은 "세상에 있는 교회의 삶의 본질에 속한다."[38]

뉴비긴은 이 고통스러운 긴장을 인도에서 겪은 이야기로 설명한다. 그는 한 마을에 있는 교회의 구성원 전체가 같은 카스트 출신이었던 상황을 묘사한다. 이런 상황에서는, 그가 말하는 바에 따르면, 교회가 하나님의 새로운 인류인 자신의 역할을 이해하고 옛 공동체의 가정들에 도전하기란 어려운 일이다. 카스트 제도 안에서 계속 삶을 사는 것이 쉬운 일이다. "하지만 결국 교회는 전적으로 새로운 종류의 공동체로서 공동체의 옛 형식들에 도전해야 하고, 고통스러운 긴장이 시작된다. 그런 긴장을 시작하는 것은 교회의 선교의 일부다. 교회는 모든 친족 관계를 부정하면서 절연하려고 한다거나, 혹은 그것들에 굴복하고 지배력을 행사하도록 허용한다거나 하는 방식으로 그 긴장을 회피해서는 안 된다. 교회는 자신의 특징을 어떤 전적으로 다

Colloquium by Bishop Lesslie Newbigin", unpublished response to Leeds Colloquium (June, 1996), pp. 6-7.
37 Lesslie Newbigin, *A South India Diary* (London: SCM, 1951), p. 49.
38 Lesslie Newbigin, "The Bible Study Lectures", in *Digest of the Proceedings of the Ninth Meeting of the Consultation on Church Union (COCU)*, ed. Paul A. Crow (Princeton: COCU, 1970), p. 202.

른 질서로 분명히 보여 주어야 한다."[39] 교회는, "전적으로 새로운 종류의 공동체"로서, 자신의 삶으로 카스트라는 우상숭배적인 사회 구조에 도전해야 한다. 아주 당연하게도 고통스러운 긴장이 일어날 것이고, 혼합주의나 물러남으로 그것을 회피할 수는 없다. 그리고 뉴비긴은 이것이 교회의 선교에 본질적인 차원임을 분명히 한다. 그것을 회피하는 것은 우리의 선교적 소명을 살아 내는 데 실패하는 것이다.

우리가 이 이야기를 들으면서 주의할 것은, 특히 우리가 서구 출신이라면, 이 문제를 단지 비서구의 문화에 국한하지 않아야 한다는 점이다. 다른 이들 안에 있는 우상숭배를 발견하는 것은 언제나 더 쉽다. 인도 출신이 아닌 독자들은 쉽게 고개를 끄덕이고 동의하면서도, 뉴비긴이 여기서 서술하는 것이 교회의 보편적인 경험이라는 사실을 놓칠 수 있다. 모든 곳의 신자들은, 만약 그들이 신실하다면, 고통스러운 긴장을 경험할 것이다. 우리는 카스트 제도의 우상숭배를 보겠지만, 우리 자신의 우상숭배를 보는 눈이 우리에게 있는가? 모든 곳의 교회들은 우리 문화의 우상숭배적인 사회·경제·정치 구조는 무엇인지, 끊임없이 질문해야 한다.

다른 예에서, 뉴비긴은 이 고통스러운 긴장을 "세속적-사도적 딜레마"라는 용어로 묘사한다.[40] 교육에 대한 글에서 그가 고심하는 질문은, 인간의 삶의 목적에 대한 두 가지 다른 시각에 근거해 교육에

---

39 Newbigin, *South India Diary*, p. 49.
40 Lesslie Newbigin, "The Secular-Apostolic Dilemma", in *Not without a Compass: Jesuit Education Association Seminar on Christian Education in India Today*, ed. T. Mathias (New Delhi: Jesuit Educational Association of India, 1972), pp. 72-78.

대한 두 가지 다른 이해가 있을 때, 어떻게 그리스도인들이 공적 교육 체계에 관여할 수 있는가 하는 것이다. 세속적 국가는 교육이 그들의 공적 교리에 근거한 국익의 목적과 함께하도록 명령한다. 하지만 교육 제도에 대한 그들의 "세속적" 관여는 복음에 신실하도록 하는 그들의 "사도적" 부르심과 긴장을 일으킬 것이다. 어떻게 그리스도인들이 공적 교육의 우상숭배적인 목적을 따를 수 있겠는가?

이런 고통스러운 긴장 가운데서의 신실함은 고난을 가져올 수 있다. 고난이 오는 것은 우리가 예수를 따르기 때문인데, 그의 하나님 나라 메시지는 반대하는 모든 권세에게 도전하는 것이었다. "그의 사역은 개별적인 남자와 여자를 인격적이고 값비싼 제자도로 부르는 것을 수반했지만, 동시에 그것은 이 세상의 지배자들인 통치자들과 권세들에게 도전했으며, 십자가는 그 도전을 위해 지불된 대가였다. 오늘날 그리스도인의 제자도가 그보다 덜한 것을 의미할 수는 없다."[41] 만약 교회가 우상숭배적인 문화와의 선교적 만남에서 예수를 따른다면, 고난은 불가피하다.

어떤 종류의 공통된 믿음과 관습에 기초하지 않는다면 인간 사회는 결집할 수 없다. 일단 어느 선을 넘을 때 자기방어로 반응하지 않으면서 이런 믿음과 관습이 위협을 받도록 허용하는 사회는 없다. 우리가 어떤 중립적인 세속 정치 체제, 즉 종교적이거나 이념적인 믿음을 전제하지 않으며 다수의 종교들이 서로 경쟁하도록 사태를 관망하

---

41 Newbigin, *Gospel in a Pluralist Society*, p. 220.

는 것을 기대할 수 있어야 한다는 발상은 어떤 적절한 근거도 없다. 신약성경이 분명히 하는 것은, 그리스도를 따르는 이들이 고난을 자신들의 제자도의 정상적인 증표로, 그리고 그들의 증언들이 갖는 특징적인 형태들 가운데 하나로 예상해야 한다는 점이다.[42]

뉴비긴은 자신이 마두라이에서 주교로 있는 동안 그 고통스러운 긴장와 고난에 대한 자신의 견해를 중요하게 형성한 이야기를 말한다.[43] 독립 후에 인도 정부는 모든 초등학교를 간디의 교육 모델로 전환하도록 지시했는데, 그것은 힌두교의 혼합주의가 프로그램 안에 들어 있는 것이었다. 한 마을 청년은 마두라이에서 교직에 있었고, 그가 순응하고 자신의 신앙을 타협하는 것을 거부했기 때문에 교사 자격증을 잃었다. 뉴비긴이 전하는 바에 따르면, "자신의 신앙을 타협하기보다는 교사 자격증을 기꺼이 잃고자 한 마을 청년의 값비싼 증언은 그 학교 전체를 너무나 강력하게 흔들어서, 나는 곧 대학 캠퍼스 안에서 학생들에게 세례를 주게 되었다."[44] 이 사건은 뉴비긴으로 하여금 세 가지 사실에 대해 확신하게 했다. 즉 복음이 문화와 공적 기관을 형성하는 지배적인 교리와 양립할 수 없다는 것, 신실한 증언을 위해 종종 치러야 하는 고난이라는 대가, 그리고 고난이 다른

42　Lesslie Newbigin, *Trinitarian Doctrine for Today's Mission* (1963; repr., Carlisle, UK: Paternoster, 1998), p. 46.
43　Newbigin, *South India Diary*, pp. 90-93, 115.
44　Lesslie Newbigin, *Unfinished Agenda: An Updated Autobiography* (Edinburgh: Saint Andrew Press, 1993), p. 120.

이들을 그리스도께 이끄는 능력을 가질 수 있다는 것이다.

선교적 만남의 본질에 대한 네 번째 핵심은, 고통스러운 긴장이 교회의 삶 자체에, 그 교회가 두 이야기 모두에서 살아가는 동안 나타난다는 점이다. 우리는 우리 문화의 가장 깊은 믿음이, 복음과 마찬가지로, 종교적이고 포괄적이라는 것을 보았다. 하지만 그것들은 또한 공동체적으로 유지된다. 개인적인 통찰력의 산물이 아니고, 또한 특정한 개인들에게만 고유한 세계관들도 아니다. 오히려, 종교적 시각은 시간을 두고 공동체 안에서 함께하는 인간 삶의 산물이다. 세계관들은 공유되며, 또한 그것들은 공통의 언어로 표현되고 한 세대에서 다음 세대로 전수된다. 관습, 제도, 실천, 상징 등으로 공유된 삶의 방식들에서 구현되는 것이다.

뉴비긴은 "타당성 구조"(plausibility structures)를 말한다. 이것은 인간이 문화를 형성하고 건설하는 과정을 가리키는데, 여기서 문화는 세상에 대한 인간의 가장 깊은 믿음을 표현하고 구현하는 것이다. 그리고 사람들이 그런 제도와 관습에 거주할 때, 그들은 다양한 문화적 산물들에 박혀 있는 삶의 방식과 믿음으로 사회화된다. 교회는 이 사회화 과정에서 예외가 아니다. 교회도 문화적 이야기와 삶의 방식에 거주한다. 교회가 문화적 제도, 관습, 실천에 거주할 때, 그것들 안에 박혀 있는 믿음은 타당성 있게 된다. 교회는 문화적 삶의 방식에 엮여 있는 근본적 믿음을 내면화하면서 그것들을 의문시하는 것을 어렵다고 여긴다.

교회는 이런 문화적 이야기에 거주하는 공동체다. 그러나 또한 교회는 성경에서 말해진 다른 양립할 수 없는 이야기 속에서 살도록 부르심을 받은 공동체다. 그들이 복음을 붙들 때, 그들은 문화에서 자신들을 뽑아내지 않고 다만 그것을 자신들이 아는 문화적 형태로 구현하고 표현한다. 이것이 교회의 삶의 가장 중심에 고통스러운 긴장을 일으킨다.

이것은 뉴비긴이 복음과 문화 사이의 관계의 본질에 대한 중요한 통찰에 이르게 한다. 뉴비긴은 복음이 문화에 대해 갖는 관계를 질문하는 방식으로 이미 우리가 "의식하지 못한 재앙 같은 이원론"을 암시하지는 않았는지 묻는다. 우리는 **복음과 문화**의 질문을 다루면서 "마치 그것이 두 개의 완전히 별개인 것들, 즉 현실에서 유리된 메시지와 역사적으로 제약이 있는 사회적 삶의 방식이 만나는 문제인 듯" 다룬다는 것이다. 복음은 "모든 인간적인 문화의 요소들이 살균된 천상의 무엇"이 아니다.[45] 그것은 언제나 성육신해서 특정한 문화의 생활방식과 양식들로 표현된다. 교회가 복음을 받아들일 때 어떻게든 문화를 초월하지는 않는다. 교회는 문화적 공동체의 구성원으로서 같은 삶과 신념을 공유하는 것이다. 다른 말로 하면, 복음은 언제나 문화적 신념과 함께 흐르면서 교회의 삶에서 만난다. 복음이나 문화 그 어떤 것도 추상적으로—"저기 바깥에"—존재하지 않는다. 교회는 두 이야기를 모두 살아가는 공동체다. 태어날 때부터 문화적 이야기를 듣고 사회화되며, 그런 다음에는 제자도와 형성이라는 고된 노력을 통해 성경 이야기를 다시 듣고 다시 사회화되는 것이다. 그러므로 복음과 문화가 만나는 일은 바로 교회의 삶 자체 안에서,

---

45 Newbigin, *Gospel in a Pluralist Society*, p. 188.

그리고 모든 신자의 마음속에서 일어난다. 고통스러운 긴장은 문화의 한가운데 있는 교회의 삶의 본질이다. 그것은 양립할 수 없는 두 이야기를 구현하는 두 공동체에서 살아가는 것의 불가피한 결과다.

선교적 만남에 대한 마지막 핵심은, "선교적"이라는 용어가 이 만남을 한정한다는 것이다. 우리가 지금까지는 단순히 만남을 묘사했지만, 그것은 항상 "선교적"이라는 용어에 의해 한정된다. 이 한정하는 형용사로 뉴비긴이 의미하는 것은 무엇인가? 이슬람도 역시 두 개의 동등하게 종교적이고 포괄적이고 또 공동체적으로 구현된 삶의 전망과 방식 사이의 만남이라는 개념을 이해한다. 유감스럽게도, 아마도 많은 무슬림이 이 사실을 대부분의 그리스도인보다 더 잘 이해할 것이다. 그러나 기독교 신앙에서의 만남은 이슬람의 그것과 다르며, 또한 "선교적"이라는 단어는 그 차이를 정확히 집어내는 데 도움이 된다.

"선교적"이라는 말은, 첫째, 복음이 세상의 모든 문화로 번역될 수 있다는 사실을 가리킨다. 복음은 다른 전망의 모든 요소를 완전히 대체해야 하는 식으로 포괄적인 시각과 삶의 방식이 아니다. 복음과 문화 사이에 "근본적인 불연속성", 심지어 "근본적인 모순"이 있기는 하지만, "총체적인 불연속성"이란 없다.[46] 물론 이것은 이슬람과 다른 점이다. 코란은 어떤 다른 언어로도 번역될 수 없다. 모든 번역은 해석으로 불린다. 더 나아가, 포괄적인 샤리아 율법에 표현된 사회·정치·경제의 전망과 삶의 방식은 모든 다른 경쟁자들을 대체해야 한다.

---

46 Newbigin, *The Finality of Christ*, p. 59; Newbigin, "Evangelism in the City", p. 4.

또한, 복음의 포괄적인 전망에 대한 증언은 비강제적이다. 우리의 증언은 성령의 능력 가운데 이루어져야 하며, 강요에 의해 회심하도록 사람들을 강제할 어떤 강압적인 수단으로 이루어져서는 안 된다. 복음은 자유롭게 받아들어져야 하고, 반응할 수 있는 여유가 주어져야 한다. 증언의 거부와 고난은 예상될 수 있는 것이며, 그런 상황이 오면 받아들여야 한다. 증언은 겉으로 보기에 약한 공동체의 호소력 있는 삶·행위·말이어야 하며, 강자의 압박 전술이어서는 안 된다. 궁극적으로, 복음에 대한 증언은 성령의 사역이어야 한다. 이슬람에서는 역사의 목표가 역사 안에서의 승리이기 때문에, 무슬림 선교는 마지막을 알리기 위해 강압적인 수단을 사용할 수 있고 심지어 그래야만 한다. 유일한 질문은 그런 강압이 어디까지 갈 수 있는지, 폭력을 포함하는지에 있다.

"선교적"은 또 하나를 가리킨다. 교회가 강압을 사용하지 않을지라도, 이는 그 메시지의 진리에 대한 약화된 헌신을 암시하지 않는다는 점이다. 사실은 전혀 반대다. 본질상 선교적 증언의 지지자들은 자신들이 전하는 메시지가 보편적으로 타당하며 따라서 모든 사람에게 알려져야 한다고 믿는다. 따라서, 교회는 그 어떤 압박 전술을 사용하지 않으면서도, 그 진리에 대해 그리고 그리스도가 다시 오실 때 있을 궁극적인 복음의 승리에 대해 변함없고 확고한 헌신을 계속 지킨다. 염려하지 않고 기뻐하는 증인은 결과를 하나님의 손에 맡길 것이다. 증인은 복음의 진리에 대한 겸손하면서도 담대한 확신을 가질 것이다. 그것은 하나님의 일하심에 대한 신뢰를 수반할 것인데, 이는 예수의 고난당하는 사랑의 길을 따른다.

세상을 위한, 세상에 반대하는 교회

만약 선교적 만남이 있다면, 어떻게 복음이 삶의 방식으로 번역되면서도 모든 것을 아우르는 강력한 요구들을 타협하는 일이 없이 그렇게 될 수 있는가? 또는, 교회의 선교라는 관점에서 이 사안에 접근하자면, 어떻게 교회는 다른 주들이 다스리는 특정한 장소에서 교회의 삶·행위·말을 통해 모든 문화적 삶에 대한 그리스도의 주되심을 신실하게 증언할 수 있는가? 뉴비긴은 교회의 선교적 소명의 관점에서 이 질문들에 접근한다. 교회가 선교적 만남의 문제로 씨름하는 것은 바로, 그렇게 해서 교회가 특정한 장소에서 살고 있는 사람들에게 그리스도의 부르심을 중재하는 자신의 소명을 신실하게 수행할 수 있기 위함이다. 그의 주장에 따르면, "회중의 전체 실존은 그 장소에 있는 사람들에게 그리스도의 부르심을 중재하는 것이어야 한다. 그 부르심은 지금 그대로의 그들에게 말씀하시지만, 그들이 —그리스도 안에서— 하나님의 새로운 피조물이 되도록 부르시기 위해 지금 그대로의 그들로부터 불러내신다."[47] 그리스도의 부르심은 그들의 문화적 정체성을 긍정하신다. 지금 그대로의 그들에게 말씀하시는 것이다. 그러나 그리스도의 부르심은 또한 그들의 문화적 정체성을 부정하신다. 지금 그대로의 그들로부터 불러내셔서 하나님의 새로운 피조물이 되도록 하시는 것이다. 이것은 다음의 질문을 제기한다. 어떻게 교

---

47 Lesslie Newbigin, "What Is 'a Local Church Truly United'?", *Ecumenical Review* 29 (1977): p. 120.

회는 복음을 특정한 문화로 옮기면서, 그 맥락 속에서 그리스도의 부르심을 신실하게 중재하는 방식으로 그렇게 할 수 있을 것인가?

결정하는 기준으로서의 십자가와 부활

문화에서의 신실한 증언을 위한 출발점은 예수 그리스도의 십자가와 부활이다. 이 사건들이 선교적 교회의 삶을 위한 패턴을 형성한다.[48] 교회는 그리스도가 세상을 위하신 것과 같은 방식으로 세상을 위한 것이어야 하지만, 또한 교회는 그리스도가 세상에 반대하신 것과 같은 방식으로 세상에 반대해야 한다. 그리스도가 세상에 대해 가지시는 관계가 결정하는 기준이 되어야 한다. 그리고 이것은 십자가와 부활에서 가장 분명히 보인다. "십자가는 어떤 의미에서 세상과 전적으로 동일시하는 행위다. 그러나 다른 의미에서 그것은 근본적으로 분리하는 행위다. 그것은 동시에 둘 다인 것이다."[49] 연대와 분리는 둘 다 "세상 속에 있는 교회의 삶의 본질에" 속한다.[50] 그리고 그렇게, 자신의 주님을 따라서, 교회는 세상에 반대하고 또 세상을 위해야 한다.

앞에서 우리가 지적한 뉴비긴의 관찰에 따르면, 성경은 "세상"을 두 개의 다른 의미로 사용한다. 즉 세상은 하나님의 선한 창조로서 인간 문화에서 발전한 것이며, 또한 세상은 인간 문화로서 우상숭배

---

48 Lesslie Newbigin, "Bible Study Lectures", p. 195.
49 Lesslie Newbigin, *The Good Shepherd: Meditations on Christian Ministry in Today's World* (Grand Rapids: Eerdmans, 1977), p. 98.
50 Newbigin, "Bible Study Lectures", p. 202.

에 의해 왜곡된 것이다. 십자가는 우상숭배적인 형태를 부정하고, 부활은 선한 창조를 긍정한다. "사회가 예수의 십자가 죽음과 부활을 궁극적인 준거 기준으로 받아들인다면, 말뿐 아니라 삶의 양식 전체가 십자가에서 드러난 세상에 대한 근본적인 반대를, 그리고 동시에 부활에 의해 가능하게 된 세상에 대한 그런 긍정을 전달하는 사회가 되어야 한다."[51]

그러므로 그리스도의 부르심을 신실하게 중재하기 위해, 교회는 자신이 처한 문화에 대해 이중의 자세를 취해야 한다. 한편으로 교회는 문화와 동일시하면서 그 문화와 연대 가운데 살아가고 또 긍정하면서, 익숙한 용어와 형태로 부르심을 중재할 것이다. 다른 한편으로 교회는 문화와 분리되어 그 문화의 우상숭배에 반대하며 살고 또 거절하면서, 회개와 회심으로 도전하는 부르심을 중재할 것이다. 이 이중의 입장에서 어느 한 쪽이라도 잃는다면 교회의 증언을 타협하게 될 것이다. 우리는 이 이중의 지향을 좀더 살필 필요가 있다.

신실한 증언을 위한 이중의 자세

뉴비긴은 긍정으로 시작한다. 교회는 세상을 위한 것이다.[52] 교회가 사랑하고 동일시하는 문화는 하나님의 선한 창조에 있는 삶의 충만함을 왜곡하는 우상숭배에 반대하는 문화이기 때문이다. 교회가 세상에 반대하는 것은, 바로 교회가 그 세상을 위한 것이기 때문이다.

---

51 Lesslie Newbigin, "Stewardship, Mission, and Development" (address, Annual Stewardship Conference of the British Council of Churches, Stanwick, 1970), p. 6.
52 Newbigin, *Word in Season*, pp. 53-54.

출발점은 하나님이 자신의 피조물에 대해 가지시는 사랑과 신실함이며, 이것이 그분을 따르는 이들에게 출발점이어야 한다. 하나님이 자신의 피조물과 인간 문화를 사랑하시기 때문에, 그분은 그것을 타락시키고 거주민들의 삶을 망치는 죄를 미워하신다.

선교적 교회가 이런 긍정과 연대의 입장을 취해야 하는 이유는, 창조가 매우 좋은 것이라는 고백 때문이다. 이것은 인간의 문화적 발전을 그 선한 창조의 부분으로 포함한다. 뉴비긴은 선한 창조와 악의 왜곡 사이를 구분한다. "세상은 그 자체로 악하지 않으나, 악한 권세 아래에 있다."[53] 죄는 그 범위에서 만연해 있으며, 인간 문화의 모든 부분을 오염시킨다. 그러나 창조와 문화적 발전은 여전히 선하다. 따라서 교회는 자신의 문화적 배경에서 편안함을 누려야 하며, 또한 모두의 번영을 위해 문화를 발전시키는 일에 참여해야 한다. 그것이 인간으로 존재한다는 것의 의미다. 역사가 드러낸 창조된 선의 모든 것이 긍정되어야 한다.

문화의 창조적 선에 대한 긍정은 교회가 자신이 처한 문화와 완전히 동일시하고 연대하는 것으로 이어질 것이다. 교회는 그 문화의 언어·관습·상징·제도·체제를 채택할 것이다. 그렇게 해서 그 좋은 소식은 이해할 수 있고 익숙한 패턴으로 구현되고 전달될 수 있을

---

53 Lesslie Newbigin, "Bible Studies on John 17: Just Who Is the Enemy?", *Lutheran Standard* (*USA*), May 2, 1967, p. 12; Lesslie Newbigin, "What Is a 'Local Church Truly United'?", in *In Each Place: Towards a Fellowship of Local Churches Truly United*, ed. J. E. L. Newbigin (Geneva: World Council of Churches, 1977), p. 119.

것이다.⁵⁴

교회가 취해야 할 태도의 다른 측면은, 교회가 세상에 반대한다는 것이다. 교회는 자신이 처한 문화에서 편안함을 누릴 뿐 아니라, 또한 세상과 불화한다. 교회는 문화적 발전에 참여할 뿐 아니라, 또한 회개와 회심을 요구한다. 세상과의 동일시뿐 아니라, 또한 세상과 근본적으로 의견을 달리해야 한다. 그 이유는 죄와 우상숭배가 세상의 모든 측면을 일그러뜨렸기 때문이다. 복음은 예와 아니요-구원의 말씀과 심판의 말씀-둘 다인 것이다. 그리고 둘 다 동시에 문화의 모든 부분에 있다.

뉴비긴은 교회의 입장의 이 측면에 대해 강력하게 그리고 자주 말한다. 그는 교회를 "동의하지 않는 내세성"이라는 용어로, 그리고 "구별하는 비순응주의자들"로 말한다.⁵⁵ 우리는 세상과의 갈등, 모순, 근본적인 불연속성의 관계로 "근본적인 반대자들",⁵⁶ "근본적인 비판자들과 부적응자들"이 되어야 한다.⁵⁷ "교회가 살아가는 신앙과 세상의 생각 사이에는 극명한 대조가 있다."⁵⁸

그러므로 기독교 교회는 자신이 처한 문화에서 소수 집단으로 살아가면서, "누구도 의문을 품지 않는 것들에 의문을 제기한다." 교회

---

54 Newbigin, *Gospel in a Pluralist Society*, p. 141.
55 Lesslie Newbigin, *Behold, I Make All Things New* (Madras: Christian Literature Society, 1968), p. 26.
56 Newbigin, "Stewardship, Mission, and Development", p. 6.
57 Newbigin, *Behold, I Make All Things New*, p. 26.
58 Lesslie Newbigin, "Bible Studies Given at the National Christian Council Triennial Assembly, Shillong", *National Christian Council Review* 88 (1968): p. 13.

는 다른 이야기—참된 이야기—를 제공하는데, 그것은 세상을 이해하고 그 안에서 살아가는 더 합리적이고 포괄적인 방식을 갖고 있다. 우리는 "다른 신뢰의 틀"에서 살아가는데, 그것은 "우리의 문화에서 지배적인 틀에 대한 대안이다." 우리의 삶과 말은 이웃을 회심—관점에서의 근본적인 변화—으로 부른다. 누구도 의문을 품지 않는 것에 의문을 제기하고 다른 이들을 이 대안적인 이야기로 초청하는 것은 "받아들여진 틀에 감히 도전하는 외국 선교사의 대담함"을 필요로 하는데, "심지어 그가 사용하는 말이 그 틀 안에서 사는 사람들에게는 불가피하게 터무니없는 것으로 들릴 것이 틀림없음에도" 그렇게 하는 것이다.[59] 따라서 우리의 삶과 메시지는 친숙할 것이지만 또한 터무니없는 것으로 보일 것이다.

우리는 뉴비긴이 연대와 긍정으로 시작한다는 점을 지적했다. 그러나 또한 그가 분리와 거절—세상에 반대하는 교회—에 대해 더 자주 말한다는 것도 사실이다. 이것은 일부가 뉴비긴의 사상을 대항문화적인, 혹은 심지어 반문화적인 것으로 특징짓게 했다.[60] 그러나 뉴비긴은 깊이 맥락적인 사상가였다. 그가 마주한 문제들은 교회가 문화에 근본적으로 동의하지 않음을 강조할 것을 요구했다. 우리는 특

---

59 Newbigin, *Open Secret*, p. 112.
60 참고. Stephen B. Bevans, *Models of Contextual Theology*, rev. ed. (Maryknoll, NY: Orbis, 2002), pp. 117-137; Sander Griffioen, "Newbigin's Philosophy of Culture", trans. Al Wolters, *Trinity Journal for Theology and Ministry* 4, no. 2 (Fall 2010): pp. 99-111 (special issue, "The Gospel in the Public Square: Essays by and in Honor of Lesslie Newbigin"). 나는 이런 비난에 대해 Michael W. Goheen, "Is Lesslie Newbigin's Model of Contextualization Anticultural?", *Mission Studies* 19, no. 1 (2002): pp. 136-156에서 응답한 바 있다.

히 이 사실을 두 곳에서 본다. 즉 그가 세계교회협의회에 관여했을 때, 그리고 그가 자신의 "선교와 서구 문화"(Mission and Western Culture) 프로젝트를 발전시킬 때였다. 그는 세계교회협의회가 종종 문화와 동일시하면서 복음에서 이탈할 정도에 이른다고 여겼다. 그는 또한 서구 교회가 혼합주의의 진전된 사례라고 믿었다. 둘 다 "우리의 공유된 실재의 모든 부분으로부터 우리가 들이마시는 가정들과 기독교적 시각 사이에 있는 모순이 얼마나 근본적인지 깨닫는 데 실패했다."[61] 둘 다 그가 문화적 관여의 부정적이고 반립적인 측면을 강조하도록 이끌었다. 만약 아주 덩치가 큰 사람이 시소의 한 쪽에 앉아 있다면, 다른 쪽으로 오를 때는 아주 강하게 뛰는 것이 필요할 것이다. 그리고 이것이 바로 뉴비긴이 하고 있는 일이다. 문화의 우상숭배에 반대하는 쪽으로 강하게 뛰어오르는 것이다.

문화적 우상숭배의 거부는 교회를 그 문화로부터의 근본적인 분리와 반대로 이끌 것이다. 교회가 그 문화를 사랑하고 동일시한다는 바로 그 이유 때문에, 인간의 삶이 번영하는 것을 파괴하는 우상숭배에 반대할 것이다. 심지어 교회가 그 문화의 언어·관습·상징·기관·제도를 채택할지라도, 그것의 우상숭배적인 형태에 대해서는 아주 비판적으로 인식하며 그렇게 할 것이다. 좋은 소식이 비록 필연적으로 이해할 수 있으며 친숙한 양식들로 구현되고 전달될 때라도, 언제나 회개와 회심을 요청할 것이다. 언젠가 새 창조를 가득 채울 새로운 인류에 참여하라는 초청이 있을 것이다. 이것은 문화를 거부하라는 요청이

---

61 Newbigin, "Evangelism in the City", p. 4.

아니라, 그곳이 마땅히 되어야 할 것에 대한 징표를 구현하라는 요청이다.

이제 생기는 질문은, 뉴비긴이 단지 한 입으로 모순이 되는 말을 하고 있는가 하는 것이다. 우리 앞에 실제로 있는 것은 동일시와 반대, 긍정과 거부, 예와 아니요, 친숙함과 부조화 사이에 있는 노골적인 모순이 아닌가? 뉴비긴은 이 고통스러운 긴장을 "전복적인 성취"(subversive fulfillment)와 "도전하는 적실성"(challenging relevance)이라는 개념들로 해소한다. 하지만 그런 용어들에 대해 논의하기 전에, 우리는 고통스러운 긴장을 회피하는 방식으로 뉴비긴이 거부했던 두 가지를 간략히 언급하겠다.

고통스러운 긴장을 회피하기

종종 뉴비긴은 고통스러운 긴장을 회피하는 두 가지 방식을 대조하는데, 바로 비적실성과 혼합주의다.[62] 교차 문화적인 선교사였던 그의 경험은 두 가지의 정반대 위험, 즉 스킬라와 카리브디스가 언제나 있어서 그 사이로 빠져나가야 한다는 것을 배우게 했다. 한편으로 우상숭배적인 문화에 대한 두려움이 있다. 이것은 문화에서 물러나 게토로 들어가는 시도로 이어진다. 다른 장소나 다른 시대에서 기원하는, 신실한 것으로 여겨지는 다른 형태로 물러날 수 있을 것이다. 그렇게 해서 복음은 적실성 없는 것이 되고, 교회의 증언은 전복된다. 교회가 복음을 문화의 우상숭배적인 힘으로부터 보호하기 위해 다

---

62 Newbigin, *Word in Season*, p. 67; Newbigin, *Foolishness to the Greeks*, p. 7.

른 시대로 냉동 보존하거나 다른 장소로 옮기고자 시도할 때, 그것은 석화된 화석, 즉 다른 시대에서 온 죽은 잔재가 된다. 다른 한편으로, 문화와 동일시해서 교회가 무비판적으로 문화의 우상들을 취하는 결과에 이르는 시도가 있다. 교회는 문화적 이야기에 의해 흡수되고 길들여진다. 이것이 혼합주의이고, 이것도 역시 신실한 증언의 전복으로 이어진다. 이것은 그 주변의 색깔을 취하는 카멜레온이나, 조류에 의해 이리저리 움직이는 해파리의 삶이다.[63]

뉴비긴이 믿었던 바에 따르면, 복음주의 전통은 복음의 진리를 지키는 데 바르게 관심을 기울일 때는 첫째 위험과 닮았다. 그것은 무익하고 역겨운 분파주의로 결국 끝나는데, 이는 문화를 의도적으로 멀리하고 종종 문화와 논쟁적인 대립을 벌이는 가운데 사는 것이다. 복음주의자들은 다른 시대로부터의 신학과 형식들을 고수함으로써 신실하고자 노력한다. 그들에게 있는 것은 연대 없는 분리다. 초교파주의 전통은 둘째 위험에 의해 위협을 받는다. 초교파주의 전통의 그리스도인들은 인류의 분투에 공감하고 또 동일시하려는 진정한 관심에 의해 동기가 부여되어, 세상의 필요에 적실성이 있고 세상을 세상의 방식대로 만나고자 노력한다. 그들에게 있는 것은 분리 없는 연대로서, 그것은 "배교의 순간, 혹은 그에 근접한 것"으로 귀결된다.[64]

---

63 Lesslie Newbigin, *The Reunion of the Church: A Defence of the South India Scheme* (London: SCM, 1948), p. 142. 뉴비긴은 "해파리"와 "석화된 화석"에 대해 말한다. 카멜레온의 이미지는 다음의 책에서 가져온 것이다. Jürgen Moltmann, *The Experiment Hope*, trans. M. Douglas Meeks (Philadelphia: Fortress, 1975), p. 3.
64 Newbigin, "Bible Studies on John 17: Just Who Is the Enemy?", p. 12.

하지만, 현실에서는, 물러나는 것은 불가능하다. 사람은 문화에서 벗어날 수 없다. 따라서 물러나려는 시도는 단지 삶의 특정한 좁은 영역들에서만 일어날 것이다. 나머지 부분은 혼합주의에 취약할 것이다. 이것은 뉴비긴의 복음주의 분석에서 충분히 분명히 나타난다. 뉴비긴은 그들의 역겨운 분파주의와 비적실성에 대해 비판하는 한편, 또한 기독교 신앙에 대한 그들의 접근을 다양한 방식으로 혼합주의적인 것으로 해석한다. 아주 흔히, 예를 들어, 뉴비긴은 복음주의 전통과 초교파주의 전통 출신의 사람들을 사실-가치 이분법의 서로 다른 편에 둔다. 그런 경우에, 둘 다 계몽주의의 종교적 시각에 굴복한 것이다.

따라서 뉴비긴이 그의 평생에 걸쳐 가졌던 가장 큰 우려는, 고통스러운 긴장이 혼합주의의 측면에서 해소되는 것이었다. 즉 삶과 말로 문화의 우상숭배에 굴복하는 것이다. 그에게 "결정적인 질문"은, 우리가 참으로 한 부분이라고 생각하는 이야기는 무엇인가 하는 것이다. 그가 대답하는 바에 따르면, "만약 성경 이야기가 참으로 우리의 생각을 지배하는 것이 아니라면, 불가피하게 우리는 세상이 자신에 대해 말하는 이야기 속으로 휩쓸려 들어갈 것이다. 점차 우리는 우리 자신이 그 일부인 이교적인 세상으로부터 구분되지 않을 것이다."[65]

이런 혼합주의는 거의 항상 의식되지 않는다. 그리스도를 고백하는 것에는 보통 진정한 진실성이 있다. 하지만 사람이 천명하는 종

---

[65] Lesslie Newbigin, "Biblical Authority," unpublished article, Newbigin Archives, University of Birmingham (1997), p. 2.

교와 그의 진짜 종교 사이에는 차이가 있을 수 있다. 한 사람의 진짜 종교는 그가 천명하는 것과 상당히 다른 것일 수 있다. 누군가의 진짜 종교는 그의 생각과 행동의 모든 것에서 "궁극적으로 권위 있는" 것이다. 예를 들어, 만약 그리스도인들이 복음을 삶의 제한된 영역에 한정하고 현대의 과학적 세계관이 그들의 공적 삶의 나머지 부분을 형성하게 허용한다면, 그렇다면 그들의 진짜 종교는 그들이 천명하는 복음이 아니라 그들의 삶을 실제로 형성하는 문화적 세계관인 것이다. "이런 경우에 그리스도에 대한 헌신은 가장 중요한 '신화'에 대한 그 사람의 헌신에 의해 좌우될 것이며, 후자가 그의 진짜 종교일 것이다."[66] 이것이 그리스도인들이 혼합주의의 잠에서 깨어나 그들의 신앙에 없어서는 안 될 선교적 만남을 지향해야 하는 긴급한 이유들 중 하나다.

전복적인 성취와 도전하는 적실성

앞의 논의에 비추어 볼 때, 어떻게 우리는 양립할 수 없는 두 가지 이야기들 속에서 사는 것에서 발생하는 고통스러운 긴장 가운데 신실하게 살 것인가? 어떻게 교회는 세상을 위하면서 또한 세상에 반대할 수 있는가? 이 질문은, 만약 모든 문화적 산물과 제도가 창조적으로 선하면서 또한 우상숭배적으로 왜곡되어 있고 또 그 둘이 분리할 수 없게 얽혀 있다면 특히 긴급하다.

---

66 Newbigin, *Open Secret*, p. 161.

신실한 상황화는, 뉴비긴에게, "전복적인 성취"와 "도전하는 적실성"이라는 용어로 요약될 수 있다. 그는 "도전하는 적실성"이라는 용어를 노련한 인도 선교사인 알프레드 호그(Alfred Hogg)[67]에게서, 그리고 "전복적인 성취"는 그의 중요한 두 멘토인 헨드릭 크래머와 빌렘 비서트 후프트(Willem Visser 't Hooft)[68]에게서 차용했다. "도전하는"과 "적실성"의 연결은 뉴비긴이 친숙하고 적실성 있는 문화적 형태들을 사용하고 또 그 안에서 살면서, 동시에 그것들 안에 박혀 있는 우상숭배에 도전하는 방식을 찾고 있었음을 보여 준다. 전복적인 성취도 같은 것을 표현하고자 하는 시도다. 복음은 피조물의 열망이나 계획, 혹은 구조를 성취하지만, 그것을 왜곡한 우상숭배를 전복시킨다. 두 표현은 모두 모든 문화적 산물―언어, 제도, 관습 등―이 창조적인 구조와 또한 우상숭배적인 왜곡을 가지고 있음을 인정한다. 둘 다 창조적인 것은 고수하고 우상숭배적인 것은 거부하고자 한다.

두 가지의 성경의 예가 이것을 분명히 한다. 첫 번째이자 뉴비긴에게 아주 빈번히 본보기로 기능하는 것은 요한복음이 복음을 전달하는 방식이다. 요한은 그의 청중의 세계를 형성한 고전적 종교와 문

---

67 Alfred G. Hogg, *The Christian Message to the Hindu: Being the Duff Missionary Lectures for Nineteen Forty Five on the Challenge of the Gospel in India* (London: SCM, 1947), pp. 9-26.
68 크래머는 "전복적인 성취"라는 용어를 Hendrik Kraemer, "Continuity and Discontinuity", in *The Authority of Faith*, Madras Series 1 (New York: International Missionary Council, 1939), p. 4에서 사용한다. 크래머를 따르면서, 비서트 후프트는 "전복적인 적응"이라는 용어를 Willem A. Visser 't Hooft, "Accommodation: True and False", *South East Asia Journal of Theology* 8, no. 3 (January 1967): p. 13에서 사용한다. 참고. Lesslie Newbigin, "The Legacy of W. A. Visser 't Hooft", *International Bulletin of Missionary Research* 16, no. 2 (1992): p. 80.

화의 언어와 사유 형태들을 자유롭게 사용한다. 말씀-육신, 영-몸, 하늘-땅, 빛-어둠 등의 고전적 이원론은 모두 이교적 우상숭배의 산물이다. 그럼에도 요한은 이런 언어와 사유 방식들을 사용해서 그것들이 근본적인 질문과, 사실상 반박과 직면하게 한다. 예를 들어, 요한은 "태초에 '로고스'(logos)가 계셨다"는 선언으로 시작한다. 요한복음이 계속되면서 분명하게 되는 것은, '로고스'는 이교도 청중이 상정했을 것처럼 우주에 편만해서 그것에 의미와 질서를 부여하는 비인격적인 이성의 법칙이 아니라, 사람이신 예수 그리스도라는 점이다. 요한은 질서를 향한 고전적 열망을 발견하지만, 고전적 세계의 우상숭배적인 왜곡을 전복시키고, 도전하고, 반박한다. 뉴비긴이 쓴 글에 따르면, "나는 기독교 역사 전체에서 특정한 문화에 복음을 전달하는 일에서 가장 대담하고 가장 탁월한 글은 요한복음이라고 생각한다. 여기서 헬라 세계의 언어와 사유 형식들이 사용되는 방식은, 모든 시대의 영지주의자들이 이 책이 특히 자신들을 위해 쓰였다고 생각할 정도다. 하지만 성경 그 어디서도 하나님의 말씀과 인간 문화 사이의 절대적인 모순이 이보다 더 끔찍한 명료성으로 진술되지 않는다."[69]

한편으로, 요한은 세상의 질서와 의미의 기원을 알고자 하는 피조물의 열망을 받아들인다. 이 질문은 인간의 피조물적인 성질 자체에 내재적이다. 이 열망은 선하고 따라서 긍정될 수 있다. 그러나 그에 대해 주어지는 대답은 고전적 우상숭배에 의해 형성된 것이다.

---

69 Newbigin, *Foolishness to the Greeks*, p. 53.

'로고스'는 이교적 지성의 우상숭배적인 허구다. 따라서, 다른 한편으로, 요한은 헬라의 종교적 시각을 전복시키고 그것이 받아들인 합리성을 반박한다. 그는 이교적 대답에 도전하고 예수를 참된 근원으로 제시한다. 그 언어는 참된 창조적인 의도를 긍정하면서도 우상숭배를 씻어 낸, 세례를 받은 것이다. 예를 들어, '로고스'의 언어 혹은 영원한 생명은 활짝 열리고, 고전적·이교적 세계관의 틀에 의해 주어진 그 우상숭배가 비워지고, 새로운 의미로 채워진 것이다.

여기서 봐야 할 중요한 것은, 뉴비긴이 단지 언어적 전달을 위한 전략에 대해 말하고 있지 않다는 점이다. 오히려, 이런 전달 모델은 우리가 문화에 관련하는 모든 방식을 이해하는 하나의 방식이다. 언어는 더 깊은 종교적 믿음에 의해 형성된 문화적 형태들 가운데 단지 하나일 뿐이다. 우리는 이런 방식으로 문화 안에 있는 모든 제도와 구조—경제, 정치, 예술, 교육, 기술, 가정, 사법 등—를 다룬다. 우리는 창조적인 계획과 우상숭배적인 왜곡을 분별한다. 우리는 문화적 관습을 무정부주의의 방식으로 파괴하지 않는데, 왜냐하면 거기에 창조적인 선함이 있기 때문이다. 그렇다고 우리가 관습을 보수주의의 방식으로 유지하지도 않는데, 왜냐하면 그것은 죄악되게 뒤틀려 있기 때문이다. 오히려, 우리의 목표는 "그것들을 안에서부터 전복시키고 그렇게 해서 참된 주님에 대한 충성으로 돌아오게 하는 것이다." 이것이 바울이 로마의 다양한 문화적 형태와 구조를 다루는 방식이다. "구조는 단지 박살내야 하는 것이 아니다.⋯그것은 안에서부터 전복되어야 한다."[70]

뉴비긴이 이런 종류의 구분으로 공적 광장에서의 선교에 대한 다양한 쟁점에 접근하는 방식의 한 예는 권력에 대한, 특히 정치적 권력에 대한 그의 논의다. 처음으로 그가 이 쟁점을 논의한 것은 방콕 회의 이후인 1970년대였는데, 당시에는 압도적인 경제·정치·문화·교회 권력을 잡고 있던 이른바 제1세계에 대해 많은 공격이 있었다. 이런 거부는, 그가 믿기에는, 순진한 일종의 철학적 무정부주의이고 악으로서의 권력에 대한 영지주의적 거부였다. 모든 권력을 악으로 대하는 것은 선한 창조와 죄악된 타락을 구분하지 않는 마니교 이단에 빠지는 것이라고 말이다.[71] 하지만 뉴비긴에게 권력은 창조 세계의 선한 부분이며, 문제는 권력의 오용과 남용이다.[72] 권력은 창조적으로 선하고, 다른 이들을 섬기도록 어떤 이들에게 주어진 하나님의 선물이다. 권력의 남용은 우상숭배적인 타락에서 나온다. 이때 필요한 것은 "권력을 맡은 사람들이 그것을 어떻게 사용해야 하는지 배우도록 돕는 것이다."[73] 정치적 독재는 정치적 권력의 창조적인 선함과 억압적인 남용의 죄악된 왜곡을 모두 구현한다.[74]

교회의 과업은 복음을 각 문화로 충실하게 번역해서, 그 좋은 소식에 대한 증언이 도전적이면서도 적실성 있게 되어 우상숭배를 전복하는 동시에 창조적인 의도와 열망을 성취하는 것이다. 문제는 모든 문화적 제도, 관습, 관행이 창조적으로 선한 동시에 우상숭배적으

---

70 Newbigin, *Truth to Tell*, p. 82.
71 Newbigin, *Foolishness to the Greeks*, p. 102.
72 Lesslie Newbigin, "The Taste of Salvation at Bangkok", *Indian Journal of Theology* 22 (1973): p. 51; Newbigin, *Foolishness to the Greeks*, p. 126.
73 Newbigin, *Foolishness to the Greeks*, p. 126.
74 Newbigin, *Word in Season*, pp. 143-144.

로 뒤틀려 있다는 점이다. 어떻게 그 둘을 구별할 수 있을까? 그리고 어떻게 모든 선한 창조적인 선물들을 신실하게 받아들이고 구현할 수 있을까? 이것은 믿을 수 없을 정도로 어렵고 분별을 요구한다.[75]

참된 상황화의 과정

참된 상황화로 인도하는 분별의 과정은 세 가지를 수반한다. 즉 성경 이야기에 대한 궁극적인 헌신, 문화와의 대화, 다른 문화들에서 온 그리스도인들과의 초교파주의적 대화다.

성경 이야기에 대한 충성

신실한 상황화는, 무엇보다 먼저, 성경 이야기에 대한 궁극적인 충성을 요구한다. 뉴비긴이 말하는 바에 따르면, 참된 상황화는 "하나님이 이스라엘의 이야기에서, 그리고 예수 그리스도의 이야기에서 최고로 하신 일에 주의를 기울이는 것으로 시작하고 또 계속해야 한다. 그것은 그 이야기 안에서 살아감으로써 우리의 이야기, 우리가 참된 이야기를 이해하는 방식이 됨으로써 계속되어야 한다."[76] 뉴비긴에게 성경으로 시작하고 우리의 궁극적인 충성을 복음에 바친다는 것은 적어도 세 가지를 의미한다. 즉 성경을 보편 역사의 내러티브로 이해하는 것이고, 교회가 이 이야기를 살아가는 것이고, 문화적 이야기에

---

75 Newbigin, *Gospel in a Pluralist Society*, pp. 195-196.
76 Newbigin, *Gospel in a Pluralist Society*, p. 151.

대한 복음의 긍정과 부정을 분별하는 것이다.

뉴비긴이 단정적으로 진술하는 바에 따르면, "나는 우리가 성경을 정경이 되는 전체로, 우리의—개인적이고 공적인—삶의 의미를 이해하기 위한 참된 맥락을 제공하는 이야기로 여기는 의식을 회복하지 않는 한, 복음을 우리의 문화를 다루는 것으로 효과적으로 말할 수 있다고 믿지 않는다."[77] 만약 성경이 파편들로 분해된다면, 그 파편들이 역사 비평적이든, 신학적이든, 도덕적이든, 경건과 관련된 것이든, 또는 내러티브적이든, 성경은 더 큰 문화적 이야기로 흡수될 것이다. 아무런 만남도 일어나지 않을 것이다. "만약 이 성경 이야기가 우리의 생각을 정말로 지배하는 것이 아니라면, 불가피하게 우리는 세상이 자신에 대해 말하는 이야기로 휩쓸려 들어갈 것이다. 우리는 우리가 한 부분을 이루는 이교적 세상으로부터 점점 더 구분할 수 없게 될 것이다."[78]

교회는 이 성경 이야기 안에 살면서 그 안에서부터 문화를 해석해야 한다. "복음은 새로운 타당성 구조를 일으키는데, 이는 사물에 대한 시각으로서, 복음과 별개로 모든 인간 문화를 형성하는 것들과 근본적으로 다르다. 그러므로 교회는 복음의 전달자로서, 예외 없이 모든 인간 문화를 지배하는 것들과 상충하고 또 의문을 제기하는 타당성 구조 안에 산다."[79] 계속되는 위험은, 우리가 문화로부터 성경

---

[77] Lesslie Newbigin, "Response to 'Word of God?', John Coventry, SJ", *Gospel and Our Culture Newsletter* 10 (1991): p. 3.
[78] Newbigin, "Biblical Authority", p. 2.
[79] Newbigin, *Gospel in a Pluralist Society*, p. 9.

을 해석한다는 것이다. 그 반대가 아니라 말이다. "당신은 당신의 문화가 제공하는 안경을 통해 복음을 이해하려 하는가, 아니면 복음이 제공하는 안경을 통해 당신의 문화를 이해하려 하는가?"[80] 복음이 궁극적인 우선권을 가져야 하며, 또한 문화적 이야기는 성경의 철저한 검토의 대상이 되어야 한다. 복음은 안경과 같은 것이 되어서, 그것을 통해 우리가 세상을 조망하고 해석하고 살아야 한다. 성경 이야기는 "우리에게 렌즈를 제공하는데, 그것은 우리가 바라보는 **대상**이 아니라, 우리가 바라볼 때 사용하는 **도구**다.···이 사실은 종종 생각되는 것보다 훨씬 더 근본적인 종류의 회심을 요구한다. 이는 의지의 회심뿐 아니라 마음의 회심으로, 마음을 새롭게 함으로써 변화를 받아 이 세상을 닮지 않도록, 우리의 문화가 보는 방식으로 사물을 보지 않도록 하고, 사물을—새로운 렌즈로—근본적으로 다른 방식으로 보게 하는 것이기 때문이다."[81]

이것을 할 수 있기 위해, 우리는 성경 이야기의 개인적이며 공동체적인 읽기와 숙고를 통해 그 이야기를 기억하고 반복해서, 우리가 그 이야기 안에 살고 또 그것이 우리의 것이 되도록 해야 할 것이다.[82] 우리는 "우리 자신을 이 이야기에 잠기게 해서, 그 이야기가 참된 이야기이고 우리가 라디오와 신문에서 듣고 있는 이야기는 상당한 부분이 가짜라는 점을 점점 더 깨달아야 한다."[83]

---

80 Newbigin, *Word in Season*, p. 99.
81 Newbigin, *Gospel in a Pluralist Society*, p. 38.
82 Newbigin, *Gospel in a Pluralist Society*, p. 147.
83 Newbigin, "Biblical Authority", p. 6.

성경 이야기 안에서 살면서, 우리는 성경이 우리의 문화에 대해 표명하는 은혜와 심판의 말씀을 분별하려 노력한다. "참된 상황화는 복음에 그에 합당한 수위권을 부여한다. 즉 모든 문화에 침투해서 복음 자체의 말씀과 상징으로 각 문화 안에서 '아니요'와 '예', 심판과 은혜인 말씀을 말할 능력이다."[84]

문화와의 대화

어떤 과정으로 우리는 우리의 문화에 대한 복음의 "예"와 "아니요"를, 은혜와 심판을 분별하는가? 신실한 상황화가 요구하는 것은, 둘째로, 문화적 이야기가 언제나 성경 이야기의 철저한 검토를 받는, 문화와의 대화다. 뉴비긴은 이렇게 적는다. "내가 보기에 우리는 항상, 모든 상황에서, 이 실재의 두 측면 모두와 씨름해야 한다. 즉 교회는 세상에 반대해 세상을 위한다는 것과, 세상을 위해 세상에 반대한다는 것이다."[85] 뉴비긴은 이것을 문화와의 내적인 대화로서 각 그리스도인의 마음에서 일어나는 것으로, 그리고 문화와의 공동체적인 대화로서 교회 안에서 일어나는 것으로 묘사한다. 하나님의 백성은 "우리의 이야기가 한 부분인 참된 이야기로서의" 성경 이야기 안에서 더욱 더 살아가야 한다. 그러나 우리는 또한 우리의 문화적 이야기로 완전히 사회화되었다. "유아기 이후로 줄곧 일어나는 우리의 모든 문화적 형성에 의해, 우리는 우리의 나라와 우리의 문명의 이야기의 일

---

84 Newbigin, *Gospel in a Pluralist Society*, p. 152.
85 Newbigin, *Word in Season*, p. 54.

부가 되었다." 세상에 대한 경쟁하는 이해들이 내면화되고, "필연적으로 우리 안에서 내적인 대화가 있다."[86] 양립할 수 없는 두 이야기는 이런 내적인 대화를 불가피하게 만든다. 실제로, 만약 그런 일이 일어나지 않는다면, 성경 이야기는 문화적 이야기에 맞추어졌을 가능성이 높다.

만약 이 대화가 자라나는 분별력으로 이어지려면, 우리가 이 장의 앞부분에서 논의한 세 가지가 중요할 것이다. 첫째, 우리는 성경 이야기에 더욱 더 깊이 잠겨야 한다. 이것은 개인적인 과업인 동시에 공동체적인 과업이 될 것이다. 문화적 이야기는 자연스럽게 우리를 형성하겠지만, 성경 이야기 안에서 사는 것은 힘든 노력을 필요로 한다.[87] 둘째, 문화적 이야기에 대한 선교적 분석이 필요하다. 이것은 교회가 문화의 종교적 믿음과, 그 믿음을 형성한 이야기와, 그리고 그 믿음이 어떻게 문화 속에 박혀 있는지 이해할 것을 요청한다. 교회가 자신이 속한 문화적 이야기를 이해하지 못하는 만큼 그 문화의 우상 숭배에 취약하다. 바로 이런 이유로, 뉴비긴은 그토록 많은 시간을 들여 그토록 많은 다른 관점에서 서구 이야기를 반복하고 또 분석한다. 마지막으로, 우리는 전복적인 성취에 대한 이해가 필요하다. 분별은 모든 문화적 제도와 산물에 있는 창조적인 선함과 그것을 잘못 이용하는 우상숭배적인 왜곡 사이의 구분을 수반한다. 만약 교회가

---

[86] Lesslie Newbigin, "Truth and Authority in Modernity", in *Faith and Modernity*, ed. Philip Sampson, Vinay Samuel, and Chris Sugden (Oxford: Regnum Books, 1994), p. 76. 참고. Newbigin, *Gospel in a Pluralist Society*, p. 65.

[87] Newbigin, *Gospel in a Pluralist Society*, pp. 65, 147.

자신이 사는 곳 안에 있는 문화적 구조와 관행을 전복시키고 그것들을 참된 주님에 대한 충성으로 되돌리고자 한다면, 교회는 창조의 계획과 창조 세계 안에 있는 우상숭배적인 정신을 구분해야 한다.

이것은 지속되는 과정으로서, 모든 신자의 삶과 마음에서 일어난다. 그러나 이런 내적인 대화는 단지 개인적인 일에 그쳐서는 안 된다. 상황화는 성경이 말씀과 성례로 말하는 이야기를 반복하고 기억하는 회중에서 일어나며, 그런 회중과 상황화가 함께 성경 이야기로 하여금 그 문화에 영향을 끼치게 한다.[88]

문화들을 가로지르는 초교파주의적 대화

문화와의 활발한 대화조차도 그 장소의 우상숭배에 흡수되는 지역적 상황화의 결과를 낳을 위험이 있다. 따라서 신실한 상황화는, 마지막으로, 자신의 문화 밖에 있는 교회와의 초교파주의적 대화를 요청한다. 다른 문화의 신자들에게서 오는 새로운 관점이 필요하다. 따라서, 뉴비긴에 따르면, 대화는 문화적 경계를 넘어서 "다른 모든 장소에 있는 교회의 증언에 열려" 있어야 한다. 오직 그렇게 함으로써만 교회는 "그 장소의 문화에 흡수되는 것으로부터 구원을 받아 그 장소에 보편성을, 즉 온 인류를 위한 하나님의 은혜와 심판의 목적이 가진 포용성을 대변할 수 있게" 될 것이다.[89]

이 대화는 서로를 풍성하게 하는 것과 서로를 교정하는 것을 모

---

88 Newbigin, *Gospel in a Pluralist Society*, pp. 147-148.
89 Newbigin, *Gospel in a Pluralist Society*, p. 152.

두 수반할 것이다. 복음의 상황화는 모두 불완전하다. 즉 모든 교회가 풍성함을 필요로 한다. 또한 복음의 상황화는 모두 어느 정도는 그 장소의 우상숭배에 의해 형성된다. 즉 서로를 교정하는 것이 필요하다.[90] 복음에 대한 우리의 이해는 우리를 형성한 문화에 의해 형성되기 마련이다. 우리가 이처럼 문화에 의해 좌우되는 복음 해석들을 떨쳐 낼 수 있는 유일한 방법은, 다른 문화의 맥락 안에서 성경을 읽은 다른 신자들의 교정하는 증언이다.

이런 종류의 대화가 현실이 되기 위해 마주해야 할 진짜 장애물들이 있다. 한편으로, 이런 대화는 현재로서는 서구 문화의 언어와 사유 형식 안에서만 일어난다. 이 문화 양식의 지배 때문에, 서구에 사는 그리스도인들은 자신들이 필요로 하는 교정을 다른 문화에 있는 그리스도인들로부터 받지 않는다.[91] 다른 한편으로, 이런 대화가 가장 자주 일어나는 토론장은 세계교회협의회였다. 그러나 이 조직은 점차 다원주의와 복음의 진리에 대한 확신의 상실에 의해 오염되었다.[92] 게다가, 통찰을 제공할 수 있는 많은 오순절 및 복음주의 교회들이 이 단체 밖에 머물러 있다. 이것들은 쉽게 풀 수 있는 문제가 아니다.

뉴비긴은 교차 문화적인 선교사들이 자신들의 문화로 돌아왔을 때 이런 대화가 일어날 수 있을 가능성을 지적한다. 교차 문화적인

---

90 Newbigin, "Christ and Cultures", p. 13; Newbigin, *Gospel in a Pluralist Society*, p. 196; Newbigin, *Open Secret*, pp. 149-150.
91 Newbigin, *Open Secret*, p. 152.
92 Newbigin, *Word in Season*, p. 125.

선교사는 자신의 문화를 비판적으로 볼 수 있는 새로운 눈이라는 선물을 갖고 있다. 동시에, 그들은 자신들의 문화를 알고 있으며 그 통찰을 교회를 위해 옮기는 능력이 있다. 물론 뉴비긴은 이런 역동의 훌륭한 본보기다.

결론

성경 이야기와 교회 역사에서 문화적 우상숭배는 끊임없이 보편 역사의 종말에 대한 교회의 증언을 좌절시키려 위협했다. 문화와의 선교적 만남에 대한 그의 이해에서 뉴비긴은 선물과 도전을 주었다. 문화를 넘어서는 선교사로서 그는 선물을 준다. 즉 그는 선교적 만남의 본질적인 실재에 대해 예리하게 인식하고 있으며, 그것이 조성한 고통스러운 긴장 속에서 신실하게 살 수 있는 방법들을 가지고 씨름했다. 그의 도전은 선교적 만남의 고통스러운 긴장을 받아들이고 신실한 상황화의 길을 추구하라는 것인데, 이는 우리가 우리의 선교적 소명에 신실하고자 한다면 받아들여야 하는 요청이다.

6

서구 문화와의 선교적 만남

뉴비긴에 따르면, "교회는 참된 이야기를 구현하고 말하기 위해 존재한다."[1] 교회는 "엄청나게 큰 주장"을 하는데, "그것이 말하고, 구현하고, 상연하는 이야기가 참된 이야기…모든 인간과 우주의 역사에 대한 참된 해석이라는 것이다." 만약 그렇다면, 여기에는 두 가지 함의가 있다. 첫째, 모든 "다른 것들은 그것을 참고해서 평가되어야 한다는 것이고…역사를 다르게 이해하는 것은 그것을 오해하는 것이며, 따라서 현재의 인간의 상황을 오해하는 것이다."[2] 둘째, 교회는 "다른 추정에 기초해서 세워진 모든 타당성 구조에 의문을 제기하지 않을 수 없다는 것이다."[3] 만약 성경 이야기가 참이라면, 모든 다른 문화적 이야기는 세상의 본질과 인간 삶의 의미를 오해하는 것이다. 교회의 존재 자체는 참된 이야기인 성경 이야기를 살고 말하되, 자신이 속한 문화적 이야기에 의문을 제기하고 회심으로 초청하는 방식으로 그렇게 한다. 이것이 선교적 만남에 수반되는 것이다.

---

1 Lesslie Newbigin, "The Gospel and Modern Western Culture", unpublished article, Newbigin Archives, University of Birmingham (1993), p. 12.
2 Lesslie Newbigin, *Proper Confidence: Faith, Doubt, and Certainty in Christian Discipleship* (Grand Rapids: Eerdmans, 1995), pp. 76-77.
3 Newbigin, *Proper Confidence*, p. 93.

바로 여기가, 뉴비긴이 믿기에, 서구 교회가 길을 잃었던 지점이다. 만약 그가 옳다면, 그것은 전혀 사소한 실패가 아니다. 교회의 존재 이유 자체가 위태롭게 된 것이기 때문이다. 그는 이것이 심각한 문제라는 것을 알리기 위해 대단히 애썼다. 확실히 "이 시대에 보편 교회가 당면한 가장 긴급한 과업"은 서구 문화와의 선교적 만남을 회복하는 것이다.[4]

복음과 서구 문화 사이의 선교적 만남의 긴급성

뉴비긴이 믿는 바에 따르면, "복음과 이런 현대 서구 문화 사이의 진정한 선교적 만남에 무엇이 수반될 것인지에 대해 질문하는 것"보다 "더 높은 우선권"은 없다.[5] 그는 왜 이 과업이 그토록 긴급한지에 대해 다섯 가지의 이유를 제시한다.

첫째, 서구 문화는 오늘날 세계에서 가장 **강력한** 전 지구적인 힘으로 작용하고 있다. 세계화 과정에서, 서구 문화는 이제 "이슬람을 포함하는 그 어떤 다른 문화보다도 더 전 세계적인 영향력을 가지고

4　Lesslie Newbigin, "Culture of Modernity", in *Dictionary of Mission: Theology, History, Perspectives*, ed. Karl Muller, Theo Sundermeier, Steven B. Bevans, and Richard H. Bliese (Maryknoll, NY: Orbis, 1997), p. 98. 뉴비긴의 선교와 서구 문화 프로젝트에 대한 분석은 다음을 보라. Michael W. Goheen, "Liberating the Gospel from Its Modern Cage: An Interpretation of Lesslie Newbigin's Gospel and Modern Culture Project", *Missionalia* 30, no. 3 (November 2002): pp. 360-375; Michael W. Goheen, "*As the Father Has Sent Me, I Am Sending You*": *J. E. Lesslie Newbigin's Missionary Ecclesiology* (Zoetermeer: Boekencentrum, 2000), pp. 371-416(9장).

5　Lesslie Newbigin, *Foolishness to the Greeks: The Gospel and Western Culture* (Grand Rapids: Eerdmans, 1986), p. 3.

있다."⁶ "우리가 현대 서구의 과학적 세계관이라고 부르는, 계몽주의 이후의 문화적 세계는 오늘날 세상에서 가장 강력하고 설득력 있는 이념이다."⁷ 세계의 나라들은 세상에 대한 이런 이해를 채택하고 싶어 하며, 특히 도시 지역들은 이 이야기에 빠져들었다.

둘째, 그것은 오늘날 세상에서 가장 **만연해 있는** 문화적 힘이다. 세계화의 과정을 통해 세계의 모든 도시 지역들에 퍼져 있는, 전 지구적 문화가 된 것이다. "현재 세계에서 힘이 있는 모든 문화 가운데, 서유럽에서 기원한 문화가 가장 강력하고 가장 만연해 있다. 대부분의 세상의 도시들을 지배하는 것이다. 아시아와 아프리카에서 '현대화'라고 불리는 것은 보통 이런 사유 및 행동 방식에 대한 공동 선택이다."⁸

셋째, 서구 문화는 교회가 그 오랜 역사 가운데 마주한 가장 **위험한** 적이다. "교회는 자신이 이천 년 역사에서 마주한 가장 강력한 적이 현대성이라는 사실을 서서히 깨닫고 있다."⁹ 뉴비긴은 월터 리프먼(Walter Lippmann)이 사용한 "현대성의 산"(acids of modernity)이라는 은유를 자주 쓰는데, 이는 이런 문화가 침투한 모든 곳에서 기독교 신앙을 해체시키는 데 강력하다는 것을 입증했다. "기독교의 복음은 세계의 비서구적인, 전근대적인 문화들 가운데서는 계속해서 새

---

6   Newbigin, "Culture of Modernity", pp. 98–99.
7   Lesslie Newbigin, *A Word in Season: Perspectives on Christian World Missions* (Grand Rapids: Eerdmans, 1994), p. 67.
8   Lesslie Newbigin, *Mission and the Crisis of Western Culture*, ed. Jock Stein (Edinburgh: Handsel, 1989), p. 1.
9   Lesslie Newbigin, *Living Hope in a Changing World* (London: Alpha International, 2003), p. 83.

로운 승리를 거두지만, 이런 현대의 서구 문화에 직면해서는 교회가 모든 곳에서 후퇴하고 있다."[10] 서구의 교회들은 현재 후퇴하고 있으며, 현대성이 다른 비서구 문화들을 침투하는데 같은 일이 비서구 교회들에게 마찬가지로 일어나지 않으리라고 시사할 만한 것은 전혀 없다.[11] "세계의 모든 거대하고 성장하는 도시 중심들에서 '현대화'가 진행되고 있으며, 그 영향은 가장 멀리 떨어진 마을들로 확산되고 있다. 어느 곳에서나 그것은—기독교를 포함하는—종교를 주변화하는 결과를 낳는다. 그것은, 의심의 여지 없이, 인간 문화들 중에서 가장 강력하고 만연해 있다. 그것은 가는 곳마다 공적 삶의 지배적인 교리가 되고, 종교를 점점 더 작은 고립된 거주지로 몰아낸다."[12]

넷째, "바로 이 강력한 문화가 복음에 가장 **저항**한다."[13] 서구 문화가 기독교 신앙과 가지는 오랜 유대는 그것이 복음의 비판에 영향을 받지 않게 만드는 것으로 보인다. 서구 문화는 깊은 기독교적 뿌리를 갖고 있지만, 공적 교리로서의 복음을 거부하고 그것을 사적 견해의 영역으로 강등시켰다. 그것은 복음에 반대하는 많은 강력한 방어물을 발전시켜서 선교적 만남을 시작하기 어렵게 만든다.

기독교와 계몽주의 이후 문화의 평화로운 공존은…너무나 오랫동안

---

10 Newbigin, *Word in Season*, p. 66.
11 Newbigin, *Word in Season*, p. 185.
12 Lesslie Newbigin, "Gospel and Culture-but Which Culture?", *Missionalia* 17, no. 3 (1989): p. 213.
13 Newbigin, *Mission and the Crisis of Western Culture*, p. 1(강조 추가).

지속되어서, 이제는 교회가 우리의 "현대" 문화에 대한 진정으로 선교적인 접근을 위한 관점을 회복하기 어렵다.…교회는 너무 오랫동안 묶이되고 심지어 특권을 부여받은 소수로 살면서, 실재에 대한 전혀 다른 시각에 의해 공적 삶이 지배되는 문화에서 사적 영역으로 강등되는 것을 받아들였고, 따라서 그 시각에 대한 그리고 그러므로 전체로서의 "현대 서구 문명"에 대한 근본적인 도전을 다룰 힘을 거의 상실했다.[14]

복음에 대한 가장 강력하고, 가장 만연하고, 가장 위험하고, 가장 저항하는 이 전 지구적 문화는 명백히 엄청난 도전이다. 하지만 다섯 번째 이유가, 아마도 어떤 다른 것들보다도, 이 사안을 아주 긴급한 것으로 만든다. 즉 서구의 교회가 이 문화와 **혼합주의**의 상태에서 살고 있다는 것이다. 그 우상숭배에 도전하는 대신에, 교회는 "'현대의' 세계관으로 길들여져서 편안하게" 사는 것으로 만족해 왔다.[15] 문제는 교회에 있다. 교회가 문화적 이야기를 참된 이야기로 받아들이면서, 교회 자신이 말하고 구현하기 위해 존재하는 복음을 더 포괄적인 문화적 내러티브에 적응하도록 허락했다. 이것이 가장 큰 문제가 된다.

그러므로 뉴비긴은 믿지 않는 세상을 일차적으로 다루지 않는다. 사실, 우리는 교회 밖에 있는 사람들이 기독교 신앙을 사적 선택으

---

14 Lesslie Newbigin, *The Other Side of 1984: Questions for the Churches* (Geneva: World Council of Churches, 1983), pp. 22-23.
15 Lesslie Newbigin, "Pluralism in the Church", *ReNews (Presbyterians for Renewal)* 4, no. 2 (May 1993): p. 1.

로 일축하리라고 예상해야만 한다. 이것이 바로 거대한 내러티브들이 작동하는 방식이기 때문이다. 다룰 대상은 교회인데, 왜냐하면 교회가 사적 영역의 자리를 받아들였고 자신들에게 맡겨진 복음에 대해 신실하지 못했기 때문이다. "교회는 사적 영역으로의 강등을 너무 광범위하게 받아들이면서, 공적 영역을 다른 이야기에 의해 지배되도록 내버려두었다."[16] 심지어 서구의 선교사들조차도 "그들의 문화와 공생하는 동맹"[17] 속에서 살면서 다른 모든 문화를 상황화의 측면에서 분석해 왔지만, 놀랍게도, "모든 동시대의 문화들 가운데 가장 널리 퍼져 있고, 강력하고, 만연한 문화—즉 내가 현대 서구 문화로 부른 것—는 대체로 무시했다."[18] 뉴비긴은 교회 밖에 있는 사람들을 설득하기 위해 변증론을 활용하고 있지 않다. 그는 자신의 비판을 교회를 향하게 하고 도전해서, 그들이 다시 자신들이 가진 복음을 이해하고 확신을 얻게 하고자 한다. "모든 것은 복음에 대한 확신의 회복에 달려 있다."[19] 그가 서구 문화의 우상숭배적인 뿌리들을 검토하고 폭로할 때, 이는 그렇게 해서 그리스도인들이 더 큰 확신으로 자신들의 신앙을 긍정할 수 있도록 하기 위해서다.[20] 뉴비긴에게 가장 강력한 변증은, 복음을 믿고 그에 따라 사는 교회다.

---

16 Newbigin, *Word in Season*, p. 156.
17 Newbigin, "Culture of Modernity", p. 99.
18 Newbigin, *Foolishness to the Greeks*, pp. 2–3.
19 Newbigin, *Word in Season*, p. 187.
20 Lesslie Newbigin, *The Gospel in a Pluralist Society* (Grand Rapids: Eerdmans, 1989), p. 7(강조 추가).

선교적 만남의 상실: 혼합주의의 진전된 사례

인도에서 거의 사십 년을 선교사로 봉사한 후에 잉글랜드로 돌아왔을 때, 뉴비긴은 서구가 자신이 사십 년 전에 들어갔던 인도만큼 선교지가 되었음을 발견했다. 그는 "아주 강경한 형태의 이교주의"를 보았는데, 이것을 그는 "교회가 마주한 가장 큰 지적이고 실천적인 과업"이라고 믿었다.[21] 그가 발견한 전 지구적 문화의 엄청난 힘은, 비록 그것이 사실이기는 했지만, 문제가 아니었다. 문제는, 교회가 이런 문화와의 선교적 만남의 측면에서 자신의 소명을 살아 내고 있지 않다는 점이었다.

귀국하기 바로 전에 있었던 방콕에서의 선교사 회의에서, 뉴비긴은 한 인도네시아 지도자 옆에 앉아서 그가 조용히 중얼거리는 것을 들었다. "물론 첫 번째 질문은, 서구를 회심시킬 수 있는가 하는 것이지."[22] 이 질문은 이후에도 그의 마음에서 계속 울렸다. 선교사로서 그는 혼합주의의 항상 잠복해 있는 위험성에 대해 잘 알고 있었다. 교회의 메시지와 삶이 그 문화의 우상들에 순응될 때, 교회는 자신의 존재와 소명에 대해 신실하지 못한 것이다. 그는 이것이 서구 교회에 일어난 일이라고 믿었다. 그는 그것을 "소심한 혼합주의"[23]로 특징

---

21 Lesslie Newbigin, *Unfinished Agenda: An Updated Autobiography* (Edinburgh: Saint Andrew Press, 1993), p. 236.
22 Lesslie Newbigin, "Can the West Be Converted?", *Princeton Seminary Bulletin* 6, no. 1 (1985): pp. 25-37.
23 Lesslie Newbigin, "The Bible and Our Contemporary Mission", *Clergy Review* 69, no. 1 (1984): p. 11.

지으면서, 서구 교회가 "혼합주의의 진전된 사례"라고 심각하게 비난했다. 즉 "복음을 가지고 우리의 문화를 직면하는 대신에, 우리는 끊임없이 복음을 우리의 문화에 맞추려고 노력하고 있다."[24] 이것은 "서구 기독교가 문화적으로 포로가 된 것"이다.[25] 서구의 그리스도인들은 종종 아시아와 아프리카의 교회들의 혼합주의를 지적하는 데 빠르지만, "혼합주의의 가장 명백한 사례는…이른바 현대적 사유의 요구들에 맞추기 위해 복음을 재단하는 데 대단히 노력을 기울였던 서구 교회들에서 발견된다."[26]

여러 차례에 걸쳐 뉴비긴은 자신의 이런 비난이 얼마나 진지한지에 대해 시선을 사로잡는 이미지를 제시한다. 라마크리슈나 신전의 거대한 홀에는 인류의 모든 위대한 종교지도자들이 전시되어 있다. 그것들 중에는 예수의 초상화가 있다. 매년 성탄절에 힌두교도들은 예수를 인간 역사에 있었던 많은 신의 현현들 중 하나로 숭배한다. 뉴비긴의 평가에 따르면, "이것이 혼합주의의 사례라는 것은 잉글랜드 그리스도인인 나에게 명백"했다. "예수는 그저 힌두교의 세계관으로 끌어들여진 것이다. 그들의 견해는 전혀 도전을 받지 않았다." 그는 계속해서 말한다. "나 자신의 기독교가 이런 혼합주의적 성격을 가지고 있다는 것을, 나 역시—어느 정도는—예수를 내가 속한 문화의 세계관으로 끌어들였다는 것을, 나는 겨우 서서히 보기 시작했

---

24 Newbigin, *Word in Season*, p. 67; 참고. Newbigin, *Other Side of 1984*, p. 23.
25 Newbigin, *Word in Season*, p. 66.
26 Newbigin, *Word in Season*, p. 130.

다."²⁷ 예수는 힌두교의 세계관으로 흡수되어, 신들의 만신전에 있는 많은 신들 중 하나로 받아들여졌다. 유사하게 복음은 현대 서구 세계관에, 그것의 많은 신과 함께 맞추어졌다.

질문은, 그렇다면, 자신이 속한 문화의 우상들 속으로 끌어들여진 서구 교회가 어떻게 그 문화와의 선교적 만남이라는 보통의 위치로, 신실한 태도로 회복될 수 있겠는가 하는 것이다. "어떻게, 그렇다면, 복음은 서구 기독교 세계의 뿌리들에서 나왔고 또 서구 교회가 그 최초의 여명 이후 계속해서 공생적인 관계 속에 함께 살아온 이 문화와 진정으로 만날 수 있겠는가?"²⁸ 필요한 것은, 교회가 자신이 흡수되어 온 문화에 도전할 수 있는 출발점인 아르키메데스 점이다. 뉴비긴은 교차 문화적인 선교 경험과 통찰이 이 아르키메데스 점을 제공한다고 믿었다. 그리고 뉴비긴은 자신이 가진 비범하게 넓고 풍부한 교차 문화적 경험을, 서구 교회를 선교적 만남을 위해 해방시키는 과업에 제공했다.

서구 교회를 선교적 만남을 위해 해방시키기

"복음은 우리에 갇힌 사자와 같다. 그것은 방어될 필요가 없고, 풀어

---

27 Lesslie Newbigin, "England as a Foreign Mission Field" (address, Assembly of the Birmingham Council of Churches, Birmingham, UK, 1986), p. 2. 참고. Newbigin, *Gospel in a Pluralist Society*, p. 3; Newbigin, *Word in Season*, p. 99.
28 Newbigin, *Foolishness to the Greeks*, p. 9.

놓기만 하면 된다."²⁹ 뉴비긴은 복음이 서구 문화의 우상숭배에 의해 우리에 갇혀 있다고 여겼다. 그의 과업은 교차 문화적인 선교 경험에서 얻은 통찰을 쏟아서, 복음이 선교적 만남을 위해 해방되도록 하는 것이었다. 우리는 그 사안에 대한 뉴비긴의 방대한 저술에서 적어도 세 가지 과업을 볼 수 있는데, 즉 문화적 과업, 신학적 과업, 종말론적 과업이다.

문화적 과업: 숨겨진 "신조"를 드러내기

모든 선교사의 첫 번째 과업은 문화의 진단이다.³⁰ 뉴비긴은 "다른 나라에서 섬기고자 하는 선교사는 그 문화에 대해 철저히 연구하라는 권고를 받는다"고 말한다.³¹ 이것은 그렇게 해서 선교사가 자신도 모르게 유혹을 받아 그 문화를 지배하고 있는 종교적 시각과 혼합주의적 동맹을 맺지 않도록 하기 위함이다. 그렇게 하는 것은 선교적 과업에 죽음을 의미할 것이다. 문화적 분석은, 선교사에게, 복음에 대한 신실함에서 삶과 죽음의 문제다. 또한 그것은 교회와 관련해서도 마찬가지다.

우리는 서구 문화에 대한 뉴비긴의 분석에서 중요한 몇몇 핵심

---

29 이 말은 마르틴 루터가 한 것으로 여겨져 왔는데, 나로서는 확인할 수 없었다. 찰스 스펄전은 유사한 비유를 적어도 세 번 사용했지만, 이 말들 그대로는 아니었다. 참고. https://elliotritzema.com/2012/07/31/spurgeons-let-the-lion-out-of-the-cage-quote/. ⟨2018년 4월 18일 접속⟩.
30 Newbigin, *Word in Season*, p. 100.
31 Newbigin, *Foolishness to the Greeks*, p. 21. 만약 이것이 맞는 말이라면, 우리가 목회 지도자들을 가르치는 신학 교육에서 그들의 문화를 어떻게 이해할지의 문제에 거의 시간을 할애하지 않는다는 사실은 놀랄 만한 일이다.

쟁점들의 요약인 다음 구절들로 시작할 수 있을 것이다.

다음 몇십 년 동안 비교할 수 없이 가장 긴급한 선교적 과업은 "현대성"에 대한 선교다.…그것은 의문시되지 않은 현대성의 추정들 배후를 캐묻고 그것들을 지지하는 숨겨진 신조를 폭로하기 위해 날카로운 지적 도구를 사용할 것을 요청한다.…가장 기초적인 수준에서는, 인식론(우리가 안다고 주장하는 것을 우리는 어떻게 아는가?)과 역사(우리가 스스로 일부인 이야기를 우리는 어떻게 이해하는가?)에서 지배적인 추정들을 기독교적 관점에서 비판적으로 검토할 필요가 있다.…그것은 경제, 교육, 의료, 통신(미디어)에서 우리의 실천 배후의 숨겨진 추정들을 캐묻는 것을 의미한다. 이 모든 것이 선교적 순종의 일부로 여겨지고 실행되어야 한다.[32]

선교적 순종은 계몽주의 이후 서구에 대한 진단과 분석을 요청한다. 진단은 우리 문화의 공적 삶의 기초에 있는 숨겨진 신조를 폭로하는 것을 목표로 한다. 그리고 숨겨진 신조는 역사와 인식론을 모두 분석함으로써 그 참된 종교적 본질이 노출되고 가면이 벗겨질 것이다.

---

32 Newbigin, "Gospel and Culture—but Which Culture?", p. 214. 뉴비긴이 지적한 현대 문화의 여섯 영역(역사, 인식론, 교육, 경제, 의료, 미디어)은 영국에서 복음과 문화 운동을 위한 의제를 설정했는데, 이 운동은 뉴비긴의 복음과 서구 문화 프로젝트에 의해 일어난 것이다. 1992년의 전국 회의를 위해 준비된 책은 이 여섯 영역에 과학과 예술에 대한 장들을 더해서, 각각의 주제에 한 장씩 할애해서 출판되었다. 참고. Hugh Montefiore, ed., *The Gospel and Contemporary Cutlure* (London: Mowbray, 1992).

진단: 우리의 의문시되지 않은 종교적 추정들의 가면을 벗기기

우리의 첫 번째 문제는, 우리가 의문시되지 않은 추정들을 품고 있다는 것이다. 만약 우리가 평생 하나의 문화에 잠겨 있었다면, 우리는 그것과 비판적 거리를 전혀 갖지 못한다. 뉴비긴은 앞서 언급된 중국 속담, 즉 물에 대한 정의를 원한다면 물고기에게 묻지 말라는 것을 인용한다. 물은 물고기가 지금까지 알았던 환경일 뿐이다. 어떻게 우리는 자신의 상정된 환경과 비판적 거리를 확보할 수 있을까? 다른 말로 하면, "우리가 한 부분인 문화에 도전할 수 있는 아르키메데스 점은 무엇인가?"[33] 필요한 것은 일종의 문화적 분석으로, 이것은 문화의 의문시되지 않은 추정들을 검토할 수 있는 비판적 거리를 어떻게든 교회에 줄 수 있는 것이다.

그러나 문제는 교회에 훨씬 더 심각하다. 우리가 헤엄치고 있는 물은 우상숭배로 오염되어 있다. 검토될 필요가 있는 의문시되지 않은 추정들은 근본적으로 종교적이며 어느 정도는 복음에 저항한다. 그리고 가장 깊은 의문시되지 않은 추정들 중 하나는, 우리 문화가 종교적이지 않다는 것이다. 이것은 정말로 어렵다. 교회가 서구 문화에 포로된 것에서 자유롭게 되려면, 최우선적인 과업들 중 하나는 우리 문화의 공적 교리의 깊은 종교적 본질을 드러내는 것이다. 서구 문화의 한 특이점은, 우리가 종교를 정치, 경제, 스포츠, 의료, 미디어, 교육 같은 것들과 나란히 있는 또 하나의 문화적 산물로 판단했다는 것이다. 그러나 종교는 문화의 뿌리에 있는 지시하는 힘으로

---

33 Newbigin, *Word in Season*, p. 68.

서, 다른 모든 영역들을 통합하고 형성한다. 뉴비긴은 숨겨진 신조라는 자신의 표현으로 이를 포착한다. 우리가 지난 장에서 관찰한 바에 따르면, 그는 종교가 삶의 다른 부분에서 분리된 것이 아니라고 여겼다. 서구 사회의 삶 전체는 종교적인 믿음이 침투해 있으며 또 그것에 의해 형성된다. 그는 여기서 교육, 경제, 의료, 미디어 배후에 있는 숨겨진 추정들을 캐묻는 것을 언급한다. 종교는 "전체적인 세계관으로, 인간 경험의 전체를 이해하는 방식"이며,[34] "일련의 믿음들, 경험들, 실천들로서 사물의 궁극적인 본질을 파악하고 표현하고자 추구하며, 인간의 삶을 형성하고 의미를 부여하며, 최종적인 충성을 요구한다."[35] 모든 문화는 신조, 즉 궁극적인 믿음을 가지고 있는데, 그것은 문화의 토대에 놓여 있으면서 함께하는 문화적 삶 전체를 통합하고, 형성하고, 의미를 부여한다. 그리고 서구는 전혀 예외가 아니다.

서구의 문제는, 우리가 중립적이고 세속적인 문화 속에서 살고 있다는 위험한 믿음을 갖고 있다는 점이다. "현대성은 아무런 신조도 갖고 있지 않은 것으로 가장한다. 모든 신조가 용인되는 '열린' 사회를 지지하는 것으로 가장한다. 자신에게 '세속적'이라는 형용사를 적용해서, '종교'라는 이름으로 오는 믿음에 대해 중립적이라는 암시를 준다. 이런 방식으로, 그것 자체가 인간 상황에 대한 특정한 관점에, 의문의 여지가 있는 관점에 기초하고 있다는 사실을 자신의 지지자들에게 감춘다."[36] 그러나 뉴비긴은 "우리가 어떤 종교적인 혹은 이념

---

34 Newbigin, *Gospel in a Pluralist Society*, p. 172.
35 Newbigin, *Foolishness to the Greeks*, p. 3.
36 Newbigin, *Word in Season*, p. 194.

적인 믿음도 전제하지 않는 어떤 종류의 중립적인 세속 정치 체제를 기대할 수 있다는 발상"을 거부한다.[37] 그리고 그는 이 추정이 두 가지 의미에서 신화라고 부른다. 첫째는 사회 체제를 정당화하기 위해 무비판적으로 받아들인 증명되지 않은 믿음으로서, 둘째는 잘못된 믿음으로서 말이다.[38]

데니스 먼비(Denis Munby)는 세속적 사회가 어떤 종교적 전망도 지지하지 않는 것이라고 믿는다. 다원주의적이며 삶의 모든 전망에 대해 관용적이라고 말이다.[39] 그것은 모든 종교적 주장을 거부하며, 모든 시민의 선을 위한 공통의 목적을 과학적 사실에 근거해서 세운다. 뉴비긴은 먼비의 주장을 혹평한다. 먼비 자신의 시각은, 뉴비긴의 평가에 따르면, "그의 세속적 사회가 **바로** 사회에 대한 아주 특정한 관점에 헌신되어 있다"는 점을 드러낸다.[40] 그것은 다원주의적이지도 관용적이지도 않다. 인간 사회 전체가 하나님의 주권적인 통치 아래에 있다고 믿는 이슬람, 유대교, 기독교를 배제하기 때문이다. 우리가 갖고 있는 것은 "세속적 사회가 아니라 이교적 사회…하나님이 아닌 신들을 숭배하는 사회"다. 그리고 애석하게도 "세속적 사회라는 발상은 많은 그리스도인에게 무비판적으로 받아들여졌는데, 왜냐하면 그것이 교회에 가짜 신들과 평화롭게 공존할 수 있는 가능성

---

37 Lesslie Newbigin, *Trinitarian Doctrine for Today's Mission* (1963; repr., Carlisle, UK: Paternoster, 1998), p. 46.
38 Newbigin, *Gospel in a Pluralist Society*, p. 211.
39 D. L. Munby, *The Idea of a Secular Society and Its Significance for Christians* (London: Oxford University Press, 1963).
40 Newbigin, *Gospel in a Pluralist Society*, p. 217.

을, 야웨와 바알 사이의 편안한 협약을 제공하는 것처럼 보였기 때문이다."⁴¹ 세속적 사회는 "우리가 기독교적 메시지를 투사할 수 있는 중립 지역이 아니다. 이미 다른 신들에 의해 점거된 영역이다. 우리에게는 감당해야 할 싸움이 있다. 우리는 통치자들과 권세들을 상대하고 있는 것이다."⁴²

중립의 세속적인 혹은 다원주의적인 사회는 강력한 신화로, 우리 세상에서 벌어지는 영적 전투의 현실을 사람들이 보지 못하게 만든다. 명백히 그것은 증명되지 않은 집단 신앙으로, 무비판적으로 받아들여진 것이다. 그러나 심지어 그 이상으로, 그것은 교회가 선교에서 이 세상의 통치자들과 권세들의 정체를 드러내고 도전하는 예수의 길을 따를 것을 요구하는 추정이다. "그것은 새로운 종류의 계몽을 요청하는데, 즉 세속적 사회의 기저에 있는 추정들을 가능하게 하는 것, 제기되지 않은 질문들을 제기하는 것, 인식되지 않은 전제들을 캐묻는 것이다."⁴³ 제자도와 선교는 "한 분이신 주님의 이름으로, 그분을 주님으로 인정하지 않는 모든 권세, 이념, 신화, 추정, 세계관에" 도전해야 한다.⁴⁴

이런 종교적 믿음은 서구 문화를, 그리고 애석하게도 종종 교회

41　Newbigin, *Gospel in a Pluralist Society*, p. 220. 뉴비긴은 "우리 사회가 숭배하는 가짜 신들을 파악하고 그 이름을 밝히는 것"이 중요한 과업일 것이라고 제안한다. "우리의 사회는 세속적 사회가 아니다. 가짜 신들을 숭배하는 사회다"(Newbigin, *Mission and the Crisis of Western Culture*, p. 14).
42　Newbigin, *Word in Season*, p. 150.
43　Newbigin, *Gospel in a Pluralist Society*, p. 220.
44　Newbigin, *Gospel in a Pluralist Society*, p. 221.

를 노예로 만드는 것으로, 보이지는 않으나 위에 있는 모든 것을 형성하는 지질 구조 판처럼, 문화의 표층 아래에 숨겨져 있다. 그것들은 이 세상의 통치자의 지시적인 힘으로, 문화적 삶의 방식을 주조한다. 서구 문화의 진단은, 그렇다면, 발굴 작업이다. 그것은 우리가 살았던 문화의 표층 아래를 파헤칠, 그렇게 해서 서구 문화의 거주자들에게 형식, 통일성, 의의를 부여하는 숨겨진 신조를 폭로할 예리한 도구들을 요구한다.

혹은 다른 은유를 사용하자면, 이런 종교적 믿음이 세속적이고 중립적인 사회라는 주장의 가면 배후에 숨겨져 있다. "교회는 현대성의 착각과 거짓의 정체를 드러내는 진리를 증언해야 한다."[45] 진단은, 그러므로, 서구 문화의 종교적 믿음을 감추는 추정된 가면을 벗겨낼 것을 요구하는 폭로 작업이다.

역사적 분석: 우리가 살아가는 종교적 이야기의 정체를 드러내기

뉴비긴은 서구 문화의 공적 교리의 정체를 드러내고 그 우상숭배를 폭로하기 위해 두 가지 도구, 곧 역사적 분석과 인식론적 분석을 사용한다. 뉴비긴이 믿기에 서구 문화의 오염된 물로부터 어느 정도의 비판적인 거리를 확보할 수 있는 방법들 중 하나는, 세상의 이 특정한 전망이 대체 어떻게 발생했는지에 대한 이야기를 말하는 것이다. "우리의 문화에 대한 관점을 확보하는 하나의 방법은 역사의 시각에서 그것을 보는 것이다. 유럽 문화가 항상 현재의 모습과 같았던 것

45　Lesslie Newbigin, "A Missionary's Dream", *Ecumenical Review* 43, no. 1 (January 1991): p. 9.

은 아니다."⁴⁶ 우리가 사물이 존재하는 방식으로 당연히 받아들이는 것은, 이론의 여지가 없는 진리가 아니라, 거짓으로 보편성을 주장하는 만들어진 삶의 방식이다. 그것은 유럽 민족들 중 하나인 특정한 종족 이야기의 산물에 불과하다.⁴⁷ 자명한 진리라는 착각은 이야기를 말하는 것에 의해 정체가 폭로될 수 있다. 어김없이 뉴비긴은 우리 문화의 뿌리들을 역사적으로 검토해서, 진리에 대한 보편적인 주장들이 만들어진 것이며 또한 "우리 현대 문화의 공리들과 추정들은 그저 '사물의 실제 존재'에 대한 객관적인 설명이 아니라 그것들 자체가 의심스럽고 취약한 것"⁴⁸이라는 점을 증명하려 한다.

아프리카의 격언에 따르면, "사자들이 그들의 역사가를 가지기 전까지는 사냥꾼이 항상 이야기의 주인공일 것이다." 뉴비긴은 이야기의 "주인공"이 그 이야기가 말해지는 방식 — 중요한 것으로 선택된 사실들로부터 그 사실들이 내러티브에서 배열되고 해석되는 방식까지 — 에 형태를 부여한다는 점을 인식하고 있었다.⁴⁹ 질문은 '그 이야기의 핵심은 무엇인가?', '역사는 어디로 가고 있는가?', '인간 이야기의 목적은 무엇인가?' 하는 것이다. 서구의 이야기를 말하는 것은 그 질문들에 대한 대답을 상정한다. 그것은 더 나은 세상을 만들겠다는 목적으로 자연과 인간사를 제어하기 위해, 과학적 이성을 기술과 사

---

46 Lesslie Newbigin, "The Gospel and Modern Western Culture", unpublished article, Newbigin Archives, University of Birmingham (1990), p. 2.
47 Newbigin, *Proper Confidence*, p. 74.
48 Newbigin, "Bible and Our Contemporary Mission", p. 16.
49 Newbigin, *Gospel in a Pluralist Society*, pp. 171-172.

회 조직에 적용함을 통해 자율적 인류가 악에 대해 거둔 승리다. 그저 사실들을 중립적으로 기록한 것이 아니다. 오히려 이야기를 이해하고 그 안에 있는 인간의 삶의 의미를 이해하는 한 방식이다. 그것은 악으로부터 구원을 받는 길과 종말론을 제공한다. 종교적인 내러티브인 것이다.

성경 이야기처럼, 서구 인간주의의 메타내러티브(사건이나 상황에 대한 포괄적이고 지배적인 설명 혹은 해석으로, 사람들의 믿음들에 양식 혹은 구조를 제공하고 경험에 의미를 부여한다—옮긴이)는 삶에 대한 포괄적인 전망을 제공하며 궁극적인 충성을 요구한다. 두 가지의 종교적으로 궁극적이고 포괄적인, 그러나 양립할 수 없는 이야기들 사이의 충돌이 있는 것이다.

우리가 인간의 삶을 이해하는 방식은 인간의 이야기에 대해 어떤 개념을 갖는지에 의존한다. 나의 삶의 이야기가 부분을 이루는 참된 이야기는 무엇인가?…우리의 동시대 문화에서…두 가지의 상당히 다른 이야기가 말해진다. 하나는 진화의, 적자생존을 통한 종의 발전의 이야기이며, 문명의 발흥과 그것이 인류에게 자연에 대한 지배의 성공을 준 이야기다. 다른 이야기는 성경에 구현된 이야기로, 창조와 타락, 하나님이 인류를 위한 하나님의 목적의 전달자로서 한 민족을 선택하신 것, 그리고 그 목적이 성취되게 하실 분이 오시는 것에 대한 이야기다. 이것들은 두 가지의 다른, 양립할 수 없는 이야기들이다.[50]

50　Newbigin, *Gospel in a Pluralist Society*, pp. 15-16.

뉴비긴의 삶의 초기 경험은 서구 이야기가 참된 인간 이야기라는 견해를 이해하도록 돕는다. 뉴비긴은 그의 학창 시절 마지막 해에 그에게 가장 강력한 영향을 끼친 것이 F. S. 마빈(Marvin)의 저서 『살아 있는 과거』(The Living Past)였다고 말한다. "그 책은 점점 자라면서 인간의 완전한 인간성으로 나아가는 길에 서 있는 모든 것을 지배하는, 위를 향한 분투로서의 인간 이야기에 대한 믿음을 나에게 주었다." 그 책은 이 이야기에 참여하도록 그를 초청했는데, 이는 그가 학교 회합에서 존 애딩턴 시먼즈(John Addington Symonds)의 찬가 가사를 힘차게 부르는 일에 참여하도록 이끌었다고 뉴비긴은 말한다. "피 한 방울도 흘리지 말고, 땅과 불과 바다와 공중에 대한 인간의 주됨을 확고히 심을 수 있는 모든 것을 과감히 하라."[51] 그가 밝히는 바에 따르면, "나는 나 자신이 그 숭고한 운동의 한 부분이라고 보았다."[52]

그 책은 메타내러티브를 명료하게 표현하는데, 이는 뉴비긴이 보기에 서구 문화를 움켜쥐고 있는 것이다. 그는 1941년의 방갈로르 강연에서 이미 그것을 다루고, 54년이 지난 후에 복음과 문화에 대한 자신의 분석을 묘사하기 위해 같은 표현을 사용한다.[53] 그것은 "거대 서사로, 계몽주의 이후로 '현대성'이 말해 온 것이다. 이 내러티브에

---

51 뉴비긴은 이 찬가가 진보에 대한 서구의 거대 담론을 잘 표현하는데, 이상하게도, 그것이 많은 기독교 성가집에 포함되어 있음을 말한다. 참고. Lesslie Newbigin, *Signs amid the Rubble: The Purpose of God in Human History* (Grand Rapids: Eerdmans, 2003), pp. 5-6.
52 Newbigin, *Unifinshed Agenda*, p. 6.
53 Newbigin, *Signs amid the Rubble*, pp. 3-55; Lesslie Newbigin, "Gospel and Culture" (unpublished speech, Denmark, November 1995).

서 인간 역사는 '문명'의 점진적인 승리인데, 이는 계몽주의가 이해하는 것처럼 '이성'의 보편적 능력을 수단으로 자연과 인간사를 지배하는 것으로 이해된다."[54]

이런 서구의 거대 서사에 중요한 것은 진보의 개념이다. "진보라는 생각은 매우 예리한 형태로 기독교에 역사 전체에 대한 하나님의 목적이라는 질문을 제기한다."[55] 진보는 단지 인간 문화의 발전 이상이다. 오히려, "우리의 현대 서구 세계"에 진보는 우리의 "종말론"이다. 중세 세계가, 성경의 가르침을 받아, 요한계시록의 거룩한 성읍을 역사의 목표로 보았던 반면에, "18세기는 그 거룩한 성읍을 다른 세상에서 이 세상으로 이동시켰다."[56] 서구의 이야기는 인류에 의해 창조된 낙원을 향한 진보, 자유·형제애·평화의 사회다.[57]

이 새로운 세상은 인간의 노력에 의해 창조되며, "더 이상 하늘로부터 오는 하나님의 선물이 아니다." 오히려 "그것은 땅의 계몽된 사람들의 과학과 기술의 최종적인 승리다."[58] 그것은 자신들을 구원할 수 있는 인간에 대한 깊은 종교적 신뢰의 의미에서 인간주의적이다. 더 나은 세상을 향한 이런 진보의 이야기가 뿌리를 두고 있는 인간 이해는 우리가 신과 같고, 선하고, 세상의 비참과 악에서 우리 자신

---

54 Lesslie Newbigin, "The Gospel and Our Culture: A Response to Elaine Graham and Heather Walton", *Modern Churchman* 34, no. 2 (1992): p. 8.
55 Newbigin, *Signs amid the Rubble*, p. 5.
56 Newbigin, *Foolishness to the Greeks*, p. 28.
57 Newbigin, *Signs amid the Rubble*, p. 6.
58 Newbigin, *Foolishness to the Greeks*, p. 28.

을 해방시킬 수 있다는 것이다.[59] 이런 현대성의 메타내러티브에서, 인류가 역사를 이 낙원으로 움직이는 방법은 종종 뉴비긴이 하나로 엮는 네 단어로 요약되는데, 즉 과학·기술·경제·정치다.[60] 보편 이성은 과학 방법론들에 의해 훈육되어 교리, 전통, 미신으로부터 자신을 해방시킨다. "교리, 전통, 미신"으로부터의 이런 해방과 "또한 새롭게 해방된 인간 이성의 능력을 목적에 맞게 발휘하는 것은 이해와 지배의 성장으로 이어져서, 사람들을 노예로 만드는 모든 악을 정복하게 될 것이다."[61] 악을 정복하는 지배의 성장은, 과학이 기술로 옮겨져서 자연을 복종시키고 또한 경제적·정치적 사회 조직들로 옮겨져서 인간 문화를 통제할 때 나타날 것이다.

보편 역사에 대한 이런 전망은 18세기 계몽주의에서 성숙해져서, "오랜 기간의 임신 이후 현대 유럽이 탄생하고 자신의 독특한 성격을 자각하게 되는" 지점까지 이르렀다.[62] 바로 이 시기에 종종 뉴비긴은 많은 주의를 집중한다. 그는 이때를 살던 사람들이 이 시기를 "계몽"의 시기로 언급하는 것을 말하면서, 이 이야기에 종교적인 본질이 있음을 시사한다. 유럽이 새로운 종교적 전망으로 전환됨에 따라 "집단 개종"이 일어났다.[63] "빛이 밝았다. 어둠은 물러났다.…'계몽'은 깊은 종교적 색채를 가진 단어다. 부처의 결정적인 경험을 묘사

---

59 Newbigin, *Signs amid the Rubble*, p. 6.
60 예를 들어, Newbigin, "Gospel and Culture", pp. 8, 12.
61 Newbigin, *Foolishness to the Greeks*, p. 28.
62 Newbigin, *Unfinished Agenda*, p. 251.
63 Newbigin, *Foolishness to the Greeks*, p. 23.

하기 위해 사용된 단어다. 예수의 오심을 묘사하기 위해 요한 문헌에서 사용된 단어다. '빛이 세상에 왔으되'(요 3:19)."[64] 유럽 사람들은 "참된 과학적 방법론"의 빛이 밝았다고 확신했다. "자연과 자연의 법칙은 어둠 속에 감추어져 있다. 그리고 하나님이 '뉴턴이 있으라' 말씀하시니, 모든 것이 밝아졌다."[65] 뉴턴 이전에 살았던 사람들, 혹은 다른 곳에서 그의 영향력 바깥에서 사는 사람들은 어둠 속에 있었다. 그리고 만약 당신이 어두운 세상에서 빛을 가지고 있다면, 당신은 그 빛을 다른 이들과 나눌 의무가 있다. 당신이 선교적 종교가 되는 것이다. "그들은 여전히 이상하게 어두운 세상에서 빛의 전달자들이었다. 그러므로 그들은 자신들의 문명을 세상의 모든 구석까지 전달할 임무와 역량을 모두 가지고 있었다. 그리고 그들은 그렇게 하고자 나아갔다."[66]

계몽주의에서 일어나는 일은 깊은 개종이다. 그것은 "한 신조를 다른 신조로 대체하는 것이다. 한 교리를 다른 교리로 바꾸는…개종이다."[67] 이 개종은 더 이상 성경 이야기가 "진리의 장소"가 아니라는 것을 의미했다. "오히려 진리는 자율적인 이성을 발휘해서 발견되어야 한다는 것이었다."[68] 뉴턴의 과학적 방법론은 이제 진리의 전형으

---

64 Newbigin, *Other Side of 1984*, p. 7.
65 Newbigin, *Other Side of 1984*, p. 10.
66 Newbigin, *Other Side of 1984*, p. 8.
67 Lesslie Newbigin, "The Bible: Good News for Secularised People" (keynote address, Europe and Middle East Regional Conference, Eisenach, Germany, April 1991), Newbigin Archives, University of Birmingham, p. 2.
68 Lesslie Newbigin, "Mission Agenda" (lecture, Trinity College, Dublin, November 2, 1992), p. 3.

로 기능했다. 성경 이야기가 아니라, 과학적 진리가 이제 "인간의 일치를 위한 기반"이었다. 오랜 기간에 걸친 유럽의 기독교회는 이제 암흑의 시대로, 혹은―기껏해야―이성이 지배하는 두 시기인 고대의 고전적 세계와 현재 사이의 중세로 간주되었다."[69]

인간의 통일성의 새로운 기반으로서, 그것은 공적 삶의 모든 측면을 재형성하기 시작했다. 서구 문화에 대한 뉴비긴의 분석은 어떻게 이런 전망이 인간 삶의 모든 것을, 정치에서부터 학문, 경제, 그리고 성 역할까지 개혁하기 시작하는지 보여 준다. 우리가 "현대 서구 문화"로 부르는 것은 계몽주의의 시각에 "의존하고 결국에는 그것을 입증하는, 인간 삶을 구성하는 방식 전체다."[70] 공적 교육에 대한 그의 논의는 이에 대한 좋은 사례를 제공한다.

18세기에 진보의 교리의 발흥과 함께, 계몽주의와 이성의 시대의 직접적인 결과로, 유럽 전역에서 아이들의 교육을 부모와 교회의 통제에서 벗어나게 하자는 의식적인 운동이 일어났다. 정부가 통제하는 국가 교육 체계가 발전해서, 이후의 세대들에게 세계에 대한 다른 견해를 심어 주었다. 교육이 정부의 책임이라는 발상 전체가 아주 최근의 개념이고, 새로운 진보 교리의 함의들 중 하나다.[71]

---

69 Newbigin, "Mission Agenda", pp. 3-4.
70 Newbigin, *Foolishness to the Greeks*, p. 29; "Profile of a Culture", pp. 21-41의 장 전체를 보라. 『헬라인에게는 미련한 것이요』(IVP), 2장.
71 Lesslie Newbigin, *Discovering Truth in a Changing World* (London: Alpha International, 2003), p. 103.

계몽주의가 뉴비긴의 분석의 초점이지만, 그의 저술에는 그가 고대 그리스부터 현재까지 서구의 메타내러티브 전체를 구성할 방식에 대한 단서들로 넘쳐난다. 이것이 중요한 이유는 뉴비긴이 자신의 주장에 힘을 싣기 위해 종종 배경이 되는 거대 담론에 의존하기 때문이다. 그는 서구 문화의 원천을 양립할 수 없는 두 흐름의 측면으로, 곧 고전적인 합리주의의 인간주의와 성경 이야기로 언급한다.[72] 이 흐름들 사이의 차이점은 의지할 만한 진리의 장소에 있다. 인간주의적 전망에서 진리는 역사를 초월해 있는 무시간적 개념인 반면, 성경 진리는 예수를 중심으로 한 역사적 사건들의 이야기에서 발견된다. 이 두 흐름은 4-5세기에 아우구스티누스 안에서 합쳐졌고, 그 후 천 년의 대부분 동안 우세했던 것은 신앙이 이성을 이끈 성경 이야기였고, 진리의 근원은 인간주의의 무시간적 진리가 아니라 성경 이야기였다. 이런 두 전통은 13세기의 아퀴나스의 작업과, 아리스토텔레스를 서구 유럽 문화에 소개하면서 그를 따랐던 스콜라주의자들에 의해 갈라졌다.[73] 인간주의적 전망이 증가하는 문화적 힘을 얻기 시작한 것은 르네상스를 통해 고전적 관념들이 유럽으로 흘러들어 가면서,[74] 종교개혁 이후에 기독교 신앙의 신뢰를 떨어뜨린 종교 전쟁들을 통해,[75] 그리고 특히 과학 혁명이라는 새로운 물리학의 승

---

72 Newbigin, *Gospel in a Pluralist Society*, pp. 1-3; *Proper Confidence*, p. 3.
73 Newbigin, "Gospel and Culture", p. 6; Lesslie Newbigin, "The Gospel and the University", unpublished sermon, Chapel of Royal Holloway, University of London, June 27, 1993, p. 2.
74 Newbigin, *Other Side of 1984*, pp. 6-7.
75 Newbigin, *Proper Confidence*, p. 30.

리를 통해서다.[76] 이 모든 것이 계몽주의 시대에 서구의 개종을 야기 했다.

뉴비긴은 또한 계몽주의적 전망이 발전한 과정에 대해, 특히 20세기에 그렇게 된 것에 대해 많은 것을 제시한다.[77] 20세기 유럽의 사건들은 계몽주의적 진보가 약속한 것들에 대한 확신을 점점 더 상실하게 하는 것으로 이어졌는데, 왜냐하면 그것은 "약속된 것을 내놓는 데 처참하게 실패했기" 때문이다. 사회를 합리적으로 계획하는 것은 모든 것을 비합리적인 시장의 힘에 내맡기기 위해 포기되었다.[78] 우리 문화의 한 부분—사적 영역—에서는 현대성이 탈현대성으로 붕괴되고 있다. 상대주의와 다원주의가 점점 더 커지고, 진리 주장은 권력으로 환원되는 것이다.[79] 그러나 더 큰 위협은 서구 문화의 공적 삶이 여전히 삶에 대한 현대적 시각을, 비록 새로운 전 지구적이고 경제적인 형태일지라도, 구현한다는 점이다. 그러므로 여전히 현대성은 세계가 마주하는 주된 도전이다.[80] 현대성의 이런 경제적 형

---

76 Newbigin, *Other Side of 1984*, p. 10.
77 계몽주의 이후의 서구에 대한 뉴비긴의 분석을 숙고하는 것이 보통 집중한 점은, 현대의 과학적 세계관에 대한 그의 지속된 관심이 포스트모던 서구에 대해, 특히 인식론의 영역에서 그가 한 산발적인 논평들과 어떻게 연관되는지에 있었다. 충분한 관심이 기울여지지 않은 부분은, 그의 생애 마지막 십 년에 그가 계몽주의라는 현대의 우상숭배가 경제적이고 전 지구적인 형태를 취한 방식에 점점 더 큰 우려를 가졌다는 점이다.
78 Lesslie Newbigin, *Truth and Authority in Modernity* (Valley Forge, PA: Trinity Press International, 1996), pp. 73-74.
79 Newbigin, *Proper Confidence*, p. 27; Lesslie Newbigin, "Religious Pluralism: A Missiological Approach", *Studia Missionalia* 42 (1993): pp. 231-234; Newbigin, *Truth and Authority in Modernity*, pp. 7-9, 82.
80 Lesslie Newbigin, "Modernity in Context", in *Modern, Postmodern and Christian*, ed. John Reid, Lesslie Newbigin, and David Pullinger, Lausanne Occasional Paper 27

태는 그 뿌리를 18세기에 두고 있는데, "계몽주의가 아마도 가장 광범위한 결과를 가질 것이었던" 경제학이다.[81] 계몽주의적 시각의 "새로운 경제학"은 자유 시장의 작동을 통해 "무제한의 물질적 성장"과 "더 높은 수준의 성취와 행복"을 "창출할" 것이다. "자유 시장이 공급과 수요의 균형을 맞출 수 있는 좋은 방식"이라는 것은 사실이지만, 그러나 "만약 그것이 절대화되고 경제적 삶을 지배하도록 허용된다면 악한 권세가 된다."[82] 이것이 20세기 말에 일어난 일이다. 그리고 이런 경제적 우상숭배는 문화적 삶 전체에 새로운 형태를 부여하며 전 지구적 문화가 되고 있다. 경제적 형태의 현대성 — "현대적, 과학적, 자유주의적, 자유 시장 문화"[83] — 은 세계화 과정 가운데 전 세계로 퍼지고 있다. 소련과 동유럽의 통제 경제가 붕괴한 후, 온 세계는 "단일한 경제-금융-기술 단위에 갇히게 되었다." 정보 기술의 발달과 함께, 지구에 거주하는 모든 사람이 이런 전 지구적 "금융-경제 체제"[84]로 휘말려 들어가고 있다. 이것은 전 지구적 규모의 현대성 혹은 현대화이며, 이를 이해하기 위해 우리는 정치 및 경제 체제보다 "더 깊은 수준"까지, 즉 "근본적인 믿음, 궁극적인 헌신, 실제로는 우상숭배의 수준"까지 파헤쳐야 한다.[85]

(Carberry, Scotland: Handsel, 1996), p. 8.
81 Newbigin, *Other Side of 1984*, p. 11.
82 Lesslie Newbigin, "Speaking the Truth to Caesar", *Ecumenical Review* 43, no. 3 (July 1991): p. 375.
83 Newbigin, *Word in Season*, p. 188.
84 Newbigin, "Missionary's Dream", p. 5.
85 Lesslie Newbigin, "The Gospel as Public Truth: Swanwick Opening Statement" (unpublished address, 1992), p. 6.

경제적 현대성은 20세기 후반부에 "의미 없는 향락주의 사회"를 낳았다.[86] 우리의 신앙고백은 "나는 쇼핑한다. 그러므로 나는 존재한다", 혹은 "테스코가 있다. 그러므로 내가 존재한다"(Tesco ergo sum)가 된다.[87] 우리가 다루고 있는 것은 "한 종교의 깊이와 힘인데, 그 종교의 대성당은 위대한 쇼핑몰과 슈퍼마켓들이며 이곳으로 가족들이 매주 소비 지상주의의 예전에 참여하기 위해 온다."[88] 이런 종교적 시각은 부유층과 빈곤층 사이에 점점 커지는 분열을 만들어 내고 있다. 1960년에, 제1차 국제연합 개발의 10년이 시작될 때, 세계에서 가장 부유한 십억 명은 가장 가난한 십억 명의 소득보다 30배를 받았다. 1990년에 그 숫자는 150배가 되었다. 게다가, 이런 경제적이고 소비적인 삶의 방식은 환경을 파괴하고 있다. 만약 온 세계가 선진국 수준으로 살았다면, 지구는 우리를 감당할 수 없었을 것이다.[89] 경제적 현대성과 소비 지상주의, 이것이 오늘날 교회를 위협하는 데 중심이 되는 우상숭배다.

서구 문화에 대한 뉴비긴의 분석이나 그가 그 이야기를 말하는 방식에 대해서는 트집을 잡을 것이 많을지도 모른다. 그러나 우리가 그가 하고 있는 일을 이해하기 위해 우리의 생각에 확고히 새겨야 할 것은, 그는 자신을 문화 분석가나 역사가로 여기지 않는다는 점이

---

86 Lesslie Newbigin, "It Seems to Me", *Transmission* (Spring 1997): p. 4; 참고. Newbigin, *Foolishness to the Greeks*, pp. 30-31.
87 Lesslie Newbigin, "What Is Culture?" (unpublished address, 1990), p. 4. 테스코는 영국의 초대형 다국적 슈퍼마켓 체인이다.
88 Newbigin, "Gospel as Public Truth", p. 6.
89 Newbigin, "Gospel as Public Truth", pp. 5-6.

다. 다만 그는 교회의 증언을 약화시키는 우리 문화의 뿌리들을 드러내고자 시도하고 있는 것이다. 그의 관심은 교회가, 서구의 강력한 우상들에 의한 방해 없이, 복음을 참된 이야기로 구현하고 말하기 위해 확신을 얻는 것이다. 다른 말로 하면, 그것은 학문적인 과업이 아니라, 무엇보다도, 선교적인 과업이다. 교회는 서구 이야기의 권세로 인해 위태롭게 되고 소심해졌다. 뉴비긴은 교회가 그것을 복음과 경쟁하는—똑같이 포괄적이고, 똑같이 종교적이고, 똑같이 신앙에 뿌리내린—이야기로 보기를 원한다. 그럼에도 불구하고, 그것은 어느 정도는 복음과 양립할 수 없는 것이다. 또한, 만약 교회의 본질 자체가 성경 이야기를 구현하고 말하는 것이라면, 복음을 이런 경쟁하는 이야기에 순응시키는 것은 신실하지 못한 일이다.

인식론적 분석: 이성이라는 우상의 정체를 드러내기

몇 번이고 뉴비긴이 말하는 바에 따르면, 진짜 쟁점은 복음이 **참**인지 여부다. 그리고 만약 그렇다면, 교회는 그렇다는 확신이 필요하다. 앞에서 서구의 이야기를 간략하게 묘사한 것은, 뉴비긴이 중립적인 이성이라는 신화를 드러내기 위해 그토록 많은 시간을 들이는 이유를 우리에게 보여 준다. 뉴비긴에게 서구 문화의 공적 교리는 세계를 지배하고 지상에 낙원을 건설하고자 하는 자율적 이성의 행진이었다. 그러나 낙원을 건설할 수 있는 이성에 대한 우리의 확신은, 과학적 이성이 우리에게 진리를 말한다는 우리의 신뢰에 정확히 근거해 있다. 우리는 이성에 의해 진리를 **안다**는 것이다. 이성의 즉위는 복음의 진리에 도전했으며, 그리스도인들은 겁을 먹고 복음에 대한 확신을 잃었다. 만약 선교적 만남이 있으려면 그 확신이 회복되어야 한다. 메시아를 자처하는 과학적 이성의 가면이 벗겨져야 한다. 따라서 뉴비긴은 어떻게 우리가 아는가의 인식론적 질문들에 대한 상당히 미묘한 차이를 둔 분석의 글을 많이 썼다. "근본적인 쟁점은 인식론적이다. 그것은 어떻게 우리가 진리를 알게 되는지, 어떻게 우리가 실재하는 것을 알 수 있는지에 대한 질문이다."[90] 흥미롭고도 효과적으로, 종종 그는 교회의 선교에 대한 논의로 넘어가기 전에 앎의 과정에 대한 분석으로 시작한다.[91]

뉴비긴이 인식론에 대해 가진 관심을 잘못 특징짓고, 왜 우리가 선교에 대해 공부하면서 인식론과 관련해 시간을 보내고 있는지 묻기 쉽다. 이것은 내가 학생들에게 종종 받는 질문이다. 대답은 너무나 간단하게도, 우리가 "그 무엇보다도 이성의 자율성을 귀하게 여기는" 문화 속에 살고 있기 때문이라는 것이다.[92] 이 우상은 반드시 폭로되어야 하는데, 우리의 문화와 그 문화를 주된 관심사로 삼고 있는 교회가 이런 시각에 사로잡혀 있기 때문이다. 교회는 복음을 공적 진리로 선포하고 살아가는 것을 두려워하게 되었다. 복음을 사적 가치와 개인적 선호라는 전혀 부적합한 장소에 한정하는 것을 얌전히 받아들인 것이다. 다른 말로 하면, 지식의 본질에 대한 잘못된 이해가 감옥을 만들어 복음을 가두고 교회의 선교를 한정한다.

---

90 Newbigin, *Word in Season*, p. 104.
91 예를 들어, Newbigin, *Gospel in a Pluralist Society*, pp. 1-65; Newbigin, *Discovering Truth in a Challenging World*, pp. 1-20.
92 Newbigin, *Other Side of 1984*, p. 51.

인식론적 분석은 그런 창살을 제거하도록 도울 수 있다. 우리는 지식에 대한 과학적 접근이 타당한 진리에 이르는 유일한 방법이라는 주장에 사로잡혔고, 이는 선교적 만남을 무력화시켰다. 교회를 자율적 이성의 우상에 사로잡힌 것에서 해방시키기 위해 뉴비긴은 자주 "근본적 문제에 대한 결연한 공격을 가하는데, 이는 '어떻게 우리가 아는가?'라는 질문에 대한 대답을 표현하는 인식론이다."[93]

뉴비긴의 공격은 두 부분으로 이루어진다. 첫째, 그는 서구 문화의 중심에 놓여 있는 의문시되지 않은 인식론에 도전한다. 그가 그렇게 하는 수단은 역사적 분석과, 그 역사에서 나온 잘못된 이원론의 폭로다. 이 이야기의 영웅은 아우구스티누스인데, 그에게 이성은 신앙의 맥락 안에서 작동한다. 그리고 주요 악당들은 그것을 뒤집어 놓은 르네 데카르트(René Descartes), 존 로크(John Locke), 프랜시스 베이컨(Francis Bacon)이다. 또한 뉴비긴의 분석은 탈경험주의 철학과 과학사의 통찰을 이용해서 중립적 이성을 상정하는 것의 순진함을 보여 주려 한다. 둘째, 그는 우리가 진리를 아는 방식의 더 정직한 모델을 제시하면서 마이클 폴라니, 알래스데어 매킨타이어(Alasdair McIntyre), 니콜라스 월터스토프(Nicholas Wolterstorff) 같은 철학자들을 의지한다.[94]

계몽주의 철학자들인 데카르트, 베이컨, 로크의 저작에서 과학적

---

93 Newbigin, *Gospel in a Pluralist Society*, p. 25.
94 폴 웨스턴(Paul Weston)은 뉴비긴의 인식론에 대한, 특히 마이클 폴라니에 의존하는 것에 대한 상세한 분석을 다음에서 제시한다. Paul Weston, "A Critical Engagement with the Writings of Lesslie Newbigin" (PhD diss., University of London, 2001).

이성은 그 합당한 창조적 장소에서, 공동체적으로 구현된 전통을 형성했던 신앙의 헌신들 가운데 있는 곳에서 추출되었다. 그것은 복음과 기독교 신앙의 진리를 포함하는 모든 진리 주장의 최종 결정권자로 등극했다. 이는 서구의 세계관에 깊이 박혀 있는 다수의 인위적인 이분법을 만들어 냈는데, 즉 이성과 계시, 아는 것과 믿는 것, 사실과 가치, 의심과 교리, 공적인 것과 사적인 것, 진리와 의견, 객관적인 것과 주관적인 것이 그런 것들이다. 각각의 경우에, 첫 번째 용어는 과학적 지식과 연관성을 갖고 두 번째 용어는 복음의 역할 및 장소와 연관성을 갖는다. 그러나 이것들은 지식의 본질을 잘못 이해한 거짓된 이분법이다. 과학적 이성이 자율적이라는 주장의 정체가 폭로되어, 복음을 의견과 가치의 사적 영역이라는 감옥에서 해방시켜야 한다.

이것들은 학자들의 이론적 이원론에 불과하지 않다. 오히려 그것들은 우리 문화의 토대에 놓여 있는, 깊이 뿌리박힌 추정들이다. "우리의 현대 문화의 가장 특징적인 점은, 인간사를 '사실'의 공적 세계와 '가치'의 사적 세계로 예리하게 나누는 것이다. 전자는 공적 교리의 세계다.…후자는 자유로운 개인적 선택의 세계다."[95] 과학적 이성이 진리에 대한 최종적 권위를 가질 때, 이성에 의해 증명될 수 있는 것만 진리로 승인되고 공적 광장에서 역할을 할 수 있다. 다른 모든 진리 주장은 가치와 견해의 사적 영역으로 강등된다. 그것들은, 마치 초콜릿 아이스크림처럼, 취향에 불과한 것으로서 주관적이며 세상에서 어떤 객관적 토대도 갖고 있지 않다. 따라서 우리는 두 갈래로 나

---

95 Newbigin, "Culture of Modernity", p. 100.

넌 문화를 갖고 있는데, 그 안에서 진리로 인정된 과학과 기술이 공적 삶에 주된 동력을 공급한다. 그러나 인간의 삶의 목적에 대한 공유된 공적 교리, 즉 과학과 기술을 포함하는 공적 삶을 인도할 수 있는 것은 없다. 인간의 삶의 의미에 대한 모든 주장은 그저 주관적인 선호이며 현실과 단절된 것으로, 이는 인간의 삶에서 중요한 대부분의 것들을 주관주의와 상대주의로 전락하게 만들었다.

자율적 이성이라는 우상은 객관성에 대한 거짓된 주장의 가면을 썼다. 과학적 지식은 객관적으로 참된 것으로, 우리에게 있는 그대로의 사물을 말해 준다고 상정된다. 자율적 이성은 과학적 방법으로 훈련된 것으로, 객관적 지식을 획득하기 위해 우리의 주관성을 뛰어넘을 수 있다. 그것은 무적의 권위적인 태도로 모든 전통과 믿음을 판단한다. 그러나 이것은 과학적 지식이 작동하는 방식이 전혀 아니다. 오히려, 과학적 지식을 추구하기 위해서는 어떤 신뢰의 틀 혹은 어떤 신앙에 기초한 관점을 받아들이고 그 안에서 살아야 한다. 이것은 믿음·추정·실천·기술의 틀로서, 과학 공동체가 자신의 작업을 수행할 때 상정하고 신뢰하는 것이다. 이런 틀은 수많은 암묵적인 믿음과, 검토되지 않았으며 의문시되지 않은 지식을 담고 있으며, 과학 전통의 참여자가 되기를 원하는 학생에게 전수된다. 그리고 학생들은 그들에게 주어진 신앙의 틀 전체를 받아들이고 신뢰한다.

그러므로 자율적 이성은 착각이다. 이성은 언제나 어떤 전통의 권위라는 맥락 안에서 작동하며, 거기에는 그 전통의 믿음과 추정이 모두 함께 있다.[96] 언제나 이성은 어떤 사회적으로 구현된 전통 안에서 세상을 이해하고자 작동한다. 과학의 경우에 이성은 과학자들의 공동체 안에서 작동하는데, 그들은 이 전통을 진척시키고 그 근본적 통찰들을 다양한 상황과 경험에서 사용하는 일에 함께했다. 그렇게 과학의 전통조차도 의문시되지 않은 신앙적 헌신에 비추어 작동한다. 과학적 방법이 우리를 진리로 인도하리라는 것이다. 이 빛은 의문시되지 않는다. 그것은 더 나은 이해를 위한 빛을 공급하기 위해 신앙 가운데 신뢰된다.

뉴비긴은 이런 과학적 통찰들을 선교학적 방식으로 전용한다. 그는 과학 전통과 기독교 전통 사이의 유사성을 밝힌다.[97] 두 경우 모두에서, 이성은 지속되는 전통의 맥락 안에서만 작동한다. 전통은 한 공동체에 의해 사회적으로 구현되고, 그 공동체가 일하고 살아가는 궁극적인 빛으로 기능하는 신앙적 헌신과 함께 작동하며, 그 공동체가 원래의 밝혀진 내용의 빛을 새로운 맥락과 상황에서 사용하면서 계속된다. 단지 질문은 어떤 전통인가, 누구의 빛인가 하는 것이다.

과학 전통과 기독교 전통 사이에 유사성이 있지만, 또한 근본적인 차이들도 있다. 첫째, 과학 전통은 "나는 과학적 방법으로 발견했다"로 시작하는 반면, 기독교 전통은 "하나님이 예수 그리스도 안에서 말씀하셨다"로 시작한다.[98] 하나는 나-그것의 지식으로 시작하는 반면, 다른 하나는 나-너의 지식에 특징적인 신뢰하는 들음으로 시작한다. 기독교 신앙에서 이성은, 인간주의 전통에서 그렇듯 만물을 장악하는 자율성의 종이 아니라, 하나님의 계시에 대해 듣고 신뢰하

---

96 Newbigin, *Gospel in a Pluralist Society*, p. 58.
97 Newbigin, *Gospel in a Pluralist Society*, pp. 52-65.
98 Newbigin, *Gospel in a Pluralist Society*, p. 60.

는 개방성의 종이 되었다.⁹⁹

둘째, 기독교 전통을 일으키고 빛을 주는 신앙적 헌신은 목적과 의미라는 궁극적인 질문들에 관심을 기울이는 반면, 과학 전통은 우주의 합리적 구조를 캐묻는 원인과 결과의 쟁점들에 제한된다. 실제로, 과학은 그 시작부터 목적을 제거한다. 만약 누군가 이전에 전혀 보지 못한 기계를 발견한다면, 아마도 그 구조를 잘 분석할 수 있을 것이다. 그러나 그 기계의 목적을 알 수 있는 유일한 길은 누군가가 그것을 그들에게 설명해 주는 것이다. 과학은 우주의 구조를 분석할 수 있을지 모르지만, 우리가 그 목적을 알 수 있는 것은 오직 창조주가 그것을 계시하실 때다. 복음은 창조 세계의 목적과 의미를 드러내면서, 과학의 발견을 설명할 수 있는 더 포괄적인 합리성 전통의 역할을 한다. 예수 그리스도 안에 계시된 세계의 궁극적인 목적은 창조 세계의 구조를 캐묻는 원인-결과의 과학적 지식을 위한 더 낮은 단계들의 분석에서 자리를 발견할 수 있다.¹⁰⁰ 그러나 그 반대로는 작동하지 않는다.

뉴비긴이 믿기에 이런 이분법들은 거짓일 뿐 아니라, 위험하고 파괴적이다. 우리가 우리의 "신뢰를 과학의 발견에" 둔다면, 아마도 우리 세계의 구조에 대한 통찰을 얻을 수는 있겠지만, 우리는 "궁극적인 의미에 대한 질문에 아무런 대답도 얻지 못한 채 남겨질" 것이다. 따라서 우리의 공적 삶을 인도하는 "우상들의 만신전을 발전시키

---

99 Newbigin, *Word in Season*, p. 93.
100 Newbigin, *Gospel in a Pluralist Society*, p. 49.

는"¹⁰¹ 길은 열려 있다. 게다가, 자율적인 과학적 이성에 의해 야기된 의심이라는 비판적 원리에 대한 신앙적 헌신은 궁극적으로 서구 문화를 파괴하는 것으로 나타나고 있다. 우리는 우리 사회를 위협하는 허무주의적 상대주의와 주관주의로 가차 없이 이끌리고 있다. 데카르트는 필연적으로 니체를 낳는다.¹⁰²

뉴비긴은 아우구스티누스의 통찰, 즉 "나는 이해하기 위해 믿는다"(credo ut intelligam)로 돌아갈 것을 요청한다. 이교의 고전적 문화의 우상들은, 오늘날의 우상들과 마찬가지로, 그 존재 자체를 위협하는 이분법을 산출했다.¹⁰³ 새로운 출발점 혹은 '아르케'(arche)의 필요성이 있었으며, 교회는 복음을 제공했다. 공적 진리로 제공된 바로 이 좋은 소식이 궁극적으로는 고전적 문화의 통찰과 이점을 모두 구해 냈다. 따라서 오늘날 교회는 공적 진리로서의 복음을 구현하고 선포하는 선교적 과업을 맡아야 한다. 오직 그것에 비추어서만 세계의 참된 본질이 이해될 수 있으며 서구 문화가 소비 지상주의 사회의 무의미한 향락주의로 추락하는 것에서 구해질 수 있다. 그리고 오직 그것에 비추어서만, 서구의 경탄할 만한 보물들 모두가 파멸로부터 구해질 수 있다.¹⁰⁴ 종교는 부당하게 두 세기 동안 이성의 한계 내에 갇

---

101 Newbigin, *Word in Season*, p. 150.
102 Newbigin, "Gospel and the University", p. 3.
103 뉴비긴은 이 논지를 Charles Cochrane, *Christianity and Classical Culture: A Study in Thought and Action* (New York: Oxford University Press, 1939)에 의존해서 발전시킨다. 『기독교와 고전문화』(한국장로교출판사). 그는 이 책을 자신의 사유에 아주 결정적이었던 가장 중요한 서너 권의 책들 중 하나로 언급한다(Newbigin, *Truth to Tell*, p. 15).
104 Newbigin, *Truth to Tell*, pp. 15-39.

혀 있었다. 이것이 뒤집어져야 한다. 이성은 참된 종교의 한계 내에서 바르게 기능하기 위해 해방되어야 한다.

신학적 과업: 공적 진리로서의 복음

만약 서구 문화와의 선교적 만남이 있으려면, 뉴비긴에 따르면, "성경의 권위에 대한 일관성 있고 지성적으로 옹호할 수 있는 교리를 발전시킬 긴급한 필요"가 있다.[105] 다른 곳에서 그는 "우리 문화와의 선교적 만남에 수반된 중요한 쟁점들 중 하나는, 우리가 우리의 선교를 위한 권위의 원천인 성경에 어떻게 호소하는가 하는 질문이다"라고 쓴다.[106] 서구 교회는 성경이 너무나 오랫동안 그 문화의 일부였기 때문에, 문화의 근본적인 추정들에 맞추어 왔으며 그것들에 도전하는 것이 불가능하게 보인다는 문제를 직면한다. 뉴비긴은 이렇게 묻는다. "우리는 이제 성경 메시지가 너무나 철저하게 우리의 현대 서구 문화에 들어맞게 각색되어서, 그것이 우리의 문화에 제시하는 근본적인 회심의 요청, 그 근본적인 도전을 듣지 못할 지경에 이르렀는가?"[107]

뉴비긴은 그 문제에 대한 관점을 우리에게 제시하기 위해 서구에 있는 성경 권위의 이야기를 말한다. 천 년의 기간 동안 성경은 "기독

---

[105] Lesslie Newbigin, "New Birth into a Living Hope" (keynote address, European Area Council of the World Alliance of Reformed Churches meeting, Edinburgh, Scotland, August 28, 1995), p. 7.
[106] Newbigin, "Bible and Our Contemporary Mission", p. 13.
[107] Newbigin, "Bible and Our Contemporary Mission", p. 11.

교 전통 안에서" 읽히고 해석되었다.[108] 이것은 뉴비긴에게 이중의 긍정을 의미한다.

(a) 바로 예수 그리스도, 즉 사도적 증언에서 입증된 그리스도에 대한 총체적인 사실, 그것이 모든 성경의 해석에 시금석이 된다. 또한

(b) 우리는 예수께서 자신을 이해하신 대로 그분을 이해해야 하는데, 즉 이스라엘의 이야기에 위기와 성취를 가져오시는 분이라는 것이다. 다른 말로 하면, 만약 우리가 예수를 이스라엘의 역사에 있는 그분의 자리에서 분리한다면 우리는 예수를 전적으로 잘못 이해하는 것이다.

뉴비긴의 설명에 따르면, "(a)와 (b)를 하나로 묶기 위해서 우리는 정경인 성경 전체—구약성경과 신약성경 모두—가 필요하다."[109] 천 년 동안 성경은 이런 신앙적 헌신 안에서 해석되었다. 성경이 온 세상에 대한 참된 이야기로서, 예수 그리스도 안에 절정의 순간이 있다는 것이다. 이것이 교회 안에서 성경 읽기를 형성한 신앙고백이며 신조다.

이 모든 것이 18세기에 바뀌었는데, 그때 새로운 신조가 과학적 방법에 의해 훈련된 자율적 이성에 대한 신앙적 헌신으로 유럽을 장

---

108 Newbigin, "The Bible: Good News for Secularised People", p. 1.
109 Lesslie Newbigin, "Biblical Authority", unpublished article, Newbigin Archives, University of Birmingham (1997), p. 2.

악했다. 성경은 이제 다른 믿음 체계, 다른 세계관, 다른 교리, 다른 신조, 다른 교의로부터 읽히고 해석되었다.[110] 성경은 교회에서 대학으로, 보통의 그리스도인들의 손에서 학자들의 손으로 이동했는데, 그들은 자신들의 성경 해석에 이런 과학적 방법을 동원할 수 있었다. 성경은 "더 이상 거룩한 경전이 아니라, 다른 교리에 비추어 이해되고 평가되어야 하는 고대 저작들의 집합체다.…보통의 그리스도인은 성경을 해석하기 위해…새로운 신조의 용어들에 능숙하다고 인정받은 사람[인]…학자를 필요로 했다."[111]

성서학의 새로운 세계는 "성경에 대한 과학적 접근을 신앙고백적 접근에서 구분하는" 시도로 진리에 대한 우위를 주장했다. 그러나 "이런 이동은, 만약 그것이 성경에 대한 더 객관적인 이해로의 이동으로 간주된다면, 잘못 이해된 것이다. 하나의 신앙고백적 입장에서 다른 신앙고백적 입장으로, 하나의 신조에서 다른 신조로 이동한 것이다." 그리고 이런 새로운 믿음 체계에 대한 뿌리 깊은 신앙과 헌신은 "역사 비평 방법을 실천하는 이들에게 그들의 접근이 가진 신조의 특징을 깨닫도록 설득하는 것을 매우 어렵게" 만들었다.[112] 이런 이른바 객관적 학문은 참된 해석을 위한 바른 맥락을 성경적 신앙에서 계몽주의적 신앙으로 대체한 것으로서, 성경의 메시지와 관련해 단지 중립적이지 않다. 그것은 믿지 않는 학문인 것이다. 성경 본문

---

110 뉴비긴은 이런 다양한 용어들—"믿음 체계", "교리", "교의", "세계관", "신조"—을 사용해서 성서학에 대한 계몽주의적 접근을 묘사한다.
111 Newbigin, "The Bible: Good News for Secularised People", p. 1.
112 Newbigin, *Proper Confidence*, pp. 79-80.

은 믿음에서 믿음에 이르게 기록되었다. 그것은 믿는 입장에서 하나님의 행동을 증언하는데, 그 목적은 듣는 사람들 안에 신앙을 일으키기 위함이다(예를 들어, 요 20:31). "객관적" 입장은 경쟁하는 신조에 근거한, 복음을 믿지 않겠다는 결단이다.[113]

그리고 학자들은 자신들의 새로운 신조에 충실했다. 성경은 더이상 하나님의 말씀으로 간주되지 않았고, 방법론적 분석의 대상일 뿐이었다. 고대의 본문에 대한 나-그것의 과학적 분석이 하나님의 음성에 대한 나-너의 듣기를 대체했다. 구체적으로, 물리학에서의 아이작 뉴턴의 방법들이 성경을 분석하는 도구의 본보기가 되었다. 뉴턴은 세계를 가장 작은 조각으로 분해하고, 그런 다음에 그것을 우주의 법칙에 대한 자신의 이해에 기초해서 재구성했다. "현대 학문은, 현대 과학의 본보기들을 좇아서, 재료를 더욱 더 작은 단위로 분석하고 나누고, 그런 다음에는 그것들을 재분류하고 재결합하는 방식으로 작동했다. 명백히 그것은 '사물이 실제로 존재하는 그대로의 모습'에 대한 현대적 이해에 기초한 것이었다."[114] 이는 성경을 역사비평의 조각들로 파편화하는 것으로 이어졌다. "신학생들은, 불행하게도, 성경을 구성하는 다양한 흐름들을 분석하고 해부하는 데 너무 많은 시간을 쓰도록 요구되어, 종종 그 전체의 형태를 놓치게 된다. 그것은 마치 조간신문의 사진을 이해하려 한다면서 그것에 확대경

---

113 Newbigin, "Bible and Our Contemporary Mission", p. 14.
114 Newbigin, "Bible and Our Contemporary Mission", p. 14. 참고. Lesslie Newbigin, "The Role of the Bible in Our Church" (unpublished speech, United Reformed Church Forward Polity Group, April 1985), p. 2.

을 들이대는 것과 같다. 당신은 수많은 검은 점만 보며, 사진 자체는 보지 못한다."[115] 그리고 당신이 큰 이야기를 조각들로 분해할 때, 그 조각들은 다른 그림에 통합되거나 현대의 세계관으로 흡수된다. 현대성의 우상숭배에 대한 도전은 전혀 없으며, 단지 굴복만 있다. 권위 있는 성경도 없고, 선교적 만남도 없다.[116]

성서학에 대한 이런 종류의 계몽주의 이후의 교리의 영향은 교회들로, 특히 더 자유주의적이고 주류 진영의 교회들로 퍼졌는데, 그것이 교회 안에서 여러 세대의 목회자들과 지도자들이 신학 훈련을 받는 동안 "서서히 그러나 확고히 신앙고백적 입장에서 과학적 입장으로 이동하도록" 했기 때문이다.[117] 그러나 계몽주의적 신앙은 더 보수적인 교회들에서도 마찬가지로 기반을 얻었다.

고등 비평과 계몽주의 종교의 시각이 거둔 승리는 교회를 두 진영, 즉 자유주의와 근본주의로 나누었다. 자유주의 전통은 성경을 단지 "종교사의 일부인 기록들과 종교적 체험의 모음으로, 따라서 다른 모든 책과 구별하는 어떤 독특한 권위도 없는 것으로" 축소시켰다.[118] 이는 성경의 권위와 진리를 보존하고자 한 보수적인 그리스도인들의 정당한 반발을 가져왔다. 그러나 그들은 자신들이 배척하는

---

115 Lesslie Newbigin, "The Other Side of 1990" (unpublished lecture, Clare College, Cambridge University, 1989), p. 2.
116 Lesslie Newbigin, "Canon and Mission", unpublished notes, Newbigin Archives, University of Birmingham (n.d.), p. 1.
117 Newbigin, *Proper Confidence*, p. 79.
118 Newbigin, "The Bible: Good News for Secularised People", p. 6; 참고. Newbigin, *Truth to Tell*, pp. 43-44.

자유주의 전통을 만들어 낸 바로 그 계몽주의의 도구들을 가지고 그렇게 했다. 보수적인 교회들은 성경의 진리를 옹호하되, 그것을 인간의 주체성이 아무런 역할을 하지 않는 하나님, 자연, 인류에 대한 무시간적인 교리와 객관적인 진리의 기록으로 축소하는 방식으로 그렇게 한다. 계몽주의 이후의 특징인 근본적인 사실-가치의 이분법의 측면에서 보수주의자들은 사실의 편에, 그리고 자유주의자들은 가치의 편에 떨어진다. 그리고 둘 다 주어진 내러티브의 통일성을 약화시키면서 자신의 구성물을 만들어 낸다. 자유주의 전통은 성경을 역사 비평 및 고대 종교의 조각들로 분해하고, 그런 다음에 그것을 지배적인 현대적 세계관의 지시에 맞추기 위해 전체적으로 재조립한다. 보수주의 전통은 성경을 신학적인 조각들로 분해하고, 그것을 자신들의 조직 신학 및 변증 계획에 맞추어 재조립한다.

이런 분석은 뉴비긴을 당대의 성경관들이 가진 문제에 대한 삼중의 진단으로, 그리고 선교적 만남이 있기 위해 필요한 삼중의 대응으로 이끈다. 첫째, 권위 있는 하나님의 말씀으로서의 성경이 상실되었다. 성경은 **진리로** 회복되어야 한다. 둘째, 성경이 그 포괄적인 권위를 상실하고 사적 가치의 영역으로 강등되었다. 성경은 **공적 진리로** 회복되어야 한다. 셋째, 성경이 종교적 경험들의 기록이나 신학적 명제들의 모음으로 축소되었다. 성경은 **내러티브의 진리로** 회복되어야 한다. 성경에서 우리에게 주어진 것은 종교적 경험들이나 무시간적 명제들이 아니라, 예수가 그 중심인 보편 역사의 이야기다. 선교적 만남은 오직 우리가 성경을 포괄적이고 내러티브적인 진리로 회복할 때만 가능하다. 한마디로 말하자면, 복음과 서구 문화 사이의 선교적 만남이 있으려면, 성경은 인간의 삶의 모든 것에 대해 권위를 갖는 온 세상의 참된 이야기로 회복되어야 한다.

뉴비긴은 계몽주의 이후의 시기에 성서학에서 얻은 모든 유익을 제거하고자 하지 않는다. 계몽주의는 진짜 빛을 가져왔다. 궁극적인 빛은 아니지만, 진짜 빛이다. 고등 비평은 성경의 인간적인 요소에 대한 많은 통찰을 가져다주었다. 따라서 뉴비긴으로서는, 계몽주의에 앞선 비평 이전의 서구 혹은, 예를 들어, 인도에서처럼 아직도 사람들이 계몽주의 이후의 안경을 끼지 않고 성경을 읽을 수 있는 시기로 돌아가는 일은 있을 수 없다. 그런 경로는 우리에게 열려 있지 않다. 우리는 계몽주의의 통찰과 우상숭배를 모두 직시해야 한다. 해파리 같은 혼합주의가 선택지가 아니라면, 화석화되어 비평 이전의 시기로 돌아가는 것도 역시 선택지는 아니다. 앞으로 나아갈 길은 성경을 내러티브적이고 포괄적인 권위가 있는 공적 진리로 회복해서, 그 결과로 성경이 서구 문화의 종교적 시각과 선교적 만남을 갖게 하는 것이다.

교회론적 과업: 사유화와 기독교 세계 너머의 선교적 교회

우리는 뉴비긴이 서구 문화와의 선교적 만남에 대한 그의 주요 출판물에서, 그 쟁점에 대한 소논문들에서와 마찬가지로, 종종 교회론적 과업으로 결론을 맺는다는 점에 놀라서는 안 된다. 『헬라인에게는 미련한 것이요』의 마지막 장 "우리는 무엇이 되어야 하는가? ― 교회의 소명"에서, 뉴비긴은 이렇게 말한다.

교회는 모든 민족을 향한 복음의 전달자로서 하나님 나라, 통치, 주권을 알린다. 그것은 남자와 여자에게 요청해 다른 권세들에 대한 잘못된 충성을 회개하고, 유일하게 참된 주권을 믿는 자가 되고, 그렇게 해서 공동체적으로 모든 자연, 모든 나라, 모든 인간의 삶에 대한 유일하게 참된 살아 계신 하나님의 주권에 대한 징표, 도구, 맛보기가 되도록 한다.…그 부르심은 거칠고 강력하고 모든 것을 관통하는 [서구] 문화를 마주하는 교회에 무엇을 시사하는가?[119]

신실한 선교적 교회에 금지된 두 가지 선택지가 있는데, 사유화와 기독교 세계가 바로 그것이다.

사유화도 기독교 세계도 아닌
뉴비긴이 끊임없이 우려하는 것은 서구 문화에 있는, 알려져 있는 사실들의 공적 세계와 단순히 믿어지는 사적 세계 사이의 근본적인 이분법이다. 복음과 교회의 선교는 후자의 자리로 보내졌다. 이처럼 복음을 사적 종교의 메시지로 이해하는 것은 복음이 그 자신에 대해 주장하는 것과 극명한 대조를 이룬다. 복음에 대한 이런 잘못된 이해에 근거해서, 교회와 그 교회의 선교도 마찬가지로 잘못 이해된다. 교회는 삶의 모든 것에 대한 하나님의 포괄적인 주권을 구현하기 위해 부르심을 받은 새로운 인류다. 앞의 인용에서 뉴비긴이 "주권"을

---

119 Newbigin, *Foolishness to the Greeks*, p. 124. 참고. Newbigin, *Other Side of 1984*, pp. 55-62; Newbigin, *Gospel in a Pluralist Society*, pp. 222-232.

세 번 사용하면서 하나님 나라의 포괄적인 복음—모든 자연, 모든 나라, 모든 인간의 삶—을 강조하는 것은 결코 우연이 아니다. 공적 삶과 사적 삶에 의해 분열된 이 서구의 배경에서, 교회는 무엇이어야 하는가?

분명히 우리는 서구의 인간주의적 내러티브가 우리에게 배정하는 사유화된 자리를 받아들여서는 안 된다. 그것은 다름 아닌, 복음의 메시지와 우리의 선교적 부르심에 대한 신실하지 못함이다. 뉴비긴의 주장에 따르면, 우리는 "교회의 유일한 과업이 개인들에게 사적 영역의 한 자리를 제공하는 것이며, 그곳에서 그들은 내적 종교의 안도감을 누릴 수 있으면서도 국가의 공적 삶을 지배하는 이념에 도전하라는 요구를 받지 않는다는 관점을 받아들여서는" 안 된다.[120]

교회가 사적 영역에 있는 자신의 역할을 기꺼이 받아들인 것에는 적어도 세 가지 이유가 있으며, 이것들은 각각 도전을 받아야 한다. 첫째는 교회가 종종 자신을 이교적인 그리스의 인간론과 종말론에 맞추었다는 것이다. 인간성이 하늘에 있는 자신의 참된 고향으로 돌아갈 것을 기다리며 물질적 몸 안에 거하는 불멸의 영혼과 관련해 상상될 때, 고대의 이교적 이분법이 성경의 가르침을 뒤집은 것이다. 성경에 의하면, 인간의 삶의 목표는 죄와 그 저주에서 해방되어 새롭게 된 인류가 회복된 인간 외 창조 세계의 맥락에서 부활한 몸 가운데 피조물의 삶의 충만함을 함께 사는 것이다. 역사가 가진 이런 성경적 목표는 교회가 공적 삶에 관여하는 것에 의미를 부여한다. 영적

---

120 Newbigin, *Foolishness to the Greeks*, p. 124.

으로 그리고 개인적으로 이해된 종말론은 역사에 관심을 갖지 않으면서, 문화의 공적 삶에 관여하고자 하는 어떤 결심도 약화시킬 것이다. 적절한 종말론이 서구에서 교회의 선교적 부르심을 회복하는 데 필수적일 것이다.

교회가 자신을 사적 영역에 맞춘 두 번째 이유는 복음을 예수께서 알리신 하나님 나라보다 작은 것으로 오해한 데 있다. 하나님의 통치는 포괄적이며, 그 통치를 말하고 구현하기 위해 보냄을 받은 공동체는 "예외 없이 인간의 삶의 모든 영역에 대한 그리스도의 주권을 선포하는"[121] 자신의 의무를 소홀히 할 수 없다. 하나님 나라의 좋은 소식을 구현한다는 것은 교회가 문화의 공적 삶의 우상숭배에 도전하도록 부르심을 받았음을 의미할 것이다. 주님이신 그리스도에게 복종하도록 요청하는 것은 다른 모든 주를 거부하는 것이다. 그러나 만약 교회가 자신의 복음을 개인적인 구원으로 축소한다면, 그것은 자신이 가진 복음을 잘못 이해하는 것이고 자신의 포괄적인 소명을 소홀히 하는 것이다. "복음은 그것을 자신의 개인적인 삶에 의미를 주는 것으로 받아들이고자 하는 사람들에게 훨씬 더 많은 것을 제공한다. 복음은 하나님의 우주적인 목적을, 즉 인류의 공적 역사 전체를 유지하고 뒤엎으며 예외 없이 모든 사람을 심판하는 수단을 선포한다.…그 중심에 인간의 역사에 대해 하나님이 갖고 계신 총체적인 목적을 두는 복음의 해석, 그것만이 성경에 참되다."[122]

---

121 Newbigin, *Truth to Tell*, pp. 71-72.
122 Lesslie Newbigin, *Honest Religion for Secular Man* (Philadelphia: Westminster, 1966), p. 46.

따라서, 복음은 교회를 문화적 삶의 모든 것에 관여하는 광범위한 선교로 부른다. 문화의 공적 삶에 관여하기를 거부하고 사적 영역에서 안전한 장소를 찾는 것은 복음을 잘못 이해하고 초대 교회가 받아들이기를 거부한 역할을 받아들이는 것이다. 사적 영역은 문화에 평화롭게 순응할 수 있는 가능성을 제공한다. "교회가 자신의 믿음을 이념의 슈퍼마켓에서 구할 수 있는 많은 상표 중 하나에 불과한 것으로 얌전히 제공하는 데 만족하는 한, 어떤 불쾌감도 주지 않는다. 그러나 복음에 계시된 진리가 공적 삶을 지배해야 함을 주장하는 것은 불쾌감을 준다."[123]

여기서 우리는 뉴비긴이 현재의 서구 교회를 초대 교회와 대조하는 방식을 상기하게 된다. 초대 교회가 적들의 용어—'헤라노스'와 '티아소스'—를 수용했더라면 '쿨투스 프리바투스'(cultus privatus, 사적 종교)라는 명칭을 받아들일 수 있었을 것이다. 이 용어들이 지칭한 공동체는 로마의 우상숭배를 대적하지 않는, 개인적이고 내세적인 구원을 선포하는 공동체다. 로마 제국은 이런 종류의 사적 종교를 기꺼이 인정하고 보호했는데, 왜냐하면 그것이 공적 체제에 도전하지 않았기 때문이다. 뉴비긴은 "그렇다면 왜 교회는 이런 보호를 거부했는가? 왜 교회는 죽음에 이르기까지 제국의 권세들과 전투를 벌여야 했는가?"라고 묻는다. 그의 대답에 따르면, "왜냐하면, 구약성경에 있는 자신의 뿌리에 참되게, 교회는 순전히 내적이고 개인적인 종교라는 사적 영역으로 강등되는 것을 받아들일 수 없었기 때문이다. 교회

---

123 Newbigin, *Gospel in a Pluralist Society*, p. 7.

는 스스로를 모든 민족에 대한 야웨의 통치의 약속의 전달자로 이해했다."[124] 초대 교회는 자신이 가진 복음을 모든 나라와 삶의 모든 것에 대한 하나님의 통치로 이해했기 때문에, 사적 종교로 불리는 것을 거부하면서 그 대신에 공적 회합인 '에클레시아 투 데우'(ekklesia tou theou, 하나님의 교회)라는 명칭을 취했다. "다른 말로 하면, 초대 교회는 스스로를 하나의 사적 종교 단체로서 다른 단체들과 경쟁하면서 그 구성원들에게 개인적인 구원을 제공하는 것으로 보지 않았다. 초대 교회는 자신을 세상의 공적 삶에 진출한 운동으로, 제국의 '쿨투스 푸블리쿠스'(cultus publicus, 공적 종교)에 도전하면서 예외 없이 모든 이들의 충성을 요구한다고 보았다."[125] 이 도전은 "제국의 권력과의 충돌을 불가피하게 만들었다."[126] 뉴비긴이 믿기에, 서구 교회의 현재는 초대 교회가 거부했던 모습이다. 우리의 과업은 복음이 구약성경에 둔 뿌리를 회복해서, 다시금 그 복음을 삶의 모든 것을 다스리시는 주권자이신 주님을 섬기라는 소환으로 이해하는 것이다. 이는 우리 문화의 공적 교리에 대한 도전을 수반할 것이다.

교회가 스스로를 사적 영역에 순응시켰다고 뉴비긴이 지적하는 세 번째 이유는, 서구 문화의 종교적이고 우상숭배적인 본질을 바르게 이해하지 못하기 때문이다. 교회는 영적 권세들에 대한 성경의 가르침을 잘못 이해했다. 세속주의라는 권세는 교회가 공적 광장의 중립성이라는 추정을 받아들이게 유도했다. 그러나 "진실은, 그리스도의 통치에

---

124 Newbigin, *Foolishness to the Greeks*, pp. 99-100.
125 Lesslie Newbigin, *Sign of the Kingdom* (Grand Rapids: Eerdmans, 1980), p. 46.
126 Newbigin, *Foolishness to the Greeks*, p. 100.

굴복시키지 않는 인간 삶의 영역들에서도 우리는 자유롭게 있으면서 우리 자신의 결정을 내리는 것이 아니다. 우리는 다른 권세의 지배를 받게 된다."[127] 공적 광장의 성소는 비어 있지 않으며, 중립적이지도 않다. 다른 신들의 권세의 지배를 받게 된 것이다. 그리스도의 주되심을 사적 영역에 국한하는 것은 심각한 결과를 낳는다. 삶의 대부분이 다른 주의 주권적인 통치를 받으며 살게 될 것이기 때문이다.

사유화는, 만약 교회가 신실하고자 한다면, 적법한 선택지가 아니다. 그러나 기독교 세계로 회귀하는 것도 마찬가지다. 기독교 세계의 주된 문제는, 교회가 자신이 선교적 상황 속에 존재해 있음을 잊었다는 것이었다. 교회들은 자신들을 세상 속에 있는 소명과 별개로 규정했다.[128] 선교적 정체성의 결여는 성직자로 존재하는 것의 모든 방식을 형성했는데, 거기에는 회중의 구조, 사역의 패턴, 성례, 신학 교육이 포함된다.[129] 기독교 세계의 교회는, 뉴비긴에 따르면, "일차적으로 자신의 임무가 그 교회 구성원들을 돌보는 것이라고 생각하고, 외부에 있는 이들을 향한 임무는 부차적인 위치로 떨어진다. 목회적 돌봄이라는 개념이 발전되었는데, 이는 개별 신자를 주로 교회가 집행하는 업무인 은혜의 수단의 수동적 수령인으로 상정하는 것으로 보인다."[130]

그러나 기독교 세계에 대한 뉴비긴의 주된 우려는, 교회가 문화

---

[127] Newbigin, *Other Side of 1984*, p. 39.
[128] Lesslie Newbigin, *Household of God: Lectures on the Nature of the Church* (New York: Friendship Press, 1954), pp. 1-2; Newbigin, *Honest Religion*, p. 104.
[129] Newbigin, *Honest Religion*, pp. 102-105.
[130] Newbigin, *Household of God*, pp. 166-167.

에 대한 비판적 관계성을 상실했다는 것이다. 교회는 자신이 속한 문화와 두 가지 관계를 갖는다. 문화적 발전에서의 연대와, 또한 그것의 우상숭배적인 방향에 대한 반대다. 기독교 세계의 교회는 문화적 발전과 문화의 사회적 삶을 책임지지만, 그와 함께 오는 반립적 긴장을 잊는다. "우리는 [콘스탄티누스의] 회심이 가져온 결과를 고통스럽게 의식한다. 수 세기 동안 교회는 기존의 권력과 동맹을 맺었고, 무력을 승인하고 심지어는 휘두르기까지 했으며, 통치하는 권위들에 대한 비판적인 관계를 잃었다."[131] 교회가 문화와의 관계에서 예언자적-비판적 태도를 잃을 때, "지배적인 권세의 진영 안에서 보호받으며 잘 꾸며진 예배당"의 역할을 받아들인다.[132]

그러나 뉴비긴은 기독교 세계에 대해 전적으로 부정적이지는 않다. 그는 교회가 중세 유럽의 문화적·사회적·정치적 삶을 책임진 것이 옳았다고 믿는다.[133] 기독교 세계는 "그리스도의 보편적 주장을 정치적 용어들로 옮기고자 한 첫 번째 위대한 시도였다."[134] 그 결과로 "복음이 [유럽의] 사회적이고 정치적인 삶의 가장 중요한 요소로 만들어졌다."[135] 그것이 우리의 과학, 정치적 민주주의, 그리고 윤리적 행위의 전통들을 형성했으며,[136] 또한 "우리는 여전히 대체로 그것이 낳

---

131 Newbigin, *Sign of the Kingdom*, p. 48.
132 Lesslie Newbigin, "Christ, Kingdom, and Church: A Reflection on the Papers of George Yule and Andrew Kirk", unpublished paper, 1983, p. 4.
133 Newbigin, *Foolishness to the Greeks*, pp. 100-101.
134 Newbigin, *Sign of the Kingdom*, p. 47.
135 Newbigin, *Household of God*, p. 1.
136 Newbigin, *Foolishness to the Greeks*, p. 124.

은 영적 자산으로 산다."¹³⁷ 하지만 "우리는 '코르푸스 크리스티아눔'으로 돌아갈 수 없으며", 또한 그 문제와 관련해 "콘스탄티누스 이전의 순수로 돌아갈" 수도 없다. 우리에게 도전은, 뉴비긴에 따르면, "교회의 삶에서 모든 삶에 대한 그리스도의 왕되심—개인적이고 가정적인 도덕들뿐 아니라 정치적이고 경제적인 도덕들—을 구현하면서 또한 콘스탄티누스의 함정에 빠지지 않는 방법을 배우는 것이다. 그것은 우리 세대에게 주어진 새로운, 유래 없는, 엄청나게 도전이 되는 과업이다. 그것을 결연히 맡는 것이 복음이 우리 문화와 맺는 모든 진정한 선교적 만남에 근본적이다."¹³⁸

기독교 세계로 돌아가는 것을 지지하는 입장과 거리를 두려고 뉴비긴이 아무리 열심히 노력해도, 그런 비난은 계속해서 그를 따라다녔다. 의심의 여지 없이 주된 이유는 그가 한 주장 때문이었는데, 즉 복음이 문화적 삶의 모든 것을 위한 공적 진리이며 교회가 자신의 선교를 사적 영역에 국한해서는 안 된다는 것이었다. 만약 교회가 문화적 삶의 모든 영역에 대한 그리스도의 권리 주장들을 역설한다면, 기독교 세계 외에 어떤 다른 가능성이 있을 수 있겠는가? 만약 사유화를 거부한다면 기독교 세계가 유일한 선택지인 것처럼 보이며, 따라서 "공적 진리에 대해 말하는 것과 관련된 의혹은 우리가 잃어버린 안도감에 대한, 즉 기독교가 공적 진리로 인정되었거나 강제되었던 때에 대한 그리움에 의해 동기가 부여되었다는 것이다. 잃어버린

---

137 Lesslie Newbigin, *Priorities for a New Decade* (Birmingham, UK: National Student Christian Press and Resource Centre, 1980), p. 6.
138 Newbigin, *Foolishness to the Greeks*, p. 102.

기독교 세계에 대한 그리움 말이다."[139]

그럼에도 불구하고, 뉴비긴에게 기독교 세계로 돌아가는 길은 없다. 그것은 가능하지도, 바람직하지도 않다. 하지만 복음의 본질 자체가 우리에게 그것을 공적 진리로 고백할 것을 요구한다. 그렇다면 나아갈 길은 무엇인가? 어떻게 교회가 기독교 세계로 돌아가는 일 없이 공적 삶의 모든 영역에서 그리스도의 주되심을 구현할 수 있는가? "우리는 지금 새로운 과업을 마주하고 있는데, 이는 '어떻게 교회는, 콘스탄티누스의 난관에 빠지지 않으면서, 그리스도가 모든 삶의 주님이라는 주장을 삶과 가르침에서 구현할 것인가?'로 규정될 수 있다."[140] 이것이 뉴비긴이 씨름했던 어려운 교회론적 도전이다.

구별된 백성: 대안적인 사회 체제와 공적 삶에서의 부르심들

오늘날 서구 문화에서 살아가는 하나님의 백성으로서 우리가 제기하는 질문은, 우리는 무엇이어야 하는가 하는 것이다. 어떤 의미에서 지금까지 이 책 전체가 그 질문에 대한 대답이었다. 이 책의 주된 동기는 뉴비긴이 오늘날 교회에 중대한 요청을 한다는 것이며, 비록 그의 저술이 지난 세기의 것이지만 그 요청은 여전히 깊이 적실성이 있다는 것이다. 실제로, 앞선 장들에서 내가 상세히 설명한 선교적 교회론의 모든 분야는 오늘날 서구 문화에 있는 교회에 대한 뉴비긴의 도전에서 발견될 수 있다.

---

[139] Newbigin, "Gospel as Public Truth", p. 2.
[140] Newbigin, *Other Side of 1984*, p. 34.

우리는 무엇이어야 하는가? 우리는 하나님 나라의 복음을 믿으며 세상에 대한 참된 이야기로서의 성경 안에서 살아가는 백성이어야 한다. 우리는 가까운 곳에서도 멀리 떨어진 곳에서도 그 삶·행위·말이 하나님 나라의 복음을 증언하는 백성이어야 한다. 우리는 그 예배·리더십·구조가 포괄적인 순종을 키우는 백성이어야 한다. 우리는 하나님의 창조의 선물들을 기쁘게 긍정하고 우리의 우상숭배적인 길들을 결연히 물리치기 위해 우리 문화의 종교적 핵심과 지배하는 이야기를 이해하는 백성이어야 한다. 이 모든 것이 우리는 무엇이어야 하는가 하는 질문에 답한다. 그러나 뉴비긴의 저술에는 적어도 두 가지의 강조점이 있는데, 이는 서구 문화와의 선교적 만남에 대한 이 장에서 언급할 가치가 있는 것들이다.

첫째는, 예수 그리스도 안에서 계시되고 성취된 하나님의 능하신 행위들에 대한 이야기를 "말하고 구현하는" 이중의 책임의 반복이다.[141] 뉴비긴이 끊임없이 주장하는 바에 따르면, "하나님은 이 이야기를 [교회에] 맡기셨으며 그것을 말할 어떤 다른 단체도 없다."[142] 그러므로 가장 긴급한 과업들 중 하나는, 복음의 공적 진리에 대한 확신을 회복해서 교회가 그것을 신실하게 말할 수 있게 하는 것이다.

---

141 Newbigin, *Proper Confidence*, pp. 76-78; Newbigin, "Gospel and Modern Western Culture", p. 7; Lesslie Newbigin, "Human Flourishing in Faith, Fact, and Fantasy", *Religion and Medicine* 7 (1988): p. 409; Lesslie Newbigin, *The Gospel in Today's Global City*, Selly Oak Occasional Paper 16 (Birmingham: Selly Oak Colleges, 1997), p. 6; Lesslie Newbigin, *The Gospel and Our Culture* (London: Catholic Missionary Education Centre, 1990), p. 4.
142 Newbigin, *Proper Confidence*, p. 78.

"첫 번째로 요구되는 것은, 간단히 말하자면, 복음의 진리에 대한 확신의 회복이다."[143] 인식론에 대한 뉴비긴의 작업 중 많은 부분이 바로 이 목적을 위한 것, 즉 복음의 공적 진리에 대한 확신을 다시 새롭게 하는 것이었다. 하지만 만약 그 말하는 것이 신뢰할 만한 것이려면, 구현이 있어야 한다. 그리고 그 말하는 것이 인간의 삶의 모든 영역을 주님이신 그리스도에게 굴복시킬 것을 요청하는 하나님 나라의 복음을 알리는 것이라면, 그 구현은 메시지에 부합해야 한다. 이것이 뉴비긴이 이런 구현의 두 영역을 강조한 이유인데, 즉 대안적 사회 체제로서의 교회와 그 교회가 문화의 공적 삶에서 받은 부르심들이다. 둘 다 교회가, 서구 교회를 타락시키는 혼합주의와 대조적으로, 구별되는 것의 중요성을 강조한다. 그리고 둘 다 인간의 삶의 범위를 가로지르는 복음의 권위의 포괄적인 폭을 강조한다. 뉴비긴에게는 이것이 사유화와 기독교 세계를 넘어서는 길이다.

이런 두 가지 강조점이 뉴비긴의 저작에서 흔하지만, 아마도 『복음, 공공의 진리를 말하다』에서 그 논리가 가장 분명히 드러난다. 이 책은 세 강연을 담고 있다. 첫 번째 강연은 초대 교회를 오늘날 서구 교회와 비교한다. 로마 제국에서는 문화적 우상숭배가 낳은 다양한 이분법이 제국을 파괴하고 있었다. 교회는 복음을 예수 그리스도가 공적 삶과 사적 삶의 주님이시라는 진리로 제시했다. 두 번째 강연은 교회가 복음의 공적 진리를 확증하는 것과 관련해 자유주의 진영과 보수주의 진영 모두에 있는 문제점을 가진 방식을 다룬다. 둘 다 계

---

143 Newbigin, "New Birth into a Living Hope", p. 6.

몽주의의 추정들에 사로잡혀 있었다. 만약 교회가 문화의 한가운데서 공적 진리로서의 복음을 구현하고 말하려면, 교회 자신이 그 진리를 긍정해야 한다.

세 번째 강연, "카이사르에게 진리를 말하기"는 문화의 공적 삶에서의 교회의 선교를 다룬다. 뉴비긴은 두 가지 선택지를, 즉 기독교 세계와 콘스탄티누스 이전의 순수를 차단하는 것으로 시작한다. 계속해서 그는 서구 문화의 다양한 이념들의, 특히 경제적 우상숭배의 정체를 폭로하는 과업으로 교회에 도전하면서, 제2차 세계대전 동안의 독일 고백 교회와 유사한 방식으로 그렇게 한다. 그런 다음에 그는 교회가 공적 진리로서의 복음을 구현하는 세 가지 방법을 제시한다. 첫째, "그 구성원들이 공적 삶에 적극적이고 의식적으로 참여할 수 있도록 준비시키되, 기독교 신앙이 참여를 형성하는 방식으로 그렇게 하는 것, 이것이 교회의 책임이 되어야 한다."[144] 둘째, "만약 그런 훈련이 폭넓게 가능했다면, 우리는 공적 삶에서 책임 있는 리더십 지위에 있는 많은 사람이 헌신된 그리스도인들인 때를 기대할 수 있었을 것이다. 의문을 제기하고 이런 영역들에서 복음이 요구하는 혁신을 이루도록 준비된 그리스도인들을 말이다."[145] 그리고 셋째, "교회가 새로운 사회 체제에 대해 할 수 있는 가장 중요한 공헌은, 그 자신이 새로운 사회 체제가 되는 것이다."[146] 여기서 우리는 뉴비긴이 강조하는 두 가지—구별된 공동체가 되는 것과 공적 삶에서의 우리

---

144 Newbigin, *Truth to Tell*, p. 81.
145 Newbigin, *Truth to Tell*, p. 84.
146 Newbigin, *Truth to Tell*, p. 85.

의 소명—를 보는데, 이는 교회가 복음을 공적 진리로 구현할 수 있게 한다.

이 두 가지 강조가 여러 세기 동안 창조만큼이나 폭넓은 복음을 구현한다는 것이 무엇을 의미하는지 이해하려고 열심히 노력했던 두 전통으로 다시 돌아간다는 점은 아주 중요한데, 바로 재세례파 전통과 개혁파 전통이다. 재세례파 전통은 교회가 대항문화 공동체로서, 자신의 함께하는 삶 속에서 문화의 우상숭배에 도전하도록 부르심을 받았음을 강조했다. 개혁파 전통은 문화 속에 있는 자신의 다양한 구성원들의 부르심을 강조했다.

여기서 생기는 질문은, 교회의 모이고 흩어진 삶에 있는 구별됨을 강조하는 것이 정말로 우리가 기독교 세계를 넘어서게 하느냐는 것이다. 이에 대해 세 가지로 말할 수 있겠다. 첫째, 뉴비긴은 "헌신된 다원주의"라는 개념을 문화의 공적 삶에 참여하는 것에 대한 생각의 방식으로 제시한다. 헌신된 다원주의의 방식은 강압적인 기독교 세계와 사유화된 신앙을 모두 거부한다. 그는 "불가지론적인 다원주의"와 "헌신된 다원주의"를 구분한다. 불가지론적인 다원주의가 믿는 바에 따르면, 진리는 알 수 없는 것이고 따라서 공적 광장에서 진리와 거짓을 판단할 수 있는 기준이란 전혀 없다. 추정상 모든 전통은 동등하게 용납될 것이다. 이것과 대조적으로, 헌신된 다원주의는 공적 광장에서 진리·정의·자유를 찾는 것에 전념한다. 모든 전통의 진리 주장들은 진지하게 받아들여져야 한다. 헌신된 다원주의는 공적 정의에 이르는 길을 찾기 위해 다른 전통들 사이의 대화에 헌신한다. 그것은 폴라니가 "과학 공화국"(republic of science)이라 부르는 것—과학 공동체가 진리를 찾는 방식—을 모델로 삼는다. "알려질 수 있는 실재가 존재한다고 믿어지기 때문에, 견해의 차이들은 다원주의를 찬양하는 증거로 나란히 공존하게 내버려둘 수 없다. 한 견해가 다른 견해보다 더 참된 것으로 이기거나 사물을 보는 어떤 새로운 방식이 그 두 견해를 하나의 실재를 보는 두 가지 방식으로 화해시킬 때까지 그것들은 토론, 논증, 시험, 새로운 연구의 주제다."[147] 자신의 부르심 가운데 있는 신자는 공적 삶에 있는 자신의 영역에 관여하면서, 진리·정의·자유를 복음의 관점에서 추구하고, 이것이 실재와 부합한다는 것을 다른 사람들에게 확신시키려고 노력한다.

둘째, 뉴비긴은 네덜란드 신칼빈주의의 영역 주권(sphere sovereignty) 개념을 상기시킨다. 이 전통의 주장에 따르면, 기독교 세계의 문제는 그리스도인들이 자신들의 특정한 문화적 부르심들 가운데 권력을 행사했다는 것이 아니다. 문제는 제도화된 교회가 강압적으로 권력을 행사했다는 것이다. 제도로서의 교회와 새로운 인류로서의 교회 사이에, 그리고 모인 교회와 흩어진 교회 사이에 차이가 있다. 하나님은 어느 정도의 자율을 예술·과학·정치·경제 같은 인간의 삶의 다양한 영역들에 주셨다. 제도화된 교회는 이 영역들에서 하나님의 권위를 중재하지 않는다. 오히려 이런 영역들 각각은 하나님의 말씀에 의해 직접적으로 통치되며, 그 영역들 안에서 일하는 사람들에 의해 실행된다. 이는 다양한 사회 영역들의 전적 자유와 자율성이라는 계몽주의 이후의 개념과, 또한 교회가 그 모든 영역을 다스린

---

147 Newbigin, *Truth to Tell*, p. 58.

다는 중세의 발상을 모두 피한다. 교회는 이 영역들이 어떻게 형성되어야 하는지 지시할 권한이 없지만, 이 각각의 영역에서 통찰력과 소명을 가진 그리스도인들은 이 영역들을 하나님의 말씀에 따라 형성하고자 해야 한다.[148] 다양한 영역에서 문화적 힘을 가진 사람들은 그 권력을 복음에 의해 인도된 방식으로 사용해야 한다. 이는 권력이 창조에 속한 것이고 문제는 그것의 오용에 있다고 뉴비긴이 오랫동안 옹호한 것에 부합한다. 진리에 대한 어떤 시각이 공적 광장을 형성할 것이다. 그리고 만약 복음이 참되다면, 틀림없이 하나님의 말씀의 진리·정의·자유가 실재에 가장 충실히 부합할 것이며 또한 복음을 믿지 않는 사람들의 마음에서 반응을 찾을 수 있을 것이다.

마지막으로, 그리고 아마도 가장 중요한 것으로, 교회가 공적 영역에서 구현하도록 부르심을 받은 성경의 이야기는 그 중심에 예수 그리스도의 십자가가 있다. 십자가는 우리에게 하나님이 강압하거나 강제하지 않으시고 거부할 자유를 주신다는 점을 보여 준다. 성경의 메타내러티브는 역사 내적인 승리를 기대하지 않는다. 하나님의 승리는 역사 너머에 있으며, 또한 그때까지는 고난당하는 사랑이야말로 능력이 행사되는 방식이다. 뉴비긴이 쓰는 바에 따르면, "십자가가 중심이 되는 기독교적 상징으로 서 있다는 사실은 복음과 정치적 권력의 동일시를 영원히 금지한다. 복음에 대한 교회의 증언은 지식에 기반해 있어야 하는데, 그 지식은 분명한 하나님의 통치가 오직 마지막에 하나님이 만물을 최후의 심판으로 가져오실 때 있을 수 있

---

148 Newbigin, *Foolishness to the Greeks*, pp. 143-144.

다는 것, 현 세대에 하나님의 통치는 그분의 교회의 연약함과 어리석음 가운데 감추어져 있어야 한다는 것, 그리고 오직 하나님만 사람들에게 이 덮개 안에 있는 하나님의 임재를 드러내실 수 있다는 것이다."[149] 복음의 승리는 그리스도의 재림 때 온다. 따라서 그날이 이르기까지, 다양한 직책에 있는 그리스도인들은 자유롭게 복음에 비추어 하나님이 뜻하시는 정의와 자유를 증언하고 일하면서 하나님이 자신의 목적들을 이루시도록 해야 한다. 아마도 고난과 거부가 그에 대한 반응일 것이다. 그러나 강압하거나 강제하려는 어떤 시도도 있어서는 안 될 것이다. 오히려 진리에 대한 신뢰와 기쁨의 증언이 있어서, 하나님이 일하시고 다른 이들이 자유 안에서 반응할 수 있는 여지를 남겨야 할 것이다.

결론

C. S. 루이스의 "나니아 나라 이야기"(Chronicles of Narnia) 시리즈 『은의자』(The Silver Chair)에서, 지하 세계의 마녀 여왕인 초록 옷의 여인은 퍼들글럼과 유스터스와 질을 유혹하고 홀리기 시작한다. 마음을 달래는 말과 음악으로, 그리고 불 속에 던진 가루에 의해 만들어진 마법의 연기로, 그녀는 서서히 그들을 주문으로 사로잡기 시작한다. 그들이 그 음악을 듣고 연기를 들이마시면서 서서히 그녀의 힘 아래 노예가 되어 끌려간다. 그들은 아슬란이 그들에게 준 사명, 즉 릴리

---

149 Newbigin, *Word in Season*, pp. 167-168.

언을 그 마녀 여왕으로부터 구출하라는 것을 잊고 그녀를 섬기고자 그녀에게로 돌아선다. 마슈위글 퍼들글럼은 무엇이 벌어지고 있는지 깨닫는다. 그는 마법에서 깨어나서, 불을 끄기 위해 물갈퀴가 있는 자신의 발로 밟음으로써 그녀의 계획을 좌절시키려 시도한다. 아이들은 정신을 차리고 마법에서 깨어난다. 그들은 일어나 이제 뱀인 자신의 진짜 본질을 드러낸 여왕을 죽인다.

뉴비긴은 퍼들글럼 같다.[150] 사십 년 동안 다른 문화에서 살았던 사람의 신선한 눈으로, 뉴비긴은 어떻게 교회가 서구 문화의 우상들에게 유혹을 받고 노예가 되었는지 보았다. 그는 우리 중 많은 사람을 일깨워서 우리가 우리 문화의 신들에게 홀리게 된 방식들을 보게 했다. 그러나 이것은 단지 작은 시작에 불과하다. 분명히 뉴비긴이 옳았다. 복음에 대해 가장 강력하고, 만연해 있고, 위험한 문화는 서구 문화이며, 그것은 이제 수많은 사람들을 유혹하면서 도시화된 세계의 모든 곳에 퍼졌다. 교회는 이 마법에서 깨어나고 그리스도 안에 뿌리를 내려 인간이라는 것이 참으로 무엇을 의미하는지 보여 주도록 부르심을 받았다.

---

150 뉴비긴과 퍼들글럼 사이의 유비를 나는 내 아내 마니에게서 빌려 왔다. 그녀는 뉴비긴에게 한 번 이 말을 했었는데, 그는 아주 재미있어 했다.

7

오늘을 위한 레슬리 뉴비긴의 유산

N. T. 라이트가 말하는 바에 따르면, "레슬리 뉴비긴은 간단히 말해 여러모로 교회에 주어진 선물이었다."[1] 이 말은 많은 사람이 해 왔다. 분명히 그 선물의 큰 부분은 그가 그의 저술에서 남긴 신학적 유산이다. 이 장에서 나는 뉴비긴의 신학이 오늘날 교회에 소중하고 필요한 통찰을 제공하는 여덟 가지 분야를 상세히 설명하겠다. 여덟 가지 분야를 선택하는 것은 어려운 일인데, 왜냐하면 우리가 앞에서 다룬 그의 선교적 교회론의 각각의 측면이 이 시대의 교회에 적실성을 갖기 때문이다. 하지만 이 마지막 장에서 나는 더 선별적으로, 오늘날 교회를 위해 가장 긴급하다고 내가 믿는 뉴비긴의 신학적 유산의 측면들을 강조할 것이다.

하나님 나라의 복음

오늘날 북미의 복음주의자들 가운데 점점 자라나는 인식은, 기본으로 돌아가서 우리가 물을 수 있는 가장 근본적인 질문을 던져야 한다는 것이다. 그것은 곧 '복음이란 무엇인가?' 하는 질문이다. 이것

---

[1] 개인적인 이메일 대화(2017년 7월 28일).

이 명백히 드러나는 것은, 예를 들어, 복음 연합(Gospel Coalition)의 형성과 그 단체가 개최하는 대회에 많은 사람이 참석한다는 사실이다. 이것은 또한 그 질문을 제기하는 책들의 출판 부수에서도 명백히 드러난다. 뉴비긴은 선교적 상황에서 이 질문을 가지고 평생을 살았고, 많은 주제를 다루기 위한 출발점으로 끊임없이 복음으로 돌아갔다. 그의 통찰은 오늘날 우리에게 중요하다.

이 질문에 대답하기 위해 성경의 어디에서 출발하는지는 근본적으로 중요하다. 출발해야 하는 곳이 물론 단지 한 곳은 아니지만, 뉴비긴의 일관된 관행은 마가복음 1:14-15로 시작하는 것이었다. 이것은 예수께서 최초로 복음을 선언하신 것이고, 뉴비긴은 그 점이 결정적이라고 여겼다. 하나님 나라로 시작하는 것은 복음을 구약성경 내러티브의 맥락 안에 놓고, 시작부터 그것의 종말론적 본질을 확고히 한다. 너무나 자주 복음의 배경 이야기는 개인적인 간증, 복음 전도의 제시, 그리고 조직 신학이다. 구약성경 이야기와 복음의 종말론적 본질은 빛을 잃는다.

뉴비긴은 복음을 구약성경 맥락 안에 놓는 것에서 일관적이었다. 그리고 이스라엘의 선택을 중심 주제로 만듦으로써, 그는 복음이 이스라엘의 이야기의 절정이어야 함을 분명히 했다. 구체적으로, 세상 한가운데서 하나님의 구속 목적들을 드러내고 성취하는 이스라엘의 소명은 예수 안에서 성취된다. 이것은 우리가, 처음에 당황스럽지 않다면 매우 도움이 되는 표현, 즉 복음이 보편 역사의 종말에 대한 계시이자 성취라는 것을 이해할 수 있게 한다. 이스라엘은 그들의 삶에서 인류를 위한 하나님의 창조 의도를 드러내고 모든 나라를 하나님에게 이끌면서 그 목적을 성취해야 했다. 예수께서는 자신의 삶·죽음·부활에서 인류의 모든 삶을 다시 새롭게 하려는 하나님의 목적을 온전히 드러내시고 완수하심으로써 이스라엘의 부르심을 성취하신다.

하나님 나라의 복음에 있는 출발점은 또한 복음과 구원에 대한 내세적이고 개인주의적인 이해를 반박한다. 이런 이해가 오늘날 교회를, 북미뿐 아니라 훨씬 더 많은 곳에서 계속 피폐하게 만든다. 예수에 의해 선포된 하나님 나라의 복음은, 만약 그 원래의 맥락에서 받아들여진다면, 결코 이런 모양으로 왜곡될 수 없다. 그것은 우주적인 갱신에 대한—그 폭은 포괄적이며 본질은 회복적인—선언이다. 하나님은 온 창조 세계와 인류의 삶 전체를 회복하고 계신다. 복음과 하나님 나라에 대한 이런 이해는 오늘날 교회의 삶과 선교에 대단히 중요하다.

뉴비긴이 예수의 인격을 하나님 나라에서 분리시키는 것을 거부했다는 사실은 계속해서 시의적절한 도전이 된다. 정치·경제·사회의 영역들에 있는 선교의 값비싼 성격에 관심을 가진 사람들은 선교를 사회 프로그램으로 전환하면서, 복음의 핵심에 예수와의 인격적인 소통으로의 초대가 있다는 사실을 잊기 쉽다. 또한 예수와의 인격적 관계를 강조하고자 하는 사람들은 선교를 복음 전도로 전환하면서, 예수를 사랑하는 것과 아는 것이 공적 광장에 있는 예수의 값비싼 하나님 나라 선교에서 그분을 따르고 함께한다는 것을 의미함을 잊기 쉽다. 복음에서 예수와 하나님 나라를 함께 붙드는 것은 오늘날 우리에게 중요한 통찰이다.

온 세상에 대한 참된 이야기로서의 성경

뉴비긴을 읽는 것에서 다만 어떤 것이라도 얻는다면, 그것은 성경이 온 세상에 대한 참된 이야기라는 그의 주장일 것이다. 그리고 이 주제에 대한 그의 숙고에는 오늘날 우리에게 중요한 것이 아주 많다. 기독교 신앙에서 이야기가 갖는 위상에 대한 그의 숙고는 중요하다. 나는 이 사실을 특히, 아주 놀랍게도, 신학적인 훈련을 받은 이들에게 전달하는 것이 어려움을 지속적으로 경험했다. 뉴비긴에게 이야기는 성경에서 발견되는 어떤 특정한 문학 장르에 대한 것이 아니다.[2] 분명히 성경의 역사서들은 그런 이야기를 서술하지만, 이야기는 그 이상을 의미한다. 또한 그것은 이야기를 성경 해석을 위해 갖는 중요성으로 축소시키는 구속사 혹은 내러티브 해석학에 대한 것도 아니고, 그렇다고 이야기를 신학을 하는 한 방법으로 국한시키는 성경 신학이나 내러티브 신학, 혹은 구속사적 신학에 대한 것도 아니다. 분명히 이것들 각각은 이야기에 의해 형성되지만, 이야기는 그것들을 훨씬 능가하는 것이기 때문이다.

성경 내러티브에 대한 뉴비긴의 접근은, 예를 들면, 신학에 대한 팀 켈러(Tim Keller)의 공시적이고 통시적인 접근들과 대비될 수 있다. 공시적 신학 혹은 조직 신학은 성경을 주제별로 정리해서 다루면서,

---

2   의외로, 존 프레임(John Frame)은 바로 이 지점에서 N. T. 라이트를 오해하고 있는 것으로 보인다. 참고. Frame, "N. T. Wright and the Authority of Scripture," in *Did God Really Say? Affirming the Truthfulness and Trustworthiness of Scripture*, ed. David B. Garner (Phillipsburg, NJ: P&R, 2012), pp. 111-112.

예를 들어, 하나님·죄·그리스도·신앙에 대해 명제적으로 진술한다. 통시적 신학 혹은 구속사적 신학은 "성경이 말하는 것을 역사의 단계에 따라 또는 이야기의 줄거리에 따라 구성한다."³ 전자는 성경의 주제들을 다루며, 후자는 그것의 줄거리를 다룬다. 궁극적으로 켈러는 두 접근을 모두 옹호하면서, 두 접근 중 어느 하나를 잃는다면 왜곡을 초래한다고 경고한다. 켈러에게는 어느 하나가 우선권을 갖지 않는다. 이야기는 신학을 하는 두 가지 방법 중 하나다.

이것은 뉴비긴과 아주 다르다. 뉴비긴은 기꺼이 두 가지 신학 방법을 말할 것이다. 그러나 이것들은 모두 이차적인 활동으로, 우리로 하여금 성경 이야기에 충실할 수 있게 한다. 더 내러티브적인 접근을 채택해서 성경 전체의 주제들을 추적하는 것이나 더 주제적인 접근을 활용해서 주제들을 명제적으로 명료하게 표현하는 것은 성경에 대한 더 깊은 통찰을 산출할 수 있고, 서로를 풍성하게 할 수 있고, 또한 다른 방식들로 성경의 가르침을 왜곡으로부터 보호할 수 있을 것이다. 뉴비긴은 아마도 이 지점에서 켈러를 반박하지 않을 것이다. 그러나 뉴비긴은 이야기가 구속사적 신학으로 환원될 수 없다고 말할 것이다. 성경의 본질 자체는 세상에 대한 참된 이야기로서, 모든 것을 포괄하는 틀 혹은 모든 것을 지배하는 상위 개념을 제공해서, 조직 신학이든 혹은 구속사적 신학이든 모든 종류의 이차적인 신학적 숙고가 그 아래서 이루어지도록 하기 때문이다. 뉴비긴에게 이

---

3 Timothy Keller, *Center Church: Doing Balanced, Gospel-Centered Ministry in Your City* (Grand Rapids: Zondervan, 2012), p. 40. 『팀 켈러의 센터 처치』(두란노).

야기는 신학으로 환원될 수 없다. 이야기는 신학보다 더 크고 더 중요하다. 성경은 보편 역사 혹은 우주 역사의 해석이다. 그것이 리처드 보컴(Richard Bauckham)이 "메타내러티브"로, 또는 N. T. 라이트가 "기초적인 세계관 이야기"로 의미하는 것이다.[4]

따라서 이야기는 기독교 신앙의 본질 자체를 이해하기 위한, 전체를 아우르는 범주다. 기독교 신앙이 **바로** 이야기로, 창조로 시작해서 인간의 반역과 죄에 대한 해결책으로서의 이스라엘의 선택을 거쳐, 궁극적으로 그 절정의 순간을 예수의 인격과 사역에서 발견하며, 그리스도가 재림하셔서 자신의 사역을 완성하시기 전까지 교회의 선교를 통해 세계로 나아간다. 뉴비긴에게, 이야기는 기독교 신앙의 **구조** 자체다. 이것이 N. T. 라이트가 "기독교의 전체 핵심은 그것이 이야기를 제공한다는 것인데, 그 이야기는 온 세계에 대한 이야기다. 그것은 공적 진리다"라고 말할 때 주장하는 내용과 같다.[5] 그리고 이 이야기는 보편 역사이기 때문에, 창조 세계의 모든 것을 이해하는 실마리 혹은 빛이다. 이것은 놀라운 주장이지만, 성경 자체의 증언과 일치한다.

내러티브의 역사적 본질에 대한 뉴비긴의 강조는 또한 오늘날에도 여전히 아주 강력하게 남아 있는 그리스적 합리주의에 도전하는 데 중요하다. 많은 사람에게 성경의 "절대적 진리"는 역사를 초월하

4　Richard Bauckham, *Bible and Mission: Christian Witness in a Postmodern World* (Grand Rapids: Baker, 2003), pp. 4-5, 『성경과 선교』(새물결플러스); N. T. Wright, *The New Testament and the People of God* (Minneapolis: Fortress, 1992), p. 135, 『신약성서와 하나님의 백성』(CH북스).

5　Wright, *New Testament and the People of God*, pp. 41-42.

는 불변하는 관념들에서 발견된다. 그런 신학적 관념들은 성경에 박혀 있는 상태로 발견되며, 신앙고백이나 신학에서 기독교 신앙을 표현하기 위해 이야기로부터 추출될 수 있다. 이런 견해에서, 이야기로 전해지는 성경의 본질은 부수적이다. 명제적으로 진술된 불변하는 신학적 진리들이 문제의 핵심이다. 명제들이 진리에 대한 더 강력한 진술이라는 것이다.

뉴비긴은 플라톤과 아리스토텔레스에 뿌리를 둔 이 고대의 이교적 생각에 도전한다. 내가 크레이그 바르톨로뮤(Craig Bartholomew)와 공저한 『성경은 드라마다』(Drama of Scripture)는 이야기에서 진리를 찾는다는 것으로 몇 번이고 비판을 받았는데, 그것은 약화된 혹은 포스트모던 형태의 진리로 간주되기 때문이다.[6] 추정상 신학적 명제와 체계는 더 많은 실체와 무게를 전달한다. 그러나 이것은 단지 계몽주의에서 되살려진 이교적 그리스 전통에 대한 굴복일 뿐이다. 성경 이야기가 우리에게 보여 주는 것은 진리가 역사적 사건들에, 역사 안에 있는 하나님의 능하신 행위들에 뿌리를 두고 있다는 것이며, 이것들은 우주적인 갱신이라는 목표를 향해 이끌고 있다. 이것이 성경이 우리에게 진리를 드러내는 방식이며, 또한 우리는 하나님이 자신의 존재와 계획을 드러내신 방식을 받아들이도록, 그런 다음에 그 이야기 안에서 우리의 자리를 발견하도록 요청을 받는다.

뉴비긴은 동양 종교와 서양의 종교를 구분하는데, 궁극적이고 포

---

[6] Craig G. Bartholomew and Michael W. Goheen, *The Drama of Scripture: Finding Our Place in the Biblical Story*, 2nd ed. (Grand Rapids: Baker Academic, 2014). 『성경은 드라마다』(IVP).

괄적인 진리를 이해하는 방식이 그 근거다. 다시 한 번 이것은 우리를 문제의 핵심으로 데려간다. 종교들 사이의 거대한 차이점에서 포괄적이고 궁극적인 진리가 발견된다. 동양의 종교들은 그것을 창조 세계의 다양성 뒤에 있는 어떤 불변하는 원칙(예를 들어, 브라만)에서 발견한다. 기독교 신앙을 포함하는 서양 종교들은, 이런저런 방식으로 구약성경에 의해 형성된 것으로서, 보편 역사의 목표로 이끄는 이야기에서 그것을 발견한다. 만약 우리가 기독교 신앙을 이해하고자 한다면, 우리는 역사 안에, 특히 예수 그리스도 안에 있는 하나님의 능하신 행위들에 주의를 기울여야 하며, 성경을 온 세상을 다시 새롭게 된 창조 세계로 이끄는 그 능하신 행위들에 대한 내러티브로 보아야 한다.

우주적인 내러티브인 성경 이야기의 포괄적인 범위를 회복하는 것이 오늘날 교회에 가장 중요한 과업들 가운데 하나다. 복음을 그 이야기의 절정의 순간으로 우주적인 범위에서 이해하기 위한 기초를 제공하는 것이다. 이것이 예수 그리스도 안에 있는 절정의 사건들을 위한 적절한 맥락을 제공한다. 세상 한가운데서 교회의 선교의 폭을 이해하기에 적절한 맥락을 제공하는 것이다. 그리고, 서구의 혼합주의적인 교회에 중요하게, 그것은 복음이 문화적 이야기에 순응하지 않도록 보호할 수 있는 유일한 방어벽이다. 만약 성경이 신학적이거나 경건한 조각들로 분해된다면 그것은 더 포괄적인 문화적 이야기에 흡수될 것이며, 또한 우리의 삶을 형성하는 것은 성경이 아니라 그 이야기가 될 것이다.

마지막으로, 뉴비긴이 하나의 이야기로서의 성경을 주장하는 것은 우리로 하여금 기독교 신앙을 그것의 참된 "논리"의 측면에서 바르게 이해할 수 있게 한다. 우주적·공동체적·인격적 논리의 측면에서 말이다. 종교개혁 시대 이후로, 개인이 기독교 신앙에서 중앙 무대로 이동했다. 이것이 어느 정도의 유익을 주었고 성경에 대한 통찰을 열어 주었지만, 내가 이 책을 쓰는 올해 종교개혁 500주년을 맞이해서, 우리는 코페르니쿠스적 혁명이 절실히 필요함을 인정해야 한다. 개인은 성경 이야기의 중심에 있지 않다! 이런 개인주의가 서구의 나르시시즘과 소비 지상주의를 먹여 살린다. "나를 위해, 나를 위해—모든 것이 나에 대한 것이다!" 뉴비긴에게 성경은 그리스도가 그 중심에 있는 **우주** 역사의 이야기다. 그분으로부터, 그분을 향해, 그분에 의해, 그리고 궁극적으로 그분을 위해 있는 것이다. 그 이야기는 **공동체**적이다! 그 중심에는 한 공동체가 있는데, 세상을 위한 그분의 화해의 목적을 구현하고 재현하도록 하기 위해 그분이 선택하신 것이다. **개인**들은 그 공동체로의 **인격적** 초청으로 확장되고 하나님의 이야기에서 자신들의 역할을 하도록 부르심을 받는다. 확실히 이것이 우리가 바로 사도 바울에게서, 예를 들면, 골로새서 1장과 에베소서 1장에서 발견하는 생각의 구조다. 이는 서구의 기독교 신앙에 만연한 영적 나르시시즘과 소비 지상주의에 도전한다. 그리고—이것을 분명히 해야 하는데—이는 개인적인 응답의 중요성을 약화시키지 않고, 또한 우리가 "진리의 말씀, [우리]의 구원의 복음을 들을 때 그리스도 안에 포함되어…[우리]가 믿을 때"(엡 1:13, NIV)[7] 우리 각자가 누릴 수 있는 복

---

7   원문은 2인칭으로 되어 있다. "그리고 너희도 진리의 말씀, 너희 구원의 복음을 들었을 때

을 줄이지도 않는다. 오히려 그것은 각 개인을 그들이 속한 곳에 두어서, "그의 영광의 찬송이 되게"(12, 14절) 그리스도의 우주적인 사역에서(9-10절), 그리고 그의 사역에 의해 창조된 공동체에서 자신의 자리를 찾게 한다.

선택이 성경 이야기에서 갖는 중심적 위치

처음에는 뉴비긴이 기독교 신앙을 이해하는 데 선택을 그렇게나 중심적인 위치에 두는 것이 놀랍게 보일 수 있다. 그러나 그가 이 중심이 되는 성경 주제를 상세히 다루는 방식은 기독교 신앙에 대한 우리의 이해를 명료하게 하는 데 적어도 두 가지 방식으로 중요하다. 첫째, 그것은 우리에게 구원의 본질을 상기시킨다. 구원은 개인들을 차례차례 구출해서 각각을 하나님과의 인격적 관계에 두는 것이 아니다. 종종 이것은 검토되지 않은 추정으로 받아들여진다. 오히려, 창조 세계는 조화, 통일성, 온전함을 갖고 있는데 이것이 타락에 의해 깨졌다. 구원은 창조 세계의 맥락에서 인간의 삶의 일관성과 샬롬을 회복하는 것이다. 인간은 분리된 개인들로 창조되지 않았고, 또한 그렇게 구속되지도 않을 것이다. 하나님의 구속 사역은 그분이 창조 세계에 여시는 수로들을 따라 펼쳐진다. 사람들은 하나님과, 많은 다른 종류의 관계들 가운데 서로와, 인간 외 피조물과, 그리고 그들 안에 있는 어떤 통일성 속에 관계되어 살아간다. 이 모든 것이 아담과

그리스도 안에 포함되었다. 너희가 믿었을 때…"

하와의 반역으로 산산조각이 났다. 구원은 상실된 샬롬의 치유이며, 소외된 것의 화해이고, 분리된 파편들을 다시 함께 결합시키는 것이다. 만약 그것이 하나님의 우주적인 목적이라면, 하나님의 일을 위한 출발점으로서 이 모든 방식으로 이미 회복된 핵심적인 백성이 있어야 하고, 그럴 때 그들은 다른 사람들이 그 화해된 공동체로 통합되는 장소가 될 것이다. 선택은 화해되었으며 화해시키는 공동체를 의미한다. 이것에 비추어, 선택은 핵심적인 성경 교리다. 그리고 그것은 교회의 선교에 빛을 비춘다.

그러나 또한 선택은 성경 이야기에서 이스라엘의 중요성을 우리에게 보여 준다. 성경 이야기에서 가장 긴 부분을 잊거나 그것을, 이를테면, 약속으로 환원하기가 얼마나 쉬운가? 뉴비긴은 "선택"이라는 단어를 사실상 구약성경과 이스라엘의 역사의 꼬리표처럼 선정한다. 이 선택이 하나님의 보편적 계획을 구현하는 이스라엘의 사명(mission)을 이야기의 중심에 놓는다. 이것은 성경을 선교적으로 읽는데 중요하지만, 또한 예수 그리스도의 사역과 그것을 이어가는 모든 민족을 향한 교회의 선교(mission)에 적절한 맥락을 설정한다. 성경 이야기는 이스라엘의 선택에 대한, "세 가지 이스라엘"(three Israels)의 선택에 대한 것이다.[8] 즉 하나님은 자신의 구속 계획을 드러내고 성

---

8 뉴비긴은 정경과 선교에 대한 개요에서 "세 가지 이스라엘"이라는 아주 흥미로운 언급을 한다. 그것은 성경 이야기를 읽기 위한 중요한 해석적 실마리들의 목록에 나오는 하나의 항목이다. 참고. Lesslie Newbigin, "Canon and Mission", unpublished notes, Newbigin Archives, University of Birmingham (n.d.), p. 2. 또한 앞의 1장에서 "하나님의 목적과 선택의 논리" 부분에 있는 언급을 보라.

취하기 위해 이스라엘을 선택하시며, 그 이야기는 이스라엘의 소명을 스스로 떠맡기 위해 선택되고 그 계획을 성취하는 예수로 좁혀지고, 예수께서는 모든 민족 가운데 자신의 선교를 계속하기 위해 선택된 참 이스라엘의 핵심을 모으시고 보내신다는 것이다.

서구 문화와의 선교적 만남

뉴비긴이 옳게 보는 바에 따르면, 서구 교회가 마주하고 있는 가장 큰 위험들 중 하나는 복음과 교회의 선교를 사적 영역으로 강등시킨 것을 받아들인 데 있다. 이는 복음의 모든 것에, 그리고 그 복음의 공적 진리를 구현하도록 교회에 주어진 소명에 어긋난다. 이는 작은 문제가 전혀 아니다. 선교적 만남이라는 개념이 우리 앞에 제시하는 것은, 동등하게 포괄적이고 동등하게 종교적인 이야기들의 충돌인 기독교 신앙의 본질 자체에 대한 이해다. 복음은 종교적 교리에 대한 것이 아니라, 만물에 대한 하나님의 통치가 역사 안으로 침입했다는 헤드라인 뉴스에 대한 것이다. 그것은 그리스도의 주되심에 굴복하지 않는 어떤 문화의 공적 교리와도 충돌할 수밖에 없으며, 그런 공적 교리는 모든 문화에서 발견될 수 있다.

선교적 만남이라는 용어는 우리가 문화 안에 복음을 끼워 맞출 수 있는 조그만 공간을 파내지 못하게 한다. 그리고 그것은 우리가 서구 문화를 무해하다고 생각하는 것을 허락하지 않는다. 그것은 그 중심에서 종교적인 것으로, 우상숭배와 영적 권세들에 의해 형성되었다. 뉴비긴은 우리가 신화들—기독교 문화의 신화와 중립적 문화의 신화, 세속적이든 다원주의적이든—에 의해 속아 왔다고 경고하며, 이는 오늘날 교회를 위해 시의적절한 경고다. 서구의 우호적인 "기독교 같은" 문화란 없으며, 객관적 과학에 기초한 중립적 세속 문화도 없고, 또한 모든 종교가 평화 가운데 살 수 있도록 공정하게 사태를 관망하는 다원주의적 문화도 없다. 뉴비긴의 주장에 따르면 서구 문화가 복음에 대해 가장 강력한, 가장 널리 퍼진, 가장 위험한, 가장 저항하는 문화이며, 이는 복음을 문화에 순응시키는 것을 용납하지 않도록 교회에 주는 아주 중요한 경고이며 적절한 도전이다. 선교적 만남이 교회가 취할 수 있는 유일하게 신실한 자세다. 이는 기독교 신앙의 본질 자체와, 서구의 교회가 함양해야 하는 의식적인 마음의 습관에 영향을 끼친다.

전 지구적 경제의 현대성과 소비 지상주의와의 선교적 만남

뉴비긴의 사상에서 아마도 가장 경시된 측면들 중 하나는, 그의 생애 마지막 십 년 동안 그가 전 지구적 자본주의와 소비 지상주의의 위험성에 집중했다는 점이다. 뉴비긴의 해석자들은 그가 계몽주의에서 흘러나오는 현대의 과학적 세계관에 대해 말한 것과 특히 인식론에 그가 기울인 관심에 올바르게 주의를 기울였다. 그런데 그들이 20세기 말의, 그리고 21세기 초까지 계속 이어지는 문화적 변화에 대한 그의 평가를 다루면, 그것은 보통 탈현대성에 대한 것이었다. 그러나 뉴비긴이 보기에 20세기 말에 (그리고 명백히 지금 21세기에) 교회가 직면하고 있는 가장 큰 위협은 탈현대성이 아니라, 경제적 세계화와 소비문화다.⁹ 탈현대성에 대한 뉴비긴의 언급은 적지만 전 지구적 자본주의, 경제적 현대성, 소비 지상주의에 대해서는 그렇지 않다.¹⁰ 그가 말하는 바에 따르면, "결정적인 질문은 기독교 교회가 복음에 대한 자신의 확신을 회복해서, 지금 우리를 지배하고 있는 이 이념의 엄청난 힘에 확신을 갖고 도전할 수 있을지 여부가 될 것이다. 우리가 여기서 다루는 것은 우상, 자유 시장의 우상, 도덕적 설득에 응답하지 않는 우상들이다. 그것들은 살아 계신 하나님에 의해서만 쫓겨나며, 또한 궁극적으로 우상들을 권좌에서 몰아낼 수 있는 것은 복음의 능력뿐이다."¹¹

내가 뉴비긴의 견해들에 주의를 기울이게 된 것은 1990년대 초에 비슨 신학교에서 그의 설교를 들었을 때였다. 처음에 나는 그가 열정

---

9   리처드 보컴은 비슷한 확신을 갖는다. "우리 세계의 현실은 거대한 내러티브들의 끝이 아니라, 경제적 세계화라는 내러티브의 증가하는 지배다"(Bauckham, *Bible and Mission*, p. 94). 흥미롭게도 그는 이 장 전체에서 뉴비긴과 교감한다.

10 참고. 예를 들어, Lesslie Newbigin, "New Birth into a Living Hope" (keynote address, European Area Council of the World Alliance of Reformed Churches meeting, Edinburgh, Scotland, August 28, 1995), pp. 2-3, 9; Lesslie Newbigin, "Whose Justice?" *Ecumenical Review* 44 (July 1992): p. 309; Lesslie Newbigin, "Gospel and Culture" (unpublished speech, Denmark, November 1995), pp. 11-12; Lesslie Newbigin, "A Missionary's Dream", *Ecumenical Review* 43, no. 1 (January 1991): pp. 5-6; Lesslie Newbigin, "The Gospel as Public Truth: Swanwick Opening Statement" (unpublished address, 1992), pp. 5-6; Lesslie Newbigin, "Modernity in Context", in *Modern, Postmodern and Christian*, ed. John Reid, Lesslie Newbigin, and David Pullinger, Lausanne Occasional Paper 27 (Carberry, Scotland: Handsel, 1996), p. 8; Lesslie Newbigin, "The End of History", *Gospel and Our Culture (U. K.)* 13 (Summer 1992): pp. 1-2; Lesslie Newbigin, ". . . and Culture", in *Signs amid the Rubble: The Purposes of God in Human History*, ed. Geoffrey Wainwright (Grand Rapids: Eerdmans, 2003), pp. 119-120. 세계화의 종교적이고 우상숭배적인 뿌리를 밝히고자 하는 논문들을 다음에서 보라. Michael W. Goheen and Erin G. Glanville, eds., *The Gospel and Globalization: Exploring the Religious Roots of Globalization* (Vancouver: Regent College Press and Geneva Society, 2009).

11 Newbigin, ". . . and Culture", p. 119.

과 치열함으로 전 지구적 자유 시장과 경제적 우상숭배를 악마적 권세로 말하는 것을 듣고 충격을 받았다. 그러나 전 지구적 자본주의의 위험을 더 잘 추정하게 하는 것은, 아마도 1980년대에 마가렛 대처(Margaret Thatcher)의 경제 정책이 우리를 "고백적 상황"(confessional situation)으로 이끌고 있었을 것이라는 뉴비긴의 암시다. 여기서 그는 아주 특정한 종류의 고백을 언급하고 있다. 기독교 신앙 전체가 우상숭배에 반대해서 복음을 고백하는 문제라는 것은 물론 사실이다. 그러나 때때로 우리의 세계에 대한 위협들이 너무나 넓고 깊은 규모로 불의를 가져와서, 교회로 하여금 특별한 행동을 취하고 그에 대한 반응으로 대항적 고백(counterconfession)을 할 것을 요구한다. 이것은 '스타투스 콘페시오니스'(status confessionis, 고백적 상태)로 불려 왔다. 바르멘 선언(Barmen Declaration, 1934)은 나치즘의 위협에 직면해서 나온 바로 그런 행동이었다. 비슷한 응답이 남아프리카에서 아파르트헤이트에 대해 이루어졌다. 어떤 이들은 전 지구적 신자유주의가 바로 이와 동일한 규모로 위협을 나타내고 우리를 '스타투스 콘페시오니스'에 둔다고 주장한다.[12] 뉴비긴은 마가렛 대처의 경제 정책들이 장악하고 있던 1980년대에 "사적 이득에 대한 전념을 위해" 공적 선이 "경멸스럽게 무시"되었으며, "시장 세력들이 우리의 삶에 대한 최종

---

12 Ulrich Duchrow, *Global Economy: A Confessional Issue for the Churches?* (Geneva: World Council of Churches, 1987); Timothy Gorringe, "The Principalities and Powers: A Framework for Thinking about Globalization", in *Globalization and the Good*, ed. Peter Heslam (Grand Rapids: Eerdmans, 2004), p. 85; Guillermo Hansen, "Neoliberal Globalization: A *Casus Confessionis?*", *Lutheran World Fellowship Documentation* 50 (December 2004): pp. 163-178.

적인 주권을 가질 것이었다"고 지적한다. 뉴비긴은 우리가 노골적인 이념의 시대로 이동하고 있으며, 이는 교회의 선교가 변할 것을 요구하는 것이라고 여겼다. "우리가 다루고 있던 것은 정치적 프로그램이 아니라 우상숭배였다. 우리는 고백적 상황에 들어서고 있었다."[13]

뉴비긴이 보기에 이것은 경제적 현대성의 전 지구적 형태로, 그 뿌리가 18세기 계몽주의에 있는 것이었다. 그는 바로 애덤 스미스(Adam Smith)와 다른 학자들의 경제 이론을 통해 계몽주의가 가장 광범위한 영향력을 갖게 되었다고 생각했다. 추측하건대 새로운 계몽주의 경제학은 무제한의 경제 성장을 산출하며 성취와 행복을 가져올 것이었다. 현대의 과학적 세계관은 20세기에 두 가지 형태—러시아와 동유럽의 공산주의, 그리고 서유럽과 북미의 자유주의—를 취하지만, 공산권의 붕괴는 세계화 가운데 전 세계에 현대성의 자유주의적 경제 형태를 전 지구적으로 확산하는 길을 열었다. 뉴비긴은 자유 시장이 공급과 수요의 균형을 맞추는 좋은 방식이라고 여겼으나, 또한 자유라는 강력한 우상숭배의 손아귀에 있을 때 그 시장이 억압적인 독재이며 악한 권세로서 문화적 삶의 대부분에 대해 최종적인 주권을 갖는다는 점을 인식했다.

우상숭배적인 권세로서의 자유 시장은 끔찍한 불의를 특히 경제적으로 그리고 생태적으로 가져오고 있는데, 그것에 저항할 수 있는 것으로 보이는 유일한 이야기는 이슬람의 이야기다. 또한 경제적 현

---

13 Lesslie Newbigin, *Unfinished Agenda: An Updated Autobiography* (Edinburgh: Saint Andrew Press, 1993), p. 250.

대성과 세계화는 삶의 모든 것을 자신의 흐름 속으로 휩쓸어가는 소비사회를 산출해 내고 있다. 이 위협을 심각하게 받아들이라는 뉴비긴의 도전은 21세기 교회가 반드시 유념해야 할 것들 중 하나다.

나는 이 점에서 생생한 기억을 갖고 있다. 1994년에 내가 앨라배마주 버밍햄에 있는 시민 평등권 박물관 관광을 뉴비긴 및 내 가족과 함께 막 마쳤을 때다. 나는 내 차 옆에 뉴비긴과 함께 서서 아내가 돌아오기를 기다리고 있었다. 그는 자신이 지금 막 목격한 것―노예제의 참상과 잔혹성에 그리스도인들이 공모한 것―을 받아들이려고 애쓰면서 머리를 저었다. 고통이 얼굴 전체에 역력한 채 그는 "어떻게 그리스도인들이 자신들의 죄에 대해 그렇게나 눈이 멀 수 있었을까?"라고 물었다. 그는 계속해서 "나는 이후의 세대들이 우리가 의식하지 못하는 우리의 가장 큰 우상을 무엇으로 밝힐지 모르겠네"라고 말하고는, 즉시 자신의 질문에 대한 대답을 내놓았다. "의심의 여지 없이 그것은 우리의 경제적 우상숭배와 소비 지상주의에 대한 우리의 무분별이겠지. 그토록 많은 빈곤과 굶주림이 있는 세상에서 생각 없는 소비에 잠겨 있는 우리의 삶 말이야."

구별된 공동체로서의 교회와 평신도의 부르심

서구 문화의 강력한 위협에 직면해서, 뉴비긴은 교회의 선교의 두 가지 측면을 강조하는데, 즉 구별된 공동체로서의 교회와 문화의 공적 삶에 있는 평신도의 부르심이다. 만약 복음이 공적 진리로 인정되어야 한다면, 오늘날 교회에는 이것들이 모두 중요하다. 교회가 복음의 해석자가 되어야 한다는 뉴비긴의 요청은 특히 정곡을 찌른다. 그것이 어떤 모습일지에 대한 목록에서, 그는 성경이 당시의 우상들에 반대해서 가르친 것들의 측면을 강조한다. 구별된 공동체가 어떤 모습일지에 대한 목록을 작성한 그의 본보기를 따르는 것은 교회에, 특히 지도자들에게 도전을 주는 소중한 방법일 수 있다. 나는 이것을 종종 실행해서, 오늘날 구별된 공동체가 어떤 모습일지에 대한 목록을 작성해 왔다. 예를 들어, 우리가 소비사회 한가운데서 살면서, 우리가 골로새서와 베드로전서와 야고보서를 읽고 설교하고 들으면서, 우리가 학문 기관을 만들면서, 그리고 기타 등등의 경우에 말이다. 내가 강연을 마친 다음에 다른 무엇보다 더 자주 받는 요청은 이 목록들에 대한 질문이다. 내 경험에서 보면, 이런 종류의 목록들을 작성하는 것은 몇 가지 일들을 촉발한다. 그것은 구별된 혹은 대조적인 공동체로서의 교회에 대해 생각하는 상상력을 유발한다. 많은 사람에게 그 개념은 친숙한 영역이 아니다. 또한 그것은 지도자들과 다른 이들이 맥락적으로 생각하도록 도전한다. 너무 많은 설교와 교육, 또는 성경 읽기는, 예를 들어, 상당히 추상적이다. 종종 우리는 교리와 윤리를 무시간적인 원리들의 측면에서 생각하면서, 그것들을 원래 맥락에서 추상적으로 단절시키고 또한 우리의 문화적 우상들로부터 분리해 버린다. 예를 들어, 우리는 사람들에게 인내하라고 요청하면서도, 즉각적인 희열을 추구하는 방식으로 우리를 형성하는 문화적 힘은 고려하지 않는다. 우리는 사람들에게 너그럽게 베풀며 살라고 도전하면서도, 소비재를 축적하는 것에서 만족을 찾으라고 우리를 유혹하는 소비사회의 방식은 고려하지 않는다. 우리는 사람들에게 이타적으로 살라고 권고하면서도, 끊임없이 자신을 중심에 두는 우리 문화의 방식은 고려하지 않는다. 우리는 사람들에게 지혜롭게 살라고 초청하면서도, 정보 기술이 낳은 급증하는 지식의 세계에서 갖는 어려움은 고려하지 않는다. 그렇게 목록은 계속 이어질 수 있을 것이다. 뉴비긴이 만든 종류의 목록을 만드는 것은 우리가 종교적 믿음들과 우리 문화의 구조들에 대해 상황적으로 생각하도록, 또한 그 환경에 맞게 우리의 부르심을 설정하도록 도전한다. 그리고 바로 이것이, 예를 들어, 성경의 어떤 책에 대한 설교나 가르침이라도 이런 방식으로 우리의 문화적 이야기와 대화 가운데 있을 때 더 생기가 넘치고 적실성을 가질 수 있게 되는 이유다.

자세히 설명해 보자. 예를 들어, 우리는 시편 63편을 설교하면서 사람들에게 그들의 삶을 '코람데오'(coram Deo), 하나님의 임재 가운데 살도록 초청하면서도, 우리로 하여금 우리의 삶을 하나님과 분리되어 살도록 형성하는 세속 문화의 압력은 고려하지 않는 것이다. 단지 세속의 정신만 우리가 끊임없이 하나님과의 교제 가운데 걷는 것을 어렵게 만들지는 않는다. 그보다는 우리 문화의 구조와 제도 자체가 본질적으로 무신론적이다. 크레이그 게이(Craig Gay)는 서구의 정치·기술·경제가, 예를 들어, 마치 하나님이 존재하지 않는 것처럼 살도록 우리에게 가르치는 방식을 검토한다. 그것들은 우리를 실천적 무신론의 양식으로 주조하는데, 이는 우리가 거주하는 문화적 구조들 자체에 장착되어 있는 것이다.[14] 우리가 성경 이야기 가운데 살

14　Craig M. Gay, *The Way of the (Modern) World: Or, Why It's Tempting to Live as if God*

아가는 구별된 백성이 된다는 것이 무엇을 의미하는지 이해하고자 할 때, 바로 이런 종류의 문화적 분석이 도움을 줄 것이다. 구별된 백성이 되는 것에 대한 강조는 우리를 다그쳐서, 신실함에 대적하는 우상숭배적인 문화의 구조들과 싸우고 어떻게 그런 구조들이 세상에 대한 성경적 관점에 의해 도전되는지 묻게 할 것이다.

이것이 어떻게 작동하는지에 대한 다른 구체적인 예를 들어 보자. 2018년 8월에 종교개혁 500주년을 기념하는 학회에서, 나는 야고보서에 대해 브라질의 목사들과 교회 개척자들에게 강연했다. 뉴비긴에게 영감을 받아서 나는 여러 달 동안 야고보서에 흠뻑 빠졌고, 어떻게 그가 우리에게 도전해 복음의 해석자로서의 교회를 생각하도록 하는지 물었다. 내가 말한 것의 배후에는 리처드 보컴이 야고보서에 대해 한 말들이 있었다.

기독교 공동체가 구별되며 또한 밖을 향한 함께하는 삶 가운데, 지배적인 문화에 대해 대항문화적인 대안으로 발전하는 것이 필요하다. 지배적인 사회에 있는 모든 선한 것과의 비판적 연대 가운데, 그리고 모든 부패하고 파괴적인 것에 대한 예언자적 비판 가운데, 예수 그리스도에 대해 증언하는 방식들로 그 구성원들의 삶을 공동체 자체의 삶 내적으로 그리고 외적으로 형성하면서 말이다. 야고보서는 그런 대항문화적인 공동체의 삶에 대해 알려 줄 수 있는데, 왜냐하면 그것의 목적이 바로 하나님의 가치와 계명의 대항문화적인 구현인 기독

Doesn't Exist (Grand Rapids: Eerdmans, 1998).

교 공동체의 형성과 양육이기 때문이다.…[오늘날 야고보서를 읽는] 목적은 우리 자신의 맥락 안에서, 그것이 세우고자 목적하는 구별된 공동체를 바라보면서, 본문의 구별된 음성을 듣는 것이어야 한다.[15]

아래에 있는 것은 어떻게 야고보서가 21세기에 구별된 공동체를 세우면서 복음의 해석자가 되는 것을 목표로 삼는지에 대한 나의 목록의 작은 견본이다. 핵심은 야고보서의 가르침을 오늘날의 맥락에, 특히 그의 권면에 반대되는 우리 문화의 구조적 우상숭배라는 맥락에 두는 것이다.

- 목적 없는 소비와 쾌락주의의 세상에서 한 마음을 품어 한 가지만 바라는 공동체(약 1:5-8; 4:8)
- 자율적인 자유와 반율법적인 은혜의 세상에서 하나님의 자유의 법에 대한 순종과 굴복에 헌신된 공동체(1:22-25; 2:8-11)
- 빈부 격차가 증가하는 세상에서 가난하고 취약한 사람들과 연대하는 공동체(2:1-7)
- 천박한 말, 많은 말, 파괴적인 말, 책임지지 않는 말이 난무하는 세상에서 자신들의 혀를 잘 사용하는 공동체(3:1-12; 비교. 1:26)
- 시기와 이기적인 욕망의 세상에서 자신을 희생하는 지혜의 공동체(3:13-18)

---

15 Richard Bauckham, *James: Wisdom of James, Disciple of Jesus the Sage*, New Testament Readings (London and New York: Routledge, 1999), pp. 174-175.

- 혼합주의와 타협하는 삶의 세상에서 전심으로 하나님에게 헌신하는 공동체(4:4-5)
- 고통과 우상숭배의 세상에서 기쁨(1:2) 및 애통(4:9)의 공동체
- 실천적 무신론과 "하나님의 일식"(eclipse of God)의 세상에서 하나님의 임재 가운데 살며 그분의 주권적인 목적에서 안식하는 공동체(4:13-17)

만약 우리가 복음을 공적 진리로 전달하고자 한다면, 우리는 공적 삶에 있는 평신도의 부르심을 그것이 회중에 대해 함의하는 것들과 더불어 진지하게 받아들여야 할 것이다. 이는 또한 우리 시대를 위해 중요한 강조다. 이안 반즈(Ian Barns)는 뉴비긴의 사상의 이 분야가 갖는 중요성을 올바르게 지적했다.

뉴비긴에게는 바로 평신도 그리스도인들이, 그들의 일상적인 직업과 직종이라는 맥락에서, 우리 문화에서 복음의 공적 진리를 전달하는 데 결정적인 역할을 했다. 그렇기 때문에 그는 평신도 그리스도인들을 그들의 일상적인 삶에서 효과적이고 지속적으로 준비시키고 지원하는 일에 특히 관심을 기울였다. 세계 도처에서 일어나는 다양하고 인상적인 "일터의 그리스도인들"(Christians at work) 운동들에도 불구하고, 나는 이 도전이 정말로 목사들, 신학자들, 기독교 교육자들, 그리고 전문 직종들에 포진한 그리스도인 지도자들에게 받아들여졌다고 생각하지 않는다.…전문직에 종사하는 많은 그리스도인이 경건하고 정직하며 다른 이들을 개인적으로 대할 때 배려하는 사람들이

지만, 인지적인 수준에서 그들은 기술 관료적 인간주의자로 돌아간다. 세상에 닥치게 될 엄청난 사회적 격변을 고려할 때, 인류 공동체는 그리스도의 사랑과 하나님의 평화로운 보편적 나라에 대한 공적 시각에 의해 고무된 (단지 일부만 언급하자면) 그리스도인 지역사회 조직자들, 식량 생산자들, 의사들, 기술자들, 중재자들, 상담가들, 발명가들이 간절히 필요할 것이다.[16]

내가 기쁨으로 말할 수 있는 것은, 이 도전을 진지하게 받아들이기 시작한 교회들의 네트워크인 서지(Surge)를 내가 피닉스에서 본다는 점이다. 40여 개 교회들이 함께 일하면서, 자신들의 특정한 부르심 가운데 복음과 성경 이야기에 비추어 사는 것이 무엇을 의미하는지 이해시키기 위해 일 년에 300명이 넘는 사람들을 훈련하는 교과 과정과 제자도 프로그램을 제공한다. 소명에 대한 이 관심이 뉴비긴의 다른 관심─교회의 일치─과 결합되어서, 이 운동이 상당히 효과적이고 그 도시의 공적 삶에 영향을 끼칠 수 있게 했다. 그러나 피닉스에서도 갈 길이 멀다. 따라서, 대부분의 장소에서 훨씬 더 뒤처져 있는 것을 고려할 때, 이것은 분명히 우리 시대의 중요한 도전으로 여전히 남아 있다.

16　Ian Barns, "Some Reflections on Lesslie Newbigin's Challenge to Bear Witness to the Gospel as 'Public Truth'", Fellowship of Saint Thomas, "Lesslie Newbigin Centenary", www.fost.org.uk/bigincont.htm.

신학과 신학 교육

오늘날 신학 교육이 위기에 처해 있고 이것이 새로운 문제가 아니라는 점에 동의하지 않을 사람은 별로 없을 것이다. 문제의 긴급성은, 선교적 교회들이 잘 훈련된 선교적 지도자들을 필요로 한다는 점에 있다. 최근에 점점 커지는 주장은 선교가 오늘날 교육을 다시 새롭게 하는 데 중요한 역할을 할 수 있다는 것이다. 하지만 놀랍게도, 이것을 지지하는 사람들 중 소수만 1960년대, 70년대, 80년대의 선교 지도자들과 사상가들에게로 돌아간다. 그 시기에는 남반구에서 급격히 성장하는 교회를 고려하면서 신학 교육의 본질과 실천에 대한 풍성한 숙고가 있었다. 신학 교육의 대학교 모델을 그 교회들로 옮기는 것에는 거의 관심이 없었으며, 따라서 어떤 종류의 신학 교육이 그들의 필요를 만족시킬지에 대해 상당히 깊은 사유가 있었다.

이때의 신학적 숙고는 주로 지구 남반구와 동쪽의 이른바 어린 교회들에 관련된 것이었다. 그러나 뉴비긴이 올바르게 제기한 질문은, "제3세계의 신학교들이 '최상의' 서구 기준들에 이르도록 성장시켜야" 하는지가 쟁점인지 여부에 대한 것이었다. "그것은 이런 기준들이 정말 최상인지에 대한, 유럽과 북미에서 받아들여진 사역자 형성의 모델이 정말로 제3세계를 위해 옳은 것인지에 대한─혹은 심지어 그것이 발전한 지역들을 위해서는 옳은 것인지에 대한─질문이었다."[17]

17　Lesslie Newbigin, "Theological Education in a World Perspective", *Churchman* 93, no. 2

신학 교육에 대한 논의는 네 가지의 주요 영역에 초점을 맞추었는데, 즉 구조, 교수법, 평가, 교과 과정이다. 뉴비긴은 이 논의에 깊이 관여하지는 않았지만, 수차례에 걸쳐 논의에 참여했다. 그리고 그의 논평은 신학 교육에 대한 오랜 시간의 숙고에서 나온 것이었다. 그의 유산이 가장 중요한 의미를 갖는 곳은 교과 과정의 영역으로, 특히 그가 다양한 신학 분과들을 재고하라고 끊임없이 도전한 것에 있을 것이다. 이것에서 그의 도전은 이중적이었다. 한편으로, 서구의 문화적 추정들이 신학 연구의 형성에서 얼마나 많이 작용했는지에 대한 충분한 인식이 없었다. 문제는 서구 교회가 서구 신학을 가졌다는 점이 아니다. 그것은 당연한 일이기 때문이다. 오히려 문제는 신학의 맥락적 본질에 대한 인식의 결여와, 또한 특정한 문화에서 형성된 신학이 보편적이라는—영원한 신학(theologia perennis)이라는—추정에 있다. 이런 일이 일어날 때, 비판은 거의 없고 또한 교회는 그 문화의 우상을 받아들이기 쉽게 된다. 다른 한편으로, 또한 뉴비긴은 성경 이야기에 있는 선교의 중심성이 신학 분과들에 대해 형성하는 힘을 거의 갖고 있지 않음을 교회가 보도록 도전한다. 신학 교육의 주된 양식은 선교가 많은 그리스도인의 정신에서 살아 있는 현실로 존재하기를 그쳤을 때 형성되었다. 이어서 우리는 신학 교육 내에 있는 주요 분과들에 대한 뉴비긴의 해석을 간략히 고려할 것이다.

(1979): pp. 105-115(강조 추가).

성서학

뉴비긴이 믿는 바에 따르면, 성서학의 영역 안에 있는 서구 학문의 많은 부분은 하나의 종교적 신조를 다른 것으로 대체했다. "18세기 말 이후로 성경은 점점 더 학자들의 손에 들어갔는데, 그들의 학문성은 계몽주의의 새로운 관점들에 의해 형성된 것이었다. 성경은 다른 믿음 체계, 다른 세계관 안에서 읽히고 해석되었다. 그것은 (학문 세계에는) 더 이상 거룩한 경전이 아니라, 다른 신조에 비추어 이해되고 평가되어야 하는 고대 저술들의 모음집이었다. 그것은 더 이상 문화를 판단하지 않았고, 오히려 그 자신이 새로운 문화적 기준들에 의해 판단을 받았다."[18] 뉴비긴은 역사 비평 방법이나 이 학문으로부터 많은 열매가 나오고 있다는 점을 거부하지 않았다. 오히려 그가 거부한 것은 그것의 지배력과, 또한 교회의 리더십에 심각한 손상을 입힌 다른 신조에 포로가 되는 것이었다. 신학적 해석학 분야에 대해 오늘날 다시 새롭게 된 관심은 뉴비긴이 강력하게 권장했을 것이었다. 교회와 선교가 성서학을 위한 주된 대화 상대가 되어야 한다.

그러나 또한 뉴비긴이 교회를 위해 장려하기를 원하는 것이 있는데, 바로 그가 "선교적 해석학"으로 부르는 것이다. 그는 성경이 "창세기부터 요한계시록에 이르기까지 중요한 선교적 본문"이라고 믿었다.[19] 따라서 그는 "성경이라는 정경"과 "교회에 맡겨진 모든 선교"

---

18 Lesslie Newbigin, "The Bible: Good News for Secularised People" (keynote address, Europe and Middle East Regional Conference, Eisenach, Germany, April 1991), Newbigin Archives, University of Birmingham, p. 1.
19 Newbigin, "Canon and Mission", p. 1.

사이의 "청혼된 결혼"에 대해 말한다. 그것은 "하늘에서 맺어진" 결혼처럼 보이지만, "그러나 지금은 배우자들이 거의 함께 연결되어 있지 않고, 여전히 소개를 기다리고 있는 것처럼 보인다." 하지만 "정경과 선교는 상호 의존적이며 따라서 결코 분리될 수 없고", 따라서 "만약 결혼식이 열리고 첫날밤을 치르면, 교회의 미래의 삶에 중요한 자손이 생길 것이다."[20] 오늘날 우리는 선교가 성서학에 소개되었다고 말할 수 있을 것이다. 선교적 해석학이 진지하게 발전하기 시작했다. 그러나 여전히 우리는 오래 지속되는 결혼에는 이르지 못하고 있다. 그러므로 성서학 연구에서 선교적 해석학의 형성은 현재로서는 여전히 중요한 과업이다.

조직 신학

또한 뉴비긴은 우리가 "선교학적으로 적절한 조직 신학"을 발전시켰는지 여부를 묻는다.[21] 그런 신학은 분명히 맥락적일 것이다.[22] 신학은 각 세대의 새로운 과업인데, 문화적 맥락이 끊임없이 변하기 때문이다. 신학은 신앙을 왜곡하는 우상숭배를 폭로하고 축출하는 부정적 역할을 가진다. 또한 그것은 신앙을 그 시대의 적실성 있는 쟁점들과 관련해 표현하는, 그렇게 해서 교회가 온전하고 생생하게 신앙을 붙들 수 있게 하는 긍정적 과업을 가진다. 맥락적 신학은 뉴비긴

---

20 Newbigin, "Canon and Mission", p. 1.
21 Newbigin, "Canon and Mission", p. 2.
22 Michael W. Goheen, "Theology in Context: Lesslie Newbigin's Contribution", *Christian Courier*, 2668 (July 9, 2001): pp. 16-17.

에게 어떤 유행이 아니라, 살아 있고 신실한 신앙의 전제 조건이다. 그것은 성경에 뿌리를 두고 있을 뿐 아니라 그 시대의 문화적 조류에 대한 적실성을 가져야 한다.

만약 교회가 우리 시대의 세속 세계를 형성하고 있는 힘들을 대면하고 제어하려면, 신학자들의 작업을 뒷받침하기 위해 훨씬 더 많이 힘을 써야 한다. 교회가 필요로 하는 신학은 그저 변화하는 분위기와 유행의 산물이 아니라, 성경에 깊이 기초해 있으며 세상이 살아가는 용어로 표현되는, 사람들의 삶을 실제로 형성하고 있는 힘들에 대해 적실성이 있는 것이다. 교회가 전술에 주의를 기울이는 것으로는 충분하지 않다. 교회는 먼저 진리에 주의를 기울여야 한다.[23]

뉴비긴의 우려는, 신학이 주로 "복음에 대한 경쟁하는 해석들의 상호 투쟁"에 초점이 맞추어져 왔으며 그 문화적 맥락에는 충분한 관심을 기울이지 않았다는 점이다.[24] 대화가 신학적 전통들 사이에서는 있어 왔지만, 복음과 종교-문화의 맥락 사이에서는 아니었다. 이것은 문화적 조류에 흩날리는 "해파리" 신학이나, 혹은 오래되고 적실성 없는 신학적 표현의 형식들을 고수하는 "화석" 신학으로 이어진다.

---

23 Lesslie Newbigin, "Bishop Newbigin's Final Word", in *We Were Brought Together*, ed. David M. Taylor (Sydney: Australian Council for the World Council of Churches, 1960), p. 129.
24 Lesslie Newbigin, *Honest Religion for Secular Man* (Philadelphia: Westminster, 1966), p. 102.

"경쟁하는 해석들"에 도전하는 접근의 좋은 예는 뉴비긴이 성례에 대해 성공회-개혁파 국제 위원회에서 강연 요청을 받았을 때다. 그가 양측이 모두 기독교 세계에 뿌리를 둔, 성례에 대한 똑같이 문제 있는 접근을 공유하고 있다고 주장했을 때, 사실상 그는 두 전통 사이의 차이를 상대적으로 취급한 것이었다. 진짜 싸움은 성례에 대한 성공회와 개혁파의 견해들 사이에 있는 것이 아니라, 세례와 주의 만찬이 선교적 회중을 양육하고 있는지 여부와 관련된다는 것이다.[25]

또한 뉴비긴은 선교학적으로 적절한 조직 신학을 위해 도움이 되는 구조를 제시한다. 2장에서 우리는 어떻게 종말론적·선교적·공동체적·개인적 맥락이 뉴비긴의 성령론과 성례 교리 서술에 영향을 끼쳤는지에 대해 논의했다. 종종 성령론은 그리스도의 사역이 개인들에게 적용되는 것에 대한 이해에 의해 형성되었고, 성례는 개인 구원을 위한 은혜의 수단의 측면에서 이해되었다. 뉴비긴의 서술은 이런 통찰의 중요성을 약화하지 않지만, 그것들을 더 넓은 틀에 위치시킨다. 또한 우리는 그가 기독교 신앙의 "논리"를 우주적·공동체적·인격적 표현에서 보는 그의 방식을 생각할 수 있을 것이다. 많은 신학적 주제가 이 틀 안에서 훨씬 더 잘 이해될 것이다. 예를 들어, 속죄와 부활은 그 우주적이고 공동체적인 의미에서 이해되어, 전형적인 개인주의적 접근에 도전할 것이다.[26] 그리스도의 은택(beneficia

---

25 Lesslie Newbigin, "How Should We Understand Sacraments and Ministry?" (paper for the Anglican-Reformed International Commission meeting, London, 1983), Newbigin Archives, University of Birmingham.
26 이 접근법을 나는 다음에서 취했다. Michael W. Goheen, *A Light to the Nations: The*

Christi)은 종종 구원론의 전부를 이루는 것으로서, 더 포괄적인 구원론 안에 올바르게 자리할 것이다. 이런 틀은 조직 신학이 선교적 교회를 양육하는 방식으로 새로운 활력을 얻을 수 있는 많은 가능성을 제공한다.

교회사

교회사에 대한 뉴비긴의 간략한 제안도 마찬가지로 약속으로 채워진다. 그가 믿기에, 교회사는 교회의 삶 내에서 교리와 조직체의 갈등이라는 측면에서 가르쳐져 왔다. 그 대신에 그가 우리에게 요청하는 교회사에 대한 접근 방식은, 교회사를 복음이 세계의 다양한 문화들과 이룬 선교적 만남의 연속으로 보는 것이다. 실제로 뉴비긴이 언젠가 했던 말로 인해 나 자신의 이해가 바뀌었고, 나는 이런 접근의 가치를 보게 되었다. 그는 대략 이렇게 말했다. "내가 신학교에 다닐 때 누군가가 나에게 가르쳐 주었더라면 얼마나 좋았을까! 2세기와 3세기의 기독론 및 삼위일체론 논쟁이 우선적으로 정통과 이단의 문제가 아니라 신학에서의 맥락을 둔 싸움의 예시들이었음을 말이야." 그가 아타나시우스와 아리우스의 신학이 모두 동등하게 맥락적 신학이었다고 말하는 것은 아리우스와 대조해서 아타나시우스의 신실함을 부정하는 것이 아니었다. 그러나 둘 다 복음을 그리스적 맥락에 상황화시키기 위해 씨름했다는 것이다. 아타나시우스는, 아리우스와 다

Missional Church and the Biblical Story (Grand Rapids: Baker Academic, 2011), pp. 101-119 (chap. 5, "The Death and Resurrection of Jesus and the Church's Missional Identity").『열방에 빛을』(복있는사람).

른 이들의 우상숭배적인 신플라톤주의 틀에 도전하면서, 성경과 일치하게 더욱 신실한 상황화를 제공했다. 교회사는 복음이 당시의 문화적 조류와 벌인 맥락적 씨름을 밝히는 것이다. 교회사에 대한 이런 접근은 학생들에게 단지 내용의 측면-즉, 실제 신학적 결과들-뿐 아니라, 본보기의 측면에서 가르칠 것이 많다. 우리는 다른 역사적 시기의 교회들이 그들의 문화적 맥락 안에서 복음을 신실하게 고백하고 가르쳤던 방식을 볼 수 있을 것이다. 그렇게 해서 우리는 어떻게 신실한 길을 걸을 수 있는지를 좋은 본보기와 나쁜 본보기 모두에서 배우게 된다.

목회 신학

뉴비긴은 또한 더 선교적인 목회 신학의 발전을 위한 통찰도 제공했다. 한편으로, 그는 신학 교육의 기저에 있으며 과목들을 이론적 분과들(성서학, 조직 신학, 교회사)과 실천적 분과들(목회 및 실천 신학)로 나누는 이론-실천의 이분법을 거부한다. 이런 이분법은 계몽주의의 산물이다.[27] 다른 한편으로, 그는 목회 신학이 교회에 대한 선교적 이해에 의해 형성되지 않은 목회관에 기초해서 작동한다고 믿는다. 목회적 돌봄은 기독교 세계의 용어로 받아들여져서, 각각의 개별 신자를 은혜의 수단의 수동적 수령인으로 상정한다. 그것을 집행하는 것이 목회자의 임무가 된다. 그는 이것에 부분적인 진리가 있음을 인정한

---

27 Lesslie Newbigin, *Proper Confidence: Faith, Doubt, and Certainty in Christian Discipleship* (Grand Rapids: Eerdmans, 1995), pp. 38-39.

다. 목회적 돌봄은 신자들을 세우기 위해 정말로 은혜의 수단을 이용해야 한다. 그러나 그보다 더 많은 것이 있다. 목회적 돌봄은 또한 선교적 과업의 이행을 위한 것이어야 한다.[28]

선교학

마지막으로, 뉴비긴은 또한 선교학 분과에 제공할 것이 많이 있다. 그는 자신이 셀리 옥스에서 선교학을 가르치는 일을 맡으면서 그 분과를 어디서 시작하고 또한 어떻게 접근해야 하는지 결정할 때의 경험을 서술한다. 그는 자신의 선교학의 뿌리를 선교사로서의 교회에 대한 이해에 두고자 한다고 말한다.[29] 그가 선교의 신학에 대한 강의를 위해 집필한 교재가 바로 『오픈 시크릿』이었다. 거기서 우리는 그가 교회의 선교를 하나님의 선교에 대한 내러티브의 맥락에 두는 방식을 본다. 선교는 성경 이야기 전체에서 중심 주제이며, 하나님의 백성은 그들의 본질 자체에 의해 선교적이다. 선교는 교회의 과업들 중 하나로 표현되지 않는다.

이 중요한 출발점 이상으로 뉴비긴은 두 가지 중요한 구분―선교적 차원과 선교적 의도, 그리고 선교와 선교들―을 제공했는데, 이는 선교학에 접근하는 데 여전히 극히 유용하다. 두 가지 구분은 모두 복음 전도와 교차 문화적인 선교들에 있는 교회의 의도적 증언을 지키면서도, 삶의 모든 것에 대한 그리스도의 주되심을 증언하는 교회

---

[28] Lesslie Newbigin, *Household of God: Lectures on the Nature of the Church* (New York: Friendship Press, 1954), pp. 166-167.
[29] Newbigin, *Unfinished Agenda*, p. 229.

의 선교의 포괄적인 범위를 인식하고자 시도한다.[30]

명백히 더 많은 것이 신학과 신학 교육에 있는 뉴비긴의 유산에 대해 말해질 수 있겠지만, 이 간략한 설명은 오늘날 우리가 대면하고 있는 위기에 그가 선교적 신학과 선교적 신학 교육의 방식으로 많은 것을 제공할 수 있음을 보여 준다.

두려움 없는 증언

N. T. 라이트는 1980년대의 어느 시기에, 앞에 놓인 과업을 대면하고 싶지 않아서 두렵고 지친 상태로 두 번째 학기에 들어섰을 때의 이야기를 말한다. 뉴비긴이 첫날 예배에서 설교하기로 예정되어 있었는데, 그가 옥스퍼드 우스터 칼리지의 입구를 걸어서 통과했을 때 라이트는 그 모든 두려움과 피로가 줄어드는 것을 느꼈다. 그는 자신이 기쁨으로 새로운 학기와 씨름할 수 있음을 깨달았다. 그가 전하는 바에 따르면, 그 이야기를 들려주었을 때 다른 이들도 비슷한 경험을 토로했다.

나 역시 그런 경험을, 그러나 다른 방식으로 했다. 나는 뉴비긴과 함께 듀크 대학교 예배당에 들어서고 있었는데, 그가 성경의 권위를

---

30 나 자신의 선교학 교재—Michael W. Goheen, *Introduction to Mission Studies Today: Scripture, History, and Issues* (Downers Grove, IL: InterVarsity, 2014)—에서 나는 성경 이야기에서의 선교(1장)와 세 가지 신학적 구분, 즉 선교학의 토대인 하나님의 선교와 교회의 선교, 선교적 차원과 선교적 의도, 그리고 선교와 선교들 사이의 구분(2장)으로 시작한다.

주제로 한 자신의 두 번째 히크먼 강연을 하기 전이었다. 바로 전에 우리는 식사를 하면서 그가 그의 성경관에 대해 자유주의 진영들로부터 받고 있던 상당한 반대에 대해, 그리고 그가 어떻게 근본주의자로 묘사되고 있는지에 대해 토론하고 있었다. 고백하자면, 우리가 걸어 들어가는 동안 나는 다가오는 강연을 인식하면서 약간은 염려하고 있었다. 문에 도착하기 바로 전에, 그는 잠시 내 손을 잡고 이렇게 말했다. "내가 말하는 것에 반대할 사람들이 많이 있을 것입니다." 그러고 나서, 마치 결단의 행동인 것처럼, 그는 내 손을 놓으며 말했다. "그러나 결과가 어떻든 나는 신실해야 하고, 그것을 하나님의 손에 맡겨야 합니다." 나는 나 자신의 염려와 두려움이 줄어들었다고 느낀 것을 기억한다.[31]

이것을 무엇으로 설명할 수 있을까? 적어도 나의 경우에는, 기쁨으로 가득하며 담대하지만 여전히 겸손한 확신이 신앙에 대한 뉴비긴의 접근을 특징짓는 것이었다. 이는 그가 자신의 신학에서 서술하고 1960년대에 경험했던 전환에 뿌리를 두고 있다. 그는 자신의 신학이 마땅히 그래야 할 정도로 온전히 삼위일체론적이지 않다고 여겼다. 어떤 이들은 여기서 뉴비긴 자신의 서술을 무시했는데, 그의

---

31 이 이야기에 대한 후기는 이렇다. 나는 강연 전에 어떤 목사 앞에 앉아서 그와 대화를 나누었다. 그가 첫 번째 강연에서 들었던 뉴비긴의 정통적인 시각을 좋아하지 않았다는 것은 분명해 보였다. 강연이 끝났을 때 뉴비긴은 아주 긴 기립 박수를 받았는데, 내가 들은 바에 따르면 그 연속 강연에서는 흔하지 않은 것이었다. 내가 뒤로 돌았을 때 그 자유주의 목사가 박수를 치는 것을 보았고, 박수가 끝난 후에 그에게 이유를 물었다. 그의 대답은 나를 놀라게 했다. "그는 지금 막 나에게 복음을 돌려주어 다시 설교할 수 있게 만들었습니다!"

초기 저술이 처음부터 온전히 삼위일체론적인 것으로 보이기 때문이다. 그러나 변화된 것은 삼위일체에 대한 더 온전한 신학적 표현만이 아니었다. 비록 그것이 사실일지라도 말이다. 중요한 변화는 역사의 모든 것에 대한 성부의 주권적인 통치가 불가항력적으로 자신의 목적을 이루어나간다는 것을 그가 더 깊이 확신한다는 것과, 성령이 그리스도에 대한 첫 번째이자 유일한 효과적인 증인이라는 사실을 그가 확신한다는 것이었다. 이 주제는 그의 저술에서, 그리고 추정하기에는 그 자신의 경험에서, 훨씬 더 두드러지게 된다. 선교는 단지 그리스도를 따르고 그분의 삶·말씀·행위의 선교를 계속하는 것만이 아니다. 선교는 그리스도의 방식을 따르는 것으로, 그리스도가 역사 전체에 걸친 성부의 사역에 대해 가지셨던 것과 동일한 신뢰를 갖고 또한 그분의 말씀과 행위 가운데 일하시는 성령의 능력에 대한 동일한 믿음을 갖고 그렇게 하는 것이다.

하나님의 선교라는 이 진짜 신앙이 오늘날 서구 교회를 자신의 흐름으로 휩쓸어가는 강력한 인간주의 조류에 대항한다. 교회의 삶을 위해 계획, 전략, 사회 과학에—신학적으로는 그렇지 않아도 실천적으로는—의존하는 경영적인 교회론이 있다. 바로 얼마 전에 나에게 한 목사는, 이 사실이 비록 숨겨져 있을지라도 오늘날 미국 목사들에게 가장 큰 위협들 중 하나라고 믿는다고 말했다. 하나님이 그분의 구속의 목적들을 역사에서 주권적으로 이루신다는 것과 성령이 제일의 증인이시라는 것을 우리의 신학에서 고백하는 일은, 이 진리를 우리의 존재 안으로 깊이 받아들여서 우리의 교회적 실천이 재형성되게 하는 것보다는, 훨씬 쉬운 일이다.

하나님의 일에 대한 이런 확신이, 교회로서 우리의 존재 자체에 핵심적인 것은 그리스도에 대해 신실하게 증언하라는 부르심이라는 확신과 더불어, 뉴비긴을 기쁨·담대함·신뢰로 충만한 염려하지 않는 증언으로 이끌었다. 또한 그것은 결과에 대한 두려움과 걱정으로부터 우리를 해방시키며, 우리를 자유롭게 해서 하나님의 영광을 향하게 한다. 뉴비긴을 알았던 사람들은 이것을 증언할 수 있다. 그리고 이는 또한 그가 이렇게 다른 사람들을 차분하게 하는 영향을 끼친 이유를 설명할 수 있을 것이다. 뉴비긴으로 인해 선교가 하나님의 손에 달려 있음을 이제 알았다면, 우리의 책임은 그저 단순히 신실하게 존재하는 것이다.

찾아보기

강압(coercion) 292
개인(individual) 115-116, 172, 379, 385-386
게이, 크레이그(Craig Gay) 395
경제(economics) 341-343, 389-393
계몽주의(Enlightenment) 58, 59-60, 337-342, 346, 392
고난(suffering) 170, 287, 292
공동체(community) 32-33, 77, 90, 115, 159-160, 165, 385-386, 393-399
과학(science) 82-83, 336-339, 348, 353-356
교육(education) 259, 286-287, 337-339. 참고. 신학 교육
교차 문화적인 선교(cross-cultural mission) 157-158, 199, 271-277, 313-315
『교회란 무엇인가?』(The Household of God, 뉴비긴) 46

교회 병행 단체들(parachurch organizations) 183
교회론(ecclesiology)
    공동체적(communal) 35; 과 세계(and world) 34-35; 과업(task) 358-374; 구분들(distinctions) 211; 구조들(structures) 239; 뉴비긴, 레슬리(Lesslie Newbigin) 26, 27-29; 부르심(calling) 35; 선교(mission) 29-30, 238; 정체성(identity) 24, 25, 30-31; 질문들(questions) 24, 29-30; 초교파주의적(ecumenical) 247-248; 20세기(twentieth century) 29
교회사(church history) 406-407
교회주의(churchism) 34
구약성경(Old Testament) 52, 79, 96-97, 378
구원(salvation) 70-74, 75-78, 89, 176-177
구조(structures) 173, 236-250

권세/권력[power(s)] 284-285, 307, 372
권위(authority) 68-69
권징(discipline) 263-266
근본적인 믿음(foundational beliefs) 279-280, 289
근본주의(fundamentalism) 356
기도(prayer) 233-235
기독교(Christianity) 24-25, 29-30, 57, 64, 88, 349-350
기독교 세계(Christendom) 30, 238-239, 364-367, 370
기적(miracles) 276

나치즘(Nazism, 국가 사회주의) 24-25
내러티브(narrative) 55-58, 62-64, 144. 참고. 성경 이야기
뉴턴, 아이작(Isaac Newton) 338, 355
니버, 리처드(H. Richard Niebuhr) 271, 272
닐리, 앨런(Alan Neely) 41, 42

다원주의(pluralism) 371-372
『다원주의 사회에서의 복음』(The Gospel in a Pluralist Society, 뉴비긴) 250
대처, 마거릿(Margaret Thatcher) 165-166, 391
대학교(university) 259-260
데카르트, 르네(René Descartes) 346
도전하는 적실성(challenging relevance) 303-304
독일 그리스도인들(German Christians) 24

라이저, 콘라드(Konrad Raiser) 143
라이트, N. T.(Wright) 377, 382, 409
로크, 존(John Locke) 346
루이스, C. S.(Lewis) 45, 374
리더십(leadership) 174, 250-265
리프먼, 월터(Walter Lippman) 319
린드벡, 조지(George Lindbeck) 58

마빈(F. S. Marvin) 335
말(words) 160-162, 188-191. 참고. 행위
말씀, 하나님의(Word of God) 226-228
매킨타이어, 알래스데어(Alasdair, MacIntyre) 346
먼비, 데니스(Denis Munby) 330
모인 교회(gathered church) 220
목회 체제(ministerial order) 256-259
목회(ministry) 251-255
몰트만, 위르겐(Jürgen Moltmann) 30-31
문화(culture) 대화(dialogue) 311-315; 변혁(transformation) 182; 본받는(conformed) 279; 선한(good) 295-296; 와 교회(and church) 24, 34, 294-299, 364-365; 와 복음(and gospel) 38, 271-272, 275, 282-283, 290, 295; 와 선교(and mission)

271-277, 278, 282-284, 291, 388-389; 와 성경(and Bible) 66; 와 소명(and vocation) 167-170; 이야기(story) 282-283; 종교(religion) 280-282, 289; 증언(witness) 270, 272; 진단(diagnosis) 326-327; 추정들(assumptions) 331, 347
'미시오 데이'(missio Dei) 140-145

바드리나스, 샤투르베디(Chaturvedi Badrinath) 64-65
바르톨로뮤, 크레이그(Craig Bartholomew) 383
반대하는(dissent) 297
반즈, 이안(Ian Barns) 398
백성, 선택된(chosen people) 38-39, 53-54, 74-76, 77-79, 116-135, 272, 367-368. 참고. 선택
베르코프, 헨드리쿠스(Hendrikus Berkhof) 32-35
베이컨, 프랜시스(Francis Bacon) 346
보쉬, 데이비드(David Bosch) 46
보컴, 리처드(Richard Bauckham) 382, 390
보편 교회(universal church) 211-212, 213-214
복음(gospel)
 과 문화(and culture) 38, 271-273, 274-275, 281-284, 289-291, 294-295; 과 서구 문화(and Western culture) 66-67, 318-324; 과 성경(and Bible) 94; 교회와(church

and) 38, 164; 구약성경(Old Testament) 96; 삶의 근원(source of life) 222; 신약성경(New Testament) 100-101; 예수 그리스도(Jesus Christ) 36-37, 50-51, 69, 94-105, 110-111; 원동력(dynamic) 36; 의미(meaning) 49-50; 정의(defined) 94-95; 하나님 나라(kingdom of God) 69, 94-95, 361, 377-378; 해석자(hermeneutic) 164
『복음, 공공의 진리를 말하다』(Truth to Tell: The Gospel as Public Truth, 뉴비긴), 369-384
"복음과 우리 문화" 운동(Gospel and Our Culture movement) 27, 327n32
복음 전도(evangelism) 186-194
복음주의(evangelicalism) 59, 73, 187-188, 301-302
부버, 마르틴(Martin Buber) 82
분별(discernment) 308, 311, 312
비적실성(irrelevance) 300, 302

사유화(privatization) 359-364
사회 체제(social order) 165-167, 183
삼위일체(Trinity) 142-143, 144
상황화(contextualization) 260-261, 277, 308-315
새로운 존재(new being) 160-164
서구(the West) 30, 59, 66-67, 73, 238-239, 259-262, 280-282, 286, 314,

316-375, 388-389
선교(mission)
　교회(church) 32, 140-145, 155, 194-195, 221; 교회론(ecclesiology) 29-32; 논리(logic) 117; 의 본질(nature of) 139-158; 선교들(missions) 157-158, 194-200; 성령(Holy Spirit) 114, 152-153; 와 교회의 일치(and unity of church) 134-135; 와 기도(and prayer) 233-235; 와 문화(and culture) 271-275, 278, 281-283, 291, 388-389; 와 예수 그리스도(and Jesus Christ) 141-143, 145-148, 190-194, 251; 와 하나님 나라(and kingdom of God) 103; 위원회(boards) 200-101; 은혜(grace) 224-236; 의도(intention) 155-156; 차원(dimension) 155-156; 하나님(God) 35, 140-145, 148-151, 204-205; 행위(deeds) 175
선교학(missiology) 408-409
선택(election) 74-79, 120, 386-388. 참고. 백성, 선택된
설교(preaching) 226-229
섬기는 공동체(servant community) 184-186
성경(Bible)
　복음(gospel) 94; 부르심(call) 87; 선교적 취지(missional thrust) 79; 와 서구(and the West) 352-354, 388-389; 은혜(grace) 226-228; 이야기(story) 36-37, 53-69, 81, 84-85, 86, 88-89, 90-91, 121, 230, 308-309, 317, 340, 352-353, 373-374, 380-388; 진리(truth) 59, 357-358; 하나님(God) 57, 69-70, 81-85; 학문(scholarship) 354-356, 402-403. 참고. 내러티브
『성경은 드라마다』(Drama of Scripture, 고힌/바르톨로뮤) 383
성령(Holy Spirit) 101, 105, 111-116, 122-125, 143, 148, 152-155, 161, 217, 223
성례(sacraments) 226, 230-233
성서(Scripture) 참고. 성경
세계관(worldview) 382
세계교회협의회(World Council of Churches) 299, 314
세례(baptism) 230, 233
세상(world) 34, 41, 78, 169-172, 241-242, 279-280, 293-303
세상성(worldliness) 34
세속적-사도적 딜레마(secular-apostolic dilemma) 286
세속주의(secularism) 329-332
소그룹(small groups) 244-247
솅크, 윌버트(Wilbert Shenk) 44
스미스, 애덤(Adam Smith) 392
스태포드, 팀(Tim Stafford) 45, 47
시먼즈, 존 애딩턴(John Addington Symonds) 335
식민주의(colonialism) 195, 199

신들(gods) 25
신약성경(New Testament) 100-105
신조(credo) 281-282, 326-327, 332, 354
신학(theology) 43-45, 260-263, 400-409; 목회(pastoral) 407-408; 조직(systematic) 403-406
신학 교과 과정(theological curriculum) 261
신학 교육(theological education) 259-263, 400-409
십자가(cross) 107-109, 146-147, 294, 373

아리스토텔레스(Aristotle) 59
아우구스티누스(Augustine) 59, 340, 346, 351
아퀴나스, 토마스(Thomas Aquinas) 340
야고보서(book of James) 394
야로슬라프 펠리칸(Jaroslav Pelikan) 29
양육(nourishment) 172
'에클레시아'(ekklesia) 129-130, 211
역사(history) 37, 38, 52-58, 64-65, 70, 79, 94, 96-98, 100, 102, 177-178, 336-337
예배(worship) 218-236
예수 그리스도(Jesus Christ)
  그리스도 사건(Christ-event) 105-106; 대표(representative) 109; '로고스'(logos) 305-306; 복음(gospel) 36-37, 50-51, 69, 94-105, 110-111; 복음 전도(evangelism) 186-188; 부활(resurrection) 107-111, 145-148, 294-295; 사역(work) 93, 115; 선택된 백성(chosen people) 118-119; 성경 이야기(biblical story) 50-54, 368; 승리(victory) 108-109; 승천(ascension) 110-111; 와 교회(and church) 128, 131-132, 141, 147, 161-162, 222-224, 241-242, 251-252; 와 구약성경(and Old Testament) 52; 와 삼위일체(and Trinity) 142; 와 선교(and mission) 140-145, 145-148, 190-194, 251; 와 성령(and Holy Spirit) 122-123; 와 역사(and history) 55-56, 57; 와 이스라엘(and Israel) 79-80; 와 하나님(and God) 37, 86, 100-101, 149, 368; 일치(unity) 131; 죽음(death) 107-110; 타밀어(in Tamil) 140; 통합(incorporation) 128; 하나님 나라(kingdom of God) 106-107, 146, 179-180, 187, 378; 행위(deeds) 176; 참고. 십자가; 또한 하나님 항목을 보라

요한복음(Gospel of John) 304-306
월터스, 알버트(Al Wolters) 284n36
월터스토프, 니콜라스(Nicholas Wolterstorff) 346
「웨스트민스터 신앙고백」(Westminster Confession of Faith) 60, 61
웨인라이트, 제프리(Geoffrey Wainwright) 40, 42-43, 47
은혜(grace) 224-236
이끌기(leading) 254-255

이성(reason) 344-346, 351
이스라엘(Israel) 79-81, 119, 378-379, 387-388
인간/인류(humanity) 97, 129, 215, 333-334, 340, 359-360
인간주의(humanism) 66-67, 334
인도(India) 41-42, 273-275, 276, 285-286, 288
인식론적 분석(epistemological analysis) 344-352
일치(unity) 130-135, 213-214

자유주의(liberalism) 58-59, 73, 356-357
장소(place) 241-243
전달(communication) 305
전복적인 성취(subversive fulfillment) 303
전통들(traditions) 248-249
제도(institution) 31-32, 215
종교(religion) 56, 279-282, 289, 328-332, 351, 362
종말(the End) 96-97, 100, 112, 124, 132
종말론(eschatology) 97-99, 112-114, 120, 126-129, 144-145, 185, 215
좋은 소식(good news) 참고. 복음
준비시키기(equipping) 255-256
증언(witness) 122-125, 159-202, 270, 272, 292, 295-300, 409-412
지식(knowledge) 82-84
지역 교회(local church) 211-215, 217

지원(support) 173
진리(truth) 59-61, 66-68, 333, 357, 369-371, 382-201
진보(progress) 336

창세기(Genesis) 72
창조 세계(creation) 70-72
첫 열매(firstfruit) 126
초교파주의 전통(ecumenical tradition) 187, 188-189, 238, 301
초청(invitation) 85-86

켈러, 팀(Tim Keller) 380-381
콘스탄티누스주의(Constantinianism) 365-367
콩가르, 이브(Yves Congar) 147n11
크래머, 헨드릭(Hendrik Kraemer) 33, 304

타당성 구조(plausibility structures) 289
틸리히, 폴(Paul Tillich) 271, 272

퍼들글럼[Puddleglum (Lewis)] 374
펠라기우스주의(Pelagianism) 203, 204
폴라니, 마이클(Michael Polanyi) 346, 371
프라이, 한스(Hans Frei) 58

하나님(God)
  계시(revelation) 83-86; 공동체(com-

munity) 77; 과 교회(and church) 211-212; 과 십자가(and cross) 108-109; 과 예수 그리스도(and Jesus Christ) 37, 86, 100-101, 149, 368; 목적(purpose) 69-71, 78-79, 81-82; 삼위(Triune) 참고. 삼위일체; 선교(mission) 140-145, 148-151, 204-206; 성부(Father) 148-151; 역사(history) 57; 영광(glory) 202-205; 진리(truth) 59-61; 행위들(acts) 57, 60, 62, 84, 96, 368

하나님 나라(kingdom of God) 37, 52, 69, 94-95, 100-115, 126-129, 145-147, 177-178, 179-180, 187, 361, 377-379

『하나의 복음, 하나의 몸, 하나의 세계』(*One Gospel, One Body, One World*, 뉴비긴) 46

행위(deeds) 175-182, 189-191. 참고. 말

헨리, 칼(Carl F. H. Henry) 59

현대성(modernity) 262, 319-324, 327, 335-337, 341-343, 389-393

혼합주의(syncretism) 300-303, 323-325

회심(conversion) 88, 181-182, 191-193

회중(congregation) 244-246

후프트, 빌렘 비서트(Willem Visser't Hooft) 304

흩어진 교회(scattered church) 220

히틀러, 아돌프(Adolf Hitler) 25

옮긴이 **이종인**은 고려대학교 공과대학을 졸업하고 서울신학대학교 신학대학원, 예일 대학교 신학대학원, 클레어몬트 대학원에서 조직신학과 철학적 신학을 공부했다. 현재 미국에 거주하며 신학 연구와 번역을 하고 있다. 옮긴 책으로 『베네딕트 옵션』 (IVP)이 있다.

교회의 소명

초판 발행_ 2021년 7월 20일
초판 2쇄_ 2023년 3월 10일

지은이_ 마이클 고힌
옮긴이_ 이종인
펴낸이_ 정모세

펴낸곳_ 한국기독학생회출판부
등록번호_ 제2001-000198호(1978.6.1)
주소_ 04031 서울시 마포구 동교로 156-10
대표 전화_ (02)337-2257 팩스_ (02)337-2258
영업 전화_ (02)338-2282 팩스_ 080-915-1515
홈페이지_ http://www.ivp.co.kr 이메일_ ivp@ivp.co.kr
ISBN 978-89-328-1860-3

ⓒ 한국기독학생회출판부 2021

책값은 뒤표지에 있습니다.
무단 전재와 복제를 금합니다.